PRIMERA PARTE

Las 150 pasiones simples o de primera clase que comprenden las treinta jornadas de noviembre empleadas en la narración de la Duelos, se entremezclan con los aconteci- mientos escandalosos del Castillo en forma de diario durante el mencionado mes.

INTRODUCCION

Las guerras considerables que Luis XIV tuvo que sostener durante su reinado, agotando el Tesoro del Estado y las facultades del pueblo, encontraron sin embargo el secreto de enriquecer a una enorme cantidad de sanguijuelas siempre al acecho de las calamidades públicas provocándolas en lugar de apaciguarlas, para poder sacar más ventajas. El final de ese reinado, tan sublime por otra parte, es acaso una de las épocas del imperio francés en que se vio el mayor número de estas fortunas oscuras que sólo brillan por un lujo y unas orgías tan secretas como ellas. En las postrimerías de dicho reinado y poco antes de que el regente hubiese tratado a través del famoso tribunal conocido por el nombre de Sala de Justicia de hacer restituir lo mal adquirido por esa tarifa de arrendadores de contribuciones, cuatro de ellos imaginaron la singular orgía de que hablaremos. Sería un error creer que sólo la plebe se había Ocupado de esta exacción, puesto que estaba acaudillada por tres grandes señores. El duque de Blangis y su hermano el obispo de..., que habían hecho inmensas fortunas, son pruebas incontestables de que la nobleza no desdeñaba más que los otros los medios de enriquecerse por este camino. Estos dos ilustres personajes, íntimamente ligados por los placeres y los negocios con el célebre Durcet y el presidente Curval, fueron los primeros que

imaginaron la orgía cuya historia narramos, y tras comunicársela a esos dos amigos, los cuatro fueron los actores de los famosos desenfrenos.

Desde hacía más de seis años estos cuatro libertinos, unidos por la similitud de sus

riquezas y sus gustos, habían imaginado estrechar sus lazos mediante alianzas en las que el desenfreno tenía más parte que cualquier otro de los motivos que generalmente forman estos vínculos. He aquí cuáles habían sido sus arreglos: el duque de Blangis, viudo de tres esposas, de una de las cuales le quedaban dos hijas, habiendo advertido que el presidente Curval mostraba ciertos deseos de casarse con la mayor, a pesar de estar bien enterado de las familiaridades que el padre se había permitido con ella, el duque, digo, imaginó de pronto esta triple alianza.

-Tú quieres a Julie por esposa -dijo a Curval-. Te la doy sin vacilar, pero con una

condición: que no te muestres celoso, y que ella, aunque sea tu mujer, siga concediéndome los mismos favores de siempre, y, además, que te unas a mí para convencer a nuestro común amigo

Durcet para que me entregue a su hija Constance, la cual ha suscitado en mí los mismos sentimientos que tú experimentas por Julie.

-Pero no ignoras que Durcet es tan libertino como tú... -dijo Curval.

-Sé todo lo que puede saberse -contestó el duque-. ¿Crees que a nuestra edad y con

nuestra manera de pensar detienen esas cosas? ¿Crees que yo quiero una mujer para hacerla mi amante? La quiero para que sirva a mis caprichos, para que vele y encubra una infinidad de pequeñas orgías secretas que el manto del matrimonio tapa de maravilla. En un palabra: la quiero como tú quieres a mi hija. ¿Te imaginas que ignoro el fin que persigues y tus deseos? Nosotros los libertinos tomamos mujeres para que sean nuestras esclavas; su calidad de esposas las hace más sumisas que si fuesen amantes. Tú sabes cómo se aprecia el despotismo en los placeres que gozamos.

En este momento entró Durcet. Los dos amigos lo pusieron al corriente de la

conversación, y el arrendador de contribuciones, encantado por la oportunidad que se le ofrecía de confesar sus sentimientos por Adéldide, hija del presidente, aceptó al duque como yerno a condición de que él se convirtiera en yerno de Curval. No tardaron en concertarse los tres matrimonios, las dotes fueron inmensas y las cláusulas iguales.

El presidente, tan culpable como sus dos amigos, confesó, sin que esto molestase a Durcet, su pequeño comercio secreto con su propia hija, ante lo cual los tres padres, deseosos de conservar cada uno sus derechos, convinieron, para ampliarlos más aún, en que las tres jóvenes, únicamente ligadas por los bienes y el nombre de sus esposos, pertenecerían, corporalmente, y por igual, a cada uno de ellos, bajo pena de los castigos más severos si infringían alguna de las cláusulas a las que se las sujetaban.

En vísperas de concluir el contrato, el obispo de..., compañero de placeres de los dos amigos de su hermano, propuso que se añadiera una cuarta persona a la alianza, si es que querían dejarlo participar en las otras tres. Esta persona, la segunda hija del duque, y por consiguiente, su sobrina, le pertenecía más de lo que se creía. Había tenido enredos con su cuñada, y los dos hermanos sabían sin lugar a dudas que la existencia de esta joven que se llamaba Aline se debía ciertamente más al obispo que al duque; el obispo, que se había preocupado de Afine desde el día de su nacimiento, no la había visto llegar a la edad de los encantos sin haber querida gozarlos, como es de suponer. Sobre este punto, pues, estaba a la par de sus cofrades y su propuesta comercial tenía el mismo grado de avaricia o de degradación; pero como los atractivos y la juventud de la muchacha supe-asan os de sus tres compañeras, la proposición fue aceptada sin vacilar. El obispo, como los otros tres, cedió sin dejar de conservar sus derechos, y, así, cada uno de nuestros cuatro personajes se encontró

pues marido de cuatro mujeres. Para comodidad del lector, recapitulemos la situación basada en el convenio:

El duque, padre de Julie, se convirtió en el esposo de Constance, hija de Durcet.

Durcet, padre de Constance, se convirtió en el esposo de Adélaïde, hija del presidente;

El presidente, padre de Adélaïde, se convirtió en el esposo de Julie, hija mayor del duque.

El obispo, tío y padre de Aline, se convirtió en el esposo de las otras tres al ceder Aline a sus amigos, sin renunciar a los derechos que tenía sobre ella.

Estas felices bodas se celebraron en una magnífica propiedad que el duque poseía en el Borbonés, y dejo a los lectores que se imaginen las orgías que se celebraron allí; la necesidad de describir otras nos priva del placer que hubiéramos experimentado pintando éstas.

A su regreso, la asociación de nuestros cuatro amigos se hizo más estable, y como es

importante darlos a conocer bien, un pequeño detalle de sus arreglos lúbricos servirá, creo' yo, para arrojar luz sobre los caracteres de esos desenfrenados, mientras esperamos el momento de tratarlos por separado para desarrollarlos todavía mejor.

La sociedad disponía de una bolsa común que administraba por turno uno de los

miembros durante seis meses, pero los fondos de esta bolsa, que sólo debían emplearse para los placeres, eran inmensos. Su excesiva fortuna les permitía a este respecto cosas muy singulares y el lector no debe sorprenderse cuando se le diga que había destinados dos millones anuales para atender únicamente a los placeres de la buena mesa y la lujuria.

Cuatro famosas alcahuetas para las mujeres y otros tantos alcahuetes para los hombres se dedicaban por entero a encontrar, en la capital y en las provincias, todo lo que de un modo o de otro podía satisfacer su sensualidad. Por regla general hacían juntos cuatro cenas cada semana -en cuatro diferentes casas de campo situadas en los cuatro extremos de París. En la primera de estas cenas, destinada únicamente a los placeres de sodomía, sólo se admitía a hombres. En ella se veía regularmente a dieciséis jóvenes entre veinte y treinta años cuyas in- mensas facultades hacían gozar a nuestros cuatro héroes, en calidad de mujeres, los más sensuales placeres. Eran escogidos exclusivamente por la talla de su miembro, y era casi necesario que ese soberbio miembro fuese de tal magnificencia que nunca hubiese podido penetrar en ninguna mujer; ésta era una condición esencial. Y como no se escatimaban gastos para la despensa, rara era la vez que no estuviese repleta. Pero con el fin de gozar a la vez de todos los placeres, añadíanse a estos dieciséis maridos el mismo número de donceles mucho más jóvenes y que tenían que cumplir las funciones de mujeres. Estos eran escogidos entre la edad de doce años y la de dieciocho, y, para ser admitidos, era necesario poseer una lozanía, un rostro, una gracia, un porte, una inocencia y un candor muy superiores a todo lo que nuestros pinceles podrían pintar. Ninguna mujer podía ser recibida en estas orgías masculinas, donde se realizaba todo lo que Sodoma y Gomorra inventaron de más lujurioso.

La segunda cena estaba consagrada a las muchachas de buen tono que, obligadas a

renunciar a su orgulloso lujo y a la insolencia ordinaria de su comportamiento, eran obligadas debido a las sumas recibidas, a entregarse a los caprichos más irregulares, y hasta a los ultrajes, de los libertinos. Por lo regular eran doce, y como París no hubiera podido abastecer, para variar este género con la frecuencia precisa se alternaban estas veladas con otras, donde sólo se admitía el mismo número de damas distinguidas, desde la clase de los procuradores hasta la de los oficiales. Hay más de cuatro o cinco mil mujeres en París que pertenecen a una u otra de estas clases, a las que la necesidad o el lujo obliga a tomar parte en este tipo de fiestas; sólo es cuestión de estar bien servido para encontrar mujeres de éstas, y como nuestros libertinos lo estaban en gran medida, encontraban a menudo maravillas en esta clase singular. Pero por más que se fuese una mujer honrada, era preciso someterse a todo, y el libertinaje que nunca admite límites se enardecía de una manera particular imponiendo horrores e infamias a lo que la naturaleza y las convenciones sociales parecían inclinadas a apartar de tales pruebas. Se iba allá, era necesario hacerlo todo, y como nuestros cuatro miserables tenían todos los gustos del más crapuloso e insigne desenfreno, este consentimiento esencial a sus deseos no era poca cosa.

La tercera cena estaba destinada a los seres más viles y mancillados que puedan existir. A quien conoce las desviaciones del desenfreno este refinamiento le parecerá algo muy sencillo; resulta muy voluptuoso revolcarse por decirlo así en la basura con seres de esta clase; en ella se encuentra el abandono más completo, la más monstruosa crápula, el envilecimiento más completo, y estos placeres, comparados con los que se gozaron la víspera o con las criaturas distinguidas que nos los proporcionaron, hacen más picantes uno y otro exceso. En este caso, como la orgía era más completa, nadase había olvidado para hacerla más numerosa y excitante. Tomaban parte, durante seis horas, unas cien putas, y muy a menudo no todas las cien salían enteras. Pero no nos anticipemos; estos refinamientos tienen detalles de los que no podemos ocuparnos aún.

La cuarta cena estaba reservada a las vírgenes, cuya edad oscilaba entre los siete y los quince años. Su condición daba lo mismo, sólo se trataba de su rostro, que tenía que ser encantador, y en cuanto a la seguridad de sus primicias, era necesario que éstas fuesen auténticas.

¡Increíble refinamiento del libertinaje! No se trataba de que ellos deseasen ciertamente coger todas aquellas rosas. ¿Cómo hubieran podido hacerlo si ellas eran ofrecidas siempre en número de veinte, y si de nuestros cuatro libertinos solamente dos se encontraban en estado de poder entregarse al acto de que se trata, y uno de los otros dos, el arrendador de contribuciones, no experimentaba ninguna erección y el obispo no podía en absoluto gozar más que de una manera susceptible, convengo en ello, de deshonrar a una virgen pero que la dejaba siempre entera? No importa. Era necesario que las veinte primicias estuvieran allí, y las que no resultaban perjudicadas por ellos se convertían ante ellos en presa de ciertos criados tan libertinos como sus amos y que siempre tenían cerca por más de una razón.

Independientemente de estas cuatro cenas, había todos los viernes una secreta y

particular, mucho menos numerosa que las otras cuatro, aunque tal vez infinitamente más cara. A dicha cena sólo se admitían cuatro señoritas de alcurnia, raptadas de casa de sus padres a fuerza de engaños y de dinero. Las mujeres de nuestros libertinos participaban casi siempre en esta orgía, y su extrema sumisión, sus cuidados, sus servicios, la hacían siempre más excitante. En cuanto a la comida de estas cenas, es inútil decir que era tan abundante como exquisita. Ninguna de aquellas cenas costaba menos de diez mil francos y se acumulaba allí todo lo que Francia y el extranjero pueden ofrecer de más raro y exquisito. Los vinos y los licores eran de primera calidad y abundantes, las frutas de todas las estaciones se encontraban allí hasta en invierno, y se puede asegurar, en una palabra, que la mesa del primer monarca de la tierra no estaba servida con tanto lujo y magnificencia.

Volvamos ahora sobre nuestros pasos y pintemos lo mejor que nos sea posible, para el lector, a cada uno de estos cuatro personajes, no embelleciéndolos para seducir o cautivar, sino con los mismos pinceles de la naturaleza, la cual, a pesar de todo su desorden, es a menudo sublime, incluso cuando más se deprava. Porque, osemos decirlo de paso, si el crimen carece de esa clase de delicadeza que se encuentra en la virtud, ¿no tiene continua- mente un carácter de grandeza y de sublimidad que lo hace superior siempre a los atractivos monótonos y afeminados de la virtud? Nos hablarán ustedes de la utilidad del uno y de la otra. ¿Pero es que nos incumbe escrutar las leyes de la naturaleza, debemos decidir nosotros si, el vicio siéndole tan necesario como la virtud, no nos inspira quizás en igual proporción la inclinación hacia uno u otra en razón de sus necesidades? Pero prosigamos.

El duque de Blangis, dueño a los dieciocho años de una fortuna ya inmensa y que se

acrecentó después por las rentas que percibió, sufrió todos los numerosos inconvenientes que surgen en torno a un joven rico, con influencia, y que no se niega nada; casi siempre en tal caso la medida de las fuerzas se convierte en la de los vicios, y uno se contiene tanto menos cuanto mayores son las facilidades de procurarse todo. Si el duque hubiese recibido de la naturaleza algunas cualidades primitivas, tal vez éstas hubiesen equilibrado los peligros de su posición, pero esta madre extravagante que parece a veces entenderse con la fortuna para que ésta favorezca todos los vicios que da a ciertos seres de los cuales espera cuidados muy diferentes de los que la virtud supone, y esto porque ella necesita tanto éstas como aquellos, la naturaleza, digo, al destinar a Blangis una riqueza inmensa, le había precisamente ofrecido también todos los impulsos, todas las inspiraciones necesarias para abusar de su fortuna. Con un espíritu muy negro y perverso, le había dado el alma más vil y más dura, acompañada de los desórdenes en los gustos y los caprichos de donde nacía el espantoso libertinaje al que el duque se sentía tan singularmente inclinado. Había nacido falso, duro, imperioso, bárbaro, egoísta, tan pródigo para sus placeres como avaro cuando se trataba de ser útil, mentiroso, glotón, borracho, cobarde, sodomita, incestuoso, asesino, incendiario, ladrón, y ni una sola virtud compensaba tantos vicios. ¡Qué digo!: no solamente no respetaba ninguna, sino que todas las virtudes le causaban horror, y a menudo se le oía decir que un hombre, para ser verdaderamente feliz en este mundo, no sólo debería entregarse a todos los vicios, sino además no permitirse nunca ninguna virtud, y que no se trataba solamente de obrar mal siempre, sino también de no hacer nunca el bien.

El duque decía:

-Hay mucha gente que sólo se entrega al mal cuando es impulsada por sus pasiones; una

vez recobrados de sus extravíos, sus almas regresan tranquilamente a los caminos de la virtud y pasan sus vidas de combates en errores y de errores en remordimientos sin que sea posible afirmar qué papel han representado en la tierra. Tales seres, continuaba, deben ser desgraciados: siempre flotantes, siempre indecisos, su vida transcurre odiando por la mañana lo que han hecho por la noche. Muy seguros de arrepentirse de los placeres de que disfrutan, se estremecen al permitírselos, de manera que se convierten a la vez en virtuosos en el crimen y criminales en la virtud. Mi carácter, más firme, añadía nuestro héroe, no se desmentirá nunca de esta manera: no dudo nunca en mis decisiones, y como siempre estoy seguro de hallar el placer en lo que hago, jamás el arrepentimiento mella lo que me atrae. Inmutable en mis principios, porque me formé sólidamente en ellos desde mis años mozos, obro siempre de acuerdo con ellos. Por ellos he conocido el vacío y la nada de la virtud; la odio, y nunca caeré en ella. Mis principios me han convencido de que el vicio está hecho para que el hombre experimente esa vibración moral y física que es la fuente de las más deliciosas voluptuosidades, a las que me entrego. Desde pronto me coloqué por encima de las quimeras de la religión, convencido de que la existencia del creador es un escandaloso absurdo en el que ni siquiera los niños creen. Ni siquiera necesito forzar mis inclinaciones para complacerlas. He recibido de la naturaleza estas inclinaciones, y no quiero irritarla fre- nándolas; si la naturaleza me las ha concedido malas es porque eran necesarias para sus designios. Yo sólo soy en sus manos una máquina que ella hace funcionar a placer, y ni uno solo de mis crímenes deja de servirle; cuantos más crímenes me aconseja, más necesita, y sería yo un necio si me opusiera a ella.

Por lo tanto, sólo tengo contra mí a las leyes, pero las desafío. Mi oro y mi influencia me ponen por encima de esos azotes vulgares que sólo deben

golpear al pueblo.

Si se le objetaba al duque que en todos los hombres existen ideas acerca de lo justo y lo injusto que no podían ser más que fruto de la naturaleza, porque se encontraban también en todos los pueblos, hasta en los que no estaban civilizados, contestaba que estas ideas eran siempre relativas, que el más fuerte encontraba siempre muy justo lo que el débil consideraba como injusto y que si se les cambiaba de lugar, ambos al mismo tiempo cambiarían igualmente de manera de pensar, de donde concluía que lo único realmente justo era lo que causaba placer e injusto lo que causaba aflicción; que en el momento en que tomaba cien luises del bolsillo de un hombre, realizaba una cosa muy justa para él, aunque el hombre robado la considerase todo lo contrario; que todas estas ideas, por ser arbitrarias, servían para encadenar a los tontos. Mediante estos razonamientos el duque justificaba todos sus desafueros y, como tenía mucho ingenio, sus argumentos parecían decisivos. Adecuando, pues, su conducta a su filosofía, el duque, desde su mocedad, se había abandonado sin freno a los extravíos más vergonzosos y extraordinarios. Su padre, que había muerto joven, lo había dejado, como he dicho, dueño de una fortuna inmensa, pero había puesto una cláusula en su testamento en virtud de la cual el joven dejaría gozar a su madre, mientras viviera, de una gran parte de dicha fortuna. Tal condición disgustó pronto a Blangis, y como criminal consideró que sólo el veneno podía ayudarlo, decidió emplearlo inmediatamente. Pero como el bribón comenzaba entonces la carrera del vicio, no se atrevió a obrar personalmente: encargó a una de sus hermanas, con la que mantenía relaciones criminales, la ejecución del envenenamiento, dándole a entender que si tenía éxito le entregaría parte de la fortuna que él recibiría como consecuencia de la muerte de la madre. Pero la joven se horrorizó ante tal proyecto, y el duque, viendo que su secreto mal confiado podía traicionarlo, decidió al punto añadir a su víctima a la que había querido hacer su cómplice; las llevó a una de sus heredades, de donde las dos desgraciadas mujeres no regresaron nunca. Nada alienta tanto como un primer crimen impune. Después de esta prueba, el duque rompió todos sus frenos. En cuanto alguien oponía a sus deseos el más ligero obstáculo, el veneno era empleado inmediatamente. De los asesinatos necesarios pasó pronto a los de la voluptuosidad; concibió esta desgraciada perversión que nos hace encontrar placer en los males de los demás; se dio cuenta de que una conmoción violenta impuesta a un adversario cualquiera proporciona al conjunto de nuestros nervios una vibración cuyo efecto, al irritar los espíritus animales que circulan en la concavidad de dichos nervios, los obliga a presionar los nervios erectores y a producir, tras esta sacudida, lo que se llama una sensación lúbrica. En consecuencia, empezó a cometer robos y asesinatos, teniendo como único principio el desenfreno y el libertinaje, de la misma manera que otro, para inflamar estas mismas pasiones, se contenta con ir a una casa pública. A los veintitrés años, junto con tres de sus compañeros de vicio, a los cuales había inculcado su filosofía, decidió detener una diligencia en pleno camino real, violar tanto a las mujeres como a los hombres, asesinarlos después, apoderarse del dinero del que no tenían ninguna necesidad y encontrarse los tres, aquella misma noche, en un baile de la Opera a fin de tener una coartada. Este crimen fue cometido: dos encantadoras señoritas fueron violadas y asesinadas en los brazos de su madre, y a eso pueden añadirse muchos otros horrores, pero nadie sospechó nada. Cansado de una esposa encantadora que su padre le había dado antes de morir, el joven Blangis no tardó en mandarla a hacer compañía a los manes de su madre, de su hermana y de sus otras víctimas, y esto para poder casarse con una doncella muy rica, pero públicamente deshonrada, y que él sabía bien que era la amante de su hermano. Era la madre de Aline, una de las protagonistas de nuestra novela, de la cual se ha hablado antes. Esta segunda esposa, pronto sacrificada como la primera, dio paso a una tercera, que pronto

también corrió la misma suerte que la segunda. Decíase que era su corpulencia lo que mataba a todas sus mujeres, y como su gigantismo era exacto en todos sus puntos, el duque dejaba que se propalase un rumor que velaba la verdad. Aquel coloso horrible daba la impresión, en efecto, de Hércules o de un centauro: el duque tenía una estatura de cinco pies y once pulgadas, miembros de gran fuerza y energía, articulaciones dotadas de tremendo vigor, nervios elásticos, y añádase a esto un rostro viril y fiero, grandes ojos negros, hermosas cejas oscuras, nariz aquilina, hermosos dientes, un aspecto de salud y frescura, robustos hombros, anchas espaldas, aunque bien torneadas, bellas caderas, nalgas soberbias, las más hermosas piernas del mundo, un temperamento de hierro, una fuerza de caballo y el miembro de un verdadero mulo, sorprendentemente velludo, dotado de la facultad de lanzar su esperma tan- tas veces como quisiera en un día, incluso a la edad de cincuenta años, que era los que tenía a la sazón, una erección casi continua de dicho miembro cuyo tamaño era de ocho pulgadas de circunferencia por doce de largo, y tendremos el verdadero retrato del duque de Blangis. Pero si esta obra maestra de la naturaleza era violento en sus deseos, ¿en qué se convertía, Dios mío, cuando la embriaguez de la voluptuosidad hacía presa en él? No era un hombre, sino un tigre furioso. ¡Desgraciado aquel que entonces servía a sus pasiones! Gritos espantosos, blasfemias atroces salían de su pecho hinchado, sus ojos llameaban, su boca soltaba espuma, relinchaba, se lo podía tomar por el dios de la lubricidad. Fuese cual fuese su manera de gozar entonces, sus manos necesariamente no sabían lo que hacían, y se le había visto más de una vez estrangular a una mujer en el momento de su pérfida descarga. Vuelto en sí, la despreocupación más completa sobre las infamias que acababa de permitirse tomaba pronto el lugar de su extravío, y de esta indiferencia, de esta especie de apatía, nacían casi inmediatamente nuevas chispas de voluptuosidad.

El duque, en su juventud había llegado a descargar su miembro dieciocho veces en un mismo día, sin que se lo viera más agotado la última vez que la primera. Siete u ocho veces seguidas no lo asustaban, a pesar de haber cumplido el medio siglo. Desde hacía casi veinticinco años se había habituado a la sodomía pasiva, cuyos ataques sostenía con el mismo vigor con que los devolvía activamente, un momento después, él mismo, cuando le gustaba cambiar de papel. En una apuesta había soportado hasta cincuenta y cinco asaltos en un día. Dotado, como hemos dicho, de una fuerza prodigiosa, le bastaba una mano para violar a una muchacha, cosa que había hecho varias veces. Un día apostó que ahogaría a un caballo entre sus piernas, y el animal reventó en el momento que el duque había indicado. Sus excesos en la mesa superaban, si ello es posible, los de la cama. La cantidad de víveres que tragaba era casi inconcebible. Hacía regularmente tres comidas al día, tan copiosas como largas, regadas con diez botellas de vino de Borgoña; había llegado a beberse treinta y estaba dispuesto a apostar contra cualquiera que llegaría hasta cincuenta, pero su embriaguez cobraba el cariz de sus pasiones, cuando los licores o los vinos le subían a la cabeza, se ponía tan furioso que era preciso amarrarlo. Y con todo eso, quién lo hubiera dicho, de tal modo es verdad que el alma responde bien mal a las disposiciones corporales, un niño resuelto hubiera espantado a aquel coloso, porque cuando para deshacerse de su enemigo no podía emplear sus trampas o la traición, se convertía en un ser tímido y cobarde, y la idea del combate menos peligroso incluso en igualdad de fuerzas, lo hubieran hecho huir hasta el fin del mundo. Sin embargo, como era costumbre, había intervenido en una o dos campañas militares, con tan poca honra que había tenido que abandonar el servicio. Sosteniendo su bajeza con tanto ingenio como descaro, pretendía altaneramente que siendo la cobardía un deseo de conservarse, era perfectamente imposible que la gente sensata la considerase como un defecto.

Conservando absolutamente los mismos rasgos morales y adaptándolos a una existencia física infinitamente inferior a la que acaba de ser trazada, tendremos el retrato del obispo de..., hermano del duque de Blangis. La misma negrura de alma, la misma inclinación al cri- men, el mismo desprecio por la religión, el mismo ateísmo, la misma bellaquería, el espíritu más flojo y sin embargo más hábil y artero en perder a sus víctimas, pero con un talle más esbelto y ligero, un cuerpo canijo, de salud vacilante, nervios delicados, un refinamiento ma- yor en los placeres, facultades mediocres, un miembro muy común, incluso pequeño, pero manejado con tanta habilidad y eyaculando siempre tan poco que su imaginación continuamente inflamada lo hacía susceptible, como en el caso de su hermano, de gozar del placer con tanta frecuencia como éste; por otra parte, sus sensaciones eran de tal finura, sus nervios se excitaban hasta tal extremo, que a menudo se desmayaba en el instante de su descarga y casi siempre perdía el conocimiento.

Tenía cuarenta y cinco años, cara de rasgos delicados, muy bellos ojos, pero una boca perversa y dientes podridos, cuerpo blanco y sin vello, trasero pequeño y bien formado y un miembro de cinco pulgadas de circunferencia, por seis de largo. Idólatra de la sodomía, tanto la activa como la pasiva, y más de ésta que aquélla, se pasaba la vida haciéndose dar por el culo, y este placer, que nunca exige un gran consumo de fuerza, se acomodaba con lo menguado de sus medios. Más adelante hablaremos de sus otros gustos. Por lo que respecta a los placeres de la mesa, los llevaba casi tan lejos como su hermano, pero ponía en ellos un poco más de sensualidad. Monseñor, tan infame como su hermano mayor, tenía por otra parte ciertos rasgos que lo ponían al mismo nivel sin duda que las célebres hazañas del héroe que acabamos de pintar. Nos contentaremos con citar una, que bastará para que el lector vea de qué podía ser capaz tal hombre, y lo que sabía y podía hacer habiendo hecho lo que va a leerse:

Uno de sus amigos, hombre muy rico, había tenido en otro tiempo amores con una hija de buena familia de la que había tenido dos hijos, un niño y una niña. Sin embargo, nunca había podido casarse con ella, y la muchacha se casó con otro. El amante de esta desgraciada murió joven, pero dueño de una inmensa fortuna; sin parientes por los que sintiera afecto, decidió dejar sus bienes a los dos desgraciados frutos de sus amores.

En el lecho de muerte, confió su proyecto al obispo y le entregó las dos grandes dotes,

que puso en dos carteras iguales, encomendándole la educación de los dos huérfanos y le pidió que entregase a cada uno de ellos lo que le correspondía cuando fueran mayores de edad. Al mismo tiempo, pidió al prelado que manejara los fondos de sus pupilos para que su fortuna se doblara. Le testimonió al mismo tiempo que deseaba que la madre ignorase siempre lo que hacía por sus hijos, y exigía que nunca se hablase del asunto con ella. Tomadas estas disposiciones, el moribundo cerró los ojos, y monseñor se vio dueño de cerca de un millón en billetes de banco y de dos niños. El miserable no dudó mucho en tomar su partido: el moribundo sólo había hablado con él, la madre debía ignorarlo todo, los hijos sólo tenían cuatro o cinco años. Hizo público que su amigo, antes de morir, había dejado sus bienes a los pobres, y desde ese mismo momento el infame se apoderó de ellos. Pero no era bastante arruinar a los dos infelices niños: el obispo, que nunca cometía un crimen sin maquinar otro inmediatamente, hizo retirar, con el consentimiento de su amigo, estos niños de la oscura pensión donde eran educados y los colocó en casa de personas de su confianza, decidido a convertirlos pronto en víctimas de sus pérfidas voluptuosidades. Cuidó de ellos hasta que llegaron a la edad de trece años. El primero que los cumplió fue el muchacho; se sirvió de él, lo sometió a todas sus orgías, y como era muy guapo se divirtió con él durante

unos ocho días. Pero la chiquilla no tuvo tanto éxito: llegó siendo fea a la edad prescrita, sin que nada detuviera sin embargo al lúbrico furor de nuestro canalla. Satisfechos sus deseos, temió que si dejaba vivir a aquellos muchachos descubriesen algo del secreto que se refería a ellos. Los condujo, pues, a una finca de su hermano, y convencido de encontrar en un nuevo crimen las chispas de lubricidad que el placer acababa de hacerle perder, inmoló a los dos a sus pasiones feroces y acompañó su muerte con episodios tan picantes y tan crueles que su voluptuosidad renació en el seno de los tormentos a que los sometió. El secreto es desgraciadamente demasiado seguro, y no hay libertino anclado en el vicio que no sepa en qué medida el asesinato influye en los sentidos y en qué medida determina una descarga voluptuosa. Esta es una verdad que el lector debe asimilar antes de emprender la lectura de una obra que tiene que desarrollar este sistema.

Tranquilo, después de perpetrados sus crímenes, monseñor regresó a París dispuesto a gozar del fruto de sus fechorías, y sin el menor remordimiento por haber traicionado las intenciones de un hombre incapaz, por su situación, de experimentar ni pena ni placeres.

El presidente Curval era el decano de la sociedad; de sesenta años de edad y singularmente gastado por el desenfreno, parecía un esqueleto. Era alto, enjuto, delgado, de ojos azules de apagado mirar, boca lívida y malsana, mentón saliente y nariz larga. Cubierto de vello como un sátiro, de espalda recta y nalgas blandas y colgantes, que parecían dos sucios paños de cocina oscilando encima de sus muslos, cuya piel aparecía magullada a fuerza de latigazos y tan curtida que no notaba cuando se la pellizcaban. En medio de todo esto véase, sin que tuviera que separarse la carne, un orificio inmenso cuyo enorme diámetro, olor y color le hacían parecer más un catalejo que el agujero de un culo. Y, para colmo, entraba en los hábitos de este puerco de Sodoma dejar siempre esta parte de su cuerpo en tal estado de suciedad que veíase siempre alrededor del ano un redondel de porquería de dos pulgadas de espesor. En la parte inferior del vientre tan arrugado como lívido y fofo, se veía en un bosque de pelos un instrumento que, en estado de erección, podía tener unas ocho pulgadas de largo por siete de circunferencia; pero dicho estado era muy raro y era necesaria toda una serie de circunstancias furiosas para lograr que se irguiera. Sin embargo, tenía aún erecciones por lo menos dos o tres veces por semana, y el presidente entonces enfilaba indistintamente todos los agujeros, aunque el del trasero de un joven era el que más le gustaba. El presidente se había hecho circuncidar, de modo que la cabeza de su miembro no estaba nunca cubierta, ceremonia que facilitaba mucho el placer y a la cual todas las personas voluptuosas deberían someterse. Aunque dicha ceremonia tiene por objeto mantener esta parte limpia, en el caso de Curval no era así: tan sucia como la otra, aquella cabeza pelona, naturalmente grande, re-sultaba por lo menos una pulgada más ancha que la circunferencia del miembro. Igualmente sucio en toda su persona, el presidente, que a esto añadía inclinaciones tan cochinas como su persona, era un personaje tan apestoso que acercarse a él no podía agradar a todo el mundo. Pero sus compinches no eran gente susceptible de escandalizarse por tan poca cosa y no le hablaban de ello. Pocos hombres había habido tan listos y desenfrenados como el presidente, pero completamente hastiado, absolutamente embrutecido, sólo le quedaban ya la depravación y la crápula del libertinaje. Se necesitaban más de tres horas 'de excesos, y de excesos de los más infames, para obtener de él un cosquilleo voluptuoso. En cuanto a la eyaculación, aunque tuviera lugar más a menudo que la erección, y casi una vez cada día, era difícil obtenerla o se lograba efectuando cosas tan singulares y a menudo tan crueles o sucias, que los agentes de su placer renunciaban a ello a menudo, lo que suscitaba en él una especie de cólera lúbrica que a veces surtía mejores efectos que los anteriores esfuerzos. Curval se encontraba tan hundido en el lodazal del vicio y del libertinaje, que le hubiera resultado

imposible hablar de otra cosa. Siempre tenía tanto a flor de labios como en el corazón, las más soeces expresiones, que entremezclaba con rudas blasfemias e imprecaciones surgidas del verdadero horror que experimentaba, como sus compañeros, por todo lo que se refería a la religión. Este desorden del espíritu, acrecentado aún por la embriaguez casi continua en la que le gustaba sentirse le daba desde hacía algunos años un aire de imbecilidad y de embrute- cimiento que, según afirmaba, le era muy agradable.

Tan glotón como borracho, era el único que podía competir con el duque, y a lo largo de

esta historia lo veremos realizar proezas que asombrarán sin duda a nuestros famosos comedores.

Desde hacía diez años, Curval no ejercía su cargo, no solamente porque estuviera incapacitado para ello: aunque hubiese podido desempeñarlo, creo que le habrían rogado que se abstuviera de ello todo la vida.

Curval había llevado una vida muy libertina, todos los extravíos le eran familiares, y

quienes lo conocían particularmente sospechaban que debía a dos o tres asesinatos execrables la inmensa fortuna que poseía. Sea lo que fuere, es muy verosímil para la historia que sigue que esta especie de exceso tenía el arte de conmoverlo intensamente, y fue a causa de esta aventura, que, desgraciadamente, tuvo poca repercusión, por lo que fue excluido de la Corte. Vamos a contarla para dar al lector una idea de su carácter.

Cerca del palacio de Curval vivía un pobre mozo de cuerda, padre de una bella

muchacha, que cometía la ridiculez de ser un hombre dotado de sentimientos. Más de veinte veces mensajes de todas clases habían tratado de corromper a aquel infeliz y a su mujer con proposiciones relativas a su hija, sin poder doblegarlos, y Curval, inspirador de aquellas embajadas, irritado por los continuos rechazos, no sabía qué hacer para gozar de la muchacha y para someterla a sus libidinosos caprichos. Cuando por fin decidió simplemente hundir al padre con el objeto de poder llevar a la hija a su cama. El medio fue tan bien concebido como ejecutado. Dos o tres bribones pagados por el presidente se cuidaron del asunto, y antes que terminara el mes el desgraciado mozo de cuerda se vio envuelto en un crimen imaginario supuesta mente cometido ante la puerta de su casa y que lo condujo pronto a los calabozos de la Conciergerie. El presidente, como podemos suponer, se encargó en seguida de este asunto, y como no tenía deseos de que el caso se alargara, en tres días, gracias a sus bribonadas y a su dinero, el desgraciado mozo de cuerda fue condenado al suplicio de la rueda, sin que hubiese cometido otro crimen que el de defender su honor y el de su hija.

Tras esto, el asedio volvió a empezar. Se habló con la madre, se le hizo ver que estaba en sus manos la suerte de su marido, que si daba satisfacción al presidente era claro que arrancaría a su marido de la suerte terrible que lo esperaba. Ya no era posible dudar. La mujer fue a aconsejarse; se sabía perfectamente a quien acudiría, y como los consejeros habían sido comprados, contestaron de inmediato que no había tiempo que perder. La desgraciada mujer lleva ella misma llorando a su hija a los pies de su juez; éste promete todo lo que se le pide, pero en realidad estaba muy lejos de cumplir su palabra. No solamente temía que el marido puesto en libertad armase ruido al advertir a qué precio había sido salvado, sino que el canalla experimentaba un placer más agudo haciéndose entregar lo que deseaba sin dar nada a cambio.

Sobre todo esto se habían ofrecido a su espíritu episodios de maldad que aumentaban su pérfida lubricidad. Y he aquí lo que maquinó para poner a la escena toda la infamia y la excitación que pudo:

Su palacio se encontraba delante de un lugar donde a veces se ejecutaba a criminales en

París, y como el delito se había cometido en aquel barrio, consiguió queda ejecución tuviese lugar sobre esta plaza en cuestión. A la hora indicada, hizo que la madre y la hija se encontrasen en palacio. Todo estaba bien cerrado por el lado de la plaza, de modo que en los aposentos donde tenía a sus víctimas no se veía nada de lo que estaba a punto de suceder. El canalla, que sabía la hora exacta de la ejecución, escogió aquel momento para desflorar a la muchacha en los brazos de su madre, y todo fue dispuesto con tanta habilidad y precisión, que el miserable eyaculaba en el culo de la doncella en el momento en que el padre expiraba. Una vez hubo terminado, dijo a sus dos doncellas, abriendo una ventana que daba a la plaza:

-Venid a ver... Venid a ver cómo he cumplido mi palabra.

Y las dos desgraciadas vieron, una de ellas a su padre y la otra a su marido, expirando bajo el hierro del verdugo. Ambas cayeron desmayadas, pero Curval lo había previsto todo. Este desmayo era su agonía: ambas fueron envenenadas y nunca volvieron a abrir los ojos. Por más que se cuidó de envolver este crimen, en las sombras del más profundo misterio algo trascendió: se ignoró la muerte de las dos mujeres, pero se sospechó vivamente de prevaricación en_ el asunto del marido. El motivo fue a medias conocido, y el resultado de todo ello fue su retiro. Desde aquel momento, Curval, sin necesidad ya de guardar el decoro, se precipitó en un nuevo océano de errores y crímenes. Se hizo buscar víctimas por todas partes para inmolarlas a la perversidad de sus gustos. Por una refinamiento de crueldad atroz, y sin embargo fácil de comprender, la clase del infortunio era la preferida para lanzar los efectos de su pérfida rabia. Tenía algunas mujeres que le buscaban noche y día, en las buhar- dillas y zahurdas todo lo de más desvalido que la miseria podía ofrecer, y bajo el pretexto de socorrer, las envenenaba, cosa que era uno de sus pasatiempos favoritos, o bien las atraía a su casa y las inmolaba él mismo a la perversidad de sus gustos. Hombres, mujeres, niños, todo era bueno para su pérfida rabia, y cometía excesos que lo hubieran podido llevar mil veces al cadalso si su nombre y su oro no lo hubiesen evitado. Fácil es comprender que un ser así se hallaba tan apartado de la religión como sus compañeros; la detestaba sin duda tan soberanamente como ellos, pero había hecho más para extirparla de los corazones, porque, aprovechándose del ingenio que poseía para escribir contra ella: era el autor de varias obras cuyos efectos habían sido prodigiosos, y estos éxitos, que recordaba continuamente, eran una de sus más caras voluptuosidades.

Cuanto más multiplicamos los objetos de nuestros goces... (1).

(a)... los débiles años de la infancia.

(b) Durcet tiene cincuenta y tres años, es bajo, gordo y robusto, rostro agradable y fresco, la piel muy blanca, todo el cuerpo y principalmente las caderas y las nalgas, completamente como de una mujer, su culo es rozagante, firme y rollizo, pero excesivamente abierto por el hábito de la sodomía, su pito es extraordinariamente pequeño, apenas tiene dos pulgadas de circunferencia por cuatro de largo, nunca se empalma, sus descargas son escasas y penosas, poco abundantes y siempre precedidas de espasmos que lo ponen en un estado de furor que lo lleva al crimen, tiene senos como una mujer, una voz dulce y agradable y es muy honrado en sociedad, aunque tenga una cabeza tan depravada como la de sus amigos. Compañero de escuela del duque, todavía se divierten juntos diariamente. Uno de los grandes placeres de Durcet consiste en hacerse cosquillear el ano por el enorme miembro del duque.

Tales son, en una palabra, querido lector, los cuatro criminales con los cuales voy a hacerte pasar algunos meses. Te los he descrito lo mejor que he podido para que los conozcas a fondo y para que nada te asombre en el relato de sus diferentes extravíos. Me ha sido imposible entrar en el detalle particular de sus gustos, porque al relatarlos hubiera

perjudicado el interés de la obra y a su plan principal. Pero a medida que el relato avance, no habrá más que seguirlos con atención y se descubrirán más fácilmente sus pecados habituales y la clase de manía voluptuosa que más les agrada a cada uno. Todo lo que ahora puede decirse grosso modo, es que eran generalmente susceptibles al placer de la sodomía, que los cuatro se hacían encular regularmente e idolatraban los culos.

(1) Colóquese aquí el retrato de Durcet que se encuentra en el cuaderno 18, encuadernado en rosa, y después de haber terminado este retrato con las palabras de los cuadernos... (a), prosígase así (b):

El duque, sin embargo, debido a su gran corpulencia y más bien, sin duda, por crueldad que por gusto, jodía también coños con el mayor placer.

El presidente también lo hacía a veces, pero más raramente.

En cuanto al obispo, los detestaba tan soberanamente que su sola presencia lo habría desempalmado por seis meses. Sólo había jodido uno en su vida, el de su cuñada, y con la intención de tener un hijo que pudiese procurarle un día los placeres del incesto. Ya hemos visto cómo logró sus propósitos.

Por lo que respecta a Durcet, idolatraba el culo por lo menos con tanto ardor como el obispo, pero gozaba de él de una manera más accesoria; sus ataques favoritos se dirigían contra un tercer templo. Más adelante nos será descifrado este misterio. Terminemos con los retratos esenciales para la comprensión de esta obra y demos ahora a los lectores una idea de las cuatro esposas de estos respetables maridos.

¡Qué contraste! Constance, la esposa del duque e hija de Durcet, era una mujer alta, delgada, digna de ser pintada, y formada como si las Gracias se hubiesen complacido en embellecerla, pero la elegancia de su talle no superaba en nada a su frescor, era rolliza, y las formas más deliciosas, que se ofrecían bajo una piel más blanca que los lirios, suscitaban la idea de que el mismo Amor se había tomado la molestia de modelarla. Su rostro era un poco alargado, de rasgos extraordinariamente nobles, con más majestad que gentileza y más autoridad que finura. Sus ojos eran grandes, negros, y llenos de fuego, su boca extremadamente pequeña, y adornada con los más hermosos dientes que se pudiese sospechar, tenía la lengua delgada, estrecha, de un bello color rojo, y su aliento era más dulce que el olor de las rosas. Sus senos eran rotundos, firmes y blancos como el alabastro, sus flancos descendían deliciosamente hasta el culo más artísticamente formado que la naturaleza había producido desde hacía mucho tiempo. Era completamente redondo, no muy grande pero firme, blanco, rollizo, y sólo se entreabría para ofrecer el agujerito más limpio, más gracioso y más delicado. Un leve matiz rosado coloreaba este culo, encantador asilo de los más dulces placeres de la lubricidad. Pero, ¡gran Dios!, ¡cuán poco tiempo conservó tantos atractivos! Cuatro o cinco ataques del duque marchitaron pronto todas las gracias, y Constance, después de su matrimonio, pronto no fue más que la imagen de un hermoso lirio que la tempestad acaba de tronchar. Dos muslos redondos y perfectamente- moldeados sos- tenían otro templo menos delicioso sin duda pero que ofrecía al partidario de éste tanto atractivos que sería inútil que mi pluma tratara de pintarlos. Constance era más o menos virgen cuando el duque se casó con ella, y su padre, el único hombre que ella había conocido, la había dejado, como se ha dicho, perfectamente entera por ese lado. Los más hermosos cabellos negros que caían en bucles naturales por encima de sus hombros y, cuando se quería, llegaban hasta el lindo vello del mismo color que sombreaba ese coñito

voluptuoso, se convertían en un nuevo adorno que hubiera hecho mal en omitir, y acababa de prestar a aquella criatura angélica, que debía tener unos veintidós años, todos los encantos que la naturaleza puede prodigar a una mujer. A todos sus atractivos Constance añadía un espíritu justo, agradable y más elevado de lo que podía esperarse de la triste situación en que la había colocado la suerte y cuyo horror ella sentía completamente, y con una sensibilidad menos delicada hubiera sido sin duda más feliz.

Durcet, que la había educado más como una cortesana que como una hija, y que sólo se

había preocupado por darle más buenas maneras que moralidad, no había podido sin embargo destruir en su corazón los principios de honradez y virtud con que la naturaleza la había dotado. No tenía religión, nunca se le había hablado de ella, jamás se le había permitido que la practicase, pero todo esto no había apagado en ella ese pudor, esa modestia natural que es independiente de las quimeras religiosas y que, en un alma honesta y sensible, difícilmente se desvanecen. No había abandonado nunca la casa de su padre, y el miserable la había utilizado para sus crapulosos placeres desde la edad de doce años. Ella encontró mucha diferencia en los que el duque gozaba con ella, su físico se alteró sensiblemente a causa de ello, y al día siguiente de haber sido desvirgada sodomíticamente por el duque cayó gravemente enferma. Creyóse que el recto había sido absolutamente perforado, pero su ju- ventud, su salud y el efecto de algunos medicamentos devolvieron pronto al duque el uso de esta vía prohibida, y la desgraciada Constance, obligada a habituarse a este suplicio diario, y que no era el único, se restableció completamente y se acostumbró a todo.

Adélaïde, mujer de Durcet e hija del presidente, era quizás una belleza superior a Constance, pero de un tipo completamente distinto. Tenía veinte años, bajita, delgada, fina y frágil, hecha para ser pintada, y con los más hermosos cabellos rubios que puedan verse. Un aire de interés y sensibilidad envolvía toda su persona, especialmente en los rasgos de su cara, le daba el aspecto de una heroína de novela. Sus ojos, extraordinariamente grandes, eran azules y expresaban a la vez ternura y decencia. Dos largas y finas cejas, regularmente trazadas, adornaban una frente poco elevada pero de una nobleza y un atractivo tal que era el templo del pudor mismo. Su nariz estrecha, un poco apretada en la parte superior, descendía insensiblemente en una forma semiaquilina. Sus labios eran delgados y de un color rojo vivo, y su boca, un poco grande, era el único defecto de su celeste rostro, sólo se abría para dejar ver treinta y dos perlas que la naturaleza parecía haber sembrado entre rosas. Tenía el cuello un poco largo, singularmente modelado, y por una costumbre bastante natural, la cabeza siempre inclinada hacia el hombro derecho, sobre todo cuando escuchaba. ¡Pero cuánta gracia la prestaba esta interesante actitud! Su pecho era pequeño muy redondo y firme, pero apenas podían llenar una mano. Eran como dos pequeñas manzanas que el Amor, retozando, había llevado allí tras haberlas robado del jardín de su madre. Tenía el pecho ligeramente hundido y muy delicado, el vientre liso y como si de raso y un montecito rubio con poco vello servía de peristilo al tempo donde Venus parecía exigir su homenaje. Este templo era estrecho, hasta el punto de que no se podía introducir en él un dedo sin hacerla gritar de dolor, y sin embargo, gracias al presidente, desde hacía cerca de dos lustros, la pobre niña no era virgen, ni por este lado ni por el otro, delicioso, del que aún no hemos hablado. ¡Cuántos atractivos poseía este segundo templo, qué bella era la línea de sus flancos, qué corte de nalgas, cuánta blancura y rosicler reunidos! Pero el conjunto resultaba un poco pequeño. Delicada en todas sus formas, Adélaïde era más bien el esbozo que el modelo de belleza, parecía que la naturaleza sólo hubiese querido indicar en Adélaïde lo que había realizado tan majestuosamente en Constance. Si se entreabría ese culo delicioso, un botón de

rosa se ofrecía entonces a uno, y era en toda su frescura y en el rosicler más suave cómo la naturaleza quería presentarlo; ¡pero qué estrecho, qué pequeño!, tanto, que sólo con infinitos trabajos había podido triunfar el presidente, dos o tres veces nada más, en sus ataques.

Durcet, menos exigente, la hacía poco desgraciada sobre este objeto, pero desde que ella era su mujer, ¡con cuántas complacencias crueles, con qué cantidad de otras sumisiones peligrosas tenía que comprar este pequeño beneficio! Y por otra parte, entregada a los cuatro libertinos, en virtud del convenio establecido, ¡cuántos crueles asaltos la esperaban, de la índole de los que agradaban a Durcet, y a todos los otros!

Adélaïde tenía un espíritu acorde con su rostro, es decir, extremadamente romanticón;

eran los lugares solitarios los que con más placer, buscaba, y en ellos derramaba a menudo lágrimas involuntarias, lágrimas que no se sabe bien a qué obedecen y que diríase que el presentimiento arranca a la naturaleza. Había perdido, hacía poco tiempo, a una amiga que idolatraba, y esta terrible pérdida estaba continuamente presente en su imaginación. Como ella conocía a su padre perfectamente bien, y sabía hasta donde llevaba sus extravíos, estaba persuadida de que su joven amiga había sido víctima de las maldades del presidente, porque éste nunca había podido convencerla de que le concediese ciertas cosas, lo cual nada tenía de inverosímil. Pensaba que algún día sufriría la misma suerte, cosa que nada tenía de impro- bable. El presidente no se había tomado, en cuanto a la religión, ninguna molestia con ella, como había hecho Durcet con Constance, se había limitado a dejar que naciera y, se fomentara, el prejuicio, pensando que sus discursos y sus libros la destruirían fácilmente. Se engañó: la religión es el alimento de un alma como la que tenía Adélaïde. Por más que el presidente predicó y la hizo leer a la joven, continuó siendo una devota, y todos los extravíos del presidente, que ella no compartía, que odiaba y de los que era víctima, estaban lejos de aniquilar las quimeras que constituían la felicidad de su vida. Se ocultaba para rezar a Dios, se escondía para cumplir sus deberes de cristiana, y siempre era castigada severamente por su padre o por su marido cuando cualquiera de ellos la descubría entregada a sus devociones.

Adélaïde lo aguantaba todo con paciencia, persuadida de que el Cielo la premiaría algún

día. Por otra parte, su carácter era tan dulce como su espíritu, y su bondad, una de las virtudes que la hacían más detestable para su padre, no tenía límites. Curval, irritado contra esa clase vil de la indigencia, sólo intentaba humillarla, envilecerla más o encontrar víctimas en ella. Su generosa hija, al contrario, se hubiera privado de su propio sustento para que lo tuviera el pobre y a menudo se la había visto ir a llevar a hurtadillas todas las cantidades destinadas para sus placeres. Por fin, Durcet y el presidente la reprendieron y frenaron tan bien, que la corrigieron de este abuso, y la privaron de todos sus medios. Adélaïde, no teniendo más que lágrimas para ofrecer a los infortunados, iba todavía a derramarlas sobre sus males, y su corazón impotente, pero siempre sensible, no podía dejar de ser virtuoso. Un día se enteró de que una desgraciada mujer iba a llevar a prostituir a su hija al presidente, debido a su extrema miseria. Ya se disponía el encantado libertino a gozar de este placer, que era uno de sus preferidos; enseguida Adélaïde hizo vender secretamente uno de sus trajes, dispuso que se entregara el dinero a la madre y, mediante esta ayuda y un sermón, pudo apartarla del crimen que iba a cometer. Al enterarse de esto el presidente, y como su hija todavía no estaba casada, la hizo objeto de tales violencias que la muchacha tuvo que guardar cama durante quince días, sin que ello cambiara en nada los tiernos sentimientos de aquella alma sensible.

Julie, mujer del presidente e hija mayor del duque, hubiera eclipsado a las dos precedentes de no haber sido por un defecto capital para muchas personas y que tal vez había sido

decisivo en la pasión que Curval experimentaba por ella, tan es verdad que los efectos de las pasiones son inconcebibles y que su desorden, fruto del hastío y la saciedad, sólo se puede comparar con sus extravíos. Julie era alta, bien formada, aunque gruesa y rolliza, con los más bellos ojos oscuros posibles, nariz encantadora, rasgos salientes y graciosos, cabellos muy castaños, cuerpo blanco y deliciosamente regordete, un culo que hubiera podido servir de modelo para el que esculpió Praxíteles, el coño caliente, estrecho y de un goce tan agradable como puede serlo un local así, bellas piernas y encantadores pies; pero la boca peor ornada, los dientes más podridos, y llevaba el cuerpo tan sucio, principalmente los dos templos de la lubricidad, que ningún otro ser, lo repito, ningún otro ser excepto el presidente, poseedor del mismo defecto y amándolo, ningún otro ser seguramente, a pesar de sus atractivos, se hubiera liado con Julie. Pero Curval estaba loco por ella; sus más divinos placeres los libaba en aquella boca repugnante, entraba en delirio cuando la besaba, y en cuanto a su natural suciedad, estaba bien lejos de reprochársela, al contrario, la estimulaba y finalmente había obtenido que ella se divorciara completamente del agua. A estos defectos, Julie añadía algunos otros, pero menos desagradables sin duda: era muy glotona, inclinada a las borracheras, poco virtuosa y creo que, si se hubiese atrevido, el puterío no la hubiese asustado. Educada por el duque en una ignorancia total de principios y maneras, ella adoptaba esta filosofía; pero por un efecto muy extravagante del libertinaje, sucede a menudo que una mujer que tiene nuestros defectos nos gusta mucho menos en nuestros placeres que otra que sólo tiene virtudes: una se nos parece, y no la escandalizamos; la otra se asusta, lo cual resulta un atractivo mucho más seguro.

El duque, a pesar de lo enorme de su construcción había gozado de su hija, pero se había visto obligado a esperarla hasta los quince años, y a pesar de eso no había podido evitar que saliese muy estropeada de la aventura, y de tal manera que, teniendo deseos de casarla, se había visto obligado a interrumpir sus placeres y a contentarse con ella con placeres menos peligrosos aunque igualmente cansados. Julie ganaba poco con el presidente, cuyo miembro, como sabemos era muy gordo, y por otra parte, aunque ella era sucia por negligencia, no le gustaba la inmundicia de las orgías del presidente, su querido esposo.

Aline, hermana menor de Julia y realmente hija del obispo estaba muy lejos de las

costumbres, del carácter y de los defectos de su hermana.

Era la más joven de las cuatro, apenas había cumplido los dieciocho años; tenía un rostro

fresco y casi travieso, ojos oscuros llenos de vivacidad y expresivos, nariz pequeña y una boca deliciosa, talle bien formado aunque un poco ancho, bien carnoso, la piel un poco morena pero suave y bonita, el culo un poco grande pero bien moldeado, el conjunto de las nalgas más voluptuoso que pueda presentarse a los ojos del libertino, un monte oscuro y bonito, el coño un poco bajo, lo que se llama a la inglesa, pero perfectamente estrecho y cuando fue ofrecida a la asamblea era totalmente virgen. Lo era todavía cuando se celebró la partida del placer cuya historia escribimos, y ya veremos cómo fueron destruidas estas primicias. Por lo que respecta a las del culo, el obispo gozaba de él tranquilamente cada día, pero sin haber logrado dar gusto a su querida hija, la cual, a pesar de su aspecto travieso y risueño, sólo se prestaba sin embargo por obediencia y no había demostrado aún que el más ligero placer le hiciera compartir las infamias de que era diariamente víctima. El obispo la había dejado en una ignorancia absoluta, apenas sabía leer y escribir e ignoraba completamente lo que era la religión. Su espíritu natural era pueril, contestaba con chuscadas, jugaba, quería mucho a su hermana, detestaba soberanamente al obispo y temía al duque como al fuego. El día de las bodas, cuando se vio desnuda en medio de cuatro hombres, lloró y dejó que hicieran con ella lo que quisiesen sin placer y sin ánimos. Era sobria, muy

limpia y sin otro defecto que el de la pereza, reinando la indolencia en todas sus acciones y en toda su persona, a pesar del aire de vivacidad que había en sus ojos. Odiaba al presidente casi tanto como a su tío, y Durcet, que no tenía miramientos con ella, era sin embargo el único que, al parecer, no le inspiraba ninguna repugnancia.

Tales eran, pues, los ocho principales personajes con los cuales te haremos vivir, querido lector. Es hora ya de que te descubramos el objeto de los placeres singulares que se proponían:

Es aceptado por los verdaderos libertinos que las sensaciones transmitidas por el órgano

del oído son las que halagan más e impresionan más vivamente; en consecuencia, nuestros cuatro criminales, que querían que la voluptuosidad penetrase en sus corazones lo más profundamente posible, habían imaginado a tal efecto una cosa bastante singular.

Se trataba, después de haberse rodeado de todo lo que mejor podía satisfacer a los otros

sentidos mediante la lubricidad, de hacer que se narrara con todo lujo de detalles, y por orden, todos los diferentes extravíos de esta orgía, todas sus ramificaciones, todos sus escarceos, lo que se llama, en una palabra, en el idioma del libertinaje, todas las pasiones. Es difícil imaginar hasta qué punto las varía el hombre cuando su imaginación se inflama, su diferencia entre ellos, excesiva en todas sus manías, en todos sus gustos,' lo es todavía más en este caso y quien pudiese fijar y detallar estos extravíos haría tal vez uno de los mejores trabajos sobre las costumbres, y quizás uno de los más interesantes. Se trataba, pues, en primer lugar, de hallar personas en condiciones de dar cuenta de todos esos excesos, de analizarlos, alargarlos, detallarlos y, a través de todo ello, comunicar interés al relato. Tal fue, en consecuencia, el partido que se tomó. Después de un sin fin de informaciones y averigua- ciones, hallaron cuatro mujeres que estaban ya de vuelta — era lo que se necesitaba, puesto que en esta situación la experiencia era lo más esencial-. Cuatro mujeres, digo, que habían pasado sus vidas en orgías desenfrenadas, y que se hallaban en situación de ofrecer un relato exacto de sus aventuras; y como se había procurado escogerlas dotadas de cierta elocuencia y de una contextura de espíritu apta para lo que de ellas se exigía, después de haber sido escuchadas una y otra vez, las cuatro se encontraron en disposición de contar, cada una en las aventuras de su vida, los extravíos más extraordinarios del libertinaje, y esto dentro de tal orden, que la primera, por ejemplo, introduciría en el relato de los acontecimientos de su vida las ciento cincuenta pasiones más sencillas y las desviaciones menos rebuscadas o las más ordinarias, la segunda, en un mismo marco, un número igual de pasiones más singulares y de uno o varios hombres con varias mujeres, la tercera, igualmente, en su historia, debería introducir ciento cincuenta manías de las más criminales e insultantes para las leyes, la naturaleza y la religión, y como todos estos excesos conducen al asesinato, y estos asesinatos cometidos por el libertinaje varían hasta el infinito, y tantas veces como la imaginación inflamada del libertino adopta diferentes suplicios, la cuarta tendría que añadir a los acontecimientos de su vida el relato detallado de ciento cincuenta diferentes torturas de esas. Mientras tanto, nuestros libertinos, rodeados, como he dicho antes, de sus mujeres y de varios otros sujetos de toda índole, deberían escuchar, se inflamarían y acabarían por apagar, con sus mujeres o con esos diferentes sujetos, el incendio que las narradoras hubiesen producido. Nada hay sin duda más voluptuoso en este proyecto como la manera lujuriosa con que se procedió, y por esta manera y los diferentes relatos que formarán esta obra, es por lo que yo aconsejo, después de esta exposición, que toda persona devota lo deje ensegui- da si no quiere ser escandalizada, porque el plan es poco casto y nosotros respondemos por anticipado que la ejecución del mismo lo será mucho menos. Como las cuatro actrices de

que se trata aquí representan un papel muy importante en estas memorias, creemos, aunque por ello tengamos que pedir excusas al lector, estar obligados a pintarlas. Ellas contarán, actuarán. Después de esto, ¿es posible dejarlas en el anonimato? No se esperen retratos de bellezas, aunque hubo sin duda el proyecto de servirse físicamente y moralmente de estas cuatro criaturas; sin embargo, no fueron ni sus atractivos ni su edad lo determinante aquí, sino únicamente su espíritu y su experiencia, y en este sentido era imposible ser mejor servido de lo que se fue.

La señora Duclos era el nombre de la que se encargó del relato de las ciento cincuenta pasiones simples. Era una mujer de cuarenta y ocho años, bastante fresca todavía, que tenía grandes restos de belleza, hermosos ojos, piel muy blanca y uno de los más hermosos y rolli- zos culos que se puedan ver, la boca fresca y limpia, los senos soberbios, hermosos cabellos castaños, cintura ancha, pero esbelta, y todo el aire de una muchacha distinguida. Había pasado su vida, como se verá luego, en sitios donde había podido estudiar lo que iba a relatar, y se veía que lo haría con ingenio, facilidad e interés.

La señora Champville era una mujer alta de unos cincuenta años, delgada, bien formada, de porte y mirada muy voluptuosos; fiel imitadora de Safo, esto se delataba hasta en sus menores movimientos, en los gestos más sencillos y en sus más cortas frases. Se había arrui- nado manteniendo a mujeres, y sin esta inclinación a la cual sacrificaba generalmente todo lo que podía ganar en el mundo, hubiese podido vivir de una manera holgada. Había sido durante mucho tiempo una prostituta, y desde hacía algunos años practicaba a su vez el oficio de alcahueta, pero se limitaba a cierto número de individuos, todos disolutos y de cierta edad; jamás recibía a gente joven, y esta conducta prudente y lucrativa apuntalaba un poco sus negocios. Había sido rubia, pero un color menos brillante empezaba a aparecer en su cabellera. Sus ojos eran muy hermosos, azules y con una expresión muy agradable. Su boca era bella, todavía fresca y con toda su dentadura, sus senos eran casi inexistentes, un vientre sin nada de particular, nunca había inspirado deseo, el monte de Venus un poco prominente y el clítoris saliente, de unas tres pulgadas, cuando se calentaba al hacerle cosquillas en esta parte de su cuerpo, podía tenerse la seguridad de ver que casi se des- mayaba, especialmente si el servicio se lo hacía una mujer. Su culo era muy fofo y resabiado, completamente fláccido y marchito, y tan curtido por hábitos libidinosos que nos contará su historia, que podía hacerse en él todo lo que uno quisiera sin que ella lo advirtiese. Cosa bastante singular y muy rara en París sobre todo, es que era virgen por ese lado, como una muchacha que sale del convento, y quizás sin la maldita orgía en que tomó parte con gente que sólo quería cosas extraordinarias, y a quién por consiguiente agradó ésta, tal vez, digo, sin dicha orgía esta particular virginidad hubiera muerto con ella.

La Martaine, una gorda mamá de cincuenta y dos años, mujer rozagante y sana y dotada de las más voluminosas y bellas posaderas que puedan tenerse ofrecía todo lo contrario de la aventura. Su vida había transcurrido en el desenfreno sodomita, y estaba tan familiarizada con ello que sólo gozaba por ese lado. Como una malformación de la naturaleza (estaba obstruida) le había impedido conocer otra cosa, se había entregado a esta clase de placer, arrastrada por esa imposibilidad de hacer otra cosa y por sus primeros hábitos, y continuaba en la práctica de esta lubricidad en la que se asegura que era aún deliciosa, desafiándolo todo y no temiendo nada. Los más monstruosos instrumentos no la asustaban, hasta los prefería, y la continuación de estas memorias nos la presentará tal vez combatiendo valerosamente bajo las banderas de Sodoma como el más intrépido de los bribones. Tenía unos rasgos

bastante graciosos, pero un aire de languidez y debilidad empezaba a marchitar sus atrac- tivos, y sin su gordura, que aún la sostenía, hubiera podido pasar por muy avejentada.

En lo que atañe a la Desgranges, era el vicio y la lujuria personificados: alta, delgada, de cincuenta y seis años, un aspecto lívido y descarnado, con los ojos apagados y los labios muertos, ofrecía la imagen del crimen a punto de perecer por falta de fuerzas. Muchos años atrás había sido morena y decíase que había poseído un hermoso cuerpo; mas poco a poco se había convertido en un esqueleto que sólo podía inspirar repugnancia. Su culo marchito, usado, marcado, desgarrado, parecía más bien cartón cuero que piel humana, y el agujero era tan ancho y arrugado que un grueso miembro podía penetrarlo a pelo sin que ella lo advirtiera. Para colmo de atractivos, esta generosa atleta de Citerea, herida en varios combates, tenía una teta de menos y tres dedos cortados. Cojeaba, le faltaban seis dientes y un ojo. Tal vez sepamos qué clase de ataques había soportado para salir tan maltrecha; pero lo cierto es que nada la había corregido, y si su cuerpo era la imagen de la fealdad, su alma era el receptáculo de todos los vicios y de todas las fechorías más inauditas: incendiaria, parricida, incestuosa, sodomita, tortillera, asesina, envenenadora, culpable de violaciones, robos, abortos y sacrilegios, se podía afirmar con razón que no había un solo crimen en el mundo que aquella bribona no hubiese cometido o hecho cometer. En la actualidad era alcahueta; era una de las abastecedoras tituladas de la sociedad, y como a su mucha experiencia unía una jerga bastante agradable, había sido escogida para ser la cuarta narradora, es decir, aquella en cuyo relato se encontrarían más horrores e infamias. ¿Quién mejor que una criatura que los había cometido todos podía representar aquel personaje?

Halladas estas mujeres, y halladas en todo tal como se las deseaba, fue preciso ocuparse

de los accesorios. Al principio se había deseado rodearse de un gran número de objetos lujuriosos de los dos sexos, pero cuando se hubo comprobado que el local donde esta lúbrica fiesta podría efectuarse cómodamente era aquel mismo castillo en Suiza que pertenecía a Durcet y al que había mandado a la pequeña Elvire, que este castillo no muy grande no podría albergar a tantos habitantes y que además podía resultar indiscreto y peligroso llevar allá tanta gente, se limitaron a treinta y dos las personas, incluidas las narradoras, a saber: cuatro de esta clase, ocho muchachas, ocho muchachos, ocho hombres dotados de miem- bros descomunales para las voluptuosidades de la sodomía pasiva y cuatro sirvientes. Pero todo esto se deseaba refinado; transcurrió un año entero dedicado a tales de talles, se gastó muchísimo dinero, y he aquí las precauciones que se tomaron respecto a las ocho muchachas con el fin de disponer de lo más delicioso que podía ofrecer Francia: dieciséis alcahuetas inteligentes, con dos ayudantes cada una de ellas, fueron enviadas a las dieciséis principales provincias de Francia, aparte de otra que trabajaba sólo en París con el mismo objeto. Cada una de estas celestinas fue citada en una de las fincas del duque, cerca de París, en donde debían presentarse todas en la misma semana, diez meses después de su partida, ese fue el tiempo que se les dio para su búsqueda. Cada una de ellas tenía que llevar nueve personas, lo cual significaba un total de ciento cuarenta y cuatro muchachas, de las cuales sólo ocho serían escogidas.

Se había recomendado a las alcahuetas que sólo prestaran atención a la alcurnia, virtud y delicioso rostro; debían buscar principalmente en las casas honestas, y no se les permitía ninguna muchacha que no hubiese sido robada o de un convento de pensionistas de calidad o del seno de su familia, y de una familia distinguida. Toda la que no estuviera por encima de la clase burguesa, y que dentro de las clases superiores no fuese muy virtuosa y perfectamente virgen, era rechazada sin misericordia; muchos espías vigilaban las gestiones

de estas mujeres e informaban inmediatamente a la sociedad acerca de lo que hacían.

Por la persona que cumplía las mencionadas condiciones se pagaba treinta mil francos, con todos los gastos pagados. Es inaudito lo que todo aquello costó. En lo que concierne a la edad, se había fijado entre los doce y quince años, y todo lo que estuviese por encima o por debajo era absolutamente rechazado. Mientras tanto, de la misma forma, los mismos medios y los mismos gastos, situando igualmente la edad entre doce y quince años, diecisiete agentes de sodomía recorrían la capital y las provincias, y su cita en la finca del duque se había fijado para un mes después de la elección de las muchachas. En cuanto a los jóvenes que designaremos desde ahora con el nombre de jodedores, fue la medida de su miembro lo único que se tuvo en cuenta: no se quería nada por debajo de diez o doce pulgadas por siete y medio de circunferencia. Ocho hombres trabajaron en este asunto en todo el reino, y se les citó para un mes después de la entrevista de los jóvenes. Aunque la historia de estas elecciones y entrevistas se aparte de nuestro tema, no queda fuera de propósito decir algunas palabras aquí para mejor dar a conocer aún el genio de nuestros cuatro héroes; me parece que todo lo que sirve para describirlos y arrojar luz sobre una orgía tan extraordinaria como la que vamos a describir no puede ser considerado como un entremés.

Cuando llegó el momento de la entrevista de las jóvenes, la gente se dirigió a la finca del duque. Como algunas alcahuetas no habían podido llegar al número de nueve, otras habían perdido algunos individuos por el camino, sea por enfermedad o por fuga, sólo llegaron ciento treinta a la cita, ¡pero cuántos atractivos, gran Dios!, nunca, creo, se vieron tantos reunidos. Se dedicaron trece días a este examen, y cada día se pasaba revista a diez. Los cuatro amigos formaban un círculo en medio del cual aparecía la muchacha, primero vestida tal como estaba en el momento de su rapto, y la alcahueta que la había corrompido contaba la historia; si faltaba algo a las condiciones de nobleza y virtud, la muchacha era rechazada sin ahondar más en el asunto, se marchaba sola y sin ningún tipo de socorro, y la alcahueta perdía todo el dinero que le hubiese costado la muchacha. Tras haber dado la alcahueta toda clase de detalles, se retiraba y se procedía a interrogar a la doncella para saber si lo que se había dicho de ella respondía a la verdad. Si todo era cierto, la alcahueta regresaba y levantaba las faldas de la muchacha por detrás a fin de mostrar sus nalgas a la asamblea; era lo primero en examinar. El menor defecto en esta parte motivaba su rechazo instantáneo; si por el contrario nada faltaba a este tipo de atractivos, se la hacía desnudar completamente y, en tal estado, la muchacha pasaba y volvía a pasar, cinco o seis veces seguidas, de uno a otro de los libertinos, los cuales la hacían girar, la manoseaban, la olían, la alejaban, le examinaban sus virginidades, pero todo esto de una manera fría, y sin que la ilusión de los sentidos viniera a turbar el examen. Tras esto, la chiquilla se retiraba, y al lado de su nombre escrito en un billete, los examinadores ponían aceptada o rechazada, y firmaban la nota; luego estos billetes se ponían en una caja, sin que ninguno de ellos se comunicasen sus ideas. Una vez examinadas todas, se abría la caja: para que una muchacha fuera aceptada era necesario que tuviese en su billete los cuatro nombres de los amigos a su favor. Si faltaba uno, era rechazada y todas, inexorablemente, como he dicho, se marchaban a pie, sin ayuda y sin guía, excepto una docena quizás con las cuales se divirtieron nuestros libertinos, después de haber efectuado la elección, y después cedieron a sus respectivas alcahuetas.

En la primera vuelta hubo cincuenta personas rechazadas, fueron repasadas las otras ochenta, pero con más esmero y severidad; el más leve defecto significaba la inmediata exclusión. Una de ellas, bella como el día, fue rechazada porque tenía un diente un poco más alto que los otros; otras veinte muchachas fueron excluidas también porque sólo eran hijas de burgueses. Treinta saltaron en la segunda vuelta, no quedaban, pues, más que cincuenta.

Se resolvió no proceder a un tercer examen sin antes haber perdido el semen gracias a aquellas cincuenta mujeres, a fin de que la calma perfecta de los sentidos redundara en una elección más segura. Cada uno de los amigos se rodeó de un grupo de doce o trece de aquellas muchachas. Los grupos, dirigidos por las alcahuetas, iban de uno a otro. Se cambiaron tan artísticamente las actitudes, todo estuvo tan bien dispuesto, hubo en una palabra tanta lubricidad, que el esperma eyaculó, las cabezas se calmaron y treinta de ese último número desaparecieron aquel mismo día. Sólo quedaban veinte; todavía había doce de más. Se calmaron por nuevos medios, por todos los que se creía que harían nacer el hastío, pero las veinte permanecieron, ¿y qué hubiera podido suprimirse de un número de criaturas tan singularmente celestes que hubiérase dicho eran obra de la divinidad? Fue necesario, por lo tanto, entre bellezas iguales, buscar en ellas algo que pudiera al menos asegurar a ocho de ellas una especie de superioridad sobre las otras doce, y lo que propuso el presidente sobre esto era digno de su desordenada imaginación. No importa, el expediente fue aceptado; se trataba de saber cuál de ellas haría mejor una cosa que se les haría hacer a menudo. Cuatro días bastaron para decidir ampliamente esta cuestión, doce fueron despedidas, pero no en blanco como las otras; se gozó de ellas durante ocho días, y de todas las maneras. Luego, como he dicho, fueron cedidas a las alcahuetas, las cuales se enriquecieron pronto con la prostitución de personas tan distinguidas como aquellas. En cuanto a las ocho escogidas, fueron alojadas en un convento hasta el instante de la partida, y para reservarse el placer de gozar de ellas en el momento escogido, no fueron tocadas.

No me entretendré en pintar a estas bellezas: eran todas tan parejamente superiores que

mis pinceles resultarían necesariamente monótonos; me contentaré con nombrarlas y afirmar de veras que es perfectamente imposible imaginarse tal conjunto de gracias, atractivos y perfecciones, y que si la naturaleza quisiera dar al hombre una idea de lo que ella puede formar de más sabio, no le presentaría otros modelos.

La primera se llamaba Augustine: tenía quince años, era hija de un barón del Languedoc y había sido robada de un convento de Montpellier.

La segunda se llamaba Fanny: era hija de un consejero del parlamento de Bretaña y

robada del castillo mismo de su padre.

La tercera se llamaba Zelmire: tenía quince años, era hija del conde de Terville, que la

idolatraba. La había llevado con él de caza a una de sus tierras de la Beauce y, habiéndola dejado sola, unos momentos en el bosque, fue raptada inmediatamente. Era hija única y, con una dote de cuatro cientos mil francos, debía casarse al año siguiente con un gran señor. Fue la que lloró y se apenó más por el horror de su suerte.

La cuarta se llamaba Sophie: tenía catorce años y era hija de un gentilhombre de holgada fortuna que vivía en sus tierras del Berry. Había sido raptada durante un paseo con su madre, la cual, al tratar de defenderla, fue arrojada a un río, donde la hija la vio morir, ante sus ojos.

La quinta se llamaba Colombe: era de París, hija de un consejero del Parlamento; tenía

trece años y había sido raptada cuando regresaba con su aya, por la tarde, de su convento, a la salida de un baile infantil. El aya había sido apuñalada.

La sexta se llamaba Hébé: tenía doce años, era la hija de un capitán de caballería, hombre de alta condición que vivía en Orléans. La joven había sido seducida y raptada del convento donde se educaba; dos religiosas habían sido sobornadas con dinero. Era imposible imagi- narse nada más seductor y más lindo.

La séptima se llamaba Rosette: tenía trece años, era hija de un teniente general de Chalon- sur-Saône. Su padre acababa de morir, ella se encontraba en el campo con su madre, y fue

raptada, ante los mismos ojos de su familia, por unos individuos disfrazados de ladrones.

La última se llamaba Mimi o Michette: tenía doce años, era hija del marqués de Senanges y había sido raptada en las tierras de su padre en el Borbonés mientras paseaba en una calesa acompañada de dos o tres mujeres del castillo, que fueron asesinadas. Como puede verse, los aprestos de estas voluptuosidades costaban mucho dinero y no pocos crímenes; con tales gentes, los tesoros importaban poco, y en cuanto a los crímenes, vivíase entonces en un siglo en que los asesinos no eran buscados y castigados como lo fueron después. Por lo tanto, todo salió a pedir de boca, y tan bien que nuestros libertinos no fueron nunca inquietados y apenas hubo pesquisas.

Llegó el momento del examen de los jóvenes. Como ofrecían más facilidades, su número fue mayor. Fueron presentados ciento cincuenta, y no exageraré al afirmar que por lo menos igualaban en belleza a las muchachas, tanto por sus deliciosos rostros como por sus gracias infantiles, su candor, su inocencia y su infantil nobleza. Eran pagados a treinta mil francos cada uno, el mismo precio que las muchachas, pero los alcahuetes no arriesgaban nada, porque como la caza era más fina y mucho más del gusto de nuestros amigos, se había decidido que no se ahorraría ningún gasto, que serían devueltos algunos, pero como antes serían utilizados se les pagaría igualmente.

El examen se efectuó como el de las mujeres, se pasó revista a diez cada día, con la

precaución muy prudente, y que se había descuidado con las jóvenes, con la precaución, digo, de eyacular siempre mediante el ministerio de los diez presentados antes de proceder al examen. Casi se había querido excluir al presidente, porque se desconfiaba de la depravación de sus gustos; habían creído ser engañados en la elección de las mujeres por su maldita inclinación a la infamia y la degradación: él prometió no entregarse a sus excesos, y si cumplió su palabra no fue verosímilmente sin gran trabajo, porque una vez que la imaginación desbocada o depravada se ha acostumbrado a esa índole de ultrajes al buen gusto y a la naturaleza, ultrajes que la halagan tan deliciosamente, es muy difícil volver a llevarla al buen camino: parece que el deseo de servir sus gustos le arrebata la facilidad de ser dueña de sus juicios. Despreciando lo que es verdaderamente bueno, y sólo queriendo lo que es horrible, actúa como piensa y la vuelta a sentimientos más verdaderos le parece un insulto hecho contra principios de los cuales le disgustaría apartarse. Cien jóvenes fueron recibidos por unanimidad en las primeras sesiones, y fue necesario reconsiderar cinco veces los juicios emitidos para escoger el pequeño número que tenía que ser admitido. Por tres veces seguidas quedaron cincuenta jóvenes, tras lo cual se tuvo que acudir a medios singulares para rebajar el prestigio de los ídolos, se hiciera lo que se hiciera con ellos, y limitarse a los que deberían ser admitidos. Imaginóse disfrazarlos de muchachas: veinticinco desaparecieron tras esta astucia, que prestando a un sexo al que se idolatraba el aspecto de aquel del que se estaba hastiado los desvaloró y les arrebató casi toda la ilusión. Pero nada pudo hacer variar el escrutinio a los veinticinco últimos. Por más que se hizo, por más que se perdió semen, por más que no se escribió ningún nombre en billetes hasta el momento de la descarga, por más que se emplearon los medios seguidos con las muchachas, se mantuvieron los mismos veinticinco y tomóse el partido de sortearlos. He aquí los nombres que se dieron a los que permanecieron, con su lugar de nacimiento, edad y detalles de sus aventuras, ya que renuncio a hacer sus retratos: los rasgos del Amor no eran seguramente más delicados, y los modelos donde el Albano iba a escoger los rostros de sus ángeles divinos eran ciertamente muy inferiores.

Zélamir tenía trece años: era el hijo único de un gentilhombre de Poitou que lo educaba con toda suerte de cuidados en sus tierras. Lo habían enviado a Poitiers para que visitara a una pariente, acompañado por un solo criado, y nuestros rateros, que lo esperaban, asesinaron al criado y se apoderaron del niño.

Cupidon tenía la misma edad que el anterior: se encontraba en el colegio de la Flèche. Hijo

de un gentilhombre de los alredededores de esta ciudad cursaba en ella sus estudios. Fue espiado y, raptado durante un paseo que los escolares daban el domingo. Era el muchacho más lindo de todo el colegio.

Narcisse tenía doce años; era caballero de Malta. Lo habían raptado en Rouen, donde su

padre desempeñaba un cargo honorable y compatible con la nobleza; cuando fue raptado, viajaba hacia el colegio de Louis-le-Grand de París.

Zéphyr el más delicioso de los ocho, suponiendo que la excesiva belleza de todos hubiese hecho posible la elección, era de París, donde estudiaba en un célebre internado. Su padre era un oficial general que hizo todo lo posible en el mundo para recobrarlo sin conseguirlo; el dueño del internado había sido sobornado con dinero, y había entregado a siete muchachos, de los cuales seis habían sido desechados. Zéphyr había enloquecido al duque, quien aseguró que si hubiese sido necesario un millón para encular a aquel chiquillo, lo hubiera desembolsado inmediatamente. Se reservó las primicias, que le fueron concedidas.

¡Oh tierno y delicado niño, qué desproporción y suerte horrenda te estaba deparada!

Céladon era hijo de un magistrado de Nancy; fue raptado en Lunéville, a donde había ido para visitar a una tía. Acababa de cumplir catorce años. Fue el único seducido por medio de una chiquilla de su edad que se encontró el medio de lograr que se acercara a él. La pequeña bribona lo hizo caer en la trampa fingiendo que sentía amor por él, y como no era muy bien vigilado, el golpe tuvo éxito.

Adonis tenía quince años; fue raptado en el colegio Plessis, donde estudiaba. Era hijo de

un presidente del Parlamento que por más que se quejó, hizo gestiones y removió cielo y tierra, como se habían tomado toda clase de precauciones, le fue imposible descubrir nada. Curval, que estaba loco por el muchachito desde que, dos años atrás, lo había conocido en casa de su padre, había facilitado los medios y los informes necesarios para corromperlo. Sorprendió mucho que un gusto tan razonable se albergase en una cabeza tan depravada, y Curval, orgulloso de ello, aprovechó la ocasión para hacer ver a sus compañeros que todavía tenía, como podía advertirse, buen gusto. El niño lo reconoció y lloró, pero el presidente lo consoló diciéndole que sería él quien lo desvirgaría, y mientras le proporcionaba este conmovedor consuelo, le ponía su enorme verga sobre las nalgas. Lo pidió, en efecto, a la asamblea, y lo obtuvo sin dificultad.

Hyacinthe tenía catorce años; era hijo de un oficial retirado en una pequeña ciudad de la Champagne. Fue raptado durante una cacería, cosa que le gustaba con locura, y a la que su padre cometía la imprudencia de dejarle ir solo.

Giton tenía trece años y fue criado en Versalles entre los pajes de la gran caballeriza. Era

hijo de un hombre distinguido del Nivernais, quien lo había llevado allí no hacía seis meses. Fue raptado simplemente mientras paseaba solo por la avenida de Saint-Cloud. Se convirtió en la pasión del obispo, a quien le fueron destinadas sus primicias.

Tales eran las deidades masculinas que nuestros libertinos preparaban para su lubricidad;

en su momento y lugar veremos el uso que de ellas hicieron. Quedaban ciento cuarenta y dos sujetos, pero no se bromeó con esta caza como con la otra: ninguno fue despedido sin haber servido.

Nuestros libertinos pasaron con ellos un mes en el castillo del duque. Como el día de la

partida estaba cerca y todo andaba de cabeza, las diversiones eran continuas. Cuando estuvieron hartos, encontraron un medio cómodo de desembarazarse de los muchachos: venderlos a un corsario turco. Por este medio se borraban todas las huellas y se resarcían en parte de los gastos. El turco fue a recogerlos cerca de Mónaco, donde llegaron en pequeños grupos que fueron conducidos a la esclavitud, destino terrible indudablemente, pero que no dejó de divertir en gran manera a nuestros cuatro criminales.

Llegó el momento de escoger a los jodedores. Los rechazados de esta clase no causaban

ninguna molestia; de una edad razonable, se deshacían de ellos pagándoles el viaje de regreso y las molestias, y volvían a sus casas. Los ocho alcahuetes de éstos, por otra parte, habían tenido menos dificultades, ya que las medidas estaban más o menos fijadas y no había ningún problema con las condiciones. Habían llegado cincuenta; entre los veinte más gordos se escogieron los ocho más jóvenes y guapos, y de estos ocho, como sólo se mencionarán a los cuatro que lo tenían más grande, me contentaré con nombrarlos.

Hercule, verdaderamente formado como el dios cuyo nombre llevaba, tenía veintiséis años y estaba dotado de un miembro de ocho pulgadas de circunferencia por trece de largo. Nada se había visto nunca que fuese tan bello ni tan majestuoso como aquel instrumento casi siempre en erección y cuyas ocho descargas, se hizo la prueba de ello, llenaban una pinta. Por otra parte, era muy dulce y tenía un rostro muy interesante.

Antinoüs, así llamado porque, como el bardaje de Adriano, al más hermoso pito del mundo añadía el culo más voluptuoso, lo que es muy raro; su instrumento medía ocho pulgadas de circunferencia por doce de largo. Tenía treinta años y la cara más bonita del mundo.

Brise-cul tenía un miembro tan divertidamente formado que le era casi imposible dar por detrás sin rasgar el culo, y de ahí le venía el nombre que llevaba. La cabeza de su pito, que semejaba el corazón de un buey, tenía ocho pulgadas por tres de circunferencia. El miembro sólo tenía ocho, pero estaba retorcido de tal manera que rasgaba el ano cuando penetraba en él, y esta cualidad, tan apreciada por libertinos tan hastiados como los nuestros, hacía que fuese muy solicitado.

Bande-au.ciel, llamado así porque su erección era continua, hiciese lo que hiciese, tenía un miembro de once pulgadas de largo por siete pulgadas once líneas de circunferencia. Se habían rechazado otros más grandes que el de él porque aquéllos levantaban la cabeza difí- cilmente, mientras que éste, fuesen las que fueren las eyaculaciones que hubiese tenido en un día, estaba en el aire a la menor caricia.

Los otro cuatro eran más o menos del mismo porte y aspecto. Durante quince días se divirtieron con los cuarenta y dos sujetos rechazados, y tras haberles hecho muchas trastadas fueron despedidos, bien pagados.

Sólo faltaba pues escoger a las cuatro sirvientas, lo cual era sin duda lo más pintoresco.

El presidente no era el único que tenía gustos depravados; sus tres amigos, y Durcet principalmente, eran un tanto adeptos a esa manía de crápula y desenfreno que encuentra más atractivo en una persona vieja, repugnante y sucia que con lo que la naturaleza ha formado de más divino. Sería difícil explicar esta fantasía, pero existe en mucha gente; el de- sorden de la naturaleza lleva consigo una especie de excitante que obra sobre el sistema nervioso con tanta o mayor eficacia como sus más singulares bellezas. Por otra parte, está demostrado que es el horror, la villanía, la cosa horrible la que gusta cuando uno está excitado y en erección. Ahora bien ¿dónde se encuentra esto mejor que en una persona

viciada? Ciertamente, si es la cosa sucia lo que gusta en el acto de la lubricidad, cuanto más sucia es esta cosa más debe gustar, y ella es seguramente mucho más sucia en la persona viciada que en la persona intacta o perfecta.

En cuanto a esto no hay la más ligera duda. Por otra parte, la belleza es lo sencillo, la fealdad es lo extraordinario, y todas las imaginaciones ardientes prefieren sin duda lo extraordinario en la lubricidad a lo simple. La belleza, la frescura sólo impresionan en un sentido sencillo; la fealdad, la degradación pegan con más fuerza, la conmoción es más intensa, la agitación es por lo tanto más viva; no hay que sorprenderse pues, tras esto, de que mucha gente prefiera gozar con una mujer vieja, fea, e incluso maloliente que con una muchacha bonita y lozana, de igual modo que no debemos asombrarnos, digo, de que un hombre prefiera, en sus paseos, el suelo árido y abrupto de las montañas a los senderos monótonos de los llanos. Todas estas cosas dependen de nuestra conformación, de nuestros órganos, de la manera en que se ven afectados, y no somos más dueños de cambiar nuestros gustos sobre esto que de variar las formas de nuestros cuerpos.

Sea como fuere, tal era, como se ha dicho, el gusto dominante del presidente y casi, en verdad, de sus tres compinches, porque todos habían coincidido unánimemente en la elección de las sirvientas, elección que sin embargo, como se verá, denotaba en la organización este desorden y depravación que se acaba de describir.

Así, pues, se hizo buscar en París, con el mayor cuidado, las cuatro criaturas que se necesitaban para desempeñar tal cargo, y por desagradable que pueda ser su retrato, el lector me permitirá sin embargo que lo trace: es demasiado esencial para la parte que se refiere a las costumbres, cuyo desarrollo es uno de los principales objetivos de esta obra.

La primera se llamaba Marie; había sido sirvienta de un famoso bandido recientemente aprehendido, y había sido azotada y marcada a cuenta suya. Tenía cincuenta y ocho años, era casi calva, nariz torcida, ojos empañados y legañosos, boca grande y con sus treinta y dos dientes, realmente, pero amarillentos como el azufre; era alta, flaca, había tenido catorce hijos, que había ahogado, decía ella, para evitar que se convirtieran en malos sujetos. Su vientre era ondulado como el oleaje marino y un absceso le devoraba una nalga.

La segunda se llamaba Louison; tenía sesenta años, era pequeña, jorobada, tuerta y coja, pero era dueña de un hermoso culo para su edad y la piel todavía hermosa. Perversa -como el diablo, y siempre dispuesta a cometer todos los horrores y todos los excesos que pudieran ordenarle.

Thérése tenía sesenta y dos años; era alta, delgada parecía un esqueleto, no tenía un solo pelo en la cabeza; ni un diente en la boca, y exhalaba por esta abertura de su cuerpo un hedor capaz de tumbar a un caballo. Tenía el culo acribillado de cicatrices y las nalgas tan prodigiosamente blandas que podían enrollarse a un bastón; el agujero de este hermoso culo se parecía a la boca de un volcán por la anchura y por el olor era un verdadero orinal; según ella misma decía, en su vida se había limpiado el culo, donde había aún, sin lugar a dudas, mierda de su infancia. Por lo que respecta a su vagina, era el receptáculo de todas las inmundicias y de todos los horrores, un verdadero sepulcro cuya fetidez hacía desmayarse. Tenía un brazo torcido y cojeaba de una pierna.

Fanchon era el nombre de la cuarta; había sido seis veces colgada en efigie y no existía un

solo crimen en la tierra que no hubiese cometido. Tenía sesenta y nueve años, era chata, baja y gorda, bizca, casi sin frente, una bocaza con sólo dos dientes a punto de caer, una eresipela le cubría el trasero y unas hemorroides grandes como puños le colgaban del ano, un chancro horrible devoraba su vagina y uno de sus muslos estaba completamente quemado. Estaba

borracha las tres cuartas partes del año y, en su embriaguez, como sufría del estómago, vomitaba por todas partes. El agujero de su culo, a pesar del bulto de hemorroides que lo adornaba, era tan ancho de una manera natural que lanzaba pedos y otras cosas muy a menudo, sin advertirlo. Independientemente del servicio de la casa durante la lujuriosa estancia, estas cuatro mujeres debían tomar parte además en todas las asambleas, para las diferentes necesidades y servicios de la lubricidad que se les pudiera exigir.

Avanzado ya el verano, y una vez hecho todo lo que antecede sólo quedó ocuparse del transporte de las diferentes cosas que debían, durante los cuatro meses que se moraría en las tierras de Durcet, contribuir a hacer más cómoda y agradable la estancia allí. Se hizo llevar una gran cantidad de muebles y espejos, víveres, vinos, licores de todas clases, se mandaron obreros, y poco a poco fueron llevadas las personas que Durcet, que se había adelantado recibía, alojaba y establecía a medida que llegaban.

Pero ya es hora que le hagamos al lector una descripción del famoso templo destinado a tantos sacrificios lujuriosos durante los cuatro meses previstos. Verá con qué cuidado se había elegido un retiro apartado y solitario, como si el silencio, el alejamiento y la tranqui- lidad fuesen los vehículos poderosos del libertinaje, y como si todo lo que comunica por estas cualidades un terror religioso a los sentidos tuviera evidentemente que prestar a la lujuria un atractivo más. Vamos a describir este retiro no como era en otro tiempo, sino en el estado de embellecimiento y soledad perfecta en que lo habían puesto nuestros cuatro amigos.

Para llegar hasta allá era necesario antes detenerse en Bâle; se atravesaba luego el Rin, más allá del cual el camino se estrechaba hasta el punto de que se hacía preciso abandonar los vehículos. Poco después se penetraba en la Selva Negra, hundíase en ella durante quince leguas por un sendero difícil, tortuoso y absolutamente impracticable sin guía. Una miserable aldea de carboneros y guardabosques se ofrecía a la vista. Allí empezaban las tierras de Durcet, a quien pertenecía la aldea; como los habitantes de aquel villorrio son casi todos ladrones o contrabandistas, fue fácil para Durcet hacerse amigo de ellos, y la primera orden que recibieron fue la de no dejar llegar a nadie hasta el castillo después del primero de noviembre, fecha en que todo el grupo estaría reunido. Armó a sus fieles vasallos, les con- cedió algunos privilegios que solicitaban desde hacía mucho tiempo, y se cerró la barrera. En realidad, la descripción siguiente hará ver cómo, una vez bien cerrada aquella puerta, era difícil llegar a Silling, nombre del castillo de Durcet:

En cuanto se había dejado atrás la carbonería se empezaba a escalar una montaña tan alta como el monte Saint-Bernard y de un acceso infinitamente más difícil, porque sólo a pie se puede llegar a la cumbre. No es que los mulos no puedan pasar por allí, pero los precipicios rodean de tal modo el sendero que hay que seguir que resulta muy peligroso montar los animales; seis de los que transportan los víveres y los equipajes perecieron, así como dos obreros que habían querido montar dos de los mulos. Se requieren cerca de cinco buenas horas para alcanzar la cumbre de la montaña, la cual ofrece allí otra particularidad que, por las precauciones que se tomaron, se convirtió en una nueva barrera de tal modo in- franqueable que sólo los pájaros podían pasarla. Este singular capricho de la naturaleza consiste en una hendidura de más de treinta toesas en la cumbre de la montaña, entre la parte septentrional y la meridional, de manera que, sin ayudas, una vez que se ha escalado la montaña resulta imposible descender. Durcet había hecho unir estas dos partes, separadas por una abismo de más de mil pies, por un hermoso puente de madera que se quitó cuando hubieron llegado los últimos equipajes, y desde aquel momento desapareció toda posibilidad

de comunicarse con el castillo de Silling. Porque al descender por la parte septentrional se llega a una llanura de unas doscientas áreas, rodeada de rocas por todas partes cuyas cimas se pierden en las nubes, rocas qué envuelven la llanura como un muro sin una sola brecha. Este paso, llamado el camino del puente, es pues el único que puede descender y comunicar con la llanura, y una vez destruido, no hay habitante en la tierra, sea de la especie que sea, capaz de abordar la llanura.

Ahora bien, es en medio de esta llanura tan bien cercada tan bien defendida, donde se

encuentra el castillo de Durcet. Un muro de treinta pies de altura lo rodea también, más allá del muro un foso lleno de agua y muy profundo defiende todavía un último recinto que forma una galería circular, una poterna baja y angosta penetra finalmente en un gran patio interior alrededor del cual se levantan todos los alojamientos; estos alojamientos, vastos y muy bien amueblados tras los últimos arreglos, ofrecen en el primer piso una gran galería. Obsérvese que voy a describir los aposentos no tal como podían haber sido en otro tiempo, sino tal como acaban de ser arreglados y distribuidos de acuerdo con el plan formado. Desde la galería se penetraba en un comedor muy hermoso, con armarios en forma de torres que, comunicando con las cocinas, servían para que pudiera servirse la comida caliente, de un modo rápido y sin necesidad de criado. Desde ese comedor de tapices, estufas, otomanas, cómodos sillones y todo lo que podía hacerlo tan cómodo como agradable, se pasaba a un salón sencillo y sin rebuscamiento, pero muy caliente y lleno de lujosos muebles; este salón comunicaba con un gabinete para reuniones destinado a los relatos de las narradoras. Era, por decirlo así, el campo de batalla de los combates previstos, la sede de las asambleas lúbricas, y como había sido dispuesto en consecuencia, merece una pequeña descripción particular:

Tenía una forma semicircular, en la parte curva había cuatro nichos de espejos, con una excelente otomana en cada uno de ellos; estos cuatro nichos, por su construcción, estaban completamente delante del diámetro que cortaba el círculo, un trono de cuatro pies estaba adosado al muro que formaba el diámetro y estaba destinado a la narradora; posición que la situaba no solamente delante de los cuatro nichos destinados a sus auditores, sino que además teniendo en cuenta que el círculo era pequeño, no la alejaba demasiado de ellos, que la podían escuchar sin perder una sola palabra, puesto que ella se encontraba como el actor en el escenario y los auditores se hallaban colocados en los nichos como si estuvieran en el anfiteatro. El trono disponía de unas gradas en las que se encontrarían los participantes de las orgías llevados allí para calmar la irritación de los sentidos producida por los relatos: estas gradas, así como el trono, estaban cubiertas de alfombras de terciopelo negro con franjas de oro, y los nichos estaban forrados de una tela semejante e igualmente enriquecida, pero de color azul oscuro. Al pie de cada uno de los nichos había una puerta que daba a un excusado destinado a dar paso a las personas cuya presencia se deseaba y que se hacía venir de las gradas, en el caso de que no se quisiera ejecutar delante de todo el mundo la voluptuosidad para la realización de la cual se llamaba a la persona. Estos excusados estaban llenos de canapés y de todos los otros instrumentos necesarios para las indecencias de toda especie. A ambos lados del trono había una columna aislada que llegaba hasta el techo; estas dos columnas estaban destinadas a sostener a la persona que hubiese cometido alguna falta y necesitara una corrección. Todos los instrumentos necesarios para este castigo estaban colgados en la columna, y su contemplación imponente servía para mantener una subordinación tan esencial en las fiestas de aquella índole, subordinación de donde nace casi todo el atractivo de la voluptuosidad en el alma de los perseguidores.

Este salón comunicaba con un gabinete que, en aquella parte, componía la extremidad de

los alojamientos. Este gabinete era una especie de saloncito, extremadamente silencioso y secreto, muy caliente, oscuro durante el día, y se destinaba para los combates cuerpo a cuerpo o para ciertas otras voluptuosidades secretas que serán explicadas a continuación. Para pasar a la otra ala era necesario retroceder y, una vez en la galería, en cuyo extremo se veía una hermosa capilla, se volvía a pasar al ala paralela, donde terminaba el patio interior. Allí se encontraba una antecámara muy bella que comunicaba con cuatro hermosos aposentos, cada uno con saloncito y excusado; bellísimas camas turcas de damasco de tres colores adornaban estos aposentos, cuyos excusados ofrecían todo lo que puede desear la lubricidad más sensual y refinada. Estas cuatro estancias fueron destinadas a los cuatro amigos, y como eran muy calientes y cómodas, estuvieron perfectamente alojados. Como sus mujeres tenían que ocupar los mismos aposentos que ellos, no se les destinó alojamientos particulares.

En el segundo piso había más o menos el mismo número de aposentos, pero

distribuidos de una manera diferente; se encontraba primero, a un lado, un vasto aposento adornado con ocho nichos con una pequeña cama en cada uno, y este aposento era el de las jóvenes, al lado del cual se encontraban dos pequeñas habitaciones para dos de las viejas que debían cuidarlo. Más allá había dos bonitas habitaciones iguales, destinadas a dos de las narradoras. A la vuelta, se encontraba otro aposento de ocho nichos como trasalcoba para los ocho jóvenes, también con dos habitaciones contiguas para las dos dueñas destinadas a vigilarlos; y más allá, otras dos habitaciones semejantes, para las otras dos narradoras. Más arriba de las habitaciones que hemos descrito, había ocho lindas celdas donde se alojaban los ocho jodedores, aunque éstos no estaban precisamente destinados a dormir mucho en sus camas. En la planta baja se encontraban las cocinas, con seis cubículos para los seis seres que se ocupaban de este trabajo, las cuales eran tres famosas cocineras: se las había preferido a los hombres para una orgía como aquella, con razón, creo yo. Eran ayudadas por tres muchachas robustas, pero nada de todo esto aparecía en los placeres, nada de todo esto estaba destinado a ellos y si las reglas que se habían impuesto sobre esto fueron infringidas es debido a que nada frena al libertinaje y que el verdadero modo de ampliar y multiplicar los deseos consiste en querer imponerle límites. Una de estas tres sirvientas debía cuidarse del numeroso rebaño que se había traído, porque, excepto las cuatro viejas destinadas al servicio interior, no había ningún criado más que estas tres cocineras y sus ayudantes. Pero la depravación, la crueldad, el asco, la infamia, todas estas pasiones previstas o sentidas habían erigido otro local del cual es urgente dar una idea, ya que las leyes esenciales para el interés del relato impiden que lo describamos por completo.

Una piedra fatal se levantaba artísticamente al pie del altar del pequeño templo cristiano

que se encontraba en la galería; había allí una escalera de caracol, muy angosta y empinada, que descendía por trescientos peldaños a las entrañas de la tierra hasta llegar a un calabozo abovedado, cerrado con tres puertas de hierro, y donde se hallaba todo lo que el arte más cruel y la más refinada barbarie pueden inventar de más atroz, tanto para asustar a los sentidos como para infligir horrores. Y allí, ¡cuánta tranquilidad, y hasta qué punto debía sentirse tranquilizado el miserable al que el crimen conducía hasta aquel lugar junto con su víctima! Estaba en su casa, se encontraba fuera de Francia, en un país seguro, al fondo de un bosque inhabitable, en un reducto de este bosque que por las medidas tomadas sólo podían abordar las aves del cielo, y estaba allí en el fondo de la entrañas de la tierra. ¡Desgraciada, mil veces desgraciada la criatura que en tal abandono se encontraba a merced de un canalla sin ley y sin religión, a quien el crimen divertía y que no tenía allí otros intereses que sus pasiones y que no debía tomar otras medidas que las leyes imperiosas de sus pérfidas

voluptuosidades! No sé qué ocurrirá allí, pero lo que puedo decir ahora sin perjudicar el interés del relato es que cuando se hizo al duque la descripción de aquello, descargó tres veces seguidas.

Finalmente estando preparado, todo perfectamente dispuesto, el personal alojado, el duque, el obispo, Curval y sus mujeres, junto con los cuatro jodedores, se pusieron en marcha (Durcet y su mujer así como el resto, se habían anticipado, como se ha dicho antes), y no sin infinitas dificultades llegaron por fin al castillo el día 29 de octubre, por la noche). Durcet, que había ido delante de ellos, hizo cortar el puente de la montaña tan pronto como hubieron pasado. Pero esto no fue todo: habiendo el duque examinado el local decidió que, puesto que los víveres estaban ya en el interior del castillo y que ya no había ninguna necesidad de salir, era necesario prevenir los ataques exteriores poco temidos y las evasiones interiores, que lo eran más, era necesario, digo, tapiar todas las puertas por las que se penetraba en el interior y encerrarse completamente en el lugar como en una ciudadela sitiada, sin dejar la más pequeña salida para el enemigo o para el desertor. El consejo fue ejecutado, se atrincheraron hasta tal punto que no era posible saber el lugar dónde habían estado las puertas, y se establecieron dentro.

Después de los arreglos que se acaban de leer, los dos días que faltaban aún para el

primero de noviembre fueron consagrados a dejar descansar a todo el personal para que apareciese fresco en las escenas orgiásticas que iban a comenzar, y los cuatro amigos trabajaron en un código de leyes que fue firmado por los jefes y anunciado a los súbditos inmediatamente después de haber sido redactado. Antes de entrar en materia, es esencial que lo demos a conocer a nuestro lector, quien después de la exacta descripción que le hemos hecho de todo, sólo tendrá que seguir ahora ligera y voluptuosamente el relato sin que nada turbe su comprensión o embarace su memoria.

REGLAMENTOS

Todos los días la hora de levantarse será a las diez de la mañana. En tal momento los cuatro jodedores que no hayan estado de servicio la noche anterior visitarán a los amigos, llevando cada uno de ellos un muchachito; pasarán sucesivamente de una habitación a otra. Actuarán de acuerdo con las órdenes y deseos de los amigos, pero al principio los muchachitos que llevarán con ellos sólo servirán de acompañamiento, porque queda decidido y acordado que las ocho virginidades de los coños de las muchachas no serán violadas hasta el mes de diciembre, y las de sus culos, así como las de los culos de los ocho muchachos, lo serán a lo largo de el mes de enero, y eso con el fin de acrecentar la voluptuosidad mediante el hostigamiento de un deseo inflamado sin cesar y nunca satisfecho, estado que debe necesariamente conducir a un cierto furor lúbrico que los amigos se esfuerzan en provocar como una de las situaciones más deliciosas de la lubricidad.

A las once los amigos se dirigirán al aposento de las muchachas donde se servirá el almuerzo consistente en chocolate o carne asada con vino español u otros reconfortantes manjares. Este almuerzo será: servido por las ocho muchachas desnudas, ayudadas por las dos viejas Marie y Louison adscritas al serrallo de las doncellas, estando las otras dos al de los muchachos. Si los amigos tienen ganas de cometer actos impúdicos con las muchachas durante el almuerzo, antes o después, ellas se prestarán a dichos deseos con la resignación que se les supone y a la cual no faltarán sin un duro castigo. Pero se

conviene en que no habrá juegos secretos o particulares en tal ocasión y que si se quiere hacer el crápula durante un rato, será entre sí y ante todo el que asista al almuerzo.

Las muchachas por regla general deberán ponerse de rodillas cada vez que vean o se encuentren con un amigo, y permanecerán en esta posición hasta que se les diga que se levanten; sólo las esposas y las viejas estarán sometidas a estas leyes: los demás quedan dispensados de ello, pero todo el mundo se verá obligado a llamar monseñor a cada uno de los amigos.

Antes de salir de la habitación de las muchachas, el amigo encargado del turno del mes (como lo que se intenta es que cada mes se encargue uno de los amigos de todos los detalles, el turno debe ser el siguiente: Durcet durante el mes de noviembre, el obispo en diciembre, el presidente en enero y el duque en febrero), aquel, pues, de los amigos al que le toque el mes, antes de salir del aposento de las muchachas, las examinará una tras otra para comprobar si están en situación adecuada, lo cual será comunicado cada mañana a las viejas y arreglado de acuerdo con la necesidad que haya de tenerlas en tal o cual estado.

Como está severamente prohibido ir a otro excusado que el de la capilla, que ha sido arreglado y destinado para esto, y prohibido ir allí sin un permiso particular, el cual es a menudo negado, por ello el amigo que esté de turno examinará con cuidado, inmediatamente después del almuerzo, todos los excusados particulares de las muchachas, y en el caso de alguna contravención, la delincuente será condenada a un castigo aflictivo.

De allí se pasará al aposento de los muchachos a fin de efectuar las mismas visitas y condenar igualmente a los delincuentes a la pena capital. Los cuatro muchachos que por la mañana no hayan estado con los amigos, los recibirán ahora cuando lleguen a sus habitaciones y se quitarán los calzones delante de ellos, los otros cuatro ' permanecerán de pie y esperarán las órdenes que puedan serles dadas. Los señores se divertirán o no con estos cuatro, que no habrán visto hasta entonces, pero lo que hagan será público; nada de solitarios a tales horas.

A la una, aquellos o aquellas de las muchachas o de los muchachos, grandes y pequeños, que hayan obtenido el permiso de ir a satisfacer necesidades apremiantes, es decir, las gordas -y este permiso sólo se concederá muy raramente, y a todo lo más a una tercera parte de los interesados-, aquellos, digo, se dirigirán a la capilla donde todo ha sido artísticamente dispuesto para las voluptuosidades inherentes al caso. Allí encontrarán a los cuatro amigos, que esperarán hasta las dos, y nunca hasta más tarde, y que los colocarán como lo juzguen conveniente para las voluptuosidades de esta índole que les vengan en gana.

De dos a tres, se servirán las dos primeras mesas que comen a la misma hora, una en el gran aposento de las muchachas, la otra en el de los muchachos. Los encargados de servir en estas dos mesas serán las criadas de la cocina. La primera mesa estará com- puesta por las ocho muchachas y las cuatro viejas; la segunda por las cuatro esposas, los ocho muchachos y las cuatro narradoras. Durante esta comida, los señores se dirigirán al

salón donde charlarán hasta las tres. Poco antes de esta hora, los ocho jodedores se presentarán en este salón lo más arreglados y peripuestos posible.

A las tres se servirá la comida a los señores y los cuatro jodedores serán los únicos que gozarán del honor de ser admitidos. Esta comida será servida por las cuatro esposas, todas ellas desnudas, ayudadas por las cuatro viejas vestidas de magas: serán éstas quie- nes sacarán los platos de los tornos donde los pondrán las sirvientas y los entregarán a las esposas que 'os pondrán sobre la mesa. Los ocho jodedores, durante la comida, podrán manosear todo lo que quieran los cuerpos desnudos de las esposas, sin que éstas puedan negarse o defenderse; podrán también llegar a insultarlas y a servirse de ellas con la verga empinada, apostrofándolas con todas las invectivas que quieran.

Se levantarán de la mesa a las cinco. Entonces los cuatro amigos solamente (los jodedores se retirarán hasta la hora de la reunión general), los cuatro amigos, digo, pasarán al salón, donde dos muchachitos y dos muchachas, que variarán todos los días, les servirán desnudos café y licores; aquél no será todavía el momento en que podrán permitirse voluptuosidades que puedan enervar: habrá que limitarse a la simple broma.

Poco antes de las seis, los cuatro muchachitos que acaban de servir se retirarán para ir a vestirse de prisa. A las seis en punto, los señores pasarán al gran gabinete destinado a los relatos y que ha sido descrito antes. Cada uno de ellos se colocará en su nicho y los demás observarán el orden siguiente: en el trono se sentará la narradora, en las gradas del mismo estarán los dieciséis jóvenes, colocados de tal forma que haya cuatro, dos muchachos y dos muchachas, frente a los nichos; de esta manera cada nicho, tendrá su grupo independiente, este grupo está asignado al nicho ante el que está sin que el nicho de al lado pueda tener pretensiones sobre él, y estos grupos variarán todos los días, ningún nicho tendrá siempre el mismo. Cada individuo del grupo llevará en un brazo una cadena de flores artificiales que estará amarrada al nicho, de modo que cuando el ocupante del nicho quiera a un muchacho o muchacha de su grupo sólo tendrá que tirar de la guirnalda y el escogido correrá hacia él.

Detrás de cada grupo de cuatro habrá una vieja, que estará a las órdenes del jefe del

nicho.

Las tres narradoras que no estén de turno mensual se sentarán en una banqueta al pie del trono, sin estar dedicadas a nada especial pero a las órdenes de todo el mundo. Los cuatro jodedores que estén destinados a pasar la noche con los amigos podrán no asistir a la reunión; permanecerán en sus habitaciones ocupados en prepararse para la noche y las hazañas que ésta exige. Los otros cuatro estarán a los pies de cada uno de los amigos, en los nichos, en cuyos sofás el amigo se hallará al lado de una de las esposas de turno. Esta esposa estará siempre desnuda, el. jodedor llevará chaleco y calzones de tafetán rosa, la narradora del mes irá vestida de cortesana elegante, así como sus tres compañeras, y los muchachos y muchachas de los cuatro grupos irán vestidos de modos distintos y elegantes; un grupo a la moda asiática, otro a la española, otro a la turca y el cuarto a la griega y al día siguiente cambiará, pero todos estos vestidos serán de tafetán y de gasa; la parte baja del cuerpo nunca estará ajustada con nada, y bastará desprender un alfiler para que queden desnudos.

En cuanto a las viejas, irán alternativamente vestidas con hábitos grises de religiosas, disfrazadas de hadas, magas y, a veces, de viudas. Las puertas de los gabinetes que dan a los nichos estarán siempre entreabiertas, y el gabinete, muy calentado por las estufas de comunicación, dispondrá de todos los muebles necesarios para las diferentes orgías. Cuatro velas arderán en cada uno de dichos gabinetes, y cincuenta en el salón.

A las seis en punto, la narradora empezará su relato, que los amigos podrán interrumpir cuando bien les parezca; este relato durará hasta las diez de la noche, y durante todo este tiempo, como su objeto es inflamar la imaginación, serán permitidas todas las lubricidades, excepto sin embargo aquellas que infrinjan el orden y los arreglos dispuestos para las desfloraciones, que no podrán ser variados; pero por lo demás podrá hacerse lo que se quiera con el jodedor, la esposa, el grupo de cuatro y la vieja, y hasta con las narradoras si se sienten inclinados a tal capricho, y esto podrá tener lugar en el nicho o en el gabinete contiguo. El relato será suspendido mientras duren los placeres de aquel cuyas necesidades lo interrumpan, y se continuará cuando haya terminado.

A las diez se servirá la cena. Las esposas, las narradoras y las ocho muchachas irán rápidamente a cenar aparte, ya que las mujeres nunca serán admitidas en la cena de los hombres, y los amigos cenarán con los cuatro jodedores que no estén de servicio por la noche y cuatro muchachos. Los otros cuatro servirán, ayudados por las viejas.

Terminada la cena, se pasará al salón de la reunión para la celebración de lo que se llama las orgías. Allí se encontrarán todos, los que hayan cenado aparte, y los que hayan cenado con los amigos, pero siempre excepto los cuatro jodedores del servicio de noche.

El salón estará muy calentado e iluminado por candelabros de cristal. Todos estarán desnudos: narradoras, esposas, muchachas, muchachos, viejas, jodedores, amigos, todos mezclados, todos tumbados sobre cojines en el suelo, y semejantes a los animales, se cambiarán, se mezclarán, se cometerán incestos y adulterios, se sodomizará y siempre, salvo las desfloraciones, se entregarán a todos los excesos y a todos los desenfrenos que mejor puedan excitar la imaginación. Cuando tengan que efectuarse estas desfloraciones, será el momento de proceder a ellas, y una vez haya sido desflorado un muchachito se podrá gozar de él cuándo y de la manera que se quiera.

A las dos en punto de la madrugada, cesarán las orgías, los cuatro jodedores destinados al servicio de noche, ataviados con elegantes saltos de cama, vendrán a buscar a cada uno de los amigos, el cual se llevará consigo a una de las esposas, o a uno de los muchachos desflorados cuando los haya, o a una narradora, o bien a una vieja para pasar la noche entre ella y su jodedor, y todo a su gusto, pero con la cláusula de someterse a arreglos ingeniosos de los que pueda resultar que cada uno cambie todas las noches o pueda cambiar.

Tal será el orden y acomodo de cada día. Independientemente de esto, cada una de las diecisiete semanas que debe durar la estancia en el castillo será marcada con una fiesta. Primero, se celebrarán matrimonios, cuya fecha y lugar se indicarán. Pero como los primeros de estos matrimonios se efectuarán entre los chiquillos más jóvenes y no podrán consumarse, no dislocarán en nada el orden establecido para las desfloraciones.

Como los matrimonios entre mayores sólo se realizarán después de las desfloraciones, su consumación no perjudicará tampoco nada, ya que, al obrar, sólo gozarán de lo que ya había sido recogido.

Las cuatro viejas responderán de la conducta de los cuatro muchachitos cuando cometan faltas, se quejarán al amigo que esté de turno y se procederá en común a aplicar los castigos, los sábados por la noche, a la hora de las orgías. Se llevará una lista exacta de dichos castigos hasta entonces.

Por lo que respecta a las faltas cometidas por las narradoras recibirán la mitad de castigo que los muchachos, porque su talento sirve y hay que respetar siempre al talento. En cuanto a los castigos de las esposas o de las viejas, serán siempre dobles que los de los muchachos.

Toda persona que se niegue a hacer cosas que se le hayan pedido, aunque se halle en la imposibilidad de hacerlas, será severamente castigada; a ella le toca prever y tomar sus precauciones.

La menor risa o la menor falta de atención o de respeto o sumisión en- las orgías, se considerará como una de las faltas más graves y más cruelmente castigadas.

Todo hombre sorprendido en flagrante delito con una mujer, será castigado con la pérdida de un miembro cuando no haya recibido autorización de gozar de la mujer.

El más pequeño acto religioso por parte de alguien, sea quien sea, será castigado con la muerte.

Se encarece expresamente a los amigos que en las reuniones sólo empleen las palabras más lascivas, más libertinas y las expresiones más soeces, las más fuertes y blasfemas.

El nombre de Dios sólo se pronunciará acompañado siempre de invectivas o imprecaciones, y se repetirá lo más a menudo posible.

En cuanto al tono de voz, será siempre el más brutal, más duro y más imperioso con las mujeres y los muchachos, pero sumiso, puto y depravado con los hombres que los amigos, representando con ellos el papel de mujeres, deben considerar como sus maridos.

Aquel de los señores que falte a todas estas cosas, o que crea tener un adarme de razón y sobre todo quiera pasar un día sin acostarse borracho, pagará diez mil francos de multa.

Cuando un amigo tenga una gran necesidad, una mujer de la clase que él juzgue a propósito lo acompañará, para atender a los cuidados que puedan ser indicados durante este acto.

Ninguno de los sujetos, hombres o mujeres, podrá entregarse a los deberes de limpieza, sean cuales sean, y sobre todo los de después de la necesidad mayor, sin un permiso expreso del amigo que esté de turno, y si se le niega y, a pesar de esto, lo hace, recibirá uno de los más rudos castigos.

Las cuatro esposas no gozarán de ninguna clase de prerrogativas sobre las otras mujeres; al contrario, serán siempre tratadas con más rigor e inhumanidad, y a menudo serán empleadas en los trabajos más viles y penosos, tales como por ejemplo la limpieza de los retretes comunes y particulares de la capilla. Estos retretes serán vaciados cada ocho días, siempre por ellas, y serán castigadas con rigor si se resisten o lo hacen mal.

Si un sujeto cualquiera emprende una evasión durante el tiempo de la reunión, será al instante castigado con la muerte, sea quien fuere.

Las cocineras y sus ayudantes serán respetadas, y cualquiera de los señores que infrinja esta ley pagará mil luises de multa. En cuanto a las multas, su importe será empleado, al regresar a Francia, para los primeros gastos de una nueva partida del tipo de esta o de cualquier otro.

Promulgados estos reglamentos el día 30, el duque pasó la mañana del 31 verificándolo todo; ensayándolo todo y, sobre todo, examinando con cuidado el lugar con el objeto de ver si no era susceptible de ser asaltado o de favorecer alguna evasión.

Una vez hubo comprobado que se requeriría ser pájaro o diablo para salir o entrar de allí, informó al grupo de amigos de su cometido y dedicó la noche del 31 a arengar a las mujeres. Estas se reunieron por orden suyo en el salón de los relatos, y habiendo subido a la tribuna o especie de trono destinado a la narradora, he aquí poco más o menos el discurso que les dirigió:

"Seres débiles y encadenados, únicamente destinados a nuestros placeres, no habréis

pensado, creo, que ese dominio tan ridículo como absoluto que se os deja en este mundo os sería concedido en estos lugares. Mil veces más sometidas de lo que lo estarían las esclavas, sólo debéis esperar humillación, y la obediencia debe ser la única virtud que os aconsejo tengáis aquí: es la única que conviene a vuestro estado. No os engañéis confiando en vuestro encantos; demasiado hastiados de tales trampas, fácilmente podéis imaginar que no sería con nosotros con quienes podrían tener éxito dichos cebos. Recordad siempre que nos serviremos de todas vosotras, pero ninguna debe acariciar la idea de poder suscitar en nosotros sentimientos de piedad. Indignados contra los altares que han podido arrancarnos algunos granos de incienso, nuestro orgullo y libertinaje los destruyen en cuanto la ilusión ha satisfecho los sentidos, y el desprecio casi siempre seguido del odio reemplaza inmediatamente en nosotros el prestigio de la imaginación. ¿Qué ofreceréis, por otra parte, que nosotros no sepamos de memoria, qué ofreceréis que no pisoteemos a menudo en el instante del delirio?

"Es inútil que os lo oculte, vuestro trabajo será rudo penoso y riguroso, y las menores

faltas serán inmediatamente castigadas con penas corporales y aflictivas. Debo pues recomendaros exactitud, sumisión y una abnegación total para atender sólo a nuestros deseos; que éstas sean vuestras únicas leyes, volad delante de ellos, anticipaos a ellos y suscitadlos. No porque tengáis mucho que ganar con esta conducta, sino más bien porque

perderíais mucho si no la observarais.

"Examinad vuestra situación, lo que sois, lo que somos nosotros, y que estas reflexiones os hagan estremecer: os encontráis fuera de Francia, en lo más profundo de un bosque inhabitable, más allá de las escarpadas montañas cuyos pasos han sido destruidos inmediata- mente después de haberlas traspuesto. Estáis encerradas en una ciudadela impenetrable, nadie sabe que estáis aquí, alejadas de vuestros amigos y parientes, estáis ya muertas para el mundo, y sólo respiráis para nuestros placeres. ¿Y a qué seres estáis ahora subordinadas? A criminales profundos y reconocidos que no tienen otro dios que su lubricidad, otras leyes que su depravación, otro freno que sus orgías, unos truhanes sin Dios, sin principios y sin religión, el menos criminal de los cuales ha cometido más infamias que las que podría yo contar, y para quien la vida de una mujer, qué digo de una mujer, de todas las que viven en la superficie del globo, le importa tanto como la destrucción de una mosca. Habrá pocos excesos a los que no nos entreguemos, que ninguno os repugne, ofreceos sin pestañear y oponed a todos la paciencia, la sumisión y el valor. Si desgraciadamente alguna de vosotras sucumbe a la intemperancia de nuestras pasiones, que tome su partido valientemente; no estamos en este mundo para vivir eternamente, y lo mejor que puede ocurrirle a una mujer es morir joven. Se os han leído reglamentos muy sabios y adecuados a vuestra seguridad y a nuestros placeres, obedecedlos ciegamente, y esperad lo peor de nosotros si nos irritáis con una mala conducta. Algunas de vosotras tienen lazos con nosotros, lo sé, que tal vez os enorgullecen, y de los cuales esperáis indulgencia; sería un gran error que confiarais en ellos: ningún lazo es sagrado a los ojos de gente como nosotros, y cuanto más sagrado os parezcan, más excitará la perversidad de nuestras almas el romperlos. Hijas, esposas, es pues a vosotras a quienes me dirijo en estos momentos: no esperéis ninguna prerrogativa de nuestra parte, os advertimos que seréis tratadas incluso con más rigor que las demás, y esto precisamente para haceros ver cuán despreciables son para nosotros los lazos con que tal vez nos creéis atados.

"Por lo demás, no esperéis que os especifiquemos siempre las órdenes que queramos que

ejecutéis; un gesto, un guiño, a menudo un simple sentimiento interno nuestro os lo indicará, y seréis tan castigadas por no haberlos adivinado o previsto como si, después de haber sido notificadas, los hubieseis desobedecido. A vosotras os toca comprender nuestros impulsos, nuestras miradas, nuestros gestos, captar la expresión, y sobre todo no engañaros respecto a nuestros deseos; pues, supongamos por ejemplo que este deseo fuese el ver una parte de vuestro cuerpo y que, torpemente, ofrecierais otra, os podéis imaginar hasta qué punto un error de tal índole turbaría nuestra imaginación y todo lo que se arriesga enfriando la cabeza de un libertino que, supongo, sólo esperase un culo para su eyaculación y se le ofreciese, imbécilmente, un coño.

"En general, ofreceos siempre poco por delante, recordad que esta parte infecta que la

naturaleza sólo formó desatinadamente, es siempre la que más nos repugna. Y en cuanto a vuestros culos, hay aún precauciones que deben ser tomadas, tanto para al ofrecerlo disimular el antro odioso que lo acompaña como para evitar mostrarnos en ciertos momentos ese culo en el estado en que otra gente desearía siempre encontrarlo; debéis entenderme, y por otra parte recibiréis de las cuatro dueñas instrucciones ulteriores que acabarán de explicarlo todo.

"En una palabra, temblad, adivinad, obedeced, prevenid, y con esto, si no sois muy afortunadas, por lo menos no seréis quizás del todo desgraciadas. Por otra parte, nada de intrigas entre vosotras, ningún vínculo, nada de esa imbécil amistad de las muchachas que, al reblandecer por un lado el corazón, lo hacen por el otro más reacio y menos dispuesto a la

sola y simple humillación a que os destinamo·; pensad que de ningún modo os consideramos como criaturas humanas, sino únicamente como animales que se alimentan para el servicio que se espera de ellos y que se muelen a golpes cuando se niegan a dicho servicio.

"Habéis visto hasta qué punto se os prohibe todo lo que puede parecer un acto de religión cualquiera; os prevengo que habrá pocos crímenes más severamente castigados que éste. Sabemos perfectamente que todavía hay entre vosotras algunas imbéciles que no pueden aceptar la idea de abjurar de ese infame Dios y de aborrecer la religión: éstas serán cuidadosamente examinadas, no os lo oculto, y no se ahorrará ningún acto extremo, si, des- graciadamente, son descubiertas en flagrante delito religioso. Que estas tontas criaturas se persuadan, se convenzan de que la existencia de Dios es una locura que no tiene hoy en el mundo más de veinte seguidores, y que la religión que invocan no es más que una fábula ridiculamente inventada por bribones cuyo interés en engañarnos es evidente ahora. En una palabra, decidid vosotras mismas: si existiera un Dios, y ese Dios fuese todopoderoso,

¿permitiría que la virtud que lo honra y que profesais fuese sacrificada, como lo será, al vicio y al libertinaje? ¿Permitiría, ese Dios todopoderoso, que una débil criatura como yo, que ante sus ojos no soy más que una pústula de sarna para un elefante, permitiría, digo, que esta débil criatura lo insultase, lo ultrajara, lo desafiara, se enfrentase a él y lo ofendiera como lo hago cuando quiero en cada instante del día?".

Pronunciado este pequeño sermón, el duque bajó de la cátedra y, excepto las cuatro

viejas y las cuatro narradoras que sabían bien que ellas estaban allí más como sacrificadoras y sacerdotisas que como víctimas, excepto estas ocho digo, las otras se deshicieron en lágrimas, y el duque, importándole eso muy poco, las dejó conjeturar, cuchichear y quejarse entre ellas, con la seguridad que las ocho espías le darían buena cuenta de todo, y se fue a pasar la noche con Hercule, uno de la tropa de jodedores que se había convertido en su más íntimo favorito como amante, ya que el pequeño Zéphyr seguía ocupando con querida el primer lugar en su corazón. Debiendo al día siguiente encontrarse las cosas tal como habían sido dispuestas, cada cual se las arregló como pudo para pasar la noche, y en cuanto dieron las diez de la mañana, el escenario del libertinaje se abrió tal como había sido rigurosamente prescrito hasta el día 28 de febrero incluido.

Es ahora, querido lector, cuanto tienes que preparar tu corazón y tu espíritu para el relato rnás impuro que haya sido nunca hecho desde que el mundo existe, ya que no se ha encontrado un libro parecido ni entre los antiguos ni entre los modernos. Imagínate que todo el placer aceptado o prescrito por esta bestia de la cual hablas sin cesar y sin conocerla, y que llamas naturaleza, que estos placeres, digo, serán expresamente excluidos de este libro y que si por azar los encuentres irán acompañados de algún crimen o coloreados por alguna infamia.

Sin duda, muchos de los extravíos que verás pintados te disgustarán, lo sé, pero habrá algunos que te enardecerán hasta el punto de costarte semen, que es lo que se requiere; ¿si no lo hubiésemos dicho todo, analizado todo, cómo querrías que hubiésemos podido adivinar lo que te conviene? Eres tú quien tiene que tomarlo o dejarlo y abandonar el resto, otro hará lo mismo que tú, y poco a poco todo habrá encontrado su lugar. Supón una magnífica comida donde se ofrecen seiscientos platos a tu apetito; ¿los comerás todos? No, sin duda, pero este número prodigioso amplía los límites de tu elección, y encantado por este aumento de facultades, no regañas al anfitrión que te regala. Haz lo mismo aquí: escoge y deja el resto sin declamar contra él, sólo porque no tiene el talento de complacerte. Piensa que

complacerá a otros, y sé filósofo.

En cuanto a la diversidad, puedes estar seguro de que es exacta, estudia bien la pasión que te parezca que no se diferencia en nada de otra, y verás que esta diferencia existe, y que por leve que sea, tiene ese refinamiento, ese tacto que distingue y caracteriza al libertinaje del que se trata en este libro.

Por lo demás estas seiscientas pasiones se han fundido en el relato de las narradoras. Una cosa más que debemos prevenir al lector; sería demasiado monótono enumerarlas una a una sin incorporarlas al relato. Pero como algún lector poco ducho en estas materias podría tal vez confundir las pasiones designadas con la aventura o el simple acontecimiento de la vida de la narradora, se han diferenciado cuidadosamente cada una de estas pasiones con una señal al margen, encima del cual está el nombre que puede darse a esta pasión. Esta señal es la línea justa donde comienza el relato de esta pasión, y hay siempre un párrafo aparte donde termina.

Pero como hay muchos personajes en acción en esta especie de drama, que a pesar de la atención que se ha tenido en pintarlos y nombrarlos a todos... haremos un índice que contendrá el nombre y la edad de cada actor con un breve esbozo de su retrato; cuando se encuentre un nombre que nos embrolle los relatos, se podrá recurrir a este índice y a los retratos más detallados si el breve esbozo no basta para que se recuerde de quién se trata.

PERSONAJES DE LA NOVELA DE LA ESCUELA DEL LIBERTINAJE

El duque de Blangis, de cincuenta años de edad, formado como un sátiro, dotado de un miembro monstruoso y de una fuerza prodigiosa; se le puede considerar como el receptáculo de todos los vicios y de todos los crímenes. Mató a su madre, a su hermana y a tres de sus mujeres.

El obispo de... es su hermano; tiene cuarenta y cinco años; más delgado y delicado que el duque, con una boca desagradable. Es un bribón, hombre hábil, fiel seguidor de la sodomía activa y pasiva, desprecia absolutamente cualquier otra clase de placer, hizo morir cruelmente a dos niños para los cuales un amigo había dejado en sus manos una considerable fortuna; tiene una sensibilidad nerviosa tan aguda que casi se desmaya al descargar.

El presidente Curval, sesenta años; es un hombre alto y enjuto, flaco, de ojos hundidos y apagados, boca podrida, la imagen andante de la crápula y del libertinaje, de una suciedad horrible relacionada con la voluptuosidad. Fue circunciso, su erección es rara y difícil, aun- que tiene lugar y eyacula todavía casi todos los días. Tiene preferencia por los hombres; sin embargo, no desprecia nunca una virgen. Sus gustos tienen de singular la inclinación por la vejez y por todo lo cochino. Está dotado de un miembro casi tan grueso como el del duque. Desde hace algunos años está como embrutecido por el desenfreno y bebe mucho. Debe su fortuna a asesinatos y es principalmente culpable de uno horrible y que puede encontrarse en el detalle de su retrato. Al eyacular experimenta una especie de cólera lúbrica que lo lleva a la crueldad.

Durcet, financiero, cincuenta y tres años, gran amigo y compañero de escuela del duque;

es bajito y rechoncho, pero su cuerpo es fresco hermoso y de piel blanca. Tiene todos los

gustos y la finura de una mujer; privado a causa de la pequeñez de su consistencia de darles placer, las imita y se hace joder muchas veces al día. Le gusta el goce de la boca, es el único placer en el que actúa como agente. Sus únicos dioses son sus placeres a los que está siempre dispuesto a sacrificarlo todo. Es delicado, astuto y ha cometido muchos crímenes; ha envenenado a su madre, a su mujer y a su sobrina para hacerse de una fortuna. Su alma es firme y estoica, absolutamente insensible a la piedad. No tiene erecciones y sus eyaculaciones son raras. Sus instantes de crisis están precedidos por una especie de espasmo que lo lanza a una cólera lúbrica peligrosa para aquellos o aquellas que sirven a sus pasiones.

Constance es la mujer del duque e hija de Durcet; tiene veintidós años, es una belleza romana, con más majestad que finura, maciza pero bien formada, un cuerpo soberbio, el culo singularmente hermoso y digno de servir de modelo, los cabellos y los ojos muy negros. Tiene ingenio y se da cuenta profundamente de todo el horror de su destino. Un gran fondo de virtud natural que nada ha podido destruir.

Adélaïde, esposa de Durcet e hija del presidente; es una linda muñeca, tiene veinte años, es rubia, con los ojos muy tiernos y de un azul vivo, tiene todo el aspecto de una heroína de novela. Su cuello es largo y bien torneado; la boca un poco grande es su único defecto. Pequeños senos y pequeño culo, pero todo esto, aunque delicado, es blanco y bien moldeado. De espíritu romántico, corazón tierno, excesivamente virtuosa y devota y se oculta para cumplir con sus deberes cristianos.

Julie, mujer del presidente e hija mayor del duque; tiene veinticuatro años, gorda, rolliza, con hermosos ojos castaños, linda nariz, rasgos acusados y agradables, pero una boca horrible. Poco virtuosa e incluso con grandes disposiciones para la suciedad, la borrachera, la glotonería y el puterío. Su marido la quiere a causa de su defecto de la boca; esta singularidad entra dentro de los gustos del presidente. Nunca se le han inculcado principios morales ni religión.

Aline, su hermana menor, considerada como hija del duque, aunque en realidad es hija del obispo y de una de las mujeres del duque; tiene dieciocho años, rostro pícaro y muy agradable, muy lozana, ojos castaños, nariz respingona, aire travieso aunque profundamente indolente y holgazana. No parece tener todavía temperamento y detesta sinceramente todas las infamias de que es víctima. El obispo la desvirgó por detrás a los diez años. Ha sido dejada en una ignorancia crasa, no sabe leer ni escribir, detesta al obispo y teme mucho al duque. Quiere mucho a su hermana, es sobria y limpia, contesta chuscamente y de un modo pueril, tiene un culo encantador.

La Duclos, primera narradora; tiene cuarenta y ocho años, es todavía hermosa, lozana y con el más hermoso culo que pueda tenerse. Morena, ancha de cintura y regordeta.

La Champville, tiene cincuenta años; es delgada, bien formada y ojos lúbricos, es lesbiana y todo en ella lo delata. Su oficio actual es el de alcahueta. Fue rubia, tiene hermosos ojos, el clítoris largo y cosquilloso, un culo muy gastado a fuerza de servir y, sin embargo, es virgen por este lado.

La Martaine tiene cincuenta y dos años; alcahueta, es una mamá gorda, rozagante y sana,

está obstruida y sólo ha conocido el placer de Sodoma para el que parece haber sido especialmente creada, porque tiene, a pesar de su edad, el más hermoso culo posible; es muy gordo y tan acostumbrado a las introducciones que aguanta los mayores miembros sin pestañear. Tiene todavía bonitos rasgos, que empiezan sin embargo a marchitarse.

La Desgranges tiene cincuenta y seis años; es la mujer más malvada que haya existido nunca; es alta, delgada, pálida, había sido morena, es la personificación del crimen. Su culo marchito parece de papel arrugado, con un enorme orificio. Tiene sólo una teta, le faltan tres dedos y seis dientes, "fructus belli". No existe un solo crimen que no haya cometido o hecho cometer, habla bien, tiene ingenio y es actualmente una de las alcahuetas tituladas de la sociedad.

Marie, la primera de las dueñas, tiene cincuenta y ocho años; está azotada y marcada, fue criada de ladrones. Ojos turbios y legañosos, nariz torcida, dientes amarillentos, una nalga roída por un absceso. Parió y mató a catorce niños.

-Louison, la segunda dueña, tiene sesenta años; es bajita, jorobada, tuerta y coja, pero tiene aún un hermoso culo. Está siempre dispuesta a cometer crímenes y es extremadamente perversa. Tanto ella como Marie están al servicio de las muchachas; las dos que siguen, a los muchachos.

Thérèse tiene sesenta y dos años, parece un esqueleto, sin pelo ni dientes, boca hedionda, el culo acribillado de heridas y con un agujero muy ancho. Es de una suciedad y un hedor atroces, tiene un brazo torcido y cojea.

Fanchon, de sesenta y nueve años, fue ahorcada seis veces en efigie y ha cometido todos los crímenes imaginables; es bizca, chata, de baja estatura, gruesa, casi sin frente y sólo tiene dos dientes. Una eresipela le cubre el culo, un bulto de hemorroides le sale del agujero, un chancro le devora la vagina tiene un muslo quemado y un cáncer le roe el seno. Siempre está borracha y vomita, suelta pedos y se caga por todas partes y en cualquier momento, sin advertirlo.

SERRALLO DE MUCHACHAS

Augustine, hija de un barón del Languedoc, quince años, cara linda y despierta.

Fanny, hija de un consejero de Bretaña, catorce años, aire dulce y tierno.

Zélmire, hija del conde de Tourville, señor de Beauce, quince años, aspecto noble y un alma muy sensible.

Sophie, hija de un gentilhombre de Berry, rasgos encantadores, catorce años.

Colombe, hija de un consejero del Parlamento de París trece años, muy lozana.

Hébé, hija de un oficial de Orléans, aire muy libertino y ojos encantadores, tiene doce

años.

Rosette y Michette, ambas tienen aire de hermosas vírgenes. Una tiene trece años y es hija de un magistrado de Chalon-sur-Saône, la otra tiene doce y es hija del marqués de Sénanges; fue raptada en el Borbonés, en casa de su padre.

Sus talles, el resto de sus atractivos y principalmente sus culos están por encima de toda descripción. Fueron escogidas entre ciento treinta.

SERRALLO DE MUCHACHOS

Zelamir, trece años, hijo de un gentilhombre de Poitou.

Cupidon, la misma edad, hijo de un gentilhombre de cerca de La Flèche.

Narcisse, doce años, hijo de un hombre destacado de Rouen, caballero de Malta. Zéphyr, quince años, hijo de un oficial general de París. Está destinado al duque. Céladon, hijo de un magistrado de Nancy. Tiene catorce años.

Adonis, hijo de un presidente de la Cámara de París, quince años, destinado a Curval.

Hyacinthe, catorce años, hijo de un oficial retirado en la Champagne.

Giton, paje del rey, doce años, hijo de un gentilhombre del Nivernés.

Ninguna pluma podría describir las gracias, los rasgos y los encantos secretos de esos ocho niños, porque están por encima de toda ponderación, y escogidos como sabemos, entre un gran número.

LOS OCHO JODEDORES

Hercule, veintiséis años, bastante guapo, pero muy perverso, favorito del duque; su pito tiene ocho pulgadas dos líneas de circunferencia por trece de largo. Eyacula mucho.

Antinoüs tiene treinta años, hombre hermoso; su pito tiene ocho pulgadas de circunferencia por doce de largo.

Brise-cul, veintiocho años, parece un sátiro; su pito está torcido, la cabeza o glande es enorme, tiene ocho pulgadas tres líneas de circunferencia y el cuerpo del pito ocho pulgadas por trece de largo. Esta majestuosa verga es completamente curva.

Bande-au-ciel tiene veinticinco años, es muy feo, pero sano y vigoroso; gran favorito de

Curval. Siempre en erección, su pito tiene siete pulgadas once líneas de circunferencia por

once de largo.

Los otros cuatro tienen vergas de nueve a diez y once pulgadas de largo por siete y medio y siete pulgadas nueve líneas de circunferencia, y están entre los veinticinco y treinta años.

Fin de la introducción. Omisión que he hecho en esta introducción

1°. Hay que decir que Hercule y Bandeau-ciel son el uno muy mala persona y el otro muy feo, y que ninguno de los ocho ha podido gozar nunca de hombre ni de mujer.

2°. Que la capilla sirve de retrete, y detallarla de acuerdo con este uso.

3°. Que las alcahuetas y los alcahuetes, en sus expediciones, tenían a matones bajo sus órdenes.

4°. Detallar un poco los senos de las sirvientas y hablar del cáncer de Fanchon. Describir también un poco más los rostros de los dieciséis niños.

PRIMERA JORNADA

El día 1° de noviembre se levantaron a las 10 de la mañana, tal como estaba prescrito por los reglamentos, de los cuales se habían jurado mutuamente no apartarse en nada. Los cuatro jodedores que no habían compartido el lecho de los amigos les llevaron, en cuanto se hu- bieron levantado, a Zéphyr a la habitación del duque, Adonis a la de Curval, Narcisse a la de Durcet y Zélamir a la del obispo. Los cuatro eran muy tímidos, todavía embarazados, pero, alentados por sus guías, desempeñaron bastante bien sus deberes, y el duque eyaculó. Los otro tres, más reservados y menos pródigos de su semen, se hicieron penetrar tanto como él, pero no pusieron nada del suyo.

A las once se pasó al aposento de las mujeres, donde las ocho jóvenes sultanas se

presentaron desnudas y sirvieron así el chocolate. Marte y Louison, que presidían este serrallo, las ayudaban y dirigían. Se manoseó, se besó mucho, y las ocho pobres pequeñas y desgraciadas víctimas de la más insigne lubricidad, se ruborizaban, se tapaban con las manos, tratando de defender sus encantos, y lo mostraban todo en seguida, al advertir que su pudor excitaba y molestaba a sus amos. El duque, que pronto estuvo con el miembro en alto, midió el contorno de su instrumento con la cintura delgada y ligera de Michette, y sólo hubo tres pulgadas de diferencia. Durcet, que estaba de turno, efectuó los exámenes y las visitas prescritas; a Hébé y Colombe, culpables de algunas faltas, se les impuso inmediatamente un castigo que debería ser aplicado el sábado próximo a la hora de las orgías. Lloraron, pero no conmovieron.

De allí se pasó al de los muchachos. Los cuatro que no habían aparecido por la mañana, a saber, Cupidon, Céladon, Hyacinthe y Giton, se quitaron los calzones, de acuerdo con las órdenes, y se divirtieron unos momentos con lo que sus ojos contemplaron. Curval besó a los cuatro en la boca y el chispo les meneó el pito un rato, mientras el duque y Durcet hacían otra cosa. Las visitas se efectuaron, nadie fue encontrado en falta.

A la una, los amigos se trasladaron a la capilla donde, como se sabe, se había establecido la sala de los retretes. Como las necesidades que se preveían para la noche habían hecho que se negaran muchos permisos, sólo comparecieron Constance, la Duelos, Augustine, Sophie, Zélamir, Cupidon y Louison. Los demás la habían pedido, pero se les había obligado a reservarse para la noche. Nuestros cuatro amigos, situados alrededor del mismo asiento, construido a propósito, hicieron colocar sobre dicho asiento a los siete sujetos, uno tras otro, y se retiraron después de haberse cansado del espectáculo. Descendieron al salón donde, mientras las mujeres comían, charlaron entre ellos hasta el momento en que se les sirvió. Los cuatro amigos se colocaron entre dos jodedores, siguiendo la regla que se habían impuesto de no admitir nunca mujeres a su mesa, y las cuatro esposas desnudas ayudadas por viejas vestidas en hábitos grises, sirvieron la más magnífica y suculenta comida que se pueda hacer. Nada más delicado y hábil que las cocineras que habían llevado consigo, las cuales estaban tan bien pagadas y disponían de tantos suministros que todo iba a pedir de boca. Aquella comida, que tenía que ser menos abundante que la cena, se compuso de cuatro servicios soberbios de doce platos cada uno. El vino de Borgoña fue escanciado con los entremeses, el Burdeos se sirvió con los primeros platos, el champaña con los asados, el ermitage con los platos ligeros y el tokay y el madeira durante los postres.

Poco a poco las cabezas se calentaron; los jodedores a los cuales en aquellos momentos

les habían sido concedidos todos los derechos sobre las esposas, las maltrataron un poco. Constance, incluso, fue empujada y golpeada además por no haber traído inmediatamente un plato a Hercule, el cual, advirtiendo que contaba con el favor del duque, creyó poder llevar la insolencia hasta el punto de golpear y molestar a su esposa, cosa que sólo hizo reír al duque. Curval, muy borracho a la hora de los postres, lanzó un plato al rostro de su mujer, que hubiera resultado descalabrada si no lo hubiese esquivado. Durcet, advirtiendo que a uno de sus vecinos se le empalmaba, no se le ocurrió otra ceremonia, aunque estaban en la mesa, que desabrocharse los calzones y ofrecer su culo. El vecino lo enfiló y efectuada la operación, continuaron bebiendo como si nada hubiese sucedido. El duque imitó pronto con Bande-au-ciel la pequeña infamia de su antiguo amigo y apostó, aunque el pito era enorme, beberse tres botellas de vino a sangre fría mientras lo enculaban. ¡Qué práctica, qué calma, qué sangre fría en el libertinaje! Ganó la apuesta, pero como antes de aquellas tres botellas había bebido ya quince, se levantó de allí un poco aturdido. El primer objeto que se presentó a sus ojos fue su mujer, que lloraba por los malos tratos de Hercule, y esta vista lo animó hasta tal punto que se lanzó con ella a excesos que aún no podemos mencionar. El lector, que se da cuenta de lo incómodos que nos sentimos en estos comienzos para poner orden en nuestros materiales, nos perdonará que dejemos todavía sin desvelar muchos pequeños detalles.

Finalmente se pasó al salón, donde nuevos placeres y nuevas voluptuosidades esperaban a nuestros campeones. Allí, el café y los licores les fueron presentados por una cuadrilla encantadora: estaba compuesta por los guapos muchachos Adonis y Hyacinthe y por las muchachas Zelmire y Fanny. Thérése, una de las dueñas, los dirigía, porque era una regla que allí donde se encontrasen reunidos dos o tres jóvenes los condujera una dueña.

Nuestros cuatro libertinos, medio borrachos, pero decididos sin embargo a observar sus

leyes, se contentaron con besos y caricias, pero que sus cabezas libertinas supieron sazonar con todos los refinamientos del desenfreno y la lubricidad. Durante un momento creyóse que el obispo iba a perder el semen ante las cosas muy extraordinarias que exigía de Hyacinthe, mientras Zelmire le meneaba la verga. Ya sus nervios se estremecían y su crisis de

espasmo se apoderaba de todo su cuerpo, pero se contuvo, rechazó los tentadores objetos que estaban a punto de triunfar sobre sus sentidos y, sabiendo que había aún trabajo por hacer, se reservó por lo menos hasta el final de la jornada. Se bebieron seis clases diferentes de licores y tres tipos de café, y cuando sonó por fin la hora, las dos parejas se retiraron para ir a vestirse.

Nuestros amigos hicieron una siesta de un cuarto de hora, y se pasó al salón del trono. Tal era el nombre dado al aposento destinado a los relatos. Los amigos se colocaron en sus canapés, teniendo el duque a sus pies a su querido Hercule, cerca de él, desnuda, a Adélaïde, mujer de Durcet e hija del presidente, y formando cuadrilla enfrente de él y unida a su nicho por medio de guirnaldas, según explicamos antes, estaban Zéphyr, Giton, Augustine y Sophie, disfrazados de pastores, presididos por Louison vestida de campesina y representando el papel de madre de ellos.

Curval tenía a sus pies a Bande-au-ciel, en su canapé a Constance, mujer del duque e hija

de Durcet, y por cuadrilla a cuatro jóvenes españoles, cada sexo vestido con su traje y lo más elegantemente posible, a saber: Adonis, Céladon, Fanny y Zelmire, presididos por Fanchon como dueña.

El obispo tenía a sus pies a Antinoüs, su sobrina Julie en el canapé, y a cuatro salvajes

casi desnudos como cuadrilla. Eran Cupidon y Narcisse como muchachos, y, Hébé y Rosette como muchachas, presididos por una vieja amazona representada por Thérèse.

Durcet tenía a Brise-cul por jodedor, cerca de él a Aline, hija del obispo, y enfrente a cuatro pequeñas sultanas, con la singularidad de que en este caso los muchachos iban vestidos de muchachas, y este arreglo contribuía a destacar los encantadores rostros de Zéla- mir, Hyacinthe, Colombe y Michette. Una vieja esclava árabe, representada por Marie, conducía esta cuadrilla.

Las tres narradoras, magníficamente vestidas a la manera de señoritas distinguidas de

París, se sentaron en la parte baja del trono, en un canapé colocado allí con ese propósito, y Mme Duelos, narradora del mes, ataviada con una bata ligera y muy elegante, muy pintada y llena de diamantes, subió al estrado y empezó así el relato de los acontecimientos de su vida, en el cual debía introducir detalladamente las ciento cincuenta primeras pasiones designadas con el nombre de pasiones simples:

No es poca cosa, señores, presentarse ante un círculo como el vuestro. Acostumbrados a todo lo que las letras producen de más fino y delicado, ¿cómo podréis soportar el relato informe y burdo de una desgraciada criatura como yo, que nunca ha recibido otra educación que la que el libertinaje me ha dado? Pero vuestra indulgencia me tranquiliza; no exigís más que la naturalidad y la verdad, y a título de esto me atreveré a aspirar a vuestros elogios.

Mi madre tenía veinticinco años cuando me trajo al mundo, y era yo su segundo hijo; el primero era una niña que tenía seis años más que yo. Su nacimiento no era ilustre. Era huérfana de padre y madre, lo fue desde muy pequeña, y como sus padres vivían cerca de los Recoletos de París, cuando se vio abandonada y sin ningún recurso, obtuvo de esos buenos padres el permiso de ir a pedir limosna en su iglesia. Pero como era tierna y joven, pronto fue advertida y, poco a poco, de la iglesia subió a las habitaciones de donde pronto descendió embarazada. A tales aventuras debió el ser mi hermana, y es muy verosímil que mi nacimiento no tuviese otro origen.

Sin embargo los buenos padres, contentos con la docilidad de mi madre y viendo como ella fructificaba para la comunidad, la recompensaron por sus trabajos

concediéndole el alquiler de las sillas de su iglesia; colocación que mi madre obtuvo después que, con el permiso de los padres, se casó con el aguador de la casa, el cual nos adoptó inmediatamente a mi hermana y a mí y sin la más leve repugnancia.

Nacida en la iglesia, yo vivía, por decirlo así, más bien en ella que en nuestra casa; ayudaba a mi madre a colocar las sillas, secundaba a los sacristanes en sus diferentes faenas, hubiera ayudado a decir misa si hubiese sido necesario, aunque sólo había cumplido cinco años.

Un día que yo volvía de mis santas ocupaciones, mi hermana me preguntó si no había encontrado aún al padre Laurent...

-No -le contesté.

- ¡Y bien! -me dijo-, te acecha, lo sé, quiere que veas lo que me ha mostrado. No

huyas de él, míralo sin asustarte, no te tocará, pero te hará ver algo muy divertido, y si le dejas hacer te recompensará generosamente. Somos quince, de aquí y de los al- rededores, a quienes él les ha mostrado la cosa. Es su único placer y nos ha dado regalos a todas.

Ya comprenderéis, señores, que no era necesario más, no solamente para no huir del padre Laurent, sino incluso para buscarlo; el pudor habla en voz muy queda a la edad que yo tenía a la sazón, ¿y su silencio al salir de las manos de la naturaleza no era una prueba evidente de que ese sentimiento ficticio se relaciona mucho menos con esta primera madre que con la educación? Volé al punto hacia la iglesia y al atravesar un pequeño patio que se encontraba entre el portal de la iglesia, del lado del convento, y el convento, me topé de narices con el padre Laurent. Era un religioso de unos cuarenta años de edad, de hermoso rostro. Me para.

-¿A dónde vas, Françon? -me dice.

-A colocar las sillas, padre.

-Bueno, bueno, ya las colocará tu madre. Ven, ven a este cuarto -me dijo, atrayéndome hacia un lugar retirado-, te haré ver algo que no has visto nunca.

Lo sigo, cierra la puerta tras nosotros y, colocándome delante de él:

-Mira, Françon -me dice, sacándose de sus calzones un pito monstruoso que

pensé que me haría caer de terror-, mira, niña -continuó diciendo, meneándosela-,

¿has visto nunca algo semejante a esto.., a esto que se llama un pito, pequeña, sí, un pito... y sirve para joder, y lo que verás correr ahora es la simiente con que tú estás hecha. Se la he mostrado a tu hermana y se la muestro a todas las chiquillas de tu edad... Tráeme chiquillas, tráeme, haz como tu hermana que me ha traído más de veinte... Les mostraré mi pito y les lanzaré mi semen a la cara... Esta es mi pasión, hija mía, no tengo otra... y ahora lo verás.

Un instante después me sentí completamente cubierta de un rocío blanco que me

manchó por entero y del cual algunas gotas me saltaron a los ojos, porque mi cabecita se encontraba justo a la altura de los botones de su calzón. Sin embargo, Laurent, gesticulando, exclamaba: - ¡Ah, el hermoso semen... el hermoso semen que pierdo! Te he cubierto con él. Y luego, calmándose poco a poco, metióse su instrumento en su lugar, tranquilamente, y se marchó, después de deslizarme una docena de monedas en la mano al tiempo que me recomendaba que la trajera a algunas de mis pequeñas compañeras.

Me apresuré, como podéis imaginar fácilmente, a ir a contar a mi hermana todo

lo ocurrido, que me limpió por todas partes con gran cuidado para que nadie se diera cuenta de nada y como era ella la que me había conseguido esta bonita fortuna, me

pidió la mitad de mi ganancia. Con la enseñanza de este ejemplo, y de la ganancia compartida, no dejé de buscar todas las niñas pequeñas que pude para el padre Laurent. Pero habiéndole traído una que ya conocía la rechazó, tras darme tres monedas; para alentarme.

-Nunca las veo dos veces, hija mía -me dijo-. Tráeme niñas que no conozca,

nunca las que te digan que han estado aquí conmigo.

Tuve más cuidado; en tres meses le hice conocer más de veinte chiquillas, con la

cuales el padre Laurent empleó, para su placer, los mismos procedimientos que había usado conmigo. Con la condición de escogerlas desconocidas, cumplí otra repecto a su edad que me había recomendado infinitamente: era necesario que no tuvieran menos de cuatro años ni más de siete. Y mi pequeña fortuna iba creciendo, cuando mi hermana, al advertir que marchaba sobre sus pasos, me amenazó con que se lo contaría todo a mi madre si no abandonaba mi bonito negocio, y así dejé al padre Laurent.

Sin embargo, como mis funciones me llevaban siempre a los alrededores del

convento, el mismo día de mi séptimo cumpleaños, me topé con un nuevo amante cuya manía, aunque muy infantil, era sin embargo un poco más seria. Este se llamaba el padre Louis, era más viejo que Laurent y tenía un no sé qué de más libertino. Me pescó en la puerta de la iglesia y me hizo subir a su habitación. Al principio, opuse alguna resistencia, pero habiéndome asegurado que mi hermana, hacía tres años, había subido a su cuarto, y que todos los días recibía a muchachitas de mi edad, lo seguí. Apenas llegamos a su celda, cerró la puerta, y vertiendo jarabe en una taza, me hizo beber tres grandes vasos seguidos. Efectuado este preparativo, el reverendo, más cariñoso que su cofrade, se puso a besarme y, bromeando, desató mis faldas y, levantándome la camisa sobre mi corpiño, a pesar de mi breve defensa, se apoderó de todas mis partes delanteras que acababa de poner al descubierto, y tras haberlas manoseado y examinado, me preguntó si no tenía ganas de orinar. Singularmente excitada a esta necesidad por la gran dosis de bebida que acababa de hacerme tragar, le aseguré que sí tenía muchas ganas, pero que no quería hacerlo delante de él.

- ¡Oh, joder, sí bribonzuela! -exclamó el libertino-. ¡Oh, joder sí que lo harás delante de mí, y lo que es peor, sobre mí! Y sacándose la verga, añadió: -Mira, éste es el instrumento que inundarás, tienes que mear encima.

Entonces, cogiéndome y colocándome entre dos sillas, con una pierna sobre una

de ellas y lo más separadas que pudo, me dijo que me agachara. Cuando me tuvo en esta actitud, colocó un orinal debajo de mí, sentóse en un pequeño taburete a la al- tura del orinal, con su miembro en la mano y rozando mi coño. Una de sus manos sostenía mis caderas y con la otra se la meneaba, y como por esta postura mi boca se hallaba paralela a la suya, la besaba.

- ¡Vamos, pequeña, mea! -me dijo-. Inunda ahora mi pito con ese bello licor cuya

tibia salida tanto poder tiene sobre mis sentidos. ¡Mea corazón, mea y trata de inundar mi semen!

Louis se animaba, se excitaba, era fácil ver que esta operación singular era la que mejor halagaba sus sentidos; el más dulce éxtasis vino a coronarlo en el momento en que las aguas con que había llenado mi estómago surgieron en abundancia, y llenamos, ambos a la vez, el mismo orinal, él de esperma y yo de orina. Terminada la operación, Louis me endilgó casi el mismo discurso que Laurent, quería hacer una alcahueta de su pequeña puta, y aquella vez, preocupándome un poco de las

amenazas de mi hermana, proporcioné a Louis, audazmente, todas las niñas que conocía. Hizo hacer la misma cosa a todas, y como las volvía a ver dos o tres veces sin inconvenientes, y me pagaba aparte, independientemente de lo que sacaba de mis compañeras, antes de seis meses me vi en posesión de una pequeña suma de la que gozaba yo sola, con la única precaución de ocultarme de mi hermana.

-Duclos -interrumpió aquí el presidente-, ¿no se te ha prevenido que es necesario, en tus relatos, que proporciones toda clase de detalles, pues no podemos juzgar sobre la relación que la pasión que narras guarda con las costumbres y el carácter del hombre a no ser que no disfraces ninguna circunstancia, ya que los menores detalles sirven infinitamente a lo que esperamos de tus narraciones para la irritación de nuestros sentidos?

-Sí, monseñor -contestó la Duclos-, se me ha prevenido que no olvide ningún detalle y

que mencione los más mínimos pormenores siempre que puedan servir para arrojar luz sobre los caracteres o la clase social. ¿He cometido alguna omisión de esta clase?

-Sí -dijo el presidente-. No tengo ninguna idea acerca del pito de tu segundo recoleto, ni ninguna acerca de su eyaculación. Por otra parte, ¿te acarició el coño y lo tocó con su pito? Ya ves, ¡cuantos detalles olvidados!

-Perdón -dijo la Duclos-, voy a reparar mis faltas actuales y a estar más atenta en lo

sucesivo. El padre Louis tenía un miembro muy corriente, más largo que grueso y, en general, sin nada de particular; recuerdo que se empalmaba con dificultad y que cobraba cierta consistencia sólo en el momento de la crisis. No me refregó el coño, se contentó con abrirlo lo más que pudo con sus dedos, para que la orina saliese más fácilmente. Le acercó su pito dos o tres veces, y su descarga fue muy cerrada, corta y sin otros desvaríos que los siguientes: " ¡Ah, joder, mea pues, hija mía, mea pues, hermosa fuente, mea pues, mea pues...

¿No ves que ya descargo?" Y entremezclaba todo esto con besos sobre mi boca que no tenían nada de libertino.

-Eso es, Duclos --dijo Durcet-, el presidente tenía razón; no podía imaginar nada con el primer relato, pero ahora concibo perfectamente al tipo.

-¡Un momento, Duclos! -dijo el obispo, viendo que ella se disponía a continuar el relato-. En cuanto a mí, tengo una necesidad un poco más viva que la de mear, y siento, desde hace un rato, que esto aprieta y que es necesario que eso salga.

Y al mismo tiempo atrajo hacia él a Narcisse. El fuego salía de los ojos del prelado, su

pito se había pegado a su vientre, espumaba, era un semen contenido que quería salir y sólo podía lograrlo por medios violentos. Arrastró a su sobrina y al muchachito al gabinete. Todo se detuvo. Una descarga estaba considerada como algo demasiado importante para que no se suspendiese todo en el momento en que se quería lograrla, y para que no ocurriera todo con objeto de que se efectuase deliciosamente. Pero esta vez la naturaleza no respondió a los deseos del prelado, y algunos minutos después de haberse encerrado, en el gabinete, salió de él furioso, en el mismo estado de erección, y dirigiéndose a Durcet, que estaba de turno:

-Me tendrás a ese bribón castigado el sábado -le dijo, empujando violentamente al

muchacho lejos de sí-, y que el castigo sea severo, te lo ruego.

Se comprendió bien entonces que el muchacho no había podido satisfacerlo, y Julie fue a

contar a su padre, en voz baja, lo que había ocurrido.

- ¡Y! ¡Toma otro, pardiez! -le dijo el duque-. Escoge a uno de nuestras cuadrillas, si el

tuyo no te satisface.

- ¡Oh! Mi satisfacción, ahora, estaría muy alejada de lo que deseaba hace un rato. --dijo el

prelado-. Tú sabes a donde nos conduce un deseo frustrado; prefiero contenerme, pero que no traten con miramientos a ese bribón, es todo lo que recomiendo...

- ¡Oh! Te garantizo que será reprendido -dijo Durcet-. Es bueno que el primero sirva de ejemplo a los demás. Me molesta verte en este estado; ensaya otra cosa, hazte joder.

-Monseñor -dijo la Martaine-, me siento en condiciones de satisfaceros, y si su grandeza

quisiera...

¡Oh, no, no, pardiez! -contestó el obispo-. ¿Acaso no sabéis que hay ocasiones en que no

se desea un culo de mujer? Esperaré, esperaré..., que la Duelos prosiga; ya descargaré esta noche, con uno que sea de mi gusto. Prosigue, Duelos.

Y una vez que los amigos hubieron reído la franqueza libertina del obispo, "Hay ocasiones en que no se desea un culo de mujer", La narradora prosiguió el relato así:

Acababa de cumplir siete años cuando un día en que, siguiendo mi costumbre, había llevado a Louis una de mis pequeñas compañeras, encontré en su habitación a otro religioso, cofrade suyo. Como esto no había sucedido nunca, me sorprendí y quise retirarme, pero como Louis me tranquilizó, entramos osadamente mi compañera y yo.

-Mira, padre Geoffroy -dijo Louis a su amigo, empujándome hacia éste-, ¿no te dije que era bonita?

-Sí, en verdad lo es -contestó Geoffroy haciéndome sentar sobre sus rodillas y besandome-. ¿Cuantos años tienes, pequeña?

-Siete, padre.

-Es decir, cincuenta menos que yo -dijo el buen padre, besándome otra vez.

Y durante este corto diálogo, se preparaba el jarabe y, como de costumbre, se nos hizo beber tres grandes vasos a cada una, pero como yo no estaba acostumbrada a beberlo, cuando llevaba mi caza a Louis, porque sólo hacía beber a la niña que le llevaba, y por lo regular yo no me quedaba y me marchaba en seguida, me sorprendió la precaución esta vez, y en un tono de gran inocencia, le dije:

-¿Por qué me hace usted beber, padre? ¿Quiere usted que orine?

-Sí, hija mía -dijo Geoffroy, que me seguía teniendo entre sus muslos y paseaba ya sus manos sobre mis partes delanteras-, sí, queremos que orines, y es conmigo con quien tendrá lugar la aventura, tal vez un poco diferente de la que te ocurrió una vez aquí. Ven a mi celda, dejemos al padre Louis con tu pequeña amiga y ocupémonos de lo nuestro. Cuando hayamos terminado, nos reuniremos aquí.

Salimos; Louis me recomendó en voz baja que fuera complaciente con su amigo,

que no me arrepentiría de ello. La celda de Geoffroy se encontraba poco alejada de la de Louis, y llegamos a ella sin ser vistos. Apenas entramos, Geoffroy, tras haber cerrado bien, me dijo que me quitara las faldas. Obedecí, el mismo me levantó la camisa hasta el ombligo y, habiéndome hecho sentar en el borde de la cama, me separó los muslos todo lo posible y me inclinó hacia atrás, de modo que presentara todo el vientre y mi cuerpo sólo se sostenía sobre la rabadilla. Me pidió que permane- ciera en esta posición y que empezara a orinar en cuanto me golpeara ligeramente con la mano uno de mis muslos. Entonces, contemplándome en tal posición y abriéndome con una de sus manos los labios del coño, con la otra se desabrochó los calzones y empezó a menearse con movimientos rápidos y violentos un pequeño miembro, negro y desmedrado que no parecía muy dispuesto a responder a lo que parecía exigirse de ella. Para determinarlo a ello con más éxito, nuestro hombre creyó conveniente proporcionarle un mayor hostigamiento mientras procedía a su costumbre favorita, y en consecuencia se arrodilló entre mis piernas, examinó

durante unos momentos el interior del pequeño orificio que yo le ofrecía, aplicó a él su boca varias veces murmurando entre dientes ciertas palabras lujuriosas que no recuerdo porque entonces no las conocía, y continuó meneándose su miembro, que no daba más señales de vida. Finalmente, sus labios se pegaron herméticamente sobre los de mi coño, recibí la señal convenida, y descargando en la boca del buen hombree lo superfluo de mis entrañas, lo inundé con chorros de una orina que tragó con la misma rapidez que yo la lanzaba a su gaznate. De súbito, su miembro se desenvolvió y su fiera cabeza se lanzó sobre uno de mis muslos. Sentí que lo regaba orgullosamente con las estériles marcas de su débil vigor. Todo había sido tan bien combinado, que tragaba las últimas gotas en el momento en que su pito, asombrado de su victoria, lloraba lágrimas de sangre. Geoffroy se levantó, vacilante, y creí advertir que no tenía por su ídolo, cuando el incienso se apagaba, un culto tan fervoroso como cuando el delirio, inflamando su homenaje, sostenía aún el prestigio. Me entregó doce monedas con bastante brusquedad, me abrió su puerta, sin pedirme como los otros que le trajera niñas (a buen seguro que se las proporcionaba en otra parte) y, señalándome el camino de la celda de su amigo, me dijo que fuera allá, porque como la hora de su oficio lo apremiaba no podía acompañarme, y se encerró en su celda sin darme tiempo a que le contestara.

- ¡Y!, Verdaderamente -dijo el duque-, hay mucha gente que no puede soportar el momento de la pérdida de la ilusión. Diríase que el orgullo sufre por el hecho de dejarse ver por una mujer en semejante estado de debilidad y que la repugnancia nace de la mortificación que entonces se experimenta.

-No --dijo Curval, a quien Adonis, arrodillado, meneaba la verga, y que dejaba pasear sus manos sobre el cuerpo de Zelmire-, no, amigo mío, el orgullo no tiene nada que ver aquí; pero el objeto que básicamente no tiene más valor que el que le presta nuestra lubricidad, se muestra absolutamente como es cuando la lubricidad está apagada. Cuanto más violenta ha sido la excitación, más desmerece el sujeto cuando esta excitación no lo sostiene, como estamos más o menos fatigados en razón del mayor o menor ejercicio que hemos hecho, y esa repugnancia que experimentamos entonces no es más que el sentimiento de un alma harta a la cual le disgusta la felicidad porque acaba de fatigarla.

-Pero sin embargo, esta repugnancia -dijo Durcet- suscita a menudo un sentimiento de venganza del que se han visto funestas consecuencias.

-Entonces, es otra cosa -dijo Curval-, y como la continuación de los relatos nos ofrecerá tal vez ejemplos de lo que acabáis de decir, no anticipemos las disertaciones que estos hechos provocarán de una manera natural.

-Presidente, di la verdad --dijo-Durcet-: en vísperas de extraviarte tú mismo, creo, que en

estos momentos deseas más prepararte para sentir cómo se goza que disertar acerca de cómo se cansa uno.

-Nada de eso... ni una palabra -dijo Curval-, soy un hombre de gran sangre fría... Es muy cierto -prosiguió, besando a Adonis en la boca- que este muchachito es encantador... pero no se puede joderlo; no conozco nada peor que vuestras leyes... hay que limitarse a cosas... a cosas... Vamos, vamos prosigue, Duelos, porque siento que haré una tontería, y quiero que mi ilusión se mantenga al menos hasta la hora de ir a acostarme.

El presidente, que veía que su miembro empezaba a alborotarse, mandó a los dos

muchachitos a su lugar y, volviendo a tenderse cerca de Constance que, por linda que fuera sin duda no lo excitaba tanto, ordenó por segunda vez a Duelos que prosiguiera, la cual obedeció al punto en los siguientes términos:

Fui al encuentro de mi pequeña compañera. La operación de Louis había sido realizada y, poco contentas ambas, abandonamos el convento, yo con la casi resolución de no volver más. El tono de Geoffroy había humillado mi pequeño amor propio, y sin profundizar acerca de donde venía la repugnancia, no me gustaban las repeticiones ni las consecuencias. Sin embargo, estaba escrito en mi destino que tendría aún algunas aventuras en el convento, y el ejemplo de mi hermana, que había tenido, me dijo, enredos con más de catorce, debía convencerme de que no me hallaba al final de mis líos galantes. Me di cuenta de ello tres meses después de esta última aventura ante las solicitudes que me hizo uno de aquellos buenos reverendos, hombre de unos sesenta años. No hubo astucia que no inventara para decidirme a ir a su habitación. Uno tuvo éxito, tanto que una hermosa mañana de domingo, sin saber cómo ni por qué, me encontré en su celda. El viejo disoluto al que llamaban padre Henri, me encerró con él en cuanto me vio entrar y me abrazó de todo corazón.

- ¡Ah, bribonzuela! -exclamó, transportado de alegría-. Ya te tengo, ya te tengo, esta vez no te escaparás.

Hacía mucho frío; mi naricilla estaba llena de mocos, como sucede a menudo con los niños. Quise sonarme.

- ¡Oh, no, no! -dijo Henri, oponiéndose seré yo, seré yo el que haga esta operación. Y, tras tumbarme en la cama con la cabeza un poco inclinada, se sentó cerca de mí

y puso mi cabeza sobre sus rodillas. Dijérase que de esta manera devoraba con los ojos esta secreción de mi, cerebro. -¡Oh, la linda mocosa, cómo la voy a sorber! -decía, medio desmayado. Inclinándose entonces sobre mi cabeza, y metiendo toda mi nariz en su boca, no solamente devoró todos los mocos con los que yo estaba cubierta, sino que también lanzó lúbricamente la punta de su lengua dentro de los agujeros de mi nariz alternativamente y con tanto arte que provocó dos o tres estornudos que redoblaron el chorreo que deseaba y devoraba con tanto apremio. Pero de éste, señores, no me pidáis más detalles, pues nada vi, y sea que no hizo nada o se lo hizo en sus calzones, el caso es que nada advertí, y en la multitud de sus besos y sus lamidas nada delató un éxtasis más intenso, cosa que me hace creer que no eyaculó. No fui arremangada más, ni siquiera sus manos se extraviaron, y os aseguro que la fantasía de aquel viejo libertino podría ejercer con la muchacha más honrada y más ignorante sin que ella pudiera sospechar la menor lubricidad.

No ocurriría lo mismo con aquel que la casualidad me ofreció el mismo día en que

cumplí nueve años. El padre Etienne, tal era el nombre del libertino, había dicho ya a mi hermana varias veces que me condujera hasta él, y ella había insistido para que yo fuera a verlo, pero sin querer acompañarme, por miedo de que nuestra madre, que ya sospechaba algo, no se enterara cuando yo me hallase cara a cara con él, en un rincón de la iglesia, cerca de la sacristía. El libertino se lo tomó con tantas ganas y empleó razones tan persuasivas que no tuvo que arrastrarme por la oreja. El padre Etienne era un hombre de unos cuarenta años, de tez fresca, gallardo y vigoroso. Apenas nos encontramos en su habitación me preguntó si sabía menear un pito.

- ¡Ay! -le contesté, ruborizándome-. No sé siquiera qué quiere usted decir.

- ¡Y bien!, voy a enseñártelo, pequeña -me dijo, besándome de todo corazón en la boca y en los ojos-. Mi único placer consiste en enseñar a las chiquillas, y las lecciones que les doy son tan excelentes que no las olvidan nunca. Empieza por aflojarte las

faldas, porque si te enseño cómo hay que dar placer es justo que te enseñe al mismo tiempo qué debes hacer para recibirlo, y es necesario que nada nos estorbe para esta lección. ¡Vamos, empezemos por ti! Lo que ves aquí -me dijo, poniéndome mi mano sobre el pubis-' se llama un coño, y he aquí lo que debes hacer para proporcionarte unos cosquilleos deliciosos. Hay que frotar ligeramente con un dedo esta pequeña elevación que sientes aquí Y que se llama el clítoris.

Y luego, haciéndome actuar:

-Es así, pequeña, mientras una de tus manos trabaja aquí, un dedo de la otra debe introducirse imperceptiblemente en esta deliciosa hendidura...

Y colocándome la mano:

-Eso es, si... ¡Y bien!, ¿no sientes nada? -continuó mientras hacia que ejecutase su

lección.

-No, padre, se lo aseguro -contesté con inocencia.

- ¡Vaya! señorita, es que debes ser todavía demasiado joven, pero dentro de un par de años ya verás el placer que te causará esto.

- ¡Espere! -le dije-. Creo que siento algo.

Y frotaba tanto como podía en los lugares que me había dicho... Efectivamente,

algunas leves titilaciones voluptuosas acababan de convencerme de que la receta no era una quimera, y el gran uso que hice después de este caritativo método ha acabado de convencerme más de una vez de la habilidad de mi maestro.

-Ahora me toca a mí -me dijo Etienne-, pues tus placeres excitan mis sentidos, y es

preciso que yo los comparta, angel mío. Toma -me dijo, haciéndome empuñar un instrumento tan monstruoso que mis dos pequeñas manos apenas podían rodearlo-, toma, hija mía, esto se llama un pito y este movimiento -continuó diciendo, al tiempo que hacía mover mi puño con rápidas sacudidas-, este movimiento se llama menear. Así, pues, estás ya, hija mía, me estás meneando el pito. ¡Vamos, hija mía, vamos, menea con todas tus fuerzas! Cuanto más rápidos y fuertes sean tus movimientos, más apresurarás el instante de mi embriaguez. Pero fíjate en una cosa esencial - añadió, dirigiendo siempre mis sacudidas-, procura que la cabeza esté siempre descubierta. No la cubras nunca con esta piel que llamamos el prepucio; si el prepucio recubriera esta parte que llamamos el glande, todo mi placer desaparecería. ¡Vamos, pequeña -añadió mi maestro-, deja que yo haga contigo lo que tú haces conmigo.

Y arrimándose a mi pecho mientras decía esto, en tanto yo seguía meneándosela,

colocó sus dos manos tan hábilmente, movió sus dedos con tanto arte, que el placer hizo finalmente presa en mí, y es a él a quien debo en verdad la primera lección. Entonces, como la cabeza empezó a darme vueltas, interrumpí mi faena, y el reverendo, que no había terminado, consintió en renunciar un instante a su placer para ocuparse sólo del mío; y cuando me lo hubo hecho conocer completamente, me hizo volver a la tarea que mi éxtasis me había obligado a interrumpir, y me recomendó encarecidamente que no me distrajera y que sólo me ocupase de él. Lo hice con toda mi alma. Era justo: le debía cierto agradecimiento. Efectuaba yo mi trabajo con tan buena voluntad y cumplía tan bien todo lo que me ordenaba, que el monstruo vencido por los meneos vomitó finalmente todo su rabia y me cubrió con su veneno. Etienne entonces pareció transportado por el delirio más voluptuoso; besaba mi boca con ardor, me manoseaba el coño y el extravío de sus frases anunciaba todavía mejor su desorden. Las "f..." y las "b..." unidas a las más cariñosas palabras caracterizaban este delirio que duró mucho tiempo, y del que el galante Etienne, muy diferente de su

cofrade el tragador de orina, sólo salió para decirme que era encantadora y para rogarme que volviera a verlo, y que me trataría siempre como iba a hacerlo: deslizándo- me un escudo en la mano, me acompañó hasta el lugar donde nos habíamos encontrado y me dejó, maravillada y encantada de una nueva buena suerte que, al reconciliarme con el convento, me hizo tomar la resolución de regresar a menudo desde entonces, persuadida de que, a medida que creciera, más agradables aventuras me esperaban. Pero no era ese mi destino; acontecimientos más importantes me esperaban en un nuevo mundo, y al regresar a casa me enteré de unas noticias que turbaron pronto la embriaguez que me había producido mi última historia.

En este momento se oyó sonar una campana en el salón: la que anunciaba que la cena estaba servida. Por lo tanto, la Duelos, generalmente aplaudida en los interesantes comienzos de su historia descendió de la tribuna y, tras haber arreglado todos un poco el desorden en que se encontraban, se ocuparon de nuevos placeres dirigiéndose apresuradamente a buscar los que Como ofrecía.

Aquella comida fue servida por las ocho muchachitas desnudas. En el momento en que se cambió de salón, ya estaban preparadas, porque habían tenido la precaución de salir algunos minutos antes. Los invitados debían ser veinte: los cuatro amigos, los ocho jodedores y los ocho muchachos. Pero el obispo, siempre furioso contra Narcisse, no quiso permitir que éste tomase parte en la fiesta, y como se había convenido que se tendrían mutuas y recíprocas complacencias, nadie se preocupó de pedir la revocación de la sentencia, y el muchachito fue encerrado solo en un cuarto oscuro, en espera del momento de las orgías, en que monseñor tal vez se reconciliaría con él. Las esposas y las narradoras se fueron a cenar rápidamente a fin de estar dispuestas para las orgías, las viejas dirigieron el servicio de las ocho muchachitas, Y se sentaron a la mesa.

Esta cena, mucho más fuerte que la comida, fue servida con mayor magnificencia, brillo y esplendor. Hubo primero un servicio de sopa de cangrejo y entremeses compuestos de más de veinte fuentes. Veinte entradas los sustituyeron, que pronto lo fueron a su vez por otros veinte principios finos compuestos únicamente por pechugas de ave de corral y caza, cocinados de todo tipo de formas. Vino después un servicio de asado donde apareció todo lo más raro que pueda imaginarse. A continuación llegó un plato de repostería fría que pronto dejó sitio a veintiséis dulces de todos los tipos y formas. Se retiró esto y fue sustituido por una guarnición completa de pasteles dulces fríos y calientes. Por último apareció el postre que ofreció un número prodigioso de frutas a pesar de la estación, después los helados, el chocolate y los licores, que se tomaron en la mesa. Por lo que respecta a los vinos, habían variado en cada servicio; en el primero, borgoña, en el segundo y tercero, dos clases de vinos de Italia, en el cuarto, vino del Rin, en el quinto, vinos del Ródano, en el sexto, champaña espumoso y vinos griegos de dos clases con dos diferentes servicios. Las cabezas se habían calentado mucho, tanto en la comida como en la cena, no estaba permitido abusar de las sirvientas; éstas, siendo la quintaesencia de lo que ofrecía aquella comunidad, debían ser tratadas con miramientos, pero, en revancha, se permitieron con ellas toda suerte de porquerías.

El duque, achispado, dijo que sólo quería beber ya orina de Zelmire, de la que se echó

entre pecho y espalda dos grandes vasos, que ella llenó subida a la mesa, en cuclillas sobre su plato: "¡Qué gracia tiene beber meados de virgen! -dijo Curval. Y, llamando a Fanchon, prosiguió-: Ven, puta, quiero beber de la misma fuente." Y Curval, colocando su cabeza entre las piernas de la vieja bruja, tragó golosamente los chorros impuros de la orina

envenenada que ella le soltó en el estómago. Finalmente, las conversaciones se animaron, se tocaron diferentes puntos sobre las costumbres y la filosofía, y dejo al lector que considere si la moral fue muy refinada. El duque inició un elogio del libertinaje y demostró que se encontraba en la naturaleza y que cuanto más se multiplicaban sus extravíos, más la servían. Su opinión fue recibida generalmente con aplausos, y luego todos se levantaron para ir a poner en práctica los principios que se acaban de exponer. Todo estaba ya dispuesto en el sa- lón de las orgías: las mujeres estaban ya desnudas, acostadas sobre montones de cojines colocados en el suelo, entremezcladas con los jóvenes putos que se habían levantado de la mesa con este propósito poco después de los postres. Nuestros amigos se dirigieron hacia allá tambaleándose; dos viejas los desnudaron, y nuestros cuatro compinches cayeron en medio del rebaño como lobos que asaltan un redil. El obispo, cuyas pasiones se habían excitado cruelmente ante los obstáculos que había encontrado durante el día, se apoderó del culo sublime de Antinoüs, mientras Hercule lo enfilaba, y, vencido por esta última sensación y por el servicio importante y tan deseado que Antinoüs sin duda le hacía, descargó finalmente chorros de semen tan impetuosos que se desmayó en el éxtasis. Los vapores de Baco acabaron de encadenar los sentidos que entorpecía el exceso de lujuria, y nuestro héroe pasó del desmayo a un sueño tan profundo que tuvo que ser trasladado a la cama. El duque se despachó por su lado. Curval, recordando el ofrecimiento que había hecho la Martaine al obispo, le exigió que lo cumpliera, y descargó mientras lo enfilaban. Mil otros horrores, mil otras infamias acompañaron y siguieron a las descritas, y nuestros tres valientes campeones, ya que el obispo no estaba ya en este mundo, nuestros valerosos atletas, digo, escoltados por los cuatro jodedores del servicio de noche que no se encontraban allí pero que vinieron a buscarlos, se retiraron con las mismas mujeres que habían tenido en los canapés durante la narración. Infelices víctimas de su brutalidad a las que es verosímil creer que ultrajaron más que acariciaron, y a las cuales, sin duda, dieron más repugnancia que placer. Tal fue la historia de la primera jornada.

SEGUNDA JORNADA

Se levantaron a la hora de costumbre. El obispo, completamente repuesto de sus excesos, y que desde las cuatro de la mañana estaba escandalizado de que lo hubiesen dejado acostarse solo, había tocado el timbre para que Julie y el jodedor que le había sido destinado vinieran a ocupar su puesto. Llegaron inmediatamente, y el libertino se echó en sus brazos en busca de nuevas obscenidades.

Después de haber tomado el desayuno como de costumbre en el aposento de las muchachas, Durcet realizó la visita y, a pesar de lo que pudiera decirse, todavía encontró nuevas delincuentes. Michette era culpable de un tipo de falta y Augustine, a quien Curval había hecho decir que se mantuviera durante todo el día en un determinado estado, se encontraba en el estado completamente contrario; ella no recordaba nada, y pedía perdón por ello, y prometía que no volvería a suceder más, pero el cuadrumvirato fue inexorable, y ambas fueron inscritas en la lista de castigos del siguiente sábado.

Singularmente descontentos por la torpeza de todas aquellas muchachas en el arte de la

masturbación, impacientes por lo que habían experimentado sobre esto la víspera, Durcet propuso establecer una hora por la mañana, durante la cual se darían lecciones al respecto, y que por turno, cada uno de ellos se levantaría una hora más temprano, y como el momento del ejercicio sería establecido desde las nueve hasta las diez, se levantaría, digo, a las nueve

para ir a dedicarse a este ejercicio. Decidióse que aquel que realizase esta función se sentaría tranquilamente en medio del serrallo, en un sillón, y que cada muchacha, conducida y guiada por la Duelos, la mejor meneadora que había en el castillo, se acercaría a sentarse encima de él, que la Duelos dirigiría su mano, sus movimientos, le enseñaría la mayor o menor rapidez que hay que imprimir a las sacudidas de acuerdo con el estado del paciente, que prescribiría sus actitudes, sus posturas durante la operación, y que se impondrían castigos reglamentados para aquella que al cabo de la primera quincena no lograra dominar perfectamente este arte, sin necesidad de más lecciones. Sobre todo, les fue concretamente recomendado, según los principios del padre recoleto, mantener el glande siempre descubierto durante la operación, y que la mano vacante se ocupase sin cesar durante todo el tiempo en cosquillear los alre- dedores, según las diferentes fantasías de los interesados.

Este proyecto del financiero gustó a todos, la Duelos, informada, aceptó el trabajo, y desde aquel mismo día dispuso en su aposento un consolador con el que ellas pudiesen ejercitar constantemente sus dedos y mantenerlos en la agilidad requerida. Se le encargó a Hercule el mismo trabajo con los muchachos, que más hábiles siempre en este arte que las muchachas, porque sólo se trata de hacer a los otros lo que hacen a sí mismos, sólo necesitaron una semana para convertirse en los más deliciosos meneadores que fuese posible encontrar. Entre ellos, aquella mañana, no se encontró a nadie en falta, y como el ejemplo de Narcisse, la víspera, había tenido como consecuencia que se negaran casi todos los permisos, sucedió que en la capilla sólo se encontraron la Duelos, dos jodedores, Julie, Thérèse, Cupidon y Zelmire. A Curval se le empalmó mucho, se había enardecido asombrosamente por la mañana con Adonis, en la visita de los muchachos, y creyóse que eyacularía al ver las cosas que hacían Thérèse y los jodedores, pero se contuvo.

La comida fue como siempre, pero el querido presidente, que bebió y se comportó disolutamente durante el ágape, se inflamó de nuevo a la hora del café, servido por Augustine y Michette, Zélamir y Cupidon, dirigidos por la vieja Fanchon, a quien, por capricho, se le había ordenado que estuviera desnuda como los muchachos. De este contraste surgió el nuevo furor lúbrico de

Curval, quien se entregó a algunos desenfrenos con la vieja y Zélamir que le valieron por fin la pérdida de su semen.

El duque, con el pito empalmado, abrazaba a Augustine; rebuznaba, denostaba, deliraba, y la pobre pequeña, temblando, retrocedía como la paloma ante el ave de presa que la acecha, dispuesta a capturarla. Sin embargo, se contentó con algunos besos libertinos y con darle una primera lección, como anticipo de la que empezaría a tomar al día siguiente. Y como los otros dos, menos animados, habían empezado ya sus siestas, nuestros dos campeones los imitaron. Se despertaron a las seis para pasar al salón de los relatos.

Todas las cuadrillas de la víspera estaban cambiadas, tanto los individuos como los vestidos, y nuestros amigos tenían por compañeras de canapé, el duque a Aline, hija del obispo y por consiguiente, ¡por lo menos, sobrina del duque!, el obispo a su cuñada Constance, mujer del duque e hija de Durcet; Durcet a Julie, hija del duque y mujer del presidente, y Curval, para despertarse y reanimarse un poco, a su hija Adélaïde, mujer de Durcet, una de las criaturas del mundo a quien más le gustaba molestar a causa de su virtud y devoción. Empezó con algunas bromas perversas, y habiéndole ordenado que tomara durante la sesión una postura adecuada a sus gustos pero muy incómoda para aquella pobre mujercita, la amenazó con toda su cólera si la cambiaba un solo momento. Cuando todo estuvo listo, Duelos subió a su tribuna y reanudó así el hilo de su relato

Hacía tres días que mi madre no había aparecido por la casa, cuando su marido,

inquieto más por sus efectos y su dinero que por la criatura, decidió entrar en su habitación, donde tenían la costumbre de guardar todo lo más precioso, ¡pero cuál no fue su asombro cuando en vez de encontrar lo que buscaba halló sólo un billete de mi madre en el que le decía que se resignara a su pérdida, porque habiéndose decidido a separarse de él para siempre, y careciendo de dinero, le había sido necesario coger todo lo que se llevaba! En cuanto al resto, sólo él y los malos tratos que le había dado tenían la culpa, si lo abandonaba, y que le dejaba las dos hijas, que bien valían lo que se llevaba. Pero el buen hombre estaba lejos de considerar que lo uno valiese como lo otro, y nos despidió graciosamente, rogándonos que no durmiéramos en la casa, prueba cierta de que discrepaba con mi madre.

Bastante poco afligidas por una situación que nos dejaba en plena libertad, a mi

hermana y a mí, para entregarnos tranquilamente a un género de vida que empezaba a gustarnos, sólo pensamos en llevarnos nuestras escasas pertenencias y en despedirnos de nuestro querido padrastro que había tenido a bien dárnoslas. Mientras decidíamos lo que debíamos hacer, nos alojamos mi hermana y yo en una pequeña habitación de los alrededores. Allí lo primero que hicimos fue preguntarnos acerca de la suerte de nuestra madre. Teníamos la seguridad de que se encontraba en el convento, decidida a vivir secretamente en la celda de algún padre, o haciéndose mantener en algún rincón de las cercanías, cosa que no nos preocupaba demasiado, cuando un hermano del convento nos trajo un billete que hizo cambiar nuestras conjeturas. Dicho billete decía en sustancia que lo mejor que nos podía aconsejar era que fuésemos al convento en cuanto anocheciera, a la celda del padre guardián, el mismo que escribía el billete; que él nos esperaría en la iglesia hasta las diez de la noche y nos conduciría al lugar donde se encontraba nuestra madre, cuya felicidad actual y calma nos haría compartir gustosamente. Nos exhortaba vivamente a que no faltásemos a la cita y, sobre todo, a ocultar nuestros movimientos con gran cuidado; porque era esencial que nuestro padrastro no se enterase de nada, en bien de nuestra madre y de nosotras mismas.

Mi hermana, que a la sazón había cumplido quince años y qUe, por consiguiente,

tenía más vivacidad y razonaba más que yo, que sólo tenía entonces nueve, después de haber despedido al Portador del billete y contestado que reflexionaría sobre el asunto arriba, no dejó de extrañarse de todas aquellas maniobras.

-Françon -me dijo-, no vayamos. Hay gato encerrado en todo esto. Si esta

proposición fuese franca, ¿por qué mi madre no hubiera escrito ella misma un billete junto a éste o al menos no lo hubiera firmado? ¿Y con quién podría estar en el convento, mi madre? El padre Adrien, su mejor amigo, no está allí desde hace tres años, más o menos. Desde entonces, ella no va al convento, más que de paso, y no tiene ningún asunto allí. ¿Por qué azar hubiera buscado ella este retiro? El padre guardián no es ni ha sido nunca su amante. Sé que ella lo ha divertido dos o tres veces, pero no se trata de un hombre capaz de liarse con una mujer sólo por eso, porque es inconstante y hasta brutal con las mujeres una vez que se le ha pasado el capricho. Por lo tanto, ¿a qué viene que ahora muestre tanto interés por nuestra madre? Te digo que hay gato encerrado en este asunto. Nunca me ha gustado ese viejo guardián; es malo, duro y brutal. Una vez me atrajo a su habitación, donde estaba con tres más, y después de lo que me sucedió allí, juré no volver a poner los pies en su celda. Créeme, dejemos ahí todos esos monjes bribones. No quiero ocultarte más tiempo, Françon, que tengo una conocida, me atrevo a decir una buena

amiga. Se llama Mme Guérin, hace dos años que la trato, y desde entonces no ha transcurrido una semana sin que me hiciese participar en una buena juerga. Pero no juergas de doce miserables monedas como las del convento; no hay una sola que no me haya reportado tres escudos por lo menos. Mira, aquí tienes una prueba de ello - prosiguió mi hermana mostrándome una bolsa que contenía por lo menos diez luises-; como puedes advertir, tengo de qué vivir. Y bien, si quieres seguir mi consejo, haz como yo. La Guérin te recibirá, no te quepa la menor duda, te vio hace ocho días, cuando vino a buscarme para una juerga, y me ha encargado que te lo propusiese también y que por muy joven que fueses ella siempre hallaría dónde colocarte. Haz como yo, te digo, y pronto nos veremos libres de apuros. Por lo demás, es todo lo que puedo decirte, pues, excepto esta noche que pagaré tus, gastos, no cuentes más conmigo, pequeña. Cada cual para sí, en este mundo. He ganado esto con mi cuerpo y mis dedos, haz tú lo mismo. Y si el pudor te lo impide, vete al diablo, y sobre todo no vengas a buscarme, porque después de lo que acabo de decirte, si te viera morir de sed, no te daría un vaso de agua. Por lo que respecta a mi madre, muy lejos de estar enojada por la suerte que haya corrido, sea cual sea, te diré que me regocijo de ello, y que mi único deseo es que la muy puta se encuentre tan lejos que no la vuelva a ver nunca. Sé hasta qué punto ella me perjudicó en mi oficio, y todos los hermosos consejos que me daba mientras, la muy ramera se comportaba tres veces peor. Amiga mía, que el diablo se la lleve y sobre todo que no la traiga, eso es todo lo que le deseo.

No teniendo, en verdad, el corazón más tierno ni mejor alma que mi hermana, aprobaba sinceramente todas las invectivas con que ella llenó a esa excelente madre, y, tras agradecer a mi hermana el conocimiento que me proporcionaba, le prometí seguirla a casa de aquella mujer y, una vez adoptada, dejar de serle una carga. Como mi hermana, me negaba a ir al convento.

-Si efectivamente ella es feliz, tanto mejor -dije-; en tal caso, nosotras podremos serlo por nuestro lado, sin necesidad de compartir su suerte. Y si se trata de una trampa que se nos tiende, es necesario evitar caer en ella.

Después de eso mi hermana me abrazó.

- ¡Vaya! -dijo-. Veo ahora que eres una buena chica. Bien, bien, ten la seguridad

de que haremos fortuna. Yo soy linda y tú también, ganaremos lo que se nos antoje, amiga mía. Pero es necesario no atarse, no lo olvides. Hoy uno, mañana otro, es preciso ser puta, niña mía, puta en el alma y en el corazón. En cuanto a mí -continuó diciendo-, lo soy tanto, puedes verlo ahora, que no hay confesión, sacerdote, consejo ni representación que puedan apartarme del vicio. Estaría dispuesta, rediós, a mostrar mi culo en la plaza del mercado con tanta tranquilidad como me bebo un vaso de vino. Imítame, Françon, complaciéndolos, una saca todo lo que quiere de los hombres; el oficio es un poco duro al principio, pero una se hace a ello. Hay tantos hombres como gustos. Primero, hay que ser capaz de cualquier cosa, uno quiere una cosa, otro quiere otra. Pero ¿qué importa? Una está allí para obedecer y someterse, enseguida se acaba, y queda el dinero.

Yo me sentía turbada, lo confieso, al escuchar palabras tan licenciosas en la boca

de una muchacha tan joven y que siempre me había parecido tan decente. Pero como mi corazón compartía su sentido, no tardé en decirle que estaba no solamente dis- puesta a imitarla en todo, sino hasta en portarme peor que ella, si era necesario. Encantada conmigo, mi hermana me abrazó de nuevo, y como empezaba a ser tarde

mandamos a buscar una pularda y buen vino, cenamos y dormimos juntas, decididas a ir al día siguiente por la mañana a casa de la Guérin para rogarle que nos recibiera como pupilas.

Fue durante la mencionada cena cuando mi hermana me enseñó todo lo que yo ignoraba todavía acerca del libertinaje. Se me exhibió completamente desnuda, y puedo asegurar que era una de las más bellas criaturas que había entonces en París. Hermosa Piel, una gordura agradable y, a pesar de esto, el talle más esbelto e interesante, los más bellos ojos azules y todo el resto digno de lo mencionado. Me enteré también del tiempo que hacía que la Guérin se había fijado en aquellos atractivos y del placer con que se le ofrecía a sus clientes, quienes, jamás cansados de ella, la volvían a pedir una y otra vez. Al meternos en la cama caímos en la cuenta de que nos habíamos olvidado de dar una respuesta al padre guardián, quien seguramente se enojaría por nuestra negligencia y a quien era preciso tratar con miramientos mientras estuviésemos en el barrio. ¿Pero cómo reparar aquel olvido? Ya eran más de las once, y decidimos dejar las cosas tal como estaban.

Al parecer, la aventura le interesaba mucho al guardián, por lo que es de creer que trabajaba más para él que para la pretendida felicidad de que nos hablaba, porque apenas dieron las doce llamaron con suavidad a nuestra puerta. Era el padre guardián en persona; nos esperaba, dijo, desde hacía dos horas, y por lo menos hubiéramos podido hacerle llegar una respuesta, y tras haberse sentado en nuestra cama, nos dijo que nuestra madre había decidido pasar el resto de sus días en un pequeño aposento secreto que tenían en el convento y donde le daban la mejor comida del mundo, amenizada con la compañía de los grandes personajes de la casa que solían pasar la mitad del día con ella y con otra mujer joven, compañera de mi madre; que sólo dependía de nosotras aumentar el número, pero como éramos demasiado jóvenes para establecernos, él nos tomaría sólo por tres años, al cabo de los cuales, juraba que nos devolvería nuestra libertad y mil escudos a cada una; que nuestra madre le había encargado que nos dijera que le causaríamos un gran placer si íbamos a compartir su soledad.

-Padre -le contestó descaradamente mi hermana-, le agradecemos su proposición. Pero a nuestra edad no tenemos ningún deseo de encerrarnos en un claustro para convertirnos en putas de sacerdotes, ya lo hemos sido demasiado.

El guardián insistió en sus proposiciones, y lo hizo con un fuego que demostraba

bien a las claras hasta qué punto deseaba lograr sus propósitos. Advirtiendo al fin que no se salía con la suya, dijo lanzándose casi furiosamente, sobre mi hermana.

-Y bien, puta, satisfáceme pues una vez más por lo menos, antes que me vaya.

Y, tras haberse desabrochado sus calzones, montó encima de mi hermana, quien

no opuso ninguna resistencia, convencida de que si satisfacía su necesidad se desembarazaría de él más pronto. Y el libertino, sujetándola debajo de sus rodillas, agitó un instrumento duro y bastante grueso a unos centímetros de la cara de mi hermana.

- ¡Linda cara -exclamó-, linda carita de puta, cómo voy a inundarte de leche, ah, rediós!

Y al cabo de unos instantes las esclusas se abrieron, el esperma eyaculó y todo el rostro de mi hermana, principalmente la nariz y la boca se encontraron cubiertos por las pruebas del libertinaje de nuestro hombre, cuya pasión no hubiera sido satisfecha de un modo tan barato si su proyecto hubiese tenido éxito. El religioso, más

calmado, sólo pensó ya en marcharse, y después de habernos arrojado un escudo sobre la mesa, y encendido de nuevo su linterna, dijo:

-Sois unas pequeñas imbéciles, sois unas pequeñas tiparracas. Dejáis escapar

vuestra fortuna. ¡Que el cielo os castigue haciéndoos caer en la miseria y tenga yo el placer de veros hundidas en ella como venganza, esos son mis últimos deseos!

Mi hermana, que se limpiaba la cara, le devolvió todas sus tonterías, y cuando la puerta volvió a cerrarse para no abrirse ya hasta la mañana siguiente, pasamos al menos el resto de la noche tranquilas.

-Lo que has visto -me dijo mi hermana- es una de sus pasiones favoritas. Le gusta

con locura descargar sobre la cara de las muchachas. Si se limitara a ello, bueno..., pero el bribón tiene otros gustos y tan peligrosos que temo...

Pero mi hermana, vencida por el sueño, se durmió antes de acabar la frase, y como el día siguiente nos trajo otras aventuras, dejamos de pensar en aquélla.

Por la mañana nos levantamos y, tras habernos arreglado bien, nos dirigimos a casa de la señora Guérin. Esta heroína vivía en la calle Soli, en un apartamento muy limpio del primer piso, que compartía con seis señoritas entre dieciséis y veintidós años, todas muy lozanas y lindas. Permitidme, señores, que no os las describa más que a medida que sea necesario. La Guérin, encartada del proyecto que había conducido a mi hermana a su casa después que hacía tanto que la deseaba, nos recibió y alojó a ambas con gran placer.

-Aunque es muy joven -le dijo mi hermana, señalándome-, le servirá bien, se lo

aseguro. Es dulce, gentil, tiene buen carácter y un alma decididamente inclinada al puterío. Tiene usted muchos disolutos entre sus amistades que desean niñas, he aquí una que corresponde a lo que necesitan... empléela.

La Guérin, volviéndose hacia mí, me preguntó entonces si estaba decidida a

todo.

-Sí, señora -le contesté, en un tono ligeramente descarado que le gustó-, a todo

para ganar dinero.

Fuimos presentadas a nuestras nuevas compañeras, que ya conocían a mi

hermana y que por amistad le prometieron que cuidarían de mí. Luego cenamos todas juntas, y en una palabra así fue, señores, mi primera instalación en el burdel.

No transcurrió mucho tiempo sin que empezara mi práctica en él: aquella misma noche llegó un viejo comerciante envuelto en una capa con quien la Guérin me emparejó para mi estreno.

- ¡Oh! A propósito, -dijo la Guérin presentándome al viejo libertino-, las queréis

sin pelo, señor Duelos, le aseguro que ésta no tiene ni uno.

-En efecto -contestó el viejo original, contemplándome-. parece muy niña.

¿Cuantos años tienes, pequeña? -Nueve, señor.

-¡Nueve años!... Bien, bien, señora Guérin, usted sabe que son así como las

quiero. Y más jóvenes aún, si usted las tuviera. Las tomaría pardiez, recién destetadas.

Y la Guérin, tras retirarse, riéndose de la expresión, nos dejó solos. Entonces el viejo libertino, acercándose, me besó dos o tres veces en la boca. Acompañando una de mis manos con la suya, hizo que sacara de su bragueta su verga no muy empalmada y, actuando constantemente sin hablar demasiado, me desabrochó las faldas, me acostó en el canapé, me subió la camisa hasta el pecho y, montando sobre mis dos muslos, que había abierto completamente, con una mano me entreabría el

coño todo lo que podía, mientras con la otra se la meneaba con todas sus fuerzas. "El lindo pajarito", decía, agitándose y suspirando de placer. "Cómo lo domesticaría si aún pudiera, pero ya no puedo; por más que hiciera, ni en cuatro años se endurecería este bribón de pito. Ábrete, ábrete, pequeña, separa bien los muslos." Y al cabo de un cuarto de hora, por fin, advertí que el hombre suspiraba más hondamente. Algunos " ¡rediós! " añadieron cierta energía a sus expresiones y sentí los bordes de mi coño inundados del esperma cálido y espumoso que, como el bribón no podía lanzar dentro, se esforzaba en hacerlo penetrar dentro con los dedos.

Hecho esto, partió como un rayo, y todavía me encontraba ocupada en limpiarme cuando mi galán abría ya la puerta de la calle. Este fue el principio, señores, que me valió el nombre de Duelos. Era costumbre en aquella casa que cada pupila adoptase el nombre del primer hombre que la ocupaba, y yo me sometía tal uso.

-¡Un momento! -dijo el duque-. No he querido interrumpir hasta que no hubiese una pausa, pero ya que has hecho una, explícame un poco dos cosas: primera, si tuviste noticias de tu madre o si jamás supiste lo que fue de ella; segunda, dime si las causas de la antipatía que os inspiraba a tu hermana y a ti eran naturales o tenían una causa. Esto tiene relación con la historia del corazón humano, a lo que nos dedicamos de una manera particular.

-Monseñor -contestó la Duelos-, ni mi hermana ni yo tuvimos nunca la menor noticia de

esa mujer.

-Bien -dijo el duque-. En ese caso está claro, ¿no es verdad Durcet?

-Sin la menor duda -contestó el financiero-. Y tuvisteis suerte en no caer en la trampa, porque no hubierais regresado jamás.

- ¡Es inaudito --lijo Curval-, cómo se propaga esta manía!

-Es que es muy deliciosa, a fe mía --lijo el obispo.

-¿Y el segundo punto? -preguntó el duque, dirigiéndose a la narradora.

-El segundo punto, monseñor, es decir, el motivo de nuestra antipatía, difícilmente a fe

mía sería capaz de explicarla, pero era tan violenta en nuestros dos corazones que nos confesamos una a otra que hubiéramos sido capaces de envenenarla en el caso de no poder llegar -a desembarazarnos de ella de otro modo. Nuestra aversión era completa, y como ella no daba ningún motivo para ello, lo más verosímil es pensar que este sentimiento era obra de la naturaleza.

-¿Y quién lo duda? -dijo el duque-. Cada día vemos que la naturaleza nos inspira la

inclinación más violenta hacia lo que los hombres llaman crimen, y aunque la hubieseis envenenado veinte veces, esta acción dentro de vosotras sólo hubiera sido el resultado de esa inclinación que ella os inspiraba hacia el crimen, inclinación que cobraba en vosotras la forma de una invencible antipatía. Es una locura imaginar que debamos nada a nuestras madres. ¿Y sobre qué se fundaría nuestro agradecimiento?: ¿Sobre lo que gozaba cuando era jodida? Seguramente, no es para menos. En cuanto a mí, yo sólo veo en ello motivos de odio y desprecio. ¿Nos da la felicidad al darnos la vida?... Lejos de esto. Nos arroja a un mundo lleno de escollos, y a nosotros nos toca salir de apuros como podamos. Recuerdo que tuve una madre en otro tiempo que me inspiraba más o menos los mismos sentimientos que la Duelos sentía por la suya: la aborrecía. Cuando me fue posible, la mandé al otro mundo, y nunca he gozado una voluptuosidad más viva que cuando cerró los ojos para no volverlos a abrir más.

En este momento se escucharon unos sollozos terribles en una de las cuadrillas. Era en la del duque, sin lugar a dudas. Al investigar, vióse que la joven Sophie tenía los ojos arrasados en lágrimas. Dotada de un corazón muy distinto al de aquellos canallas, la conversación trajo a su espíritu el recuerdo querido de aquella que le había dado el ser y había muerto defendiéndola cuando fue raptada. Y esta idea cruel había venido a su tierna imaginación acompañada sólo de abundantes lágrimas.

- ¡Ah, pardiez! -dijo el duque- ¡Buena cosa es ésa! ¿Lloras a tu madre, no es verdad,

pequeña mocosa? Acércate, acércate, para que te consuele.

Y el libertino, enardecido por los preliminares y por estas palabras y por el efecto que

tenían, mostró un triunfal pito que parecía querer una eyaculación. Mientras tanto, Marie (era la dueña de la cuadrilla), trajo a la muchacha. Sus lágrimas corrían abundantemente y el hábito de novicia que le habían puesto aquel día prestaba aún más encanto a un dolor que la embellecía. Era imposible ser más linda.

- ¡Jodido Dios -dijo el duque, levantándose como un frenético-, qué linda tajada para hincarle el diente! Quiero hacer lo que la Duelos acaba de contarnos, quiero mojarle el coño con mi leche... ¡Que la desnuden!

Y todo el mundo esperaba en silencio el desenlace de aquella pequeña escaramuza.

-¡Oh, señor, señor! -exclamó Sophie, lanzándose a los pies del duque-. Respetad al menos mi dolor, gimo por la muerte de una madre que me fue muy querida, que murió defendiéndome y a la que no veré nunca más. ¡Tened piedad de mis lágrimas y concededme por lo menos una noche de descanso!

- ¡Ah! ¡Joder! -exclamó el duque, empuñando su verga que amenazaba al cielo-. Nunca hubiera creído que esta escena fuese tan voluptuosa. Desnúdala, desnúdala, pues -decía a Marie, furioso-; ya debería estar desnuda.

Y Aline, que se encontraba en el sofá del duque, lloraba a lágrima viva, mientras se oía

gemir a la tierna Adélaïde en el nicho de Curval, quien, lejos de compartir el dolor de aquella bella criatura, la regañaba violentamente por haber abandonado la posición en que la había colocado, y por otra parte, contemplaba con el más vivo interés el desenlace de aquella deliciosa escena.

Mientras tanto, desnudan a Sophie, sin el menor miramiento por su dolor, la colocan en la actitud que acababa de relatar la Duelos y el duque anuncia que va a descargar. Pero

¿cómo hacerlo? Lo que acababa de relatar Duelos había sido realizado por un hombre con el miembro mustio y la descarga de su fofo pito podía dirigirse a voluntad. Pero no era el mismo caso ahora: la amenazadora cabeza del miembro del duque no quería inclinarse y continuaba amenazando al cielo; hubiera sido preciso, por decirlo así, colocar a la muchachita encima. Nadie sabía qué hacer, y sin embargo, cuantos más obstáculos surgían, más juraba y blasfemaba el irritado duque. Finalmente, la Desgranges acudió en su ayuda. Nada de lo que se refería al libertinaje era desconocido para aquella vieja bruja; cogió a la niña y la colocó tan hábilmente sobre sus rodillas que, se colocase como se colocase el duque, la punta de su pito rozaba la vagina. Dos sirvientas acudieron para sujetar las piernas de la muchachita, la cual, si hubiese tenido que ser desvirgada, nunca hubiera podido ofrecer un coño más hermoso. Pero eso no era todo aún: era necesaria una mano hábil para hacer desbordar el torrente y dirigirlo justamente a su destino.

Blangis no quería correr el riesgo de utilizar la mano de un muchacho torpe para una operación tan importante.

-Toma a Julie -dijo Durcet-; quedarás contento de ella. Empieza a menearla como un

ángel.

- ¡Oh, joder! -exclamó el duque-. Esa puta fallará, la conozco. Basta con que yo sea su

padre, tendrá un miedo espantoso.

-Te aconsejo un muchacho, a fe mía -dijo Curval-. Toma a Hercule; tiene una muñeca muy hábil.

-Sólo quiero a la Duelos -dijo el duque-. Es la mejor de todas las meneadoras, permitidle que deje su puesto unos momentos y que venga.

La Duelos llega, muy orgullosa de una preferencia tan notable. Se arremanga hasta el codo y empuñando el enorme instrumento de Monseñor, empieza a sacudirlo, con la cabeza siempre descubierta, a menearlo con tal arte, a agitarlo con sacudidas tan rápidas y al mismo tiempo tan adecuadas al estado en que veía al paciente, que finalmente la bomba estalla sobre el mismo agujero que debe cubrir. Lo inunda, el duque grita, blasfema y se debate. Duelos no se detiene; sus movimientos están condicionados al grado del placer que proporcionan. Antinoüs, colocado allí a propósito, hace penetrar delicadamente el esperma en la vagina a medida que fluye, y el duque, vencido por las más deliciosas sensaciones, ve, expirando de voluptuosidad, cómo se deshincha poco a poco entre los. dedos de su meneadora el fogoso miembro cuyo ardor acaba de inflamarlo tan poderosamente. Se echa de nuevo sobre el sofá, la Duelos regresa a su lugar, la muchachita se limpia, se consuela y vuelve a su cuadrilla, y el relato prosigue, dejando a los espectadores persuadidos de una verdad de la cual, creo, estaban imbuidos desde hacía tiempo, a saber, que la idea del crimen supo siempre inflamar los sentidos y conducirnos a la lubricidad.

Quedé muy asombrada -dijo la Duelos, reanudando el hilo de su discurso- al ver que todas mis compañeras se reían al encontrarse conmigo, y me preguntaban si me había limpiado bien y mil otras cosas que demostraban que ellas sabían muy bien lo que yo acababa de hacer. No me dejaron mucho rato en la inquietud, y mi hermana, conduciéndome a una habitación contigua a aquella donde se celebraban comúnmente las orgías, y donde yo había sido encerrada, me mostró un agujero a través del cual se veía el canapé y todo lo que ocurría en el cuarto. Me dijo que aquellas señoritas se divertían fisgando por el agujero lo que hacían los hombres a sus compañeras, y que yo misma era dueña de ir allá cuando quisiera, siempre que no estuviera ocupado. Porque sucedía a menudo, decía ella, que aquel respetable agujero sirviese para misterios acerca de los cuales sería instruida en su momento y lugar. No transcurrieron ocho días sin que sacase provecho de ese placer, y una mañana en que habían preguntado por una tal Rosalie, una de las más bellas rubias que imaginarse pueda, tuve la curiosidad de observar qué le harían. Me oculté, y he aquí la escena de que fui testigo.

El hombre que estaba con ella no debía tener más de veintiséis o treinta años. En cuanto ella entró, la hizo sentarse en un taburete muy alto y destinado para la ceremonia. Tan pronto como estuvo sentada, le quitó todas las horquillas que sostenían su pelo e hizo flotar hasta el suelo un bosque de cabellos rubios, soberbios, que adornaba la cabeza de aquella hermosa muchacha. Sacó luego un peine de su bolsillo, los peinó, los desenredó, los acarició y besó, entremezclando cada acción con elogios sobre la belleza de aquella cabellera, que era lo único que le ocupaba. Finalmente se sacó de la bragueta un pequeño pito seco y muy tieso que envolvió rápidamente con los cabellos de su dulcinea, y meneándosela con el moño, eyaculó mientras pasaba su otra mano alrededor del cuello de Rosalie y la besaba en la boca. Desenvolvió su verga muerta, vi los cabellos de mi compañera sucios de semen; ella los limpió se los volvió a atar, y nuestros amantes se separaron.

Al cabo de un mes, mi hermana fue llamada por un personaje que nuestras señoritas me dijeron que fuera a contemplar a través del agujero porque tenía una extravagante fantasía. Se trataba de un individuo de unos cincuenta años; apenas había entrado cuando, sin preliminares de ninguna clase, sin caricias, mostró su trasero a mi hermana, la cual, al tanto de la ceremonia, hizo que se inclinara sobre la cama, se apodera del fofo y arrugado culo, hunde sus cinco dedos en el orificio y empieza a sacudirlo de una manera tan énergica que la cama crujía. Mientras tanto, nuestro hombre, sin mostrar nada más, se agita, sigue los movimientos, se presta a ellos con lubricidad y grita que descarga y que goza el mayor de los placeres. La agitación había sido violenta, en verdad, porque mi hermana estaba cubierta de sudor; ¡pero qué menguados episodios y qué imaginación tan estéril!

Si bien el hombre que me fue presentado poco después no fue más caprichoso, por lo menos partía más voluptuoso y su manía, para mí, tenía más el colorido del libertinaje. Era un hombre de unos cuarenta y cinco años bajo y gordo, pero fresco y alegre. Como todavía no había visto a ningún hombre con un gusto como el suyo, mi primer movimiento fue el de arremangarme hasta el ombligo: un perro al que se le muestra un bastón no hubiera puesto una cara más larga. - ¡Eh! ¡Por tu vida! Dejemos tranquilo el coño, querida, te lo ruego -me dijo, bajándome las faldas tan rápidamente como yo las había subido-. Esas putillas -prosiguió, de buen humor- sólo le muestran a uno sus coños. Serás la causa de que no descargue en toda la noche.., mientras no me haya quitado de la cabeza tu jodido coño. Y diciendo esto hizo que me volviera de espaldas y levantó metódicamente los refajos por detrás. En esta posición, y conduciéndome él mismo, sin soltar las faldas levantadas, para ver tos movimientos de mi culo mientras caminaba, hizo que me acercase a la cama, sobre la que me acostó de bruces. Entonces examinó mi trasero con la más escrupulosa atención, ocultando con una mano el coño, que parecía temer más que al fuego. Finalmente, tras haberme pedido que disimulara todo lo que pudiera aquella indigna parte (empleo su expresión), con sus dos manos manoseó durante un buen rato y con lubricidad mi trasero; lo separaba, lo juntaba, acercaba a él su boca y una vez o dos hasta sentí que la colocaba sobre el agujero, pero no se estremecía aparentemente, no había señales de nada. Sin embargo, cuando se sintió dispuesto, preparóse para el desenlace de la operación. -Tiéndete completamente en el suelo - me dijo, arrojando algunos cojines- allá, sí, eso es... con las piernas bien separadas, el culo un poco levantado y el agujero lo más entreabierto que te sea posible -añadió, al ver mi docilidad. Y entonces, tomando un taburete, lo colocó entre mis piernas y fue a sentarse en él de manera que su pito, que finalmente sacó de su bragueta, pudiese ser meneado a la altura del agujero que incensaba. Entonces sus movimientos se hicieron más rápidos, con una mano se meneaba y con la otra separaba mis nalgas, y algunas alabanzas sazonadas con muchos juramentos componían su discurso. - ¡Oh, santo Dios! ¡Qué hermoso culo! ¡Cómo voy a inundarlo! Y cumplió su palabra. Me sentí toda mojada; el libertino pareció quedar anonadado tras su éxtasis. ¡Tan verdad es que el homenaje rendido a ese templo tiene siempre más ardor que el que se ofrece en el otro!; y se fue, tras haberme prometido que regresaría porque había satisfecho muy bien sus deseos. Efectivamente, regresó al día siguiente, pero su inconstancia le hizo preferir a mi hermana; fui a observarlos y vi que empleaba absolutamente los mismos procedimientos, a los que mi hermana se prestaba con la misma complacencia.

-¿Tenía un culo hermoso tu hermana? –preguntó Durcet.

-Podréis juzgar por un solo detalle, monseñor -dijo la Duelos-. Un famoso pintor, a

quien le habían encargado una Venus de hermosas nalgas, un año después, le pidió que le sirviera de modelo, porque decía, había estado buscando en todas las casas de alcahuetas de París sin haber encontrado lo que necesitaba.

-Puesto que ella tenía quince años, y que aquí hay muchachas de tal edad, compáranos su

trasero -dijo el financiero- con alguno de los culos que tienes aquí ante tu vista.

Duelos fijó los ojos en Zelmire y dijo que le era imposible encontrar nada, no solamente

respecto al culo si no a la cara, que pudiera competir con su hermana.

-Bueno, Zelmire -dijo el financiero- ven, pues, a presentarme tus nalgas.

Ella pertenecía precisamente a su cuadrilla. La encantadora muchacha se acercó temblando. Es colocada al pie del canapé, acostada de bruces; levantan su grupa con las-- cojines y el pequeño orificio se ofrece completo.

El libertino empalmado besa y manosea lo que se le presenta. Ordena a Julie que se la

menee. Es obedecido, sus manos se extravían sobre otras partes, la lubricidad lo embriaga, su pequeño instrumento, bajó las sacudidas voluptuosas de Julie, parece endurecerse un momento, el canalla blasfema, la leche fluye y suena la hora de la cena.

Como en todas las comidas, reinaba la misma profusión, haber descrito una es como

haberlas descrito todas. Pero como casi todo el mundo había eyaculado, en esta cena fue preciso restablecer fuerzas, y por lo tanto, se bebió mucho. Zelmire, que era llamada la hermana de la Duelos, fue extraordinariamente festejada en las orgías y todo el mundo quiso besar su culo. El obispo dejó en él algo de semen, los otros tres compañeros volvieron a excitarse y se fueron a acostar como la víspera, es decir, cada cual con las mujeres que habían tenido en los canapés y cuatro jodedores que no habían aparecido desde la cena.

TERCERA JORNADA

El duque se levantó a las nueve. Era él quien debía comenzar a prestarse a las lecciones que la Duelos tenía que dar a las muchachas. Se instaló en un sillón y experimentó durante una hora los diversos manoseos, masturbaciones, poluciones y posiciones diversas de cada una de aquellas muchachas, conducidas y guiadas por su maestra, y, como es fácil imaginar, su temperamento fogoso se excitó mucho con tal ceremonia. Tuvo que hacer increíbles esfuerzos para no perder su semen, pero, bastante dueño de sí mismo, supo contenerse y regresó triunfalmente para fanfarronear de que había soportado un asalto que mucho dudaba que sus amigos hubieran podido sostener con la misma flema que él. Esto dio lugar a algunas apuestas y a una multa de cincuenta luises que sería impuesta a quien descargase durante las lecciones.

En vez del almuerzo y dulas visitas, aquella mañana se empleó en disponer el cuadro de las diecisiete orgías proyectadas para el final de cada semana, así como en la última fijación de los desvirgamientos que ahora podían establecer mejor que antes después de haber cono- cido mejor a las personas. Como dicho cuadro establecía de una manera decisiva todas las operaciones de la campaña, hemos creído necesario ofrecer una copia al lector; nos ha parecido que, sabiendo, después de haberlo leído, el destino de las personas, se interesaría más por ellas en el resto de las operaciones.

CUADRO

DE LOS PROYECTOS DEL RESTO DEL VIAJE

El día 7 de noviembre, fin de la primera semana, se procederá por la mañana al casamiento de Michette y Giton, y los dos esposos, que por la edad no pueden unirse, como tampoco las parejas de los tres himeneos siguientes, serán separados por la moche, sin tener en cuenta la ceremonia que sólo habrá servido para divertir durante el día. La misma noche se procederá al castigo de las personas marcadas en la lista del amigo de turno durante el mes.

El día 14 se procederá al matrimonio de Narcisse y Hébé, con las mismas cláusulas anteriores.

El 21 se efectuará el matrimonio de Colombe y Zélamir. El 21, igualmente, el de Cupidon y Rosette.

El 4 de diciembre (los relatos de la Champville habrán estimulado las expediciones siguientes), el duque desvirgará a Fanny.

El día 5 de diciembre, dicha Fanny será casada con Hyacinthe, el cual gozará de su joven esposa delante de la reunión. Tal será la fiesta de la quinta semana, y por la noche habrá los castigos ordinarios, porque los casamientos se celebrarán por la mañana.

El día 8, Curval desvirgará a Michette. El 11, el duque desvirgará a Sophie.

El 12, para celebrar la fiesta de la sexta semana, Sophie será casada con Céladon, de acuerdo con las mismas cláusulas anteriores. Lo cual no se repetirá en los siguientes.

El 15, Curval desvirgará a Hébé.

El 18, el duque desvirgará a Zelmire, y el 19, para celebrar la fiesta de la séptima semana, Adonis se casará con Zelmire.

El 20, Curval desvirgará a Colombe.

El 25, día de Navidad, el duque desvirgará a Augustine, y el 26, fiesta de la octava semana, Zéphyr se casará con Augustine.

El 29, Curval desvirgará a Rosette, y se ha dispuesto todo para que Curval, que tiene un miembro más pequeño que el duque, posea a las más jóvenes.

El día 1 de enero, primer día en que los relatos de la Martaine habrán hecho soñar en nuevos placeres, se procederá a las desfloraciones sodomitas en el orden siguiente:

El primero de enero, el duque sodomizará a Hébé.

El día 2, para celebrar la novena semana, Hébé, después de haber sido desvirgada por delante por Curval y por detrás por el duque, será entregada a Hercule, quien gozará de ella de la manera que le ordene la reunión.

El día 4, Curval enculará a Zélamir.

El día 6, el duque dará por detrás a Michette, y el 9, para celebrar la fiesta de la décima semana, esta Michette, que habrá sido desvirgada por el coño por Curval, y por el culo por el duque, será entregada a Brise-cul para que goce de ella, etc.

El día 11, el obispo enculará a Cupidon. El 13, Curval enculará a Zelmire.

El 15, el obispo enculará a Colombe.

El 16, para la fiesta de la onceava semana, Colombe, que habrá sido desvirgada por el coño por Curval y por el culo por el obispo, será entregada a Antinoüs, quien gozará de ella, etc.

El día 17, el duque enculará a Giton. El día 19, Curval enculará a Sophie.

El día 21, el obispo enculará a Narcisse. El 22, el duque enculará a Rosette.

El 23, en la fiesta de la doceava semana, Rosette será entregada a Bande-au-ciel. El día 25, Curval dará por culo a Agustine.

El 28, el obispo dará por culo a Fanny.

El día 30, para la fiesta de la treceava semana, el duque se casará con Hercule como marido y con Zéphyr como mujer, y el matrimonio se efectuará, así como los tres otros siguientes, delante de todo el mundo.

El 6 de febrero, para la fiesta de la catorceava semana, Curval se casará con Brise-cul como marido y con Adonis como mujer.

El 13 de febrero, para la fiesta de la quinceava semana, el obispo se casará con Antinoüs como marido y con Céladon como mujer.

El 20 de febrero, para la fiesta de la dieciseisava semana, Durcet tendrá a Bande-au-ciel como marido y a Hyacinthe como mujer.

Por lo que respecta a la fiesta de la diecisieteava semana, que cae el 27 de febrero, víspera del final de los relatos, se celebrará por medio de sacrificios para los cuales los señores se reservan in petto la elección de las víctimas.

Mediante estos arreglos, desde el 30 de enero se habrán efectuado todos los desvirgamientos, excepto los de los cuatro muchachos que los señores deberán tomar como mujer, y que se reservan intactos hasta el final con el objeto de hacer durar la diversión hasta el fin del viaje.

A medida que los sujetos sean desvirgados, reemplazarán a las esposas en los canapés durante los relatos, y, por la noche, estarán cerca de los señores, alternativamente, según su elección, con los cuatro últimos bardajes que los señores se reservan como mujeres en el último mes.

En el momento en que una muchacha o un muchacho desvirgado haya reemplazado a una esposa en el canapé, esta esposa será repudiada. Desde ese momento su descrédito será general, y sólo tendrá sitio entre las sirvientas.

Respecto a Hébé, de doce años de edad, de Michette, de doce años de edad, de Colombe, de trece años y de Rosette, también de trece años, a medida que sean entregadas a los jodedores y vistas . por ellos, caerán igualmente en descrédito, sólo serán admitidas en las voluptuosidades duras y brutales, tendrán un sitio entre las esposas repudiadas y serán tratadas con el más extremo rigor. Desde el 24 de enero, las cuatro se encontrarán en el mismo plano de igualdad.

Con este cuadro se ve que el duque habrá tenido los coños vírgenes de Fanny, Sophie, Zelmire, Augustine y los culos de Hébé, Michette, Giton, Rosette y Zéphyr.

Que Curval habrá tenido el desvirgamiento de los coños de Michette, Hébé, Colombe,

Rosette y los de los culos de Zélamir, Zelmire, Sophie, Augustine y Adonis.

Que Durcet que ya no jode, habrá tenido únicamente el desvirgamiento del culo de

Hyacinthe, con el que se casará como mujer.

Y que el obispo, que sólo jode en el culo, habrá tenido los desvirgamientos sodomitas de

Cupidon, Colombe, Narcisse, .Fanny y Céladon.

Habiendo dedicado todo el día a disponer estos arreglos y a charlar, y sin que nadie hubiese caído en falta, todo transcurrió sin acontecimientos hasta la hora del relato, en que, siendo los arreglos los mismos, aunque siempre variados, la célebre Duclos subió a su tribuna y prosiguió en los siguientes términos su relato de la víspera:

Un joven cuya manía, aunque muy poco libertina, en mi opinión, no por eso era menos singular, se presentó en casa de Mme Guérin, poco después de la última aventura de que hablé ayer. Necesitaba una nodriza joven y lozana; la mamaba y eya- culaba sobre los muslos de aquella buena mujer mientras se atiborraba con su leche. Su pito me pareció muy mediocre y toda su persona bastante desmedrada, y su descarga fue tan dulce como su operación.

Al día siguiente se presentó otro en la misma habitación cuya manía seguramente

os parecerá más divertida. Quería que la mujer estuviese envuelta con. velo que le ocultara completamente todo el pecho y la figura; la única parte del cuerpo que deseaba ver, y que tenía que ser de una calidad superior, era el culo, ya que todo el resto le era indiferente y se sabía que le hubiera disgustado contemplarlo. Mme Guérin hizo venir de fuera una mujer de una gran fealdad y de unos cincuenta años de edad, pero cuyas nalgas estaban cortadas como las de Venus. Nada más hermoso podía ofrecerse a la vista.

Yo quise ver esta escena; la vieja dueña, bien envuelta, fue a colocarse en seguida de bruces sobre el borde de la cama. Nuestro libertino, de unos treinta años y seguramente hombre de toga, le levanta las faldas hasta los costados, se extasía ante las bellezas de su gusto que le son ofrecidas. Manosea, separa las soberbias nalgas, las besa con ardor y, con la imaginación inflamada más por lo que supone que por lo que hubiera visto sin duda si la mujer hubiese estado sin velo y fuese incluso bonita, cree tener trato con la misma Venus, y al cabo de poco rato, ya con el miembro endurecido a fuerza de sacudidas, lanza una lluvia benéfica sobre las dos nalgas que están bajo su mirada. Su descarga fue viva e impetuosa. Estaba sentado delante del objeto de su culto; una de sus manos lo abría mientras que con la otra lo machacaba, y gritó diez veces: - ¡Qué hermoso culo! ¡Ah, qué delicia inundar de semen semejante culo! En cuanto terminó levantóse y se marchó sin manifestar el menor deseo de saber con quien había tratado.

Un joven clérigo solicitó a mi hermana, poco tiempo después. Era joven y guapo,

pero casi no podía distinguirse su pito, tan pequeño y blando era. La tumbó casi desnuda en un canapé, se colocó de rodillas entre sus muslos, sosteniéndole las nalgas con las dos manos, y empezó a cosquillearle el pequeño agujero de su trasero. Luego su boca se pegó al coño de mi hermana. Le cosquilleó el clítoris con la lengua y, obró de un modo tan hábil, hizo un empleo tan acompasado y tan igual de sus dos movimientos, que en tres minutos la sumergió en el delirio; vi como su cabeza se inclinaba, su mirada se extraviaba y la bribona exclamó: "- ¡Oh, mi querido abad, me haces morir de placer!"

El clérigo tenía por costumbre tragar todo el líquido que su libertinaje hacía fluir. No falló y, meneándosela, agitándose a su vez mientras obraba contra el canapé donde estaba mi hermana, le vi esparcir por el suelo la evidencia de su virilidad. Me tocó al día siguiente, y os puedo asegurar, señores, que es una de las más dulces operaciones que he vivido en mi vida: el bribón del abad tuvo mis primicias, y el primer semen que perdí en mi vida fue en su boca. Más diligente que mi hermana en devolverle el placer que me daba, agarré maquinalmente su pito flotante y mi pequeña mano le devolvió lo que su boca me hacía experimentar con tanta delicia.

En este punto el duque no pudo impedir interrumpir. Singularmente excitado por las masturbaciones a las que se había prestado por la mañana, creyó que ese tipo de lubricidad ejecutado con la deliciosa Augustine cuyos despiertos y bribones ojos anunciaban un temperamento muy precoz, le haría perder un semen que ya picaba excesivamente a sus cojones. Ella pertenecía a su cuadrilla, le gustaba bastante, había sido destinada a él para la desfloración, la llamó. Esa noche estaba vestida de marmota y encantadora bajo este disfraz. La dueña le remangó las faldas y la colocó en la postura que había descrito Duelos. El duque se apoderó primero de las nalgas,, se arrodilló, introdujo un dedo en el ano, que cosquilleó ligeramente, agarró el clítoris que esta amable niña tenía ya muy marcado, chupó. Los de

Languedoc tienen temperamento; Augustine fue una prueba de ello: sus bonitos ojos se animaron, suspiró, sus muslos se levantaron maquinalmente, y el duque tuvo la suerte de obtener un semen joven que sin duda corría por primera vez.

Pero no se obtienen dos dichas seguidas. Hay libertinos endurecidos hasta tal punto por el vicio, que cuanto más simple y delicada es la cosa que hacen, menos se excita su maldita cabeza. Nuestro querido duque era de estos, tragó el esperma de esta deliciosa niña sin que el suyo quisiese correr. Y hasta hubo un momento, pues nada es tan inconsecuente como un libertino, un momento, digo, en que iba a acusar por ello a esta pobre desgraciada, que totalmente confundida por haber cedido a la naturaleza, ocultaba su cabeza entre las manos e intentó huir de su puesto.

- ¡Qué me traigan otra! -dijo el duque, lanzando furiosas miradas a Augustine-. Las

chuparé todas antes que no perder mi semen.

Trajeron a Zelmire, la segunda muchacha de su cuadrilla, que igualmente le correspondía

por derecho. Tenía la misma edad que Augustine, pero la pena de su situación encadenaba en ella todas las facultades de un placer que tal vez sin eso la naturaleza le hubiese permitido igualmente disfrutar. Le levantan las faldas por encima de los muslos, más blancos que el alabastro; muestra un montecito cubierto de una pelusilla que empieza

a brotar. Se deja colocar en la forma requerida, pero por más que haga el duque, nada logra. Se levanta furioso al cabo de un cuarto de hora y, corriendo hacia su gabinete con Hercule y Narcisse, dice:

- ¡Ah, joder! Veo que no es la caza que necesito -refiriéndose a las dos muchachas- y que

sólo tendré éxito con ésta.

Se ignoran cuáles fueron los excesos a los que se entregó, pero al cabo de unos instantes

se oyeron gritos y rugidos que demostraban que había logrado la victoria, y que los muchachos eran, para una eyaculación, vehículos más seguros que las más adorables muchachas. Mientras tanto, el obispo se había encerrado con Giton, Zélamir y Bande-au-ciel, y cuando se hubieron escuchado los gritos suscitados por su descarga, los dos hermanos, que seguramente se habían entregado a los mismos excesos, regresaron para escuchar más tranquilamente el relato de nuestra narradora:

Transcurrieron casi dos años sin que se presentasen en casa de la Guérin más personajes o gente de gustos demasiado comunes, excepto los que he contado ya, cuando fui avisada de que me arreglara y, sobre todo, lavase bien mi boca. Obedecí y bajé cuando me lo ordenaron. Un hombre de unos cincuenta años, gordo y robusto, se encontraba con la Guérin.

-Ahí puede verla usted -dijo-. Señor, no tiene más que doce años y es limpia como si saliese del vientre de su madre, puedo responder de ello.

El cliente me examinó, me hizo abrir la boca, inspeccionó mis dientes, respiró mi aliento y, satisfecho de todo, sin duda, pasó conmigo al templo destinado a los placeres. Nos sentamos uno enfrente del otro, y muy cerca. Nada podía imaginarse de más serio que mi pretendiente, nada más frío ni flemático. Me miraba de soslayo, me contemplaba con los ojos medio cerrados y me preguntaba yo a qué conduciría todo aquello, cuando, rompiendo finalmente el silencio, me dijo que guardara en la boca la mayor cantidad posible de saliva. Obedecí, y cuando consideró que mi boca debía estar llena, se lanza con ardor a mi cuello, pasa su brazo alrededor de mi cabeza con el fin de sujetarla, y pegando sus labios a los míos, bombea, chupa y traga con avidez todo el líquido que yo había acumulado, que parecía colmarlo de éxtasis. Atrae

mi lengua con el mismo furor, y cuando la siente seca y advierte que ya no hay nada en mi boca, me ordena que vuelva a empezar mi operación. Repite la suya, vuelvo a efectuar la mía, y así durante ocho o diez veces seguidas.

Chupó mi saliva con tal furor que sentía una opresión en el pecho. Creí que por lo menos algunas chispas de placer coronarían su éxtasis, pero me equivocaba. Su flema, que sólo se desmintió un poco en los instantes de sus ardientes succiones, volvía a ser la misma cuando terminaba, y cuando le hube dicho que ya no podía más, volvió a mirarme de reojo, a fijar sus ojos en mí como al principio, se levantó sin decir una sola palabra, pagó a la Guérin y se marchó.

- ¡Ah! ¡santo Dios, santo Dios! -dijo Curval-. Yo soy más feliz que él, porque descargo. Todas las cabezas se levantaron, y todos vieron al querido presidente haciendo a Julie, su

mujer, que aquel día tenía por compañera en el canapé, lo mismo que la Duelos acababa de

relatar. Sabíase que esta pasión era bastante de su gusto, junto con algunos otros episodios que Julie le proporcionaba y que la joven Duelos no había proporcionado a su cliente, si hay que creer al menos los refinamientos que aquel exigía y que el presidente estaba lejos de desear.

-Un mes después -dijo la Duelos, a quien se le había ordenado que prosiguiera-, tuve tratos con un chupador de un camino completamente contrario. Este era un viejo abad que, después de haberme previamente besado y acariciado el trasero durante más de media hora, hundió su lengua en el agujero, hizo que penetrara con fuerza, la volvió y revolvió con tanto arte que creía casi sentirla dentro de mis entrañas. Pero éste, menos flemático, tras separar mis nalgas con una mano, con la otra se la meneaba muy voluptuosamente, y descargó atrayendo hacia sí mi ano con tanta violencia, y cosquilleando tan lúbricamente, que yo compartí su éxtasis. Cuando terminó, examinó todavía unos momentos mis nalgas, miró ese agujero que acababa de ensanchar, no pudo impedir besarlo una vez más y se marchó, no sin antes haberme asegurado que regresaría a menudo porque había quedado muy contento de mi culo. Cumplió la palabra, y durante cerca de seis meses me visitó tres o cuatro veces por semana para practicar la misma operación, a la que me había acostumbrado tanto que no la realizaba sin hacerme experimentar gran placer. Este detalle, por otra parte, le era bastante indiferente, porque nunca me pareció que se diese por enterado o que lo desease. Quien sabe incluso, pues los hombres son muy raros, si no le hubiese quizás disgustado.

Aquí Durcet, a quien este relato acababa de inflamar, quiso, como el viejo abad, chupar el agujero de un culo, pero no el de una muchacha. Llamó a Hyacinthe, que era el que le gustaba más. Lo coloca bien, le besa el culo, se casca el pito, se agita. Por la vibración de sus nervios, por el espasmo que precede siempre a su descarga, hubiera podido creerse que su perversa y pequeña anchoa, que Aline meneaba con fuerza, iba finalmente a soltar su simiente, pero el financiero no era tan pródigo de su semen y ni siquiera se empalmó. Se les ocurre cambiarle de objeto, se le ofrece Céladon, pero nada se gana con ello. La feliz campana que anunciaba la cena salva el honor del financiero.

-No esculpa mía -dice, riendo, a sus compañeros-. Como habéis visto, iba a obtener la

victoria; pero esta maldita comida la ha retrasado. Vamos a cambiar de voluptuosidad;

cuando Baco me haya coronado, seré más ardiente en los combates del amor.

La cena, tan suculenta como alegre, y tan lúbrica como siempre, fue seguida de orgías y se cometieron muchas pequeñas infamias. Hubo muchas bocas y culos chupados, pero una de las cosas en que se divirtieron más consistió en el juego de ocultar el rostro y el pecho de las muchachas y apostar a reconocerlas examinando sólo sus nalgas. El duque se equivocó varias veces, pero los otros tres tenían tal experiencia de los culos que no erraron una sola vez. Luego se acostaron, y el día siguiente les trajo nuevos placeres y algunas nuevas reflexiones.

CUARTA JORNADA

Los amigos, con el fin de distinguir bien en cada instante del día a aquellos jóvenes o muchachas cuyas virginidades debían pertenecerles, decidieron hacerles llevar en todos sus diversos atavíos una cinta en los cabellos, que indicaría a quienes pertenecían. Por lo tanto, el duque adoptó el rosa y el verde y todo aquel que llevase una cinta rosa delante le pertenecía por el coño, del mismo modo que quien llevase una cinta verde detrás sería de él por el culo. Desde entonces, Fanny, Zelmire, Sophie y Augustine lucieron un lazo rosa a un lado de su peinado, y Rosette, Hébé, Michette, Giton y Zéphyr se prendieron una cinta verde detrás de sus cabellos, como prueba de los derechos que el duque tenía sobre sus culos.

Curval escogió el negro para la parte delantera y el amarillo para el trasero, de manera que Michette, Hébé, Colombe y Rosette llevaron siempre desde entonces un lazo negro delante, y Sophie, Zelmire, Augustine, Zelamir y Adonis llevaban un amarillo en el moño.

Durcet marcó sólo por detrás, con una cinta lila, a Hyacinthe, y el obispo, que sólo tenía

para él cinco primicias sodomitas, ordenó a Cupidon, Narcisse, Céladon, Colombe y Fanny que llevaran un lazo violeta detrás.

Nunca, cualquiera que fuese el atavío que se llevara, debían quitarse estas cintas, para que de una ojeada, al ver a aquellas jóvenes personas con un color por delante y otro por detrás, pudiera distinguirse en seguida quién tenía derechos sobre su culo o quien los tenía sobre su coño.

Curval, que había pasado la noche con Constance, por la mañana se quejó vivamente de ella. No se sabía muy bien cuál era el motivo de sus quejas; es necesario tan poco para disgustar a un libertino. Disponíase a hacer que se le incluyera en los castigos para el sábado próximo, cuando esta hermosa muchacha declaró que estaba embarazada; y debía estarlo de su marido, ya que Curval sólo había tenido trato carnal con ella desde hacía cuatro días. Esta noticia divirtió mucho a nuestros libertinos, por las voluptuosidades clandestinas que vieron les proporcionaría. El duque no salía de su asombro. Sea como fuere, el acontecimiento le valió a Constance la exección de la pena que hubiera tenido que sufrir por haber disgustado a Curval. Querían dejar que la pera madurase, una mujer preñada los divertía, y el partido que sacarían de ello divertía mucho más lúbricamente su pérfida imaginación. Fue dispensada del servicio de la mesa, de los castigos y de algunos otros pequeños detalles que su estado no hacía ya voluptuoso vérselos cumplir, pero fue obligada a estar en el canapé y a compartir hasta nueva orden el lecho de quien quisiera elegirla.

Fue Durcet quien aquella mañana se prestó a los ejercicios de masturbaciones, y como su

pito era extraordinariamente pequeño, requirió mucho esfuerzo de las alumnas. Sin embargo, se trabajó; pero el pequeño financiero, que había hecho durante toda la noche el oficio de mujer, no pudo soportar el de hombre. Fue duro, intratable, y el arte de aquellas ocho encantadoras alumnas dirigidas por la más hábil maestra no logró siquiera hacerle levantar

cabeza. Salió de allí con aire triunfal, y como la impotencia comunica siempre un poco de ese humor que se llama "rabieta" en libertinaje, sus visitas fueron asombrosamente severas. Rosette, entre las muchachas, y Zélamir, entre los jóvenes, fueron las víctimas: uno de ellos no estaba de la manera en que debía encontrarse -este enigma se explicará desPués-, y el otro se había desgraciadamente desprendido de algo que le había sido ordenado que guardara.

Sólo aparecieron en los lugares públicos la Duelos, Marie, Aline y Fanny, dos jodedores de la segunda clase y Giton. Curval, que aquel día estaba muy empalmado, se calentó mucho con la Duelos. La comida, donde hubo conversaciones muy libertinas, no lo calmó, y el café, servido por Colombe, Sophie, Zéphyr y su querido amigo Adonis, acabó de encenderlo. Agarró a este último y tumbándole sobre un sofá, le colocó, blasfemando, su enorme miembro entre los muslos, por detrás, y como este enorme instrumento salía más de seis pulgadas por el otro lado, ordenó al joven que se menease con fuerza lo que sobresalía, y él, por su parte, se puso a menear al muchacho por encima del pedazo de carne con que lo tenía enfilado. Mientras esto sucedía, presentaba a la reunión un culo tan sucio como grande, cuyo orificio impuro tentó al duque. Viendo que aquel culo estaba a su alcance hundió en él su nervioso instrumento, sin dejar de chupar la boca de Zéphyr, operación que había empezado antes de que se le ocurriera la idea que ahora ejecutaba.

Curval, que no esperaba tal ataque, blasfemó de alegría. Pateó, se tendió, prestóse; en aquel momento, el joven semen del encantador muchacho, cuya verga meneaba, empieza a gotear sobre la enorme cabeza de su instrumento furioso. Aquel cálido semen con que se siente mojado, las reiteradas sacudidas del duque que empezaba también a descargar, todo lo impulsa todo lo determina, y chorros de un esperma espumoso inundan el culo de Durcet, que había acudido a colocarse delante para que no hubiera, dijo, nada perdido, y cuyas nalgas blancas y rollizas fueron dulcemente cubiertas por un licor precioso que hubiera preferido sentir dentro de sus entrañas.

Mientras tanto, el obispo no estaba ocioso; chupaba por turno los agujeros de los culos divinos de Colombe y de Sophie, pero fatigado sin duda por algunos ejercicios nocturnos, no dio señales de vida, y como todos los libertinos a quienes el capricho y la saciedad vuelven injustos, se encolerizó contra las dos deliciosas niñas por faltas cometidas por su débil naturaleza. Luego se durmió un rato, y, llegada la hora de los relatos, fueron a escuchar a la amable Duelos, quien prosiguió su narración de la manera siguiente:

Había habido algunos cambios en la casa de Mme Guérin -dijo nuestra heroína-. Dos de las muy lindas muchachas, acababan de encontrar a unos cándidos que las mantenían y a los cuales ellas engañaban, como hacemos todas. Para reemplazar esta pérdida, nuestra querida mamá había puesto los ojos en la hija de un tabernero de la calle Saint-Denis, de trece años de edad, y una de las más lindas criaturas que es posible imaginar. Pero la pequeña, buena como piadosa, se resistía a todas las seducciones, cuando la Guérin, tras haberse servido de un medio muy hábil para atraerla un día a su casa, la puso en las manos del personaje singular cuya manía voy a describir. Era un eclesiástico de cincuenta y cinco a cincuenta y seis años, pero fresco y vigoroso y que no aparentaba más de cuarenta. Ningún otro ser en el mundo tenía un talento más singular que este hombre para arrastrar a muchachas al vicio, y como su arte era lo más sublime, hacía de él su único placer. Toda su voluptuosidad consistía en desarraigar los prejuicios de la infancia, lograr que se despreciara la virtud y adornar al vicio con los más bellos colores. Nada era olvidado: cuadros seductores, promesas halagüeñas, ejemplos deliciosos, todo era utilizado, todo era

hábilmente empleado, todo artísticamente adecuado a la edad, al tipo de espíritu de la niña, y nunca fallaba un golpe. En sólo dos veces de conversación estaba seguro de convertir en una puta a la niña más sensata y razonable, y desde hacía treinta años que ejercía este oficio en París, había confesado a la señora Guérin, una de sus mejores amigas, que tenía en su catálogo más de diez mil muchachitas seducidas y arrojadas por él al libertinaje. Prestaba tales servicios a más de quince alcahuetas, y cuando no lo ejercía, buscaba por su propia cuenta, corrompía todo lo que encontraba y lo mandaba en seguida a sus parroquianas. Pero lo realmente extraordinario, señores, y lo que hace que os cite la historia de ese personaje singular, es que él no gozaba nunca del fruto de sus trabajos. Se encerraba solo con la niña, pero todos los recursos que le prestaban su ingenio y su elocuencia contribuían a inflamarlo. Era cosa cierta que la operación le excitaba los sentidos, pero era imposible saber dónde y cómo los satisfacía. Perfectamente observado, nunca se había visto en él otra cosa que un fuego prodigioso en la mirada al terminar sus discursos, algunos movimientos de su mano en la parte delantera de su calzón, que anunciaba una decidida erección producida por la obra diabólica que cometía, y nunca nada más.

Llegó, encerróse con la pequeña tabernera, yo lo observaba; la entrevista fue larga, el seductor estuvo asombrosamente patético, la niña lloró, se animó, pareció ser presa de una especie de entusiasmo; éste fue el momento en que los ojos del personaje se inflamaron más y en que pude observar los gestos sobre su calzón. Poco después, se levantó, la niña le tendió los brazos como para abrazarlo, él la besó como un padre, sin ninguna clase de lubricidad. Salió, y tres horas después la pequeña llegó a casa de Mme Guérin con su paquete.

-¿Y el hombre? -preguntó el duque.

-Después de su lección desapareció -contestó la Duelos.

- ¿Y sin regresar para ver el resultado de sus trabajos? -No, monseñor, estaba seguro del éxito; no había fallado ninguna vez.

- ¡Extraordinario personaje! -dijo Curval-. ¿Qué piensas tú de él, señor duque?

-Creo -contestó éste- que esta seducción era lo único que lo calentaba y que descargaba

en sus calzones.

-No -dijo el obispo-, te equivocas, esto no era más que un preparativo para sus

desenfrenos, y apostaría cualquier cosa que al salir de allá consumaba otros mayores.

-¿Otros mayores? -dijo Durcet-. ¿Y qué voluptuosidad más deliciosa hubiera podido

proporcionarse que la de gozar de su propia obra, puesto que él era el maestro?

- ¡Y bien!, apuesto a que lo he adivinado -dijo el duque-: como tú dices, esto no era más

que un preparativo, se excitaba corrompiendo, a muchachas, y luego iba a dar por el culo a los muchachos... ¡Era todo un tipo!, estoy seguro.

Preguntóse a la Duelos si no tenía alguna prueba de lo que se suponía, y si no seducía también a muchachitos. Nuestra narradora contestó que no tenía ninguna prueba y, a pesar del aserto muy verosímil del duque, cada cual tuvo sus dudas acerca del carácter de aquel extraño predicador, y tras haber convenido todos en que su manía era realmente deliciosa, pero que era preciso consumar la obra o hacer algo peor después, la Duelos reanudó el hilo de su narración:

Al día siguiente del de la llegada de nuestra joven novicia, que se llamaba

Henriette, llegó un libertino chiflado que nos unió a ambas en la misma escena. Este nuevo libertino no gozaba de más placer que observar por un agujero todas las voluptuosidades un poco singulares que sucedían en una habitación contigua, le gustaba sorprenderlas y encontraba en los placeres de los otros un alimento divino para su lubricidad. Se situó en la habitación de que he hablado y a la cual yo iba tan a menudo como mis compañeras a espiar para divertirme con las pasiones de los libertinos. Fui destinada a entretenerlo mientras él atisbaba, y la joven Herriette pasó al otro aposento con el chupador del agujero del culo de que os hablé ayer. La pasión muy voluptuosa de aquel libertino era el espectáculo que deseaba darse a mi atisbador, y para inflamarlo mejor e hiciese su escena más caliente y agradable de ver, se le previno que la muchacha que se le daría era una novicia y que era con él con quien se estrenaría. Quedó convencido de ello ante el aire de pudor e inocencia de la pequeña tabernera. Se comportó todo lo lúbrico y cochino que era posi' 'e serlo en sus ejercicios libidinosos lejos de pensar que eran observados. En cuanto a mi hombre, con el ojo pegado al agujero, una mano sobre mis nalgas y la otra en su pito, que meneaba poco a poco, parecía regir su éxtasis de acuerdo con lo que veía. "- ¡Ah, qué espectáculo! -decía de vez en cuando-. ¡Qué hermoso culo tiene esa pequeña y qué bien lo besa ese tipo-" Finalmente,, cuando el amante de Henriette hubo descargado, el m:ɔ me tomó entre sus brazos y, después de haberme besado un momento, me dio la vuelta, me subó, besó, lamió lúbricamente mi culo y me inundó las nalgas con las pruebas de su virilidad.

--¿Meneándose la verga él mismo? -preguntó el duque.

-Sí, monseñor -contestó la Duelos-, y meneando un pito, os L) aseguro, que por su increíble pequeñez no vale la pena de ser mencionado.

El personaje que se presentó después -prosiguió diciendo la Duelos- no merecería quizás figurar en mi lista si no me pareciera digno de ser citado por la circunstancia, creo yo que bastante singular, que mezclaba a sus placeres, muy sencillos por otra parte, y que os hará ver hasta qué punto el libertinaje degrada en el hombre todos los sentimientos de pudor, virtud y honestidad. Ese hombre no quería ver, quería ser visto. Y sabiendo que había hombres cuya fantasía consistía en sorprender las voluptuosidades de los otros, rogó a la Guérin que hiciera ocultar a un hombre de tales gustos, y que él le daría el espectáculo de sus placeres. La Guérin avisó al hombre a quien yo había divertido algunos días atrás en el agujero, y sin decirle que el hombre que contemplaría sabía perfectamente que sería visto, cosa que hubiera interrumpido sus voluptuosidades, le hizo creer que sorprendería cómoda- mente el espectáculo que iba a ofrecérsele.

El atisbador fue encerrado en la habitación del agujero con mi hermana, y yo me reuní con el otro. Este era un joven de unos veintiocho años, guapo y lozano. Instruido acerca del lugar donde se encontraba el agujero, se colocó delante del mismo con naturalidad e hizo que yo me situara a su lado. Yo se la meneaba. En cuanto se le puso duro, se levantó, mostró al atisbador su pito, se volvió de espaldas, mostró su culo, me subió las faldas, enseñó el mío, arrodillóse delante, me meneó el ano con la punta de su nariz, me apartó las nalgas para que todo se viera perfectamente y descargó meneándose él mismo la verga mientras me tenía arre- mangada por detrás ante el agujero, de tal manera que el que lo ocupaba veía a la vez

en aquel momento decisivo mis nalgas y el pito furioso de mi amante. Si éste se deleitó, Dios sabe lo que el otro experimentó; mi hermana dijo que estaba en el séptimo cielo y que confesó que nunca había gozado tanto, y según eso sus nalgas fueron inundadas tanto por lo menos como lo habían sido las mías.

-Si el joven poseía una hermosa verga y un hermoso culo -dijo Durcet-, había motivos para tener una bonita descarga.

-Tuvo que ser deliciosa -dijo la Duelos-, porque su verga era larga, y bastante gruesa, y su culo de piel suave, rollizo, bellamente formado, como el del dios del amor.

-¿Abriste sus nalgas? -dijo el obispo-. ¿Mostraste el agujero al atisbador?

-Sí, monseñor -contestó la Duelos-, él mostró el mío y yo ofrecí el suyo, que él presentó

de la manera más lúbrica del mundo.

-He presenciado una docena de escenas como ésta en mi vida -dijo Durcet-, que me han

valido mucho semen. Me refiero a las dos maneras, ya que es tan bonito sorprender como querer serlo.

Un personaje, más o menos del mismo gusto -prosiguió diciendo la Duelos- me condujo a las Tullerías algunos meses después. Quería que pescara hombres y que les meneara la verga bajo sus propias narices, en medio de un montón de sillas entre las que se había ocultado. Y tras habérselas meneado así a siete u ocho tipos, él se instaló sobre un banco en una de las avenidas más concurridas, arremangó mis faldas por detrás, mostró mi culo a los paseantes, se sacó la verga y me ordenó que se la meneara delante de todos los transeúntes, lo cual, aunque era de noche, armó tal escándalo que en los momentos en que dejaba salir su semen cínicamente había aproximadamente más de diez personas alrededor de nosotros y nos vimos obligados a huir para no ser detenidos.

Cuando conté a la Guérin nuestra historia, se echó a reír y me dijo que había

conocido a un hombre en Lyon (donde hay muchachos que hacen el oficio de chulos), había un hombre, digo, con una manía tan singular como la mencionada. Se disfrazaba tomó los alcahuetes públicos, llevaba gente a dos muchachas que pagaba y mantenía para eso, luego se ocultaba en un rincón para proceder a su práctica, la cual, dirigida por la muchacha escogida para ello, no dejaba de enseñarle el pito y las nalgas del libertino, única voluptuosidad que era del gusto de nuestro falso alcahuete y que tenía la virtud de hacerlo eyacular.

Como la Duelos, aquella noche, terminó temprano su relato, empleóse el resto de la velada, antes del momento del servicio, en algunas lubricidades escogidas; y como las cabezas estaban excitadas sobre el cinismo, delante de los demás. El duque ordenó a la Duclos que se desnudara completamente, hizo que se inclinara, se apoyara en el respaldo de una silla y ordenó a la Desgranges que le meneara la verga sobre las nalgas de su compañera, de manera que la cabeza de su miembro rozara el orificio del culo de la Duclos a cada sacudida. A esto se añadieron algunos episodios que el orden de las materias no nos permite revelar aún; pero sí diremos que el ojete de la narradora fue completamente regado y que el duque, muy bien servido y completamente rodeado, descargó lanzando rugidos que demostraron hasta qué punto se había excitado. Curval se hizo dar por el culo, el obispo y Durcet, por su parte, efectuaron con uno y otro sexo cosas muy extrañas, y luego sirvióse la cena.

Después de la cena se bailó, los dieciséis jóvenes, cuatro jodedores y las cuatro esposas pudieron formar tres contradanzas, pero todos los participantes de este baile estaban desnudos y nuestros libertinos, indolentemente acostados en sofás, se divirtieron deliciosamente con todas las diferentes bellezas que les ofrecían por turno las diversas actitudes que la danza obligaba a tomar. Tenían cerca de ellos a las narradoras que los ma- noseaban con más o menos rapidez, de acuerdo con el mayor o menor placer que experimentaban, pero agotados por las voluptuosidades del día, nadie eyaculó, y cada cual se fue a la cama a restaurar las fuerzas, necesarias para entregarse al día siguiente a nuevas infamias.

QUINTA JORNADA

Fue Curval quien aquella mañana se prestó a las masturbaciones de la escuela, y como las muchachas empezaban a progresar, trabajo le costó resistir las sacudidas multiplicadas, las actitudes lúbricas y variadas de aquellas ocho encantadoras muchachas. Pero como quería reservarse abandonó el lugar, desayunaron y se estableció aquella mañana que los cuatro jóvenes amantes de los señores, a saber, Zéphyr, favorito del duque, Adonis, el amado de Curval, Hyacinthe, amigo de Durcet, y Celadon, querido del obispo, serían desde entonces admitidos en todas las comidas al lado de sus amantes, en cuyas habitaciones dormirían regularmente todas las noches, favor que compartirían con las esposas y los jodedores, con lo cual se ahorró una ceremonia que era costumbre celebrar por la mañana y que consistía en que los cuatro jodedores que no se habían acostado llevasen cuatro jóvenes. Llegaron solos, y cuando los señores pasaban al apartamento de los muchachos eran recibidos con las ceremonias prescritas sólo por los cuatro que se quedaban.

El duque, quien desde hacía dos o tres días estaba enamoriscado de la Duclos, cuyo culo

encontraba soberbio y cuyo hablar le agradaba, exigió que ella se acostase también en su habitación, y habiendo tenido éxito este ejemplo, Curval admitió igualmente en la suya a la vieja Fanchon, que le gustaba mucho. Los otros dos esperaron todavía algún tiempo para llenar este cuarto lugar de favor en sus aposentos por la noche.

Aquella misma mañana dispúsose que los cuatro jóvenes amantes que acababan de ser escogidos llevarían por regla general, siempre que no se viesen obligados a vestir un disfraz, como en la cuadrilla, llevarían, digo, el traje que voy a describir: se trataba de una especie de sobretodo ligero y estrecho, suelto como un uniforme prusiano, pero mucho más corto, pues sólo llegaba hasta la mitad de los muslos. Dicho sobretodo se abrochaba en el pecho y en los faldones, como todos los uniformes, era de satén rosa forrado de tafetán blanco, las solapas y bocamangas eran de satén blanco también, y debajo había una especie de chaqueta corta o chaleco y los calzones igualmente de satén blanco. Pero estos calzones estaban abiertos en forma de corazón por la parte de atrás desde la cintura, de modo que pasando la mano por esta rendija se podía manosear el culo sin la menor dificultad; sólo un gran lazo de cinta cerraba esta abertura, y cuando queríase que esta parte del muchacho quedase al descubierto, bastaba deshacer el lazo, el cual tenía el color escogido por el amigo a quien pertenecía la virginidad del muchacho. Los cabellos, levantados en rizos a los lados, caían absolutamente libres por detrás, sólo atados con una cinta del color prescrito. Polvos muy perfumados y de un tinte entre gris y rosa coloreaban sus cabelleras, sus cejas muy cuidadas y comúnmente pintadas de negro, y un poco de colorete en sus mejillas, acababan de realzar el esplendor de su belleza; iban destocados, medias de seda blanca con bordados cubrían sus piernas, que unos zapatos grises atados con grandes lazos rosas, calzaban admirablemente. Una corbata

de gasa color crema voluptuosamente anudada armonizaba con una pechera de encaje. Al verlos así engalanados podía asegurarse sin duda que nada había más encantador en el mundo. Desde el momento en que fueron adoptados de esta manera, todos los permisos de la índole de los que a veces se concedían por la mañana fueron absolutamente prohibidos, pero por otra parte se les concedieron tantos derechos sobre las esposas como los que tenían los jodedores: podían maltratarlas a placer, no solamente en las comidas, sino en cualquier momento del día, con la seguridad de que nunca se les reprocharía nada.

Hecho esto, se procedió a las visitas ordinarias; la bella Fanny, a la cual Curval había mandado decir que se encontraba en cierto estado, se halló en un estado contrario (lo que sigue nos explicará todo esto); fue apuntada en el cuaderno de los castigos. Entre los jóvenes se descubrió que Giton había hecho algo que estaba prohibido; fue igualmente apuntado. Cumplidas las funciones de la capilla, de poca monta, se sentaron a la mesa.

Fue la primera comida en que fueron admitidos los cuatro amantes. Se sentaron al lado

de quien los amaba, quien los tenía a su derecha, con el jodedor favorito a la izquierda. Estos encantadores invitados alegraron la comida; los cuatro eran muy gentiles, de gran dulzura y empezaban a ponerse a tono con la casa. El obispo, que estaba muy animado aquel día, no dejó de besar a Céladon casi todo el tiempo que duró la comida, y como ese muchachito debía formar parte de la cuadrilla que servía el café, salió poco después de los postres. Cuando monseñor, a quien se le habían calentado los cascos, volvió a verlo desnudo en el salón contiguo, no aguantó más.

-¡Dios! -dijo, encendido-. Ya que no puedo enfilarlo por el culo, por lo menos le haré lo

que Curval hizo ayer a su bardaje.

Y, cogiendo al pequeño, lo acostó de bruces y deslizóle la verga entre los muslos. El

libertino estaba en las nubes, el vello de su miembro frotaba el lindo ojete que hubiera querido perforar; una de sus manos manoseaba las nalgas del delicioso amorcito y con la otra le meneaba la verga. Pegó su boca a la del hermoso muchachito, aspiraba el aire de su pecho y tragaba su saliva. El duque, para excitarlo con el espectáculo de su libertinaje, se colocó delante de él succionando el orificio del culo de Cupidon, el segundo de los muchachitos que servía el café aquel día. Curval se le acercó, y, bajo sus ojos, se hizo menear la verga por Michette; Durcet le ofreció las nalgas separadas de Rosette. Todos se esforzaban por darle el éxtasis al que aspiraba; éste tuvo lugar, sus nervios se estremecieron, sus ojos brillaron, hubiera sido terrible para cualquiera que ignorase cuáles eran en él los efectos espantosos de la voluptuosidad. Finalmente el semen brotó y esparcióse sobre las nalgas de Cupidon, que en el último instante túvose el cuidado de colocar debajo de su pequeño camarada para recibir las pruebas de virilidad que sin embargo no le eran debidas.

Llegó la hora de los relatos, y todos se colocaron. Debido a una singular disposición, todos los padres tenían aquel día a su hija en sus canapés, cosa que no los asustó de ningún modo, y la Duelos prosiguió así:

Como no me habéis exigido, señores, que os rindiese exacta cuenta de lo que me sucedió día a día en casa de la Guérin, sino que me refiriese simplemente a acontecimientos un poco singulares que hayan podido señalar algunos de mis días, dejaré en silencio algunas anécdotas poco interesantes de mi infancia que sólo nos ofrecerían repeticiones monótonas de lo que ya habéis oído, y os manifestaré que acababa de cumplir dieciséis años, no sin tener una gran experiencia del oficio que ejercía, cuando me cayó en suerte un libertino cuya fantasía diaria merece ser conta- da. Era un grave presidente de cerca de cincuenta años y que, según la señora

Guérin, la cual me dijo que lo conocía desde hacía muchos años, se entregaba regularmente todas las mañanas a la fantasía con cuyo relato os voy a entretener. Como su alcahueta ordinaria acababa de retirarse, lo había recomendado antes a los cuidados de nuestra querida matrona, y fue conmigo con quien debutó en su casa.

Se colocaba solo cerca del agujero del que ya he hablado; en mi habitación se

encontraba un ganapán o un savoyardo, un hombre del pueblo, en una palabra, pero limpio y sano; era todo lo que el hombre exigía, puesto que la edad y la figura no tenían importancia para él. Me encontré bajo su mirada, lo más cerca posible del agujero, en el acto de menear la verga del ganapán, quien consideraba delicioso ganar dinero de aquella manera. Después de haberme prestado sin ninguna objeción a todo lo que el buen hombre podía desear de mí, le hice eyacular en un platillo de por- celana, que corrí a llevar a la otra habitación. Mi hombre me esperaba, en éxtasis, se lanzó hacia el platillo, tragó la leche tibia, mientras fluía la suya propia; con una mano yo excitaba su eyaculación y con la otra recibía lo que caía y llevaba rápidamente a la boca del libertino, para que tragase su semen a medida que salía.

Eso era todo. No me tocó ni me jodió nunca, ni una sola vez me arremangó: se levantaba del sillón con tanta flema como pasión había demostrado, tomaba su bastón y se marchaba diciendo que yo se la meneaba muy bien y que había comprendido perfectamente sus gustos. Al día siguiente trajeron otro ganapán, por- que era necesario que cada día se le cambiara de tipo, así como era preciso cambiar la mujer. Mi hermana trató con él; salió contento, para volver a comenzar al día siguiente, y durante todo el tiempo que estuve en casa de la Guérin ni una sola vez faltó a la ceremonia a las nueve en punto de la mañana, sin que nunca tocara a una muchacha, aunque le habían mostrado algunas que eran muy lindas.

-¿Quería ver el culo del ganapán? -preguntó Curval. -Sí, monseñor -contestó la Duelos-, era preciso, cuando se estaba masturbando al hombre cuya eyaculación tragaba, hacerle dar vueltas; y era necesario también que el ganapán hiciera dar vueltas a la mujer en todos los sentidos.

- ¡Oh, ahora lo entiendo -dijo Curval-, antes no!

Poco tiempo después -prosiguió diciendo la Duelos- llegó al serrallo una mujer de unos treinta años, bastante linda, pero pelirroja como Judas. Al principio creímos que era una nueva compañera, mas pronto nos confesó que solo venía para una orgía. El hombre a quien iba destinada esta nueva heroína, llegó pronto; se trataba de un importante financiero, bastante guapo, cuya singularidad, puesto que se le destinaba una puta que seguramente nadie más hubiera querido, cuya singularidad, digo, despertó en mí el deseo de ir a observarlos. Apenas se encontraron en la habita- ción, la puta se desnudó y nos mostró un cuerpo blanco y rollizo.

-¡Vamos, salta, salta! -le dijo el financiero-. ¡Caliéntate, sabes muy bien que quiero que se sude!

Y he aquí que la pelirroja empieza a saltar y brincar por la habitación como una cabra joven, y nuestro hombre la examina mientras se la menea, y todo eso sin que yo pueda adivinar aún el objeto de la aventura. Cuando la mujer estuvo toda cubierta de sudor, se acercó al libertino, levantó un brazo y le dio a oler el sobaco, cuyos pelos goteaban.

-¡Ah, eso, eso es! -dijo nuestro hombre mirando con ardor aquel brazo mojado-.

¡Qué embriagador aroma!

Luego, arrodillándose ante ella, olió y respiró en el interior de la vagina y en el ojete del culo, pero volvía siempre a los sobacos, sea porque esta parte le gustaba más, sea porque encontraba más husmo; siempre era allí donde su boca y nariz se pegaban con más avidez. Finalmente una verga bastante larga aunque poco gruesa, verga que se meneaba vigorosamente desde hacía más de una hora sin ningún resultado, empezó a levantar cabeza. La puta se coloca adecuadamente, el financiero, por detrás, la mete su anchoa bajo la axila, ella aprieta el brazo, formando así un localito bastante angosto; mientras tanto, a juzgar por su actitud, gozaba de la contemplación y del olor de la otra axila, de la que se apodera, hunde en ella su instrumento y descarga, lamiendo, devorando esta parte que le proporciona tanto placer.

-¿Y era necesario -preguntó el obispo- que esta criatura fuese completamente pelirroja?

-Completamente -contestó la Duelos-. Esas mujeres, como no ignoráis, monseñor,

tienen en esta parte un husmo infinitamente más intenso, y el sentido del olfato era sin duda el que una vez hostigado por cosas fuertes despertaba mejor en él los órganos del placer.

-Sea -replicó el obispo-, pero me parece que me hubiera gustado. más oler el culo de esa mujer que sus sobacos.

-Ambas cosas tienen sus atractivos erijo Curval-,, y te aseguro que si lo hubieses catado hubieras encontrado que es muy delicioso.

-Es decir, señor presidente -dijo el obispo-, que este guisado es de tu gusto también...

-Pero ya lo probado -dijo Curval-, y con algunos aditamentos te aseguro que siempre

me valía una eyaculación.

-Bueno, adivino esos aditamentos: debías oler el culo -dijo el obispo.

-Bueno, bueno -interrumpió el duque-, no le hagas una confesión, monseñor; nos diría cosas que no debemos escuchar todavía. Prosigue, Duelos, y no dejes que estos charlatanes te interrumpan otra vez.

Hacía seis semanas -prosiguió la narradora- que la Guérin había prohibido absolutamente a mi hermana que se lavara y exigía de ella que se mantuviera en el estado más sucio e impuro que le fuera posible, sin que barruntásemos sus motivos, cuando finalmente llegó un viejo verde que, medio borracho, preguntó groseramente a la Guérin si la puta estaba bien sucia. "¡Oh, le respondo de ello!", contestó la Guérin. Se les encierra juntos, vuelo yo hacia mi agujero y veo a mi hermana sentada a horcajadas, desnuda, en un gran bidet lleno de champaña y a nuestro hombre, armado con una gran esponja, inundándola, limpiándola y recogiendo con cuidado todas las gotas que corrían por su cuerpo o goteaban de la esponja.

Hacía tanto tiempo que mi hermana no se había lavado ninguna parte de su

cuerpo, ni siquiera el culo, que el vino adquirió pronto un color turbio y sucio y un olor que no debía ser precisamente agradable. Pero cuanto más se corrompía el licor con la suciedad del cuerpo de mi hermana, más agradaba a nuestro libertino. Lo cató, encontróle delicioso, tomó un vaso y en media docena de rasadas tragó el repugnante vino con el cual acababa de lavar un cuerpo lleno de cochambre desde hacía tiempo. Cuando hubo bebido, cogió a mi hermana, la colocó sobre el lecho y derramó sobre las nalgas y el ojete entreabierto los chorros de la impúdica simiente que habían hecho hervir los impuros detalles de su repugnante manía.

Pero otra manía, más sucia aún, debía incesantemente ofrecerse a nuestras miradas. Había en la casa una de esas mujeres llamadas "recaderas" cuyo oficio consiste en correr día y noche Para levantar nuevas piezas de caza. Esta criatura, de unos cuarenta años de edad, añadía a sus muy marchitos atractivos, que nunca habían sido muy seductores, el terrible defecto de que le hedían los pies. Tal era positivamente lo que convenía al marqués de... Llega, le presentan a la dama, Louise, que tal era su nombre; la encuentra deliciosa y en cuanto la tiene en el santuario de los placeres, la hace descalzar. Louise, a quien se había recomendado especialmente que no se cambiara las medias ni los zapatos durante más de un mes, ofrece al marqués un pie infecto que hubiera hecho vomitar a cualquiera; pero era precisamente por lo que tenía de sucio y repugnante por lo que inflamaba los sentidos de nuestro hombre. Lo coge, lo besa con ardor, su boca aparta cada uno de los dedos y su lengua recoge con el más vivo entusiasmo esa materia negruzca y hedionda que la naturaleza deposita entre los dedos y que la incuria multiplica. No solamente la saca con la lengua sino que se la traga, la saborea, y el semen que pierde meneándose su verga es prueba inequívoca del excesivo placer que experimenta.

- ¡Eso sí que no lo comprendo! -dijo el obispo. -Será preciso, pues, que te lo haga entender -dijo Curval.

- ¡Cómo! ¿Te gustaría...? -dijo el obispo.

-Miradme -dice Curval.

Todos se levantan, lo rodean y ven a aquel increíble libertino, que tenía todos los gustos de la más crapulosa lujuria, besar el repugnante pie de la Fanchon, esta sucia y vieja sirvienta que hemos descrito antes, y extasiándose de lujuria mientras lo chupa.

-Yo comprendo todo esto -dice Durcet-; sólo se necesita estar hastiado para comprender

esas infamias; la saciedad se las inspira al libertinaje, que las ejecuta inmediatamente. Se está cansado de la cosa sencilla, la imaginación se encrespa y la pequeñez de nuestros medios, la debilidad de nuestras facultades, la corrupción de nuestro espíritu nos conducen a tales abominaciones.

Tal era sin duda la historia -prosiguió diciendo la Duclosdel viejo comendador Carrières, uno de los mejores clientes de la Guérin. Sólo le interesaban las mujeres taradas por el libertinaje, por la naturaleza o por la mano de la justicia; en una palabra, sólo las aceptaba si eran tuertas, ciegas, cojas, jorobadas, lisiadas, mancas, sin dientes, con algunos miembros mutilados, azotadas, estigmatizadas o marcadas por cualquier acto de justicia, y siempre de edad madura.

En la escena que pude observar, se le había dado una mujer de cincuenta años,

marcada por ladrona pública y, además, tuerta. Esta doble degradación le pareció un tesoro. Se encierra con ella, hace que se desnude, besa en sus espaldas las señales ciertas de su envilecimiento, chupa con ardor cada surco de esa llaga que él llamaba honorable. Hecho esto, todo su entusiasmo se concentró en el agujero del culo, entreabrió las nalgas, besó con delicia el marchito ojete, lo chupó largo rato y, montando sobre las espaldas de la mujer, refregó con su verga las marcas de la justicia que ella llevaba, alabándola por haber merecido tal distinción; y luego, inclinándose sobre su culo, consumó el sacrificio volviendo a besar el altar donde acababa de rendir un homenaje tan largo y derramando un abundante semen sobre las marcas halagadoras que le habían encendido la imaginación.

- ¡Dios! -dijo Curval, a quien la lubricidad enloquecía aquel día-. Vi, cómo da fe de ello mi verga en erección, hasta que junto me ha calentado el relato de esa pasión.

Y llamando a la Desgranges, añadió:

-Ven, mujerzuela impura. Ven, tú que te pareces tanto a la que acaba de ser descrita. Ven

a darme el mismo placer que ella proporcionó al comendador.

La Desgranges se acerca, Durcet, amigo de tales excesos, ayuda al presidente a

desnudarla. Primero, ella ofrece algunas dificultades; se sospecha la verdad, es regañada por ocultar una cosa que la hará ser más apreciada por la sociedad de amigos. Finalmente su espalda maltratada aparece mostrando una V y una M, lo cual corrobora que ha sufrido dos veces las marcas infamantes cuyos vestigios sin embargo encienden los impúdicos deseos de nuestros libertinos.

El resto de aquel cuerpo usado y marchito, aquel culo de tafetán chino, aquel ojete

infecto y grande, la mutilación de un pezón y de tres dedos, aquella pierna corta que la obliga a cojear, aquella boca desdentada, todo esto calienta y anima a nuestros dos libertinos. Durcett la chupa por delante, Curval por detrás, y mientras que criaturas de la más esplendorosa belleza y frescura se encuentran allí bajo sus ojos, dispuestas a satisfacer sus menores deseos, es con lo que la naturaleza y el crimen han deshonrado, han marchito, es con la criatura más sucia y repugnante con la que nuestros dos calaveras, en éxtasis, gozarán los más deliciosos placeres... Después de esto resulta difícil explicar al hombre. Ambos parecían disputarse aquel cadáver anticipado, como dos perros encarnizándose con una carroña, después de haberse entregado a los más sucios excesos, dos hombres que fi- nalmente descargan su semen, y que a pesar del agotamiento debido al placer, tal vez hubieran buscado inmediatamente otros del mismo tipo de crápula e infamia si la hora de la cena no los hubiese avisado para ocuparse de otros placeres.

El presidente, desesperado porque había eyaculado, y porque en esos casos sólo se reanimaba con excesos de comida y bebida, comió como un cerdo. Quiso que el pequeño Adonis meneas la verga de Bande-au-ciel y le hizo tragar el semen, y poco satisfecho de esta última infamia, que se ejecutó inmediatamente, se levantó y dijo que su imaginación le sugería cosas más deliciosas que todo aquello y, sin más explicaciones, arrastró consigo a Fanchon, Adonis y Hercule, se encerró en el camerín del fondo y no volvió a aparecer hasta la hora de las orgías, pero en un estado tan brillante que estuvo todavía en situación de proceder a otros mil horrores distintos, pero que en el orden esencial que nos hemos pro- puesto no nos permite aún pintarlos a nuestros lectores.

Llegó la hora de acostarse. Curval, el inconsecuente Curval, que teniendo aquella noche a

la divina Adélaïde, su hija, como compañera de cama y podía pasar con ella la más deliciosa de las noches, fue hallado al día siguiente echado sobre la repuganante Fanchon, con la cual había cometido nuevos horrores toda la noche, mientras Adonis y Adélaïde, privados de su lecho, se encontraban, él en una pequeña cama muy alejada, y ella, sobre un colchón colocado en el suelo.

SEXTA JORNADA

A monseñor le tocó el turno de ir a presentarse a la sesión de masturbaciones; fue. Si las discípulas de la Duelos hubiesen sido hombres, verosímilmente monseñor no hubiera resistido. Pero tener una pequeña hendidura en la parte baja del vientre era para él un

enorme insulto, y aunque las mismas Gracias lo hubiesen rodeado, en cuanto aparecía esa maldita hendidura, era suficiente para calmarlo. Resistió, pues, como un héroe, y creo que a pesar de que las operaciones continuaron no llegó a ponérsele dura.

Era fácil advertir que existían grandes deseos de encontrar a las ocho jóvenes en falta a fin de proporcionarse para el día siguiente, que era el funesto sábado de los castigos, a fin de proporcionarse, digo, para tal momento, el placer de castigarlas a las ocho. Había ya seis; la dulce y bella Zelmire fue la séptima y, de buena fe, ¿lo había merecido? ¿El placer de castigarla no era mayor que cualquier consideración de equidad? Dejaremos el caso sobre la conciencia de Durcet, y nos contentaremos con narrar. Una dama muy hermosa vino también a aumentar la lista de las delincuentes: la tierna Adélaïde. Durcet, su esposo, quería, afirmaba, dar ejemplo siendo más estricto con ella que con otra cualquiera, y había sido culpable con él mismo. El la había llevado a cierto lugar, donde los servicios que ella tenía que prestarle, después de ciertas funciones naturales, no eran muy limpios; no todo el mundo es tan depravado como Curval, y aunque se tratase de su hija, ésta no compartía sus gustos. Ella se resistió, o se comportó mal, o bien sólo hubo ganas de molestar por parte de Durcet. El caso es que ella fue inscrita en el libro de los castigos, con gran satisfacción de la reunión.

Como no había aportado nada la visita hecha al apartamento de los jóvenes, se pasó a los

placeres secretos de la capilla, placeres tanto más picantes y singulares cuanto que incluso se rechazaba a los que pedían ser admitidos el permiso de ir a proporcionárselos. Aquella mañana sólo se vio allí a Constance, a los dos jodedores subalternos y a Michette.

Durante el almuerzo, Zéphyr, de quien cada vez se estaba más contento por los encantos

que parecían embellecerlo cada día más, y por el libertinaje voluntario a que se entregaba, Zéphyr, digo, insultó a Constance, quien, aun cuando no servía aparecía siempre a la hora del almuerzo. La llamó "fabricante de niños" y le dio algunos golpes en el vientre para enseñarle, dijo, a huevar con su amante, luego besó al duque, lo acarició, le meneó un momento la verga y supo tan bien calentarlo que Blangis juró que no pasaría la tarde sin que lo mojase·de semen y el hombrecito lo provocaba diciendo que le desafiaba a hacerlo. Como estaba de servicio para el café, salió a la hora de los postres y volvió a aparecer desnudo para servir al duque. En el momento en que abandonó la mesa, el duque, muy animado, debutó con algunas tunantadas; le chupó la boca y la verga, lo colocó sobre una silla ante él con el trasero a la altura de su boca y lo estuvo hurgando de esta manera durante un cuarto de hora. Finalmente su pito se rebeló, levantó la cabeza orgullosa, y el duque vio que el homenaje exigía por fin incienso. Sin embargo, todo estaba prohibido, excepto lo que se había hecho la víspera; el duque resolvió, pues, imitar a sus compañeros. Tumba a Zéphyr sobre el canapé, le. mete su instrumento entre los muslos, pero sucede lo que le sucedió a Curval: el instrumento sobresale seis pulgadas.

-Haz lo que yo hice -le dice Curval-. Menea la verga del muchacho sobre tu pito, de

modo que su semen riegue tu glande.

Pero el duque encontró más placentero enfilar dos a la vez. Ruega a su hermano que

acomode allí a Augustine, con las nalgas contra los muslos de Zéphyr, y el duque, jodiendo, por decirlo así, a la vez a una muchacha y a un joven, para añadir a ello más lubricidad, menea el pito de Zéphyr sobre las lindas nalgas redondas y blancas de Augustine y las inunda con ese semencito infantil que, como puede imaginarse, excitado por una cosa tan linda, no tarda en fluir abundantemente.

Curval, que halló el caso interesante, y que veía el culo del duque entreabierto y como

suspirando por un pito, como son todos los culos de todos los individuos en los momentos en que su pito está empalmado, fue a devolverle lo que había recibido la antevíspera, y el

querido duque, en cuanto sintió las voluptuosas sacudidas de esta intromisión, soltó su semen casi en el mismo momento en que Zéphyr eyaculaba su verga orgullosa y nerviosa, amenazó al obispo, que se masturbaba entre los muslos de Giton, con hacerle experimentar la misma suerte que acababa de infligir al duque. El obispo lo desafía, el combate se entabla, el obispo es enculado y pierde entre los muslos del lindo muchachito que acaricia un semen libertino tan voluptuosamente provocado. Mientras tanto, Durcet, espectador benévolo, disponiendo sólo de Hébé y de la dueña, no perdía su tiempo y se entregaba silenciosamente a infamias que debemos mantener aún secretas. Finalmente llegó la calma, se quedaron dormidos, y a las seis, cuando nuestros actores fueron despertados, se dirigieron hacia los nuevos placeres que les preparaba la Duclos.

Aquella noche se cambió de sexo a las cuadrillas: las muchachas de marinero y los

muchachos de modistillas, su vista era encantadora, nada excita tanto la lubricidad como este pequeño trueque voluptuoso; es agradable encontrar en un muchachito lo que lo asemeja a una muchachita, y ésta es mucho más interesante cuando, para complacer, imita el sexo que se desearía que tuviera. Aquel día, cada cual tenía a su mujer en el canapé; recíprocamente se felicitaban de un orden tan religioso, y como todo el mundo estaba dispuesto a escuchar, la Duclos reanudó el relato de sus lúbricas historias como se verá:

Había en casa de la Guérin una mujer de unos treinta años, rubia, un poco rolliza, pero singularmente blanca y lozana, la llamaban Aurore, tenía una boca encantadora, hermosos dientes y la lengua voluptuosa, pero ¿quién lo creería?, sea por defecto de educación o por debilidad del estómago, aquella adorable boca tenía el defecto de soltar a cada momento una cantidad prodigiosa de gases, y sobre todo cuando había comido mucho había veces que no cesaba de eructar durante una hora flatos que habrían hecho dar vueltas a un molino. Pero con razón se dice que en ese mundo no hay defecto que no encuentre su admirador, y aquella hermosa mujer, por razón del suyo, tenía uno de los más ardientes; se trataba de un sabio y serio doctor de la Sorbona que, cansado de demostrar inútilmente la existencia de Dios en la es- cuela, iba a veces a convencerse en el burdel de la existencia de la criatura humana. El día fijado, avisaba a Aurore para que comiera como una desenfrenada. Presa de curiosidad por tan devota entrevista, corro a mi agujero, y estando los amantes juntos, tras algunas caricias preliminares, dirigidas todas a la boca, veo que nuestro dómine coloca delicadamente a su querida compañera sobre una silla, se sienta delante de ella y, poniendo en sus manos sus deplorables reliquias, le dice:

-Actúa, mi hermosa pequeña. Actúa; ya sabes los medios de hacerme salir de este

estado de languidez, utilízalos deprisa, pues me siento con grandes ganas de gozar.

Aurore recibe en una mano el blando instrumento del doctor y con la otra le

coge la cabeza, pega su boca a la del hombre y suelta en su bocaza unos sesenta eructos, uno tras otro. Nada puede describir el éxtasis del servidor de Dios; estaba en las nubes, jadeaba, tragaba todo lo que le lanzaban, hubiérase dicho que habría lamentado perder el más mínimo aliento, y durante todo aquel tiempo sus manos manoseaban los pechos y se metían debajo de las faldas de mi compañera, pero estas caricias sólo eran episódicas; el objeto único y capital era aquella boca que lo colmaba de suspiros. Finalmente, con la verga dura, debido a los cosquilleos voluptuosos que aquella ceremonia le hacía experimentar, descargó sobre la mano de mi compañera y luego escapa diciendo que nunca en su vida había gozado tanto.

Un hombre más extraordinario exigió de mí, poco tiempo después, una particularidad que no merece ser silenciada. La Guérin me había hecho comer aquel día, casi forzándome, de una manera tan copiosa como había visto hacer algunos días antes a mi compañera en el almuerzo. Había tenido cuidado en hacerme servir todo lo que sabía me gustaba más, en el mundo, y habiéndome dicho, al levantarme de la mesa, todo lo que era necesario hacer con el viejo libertino con el que iba a unirme, me hizo tragar tres granos de un emético disueltos en un vaso de agua caliente. El libertino llega, era un cliente del burdel a quien ya había visto algunas veces sin ocuparme demasiado acerca de lo que buscaba allí. Me besa, hunde su lengua sucia y repugnante en mi boca, cuyo mal olor acentúa el efecto del vomitivo. Ve que mi estómago se rebela y él se muestra extasiado. " ¡Valor, pequeña! -exclama-. ¡Valor! No me dejaré perder ni una sola gota". Prevenida sobre todo lo que tenía que hacer, lo siento en un canapé, hago que incline su cabeza sobre uno de los bordes; tenía abiertos los muslos, le desabrocho la braga, cojo una verga blanda y corta que no anuncia ninguna erección, se la sacudo, el hombre abre la boca; sin dejar de meneársela, recibiendo los manoseos de sus manos impúdicas que se pasean por mis nalgas, le lanzo a quemarropa dentro de la boca toda la digestión imperfecta de un al- muerzo que el emético me hacía devolver. Nuestro hombre está en las nubes, se extasía, traga, va a buscar él mismo sobre mis labios la impura eyaculación que lo embriaga, sin perder una gota, y cuando cree que la operación va a cesar, provoca su continuación con los cosquilleos de su lengua; y su verga, aquella verga que apenas toco, tan abrumada estoy por la crisis, aquella verga que sólo se endurece sin duda después de tales infamias, se hincha, se levanta y deja, llorando, sobre mis dedos la prueba nada sospechosa de las impresiones que aquella suciedad le proporciona.

- ¡Ah, rediós! -dice Curval-. He aquí una deliciosa pasión, sin embargo, podría refinarse más.

-¿Cómo? -pregunta Durcet, con una voz entrecortada por los suspiros de la lubricidad.

-¿Cómo? -dice Curval-, ¡eh! Pues mediante la elección de la mujer y de la comida, ¡vive

Dios!

-De la mujer... ¡Ah, comprendo! Tú desearías para eso a una Fanchon.

- ¡Eh! Sin duda alguna.

-¿Y la comida? -preguntó Durcet, mientras Adélaïde se la meneaba.

-¿La comida? -contestó el presidente-. ¡Eh! Rediós, la obligaría a devolver lo que yo le

daría del mismo modo.

-¿Es decir -preguntó el financiero, cuya cabeza empezaba a extraviarse-, que tú

devolverías en la boca de la mujer, la cual se tragaría lo tuyo y después lo devolvería?

-Exactamente.

Y como ambos corrieron hacia sus gabinetes, el presidente con Fanchon, Augustine y Zélamir, Durcet con la Desgranges, Rosette y Bande-au-ciel, hubo que esperar cerca de media hora para continuar los relatos de la Duclos. Por fin, regresaron.

-Acabas de hacer porquerías -dijo el duque a Curval, que había regresado primero.

-Algunas -contestó el presidente-, son la felicidad de mi vida, y por lo que a mí respecta, sólo estimo la voluptuosidad en tanto que sea la más puerca y repugnante.

-Pero por lo menos ha habido eyaculación, ¿no es verdad?

- ¡Ni hablar! -dijo el presidente-. ¿Crees que nos parecemos a ti y que, como tú, hay

eyaculación a cada momento? Dejo esas hazañas para ti y para los vigorosos campeones como Durcet -añadió, viendo regresar a éste sosteniéndose apenas sobre sus piernas a causa

del agotamiento.

-Es verdad -dijo el financiero-, no lo he aguantado, esa Desgranges es tan sucia, en su persona y en sus palabras, se presta tan fácilmente a todo lo que uno quiere...

- ¡Vamos, Duelos! -dijo el duque-. Prosigue tu relato, pues si no le cortamos la palabra, el pequeño indiscreto nos dirá todo lo que ha hecho, sin reflexionar en lo horrible que resulta vanagloriarse así de los favores que se reciben de una linda mujer.

Y la Duelos, obedeciendo, reanudó así el hilo de su historia:

Puesto que a los señores les gustan tanto estas rarezas, dijo nuestra historiadora, lamento que no hayan refrenado un instante su entusiasmo, porque lo que tengo que contar aún esta noche surtirá mayores efectos. Lo que el señor presidente considera que faltaba para perfeccionar la pasión que acabo de narrar se encontraba palabra por palabra en la pasión que seguía; me molesta que no se me diera tiempo para acabarla. El viejo presidente Saclanges ofrece de un extremo a otro las singularidades que el señor Curval parecía desear. Se había escogido para enfrentarse con él a nuestra decana; era una alta y robusta muchacha de unos treinta y seis años, borracha, mal hablada, pendenciera, procaz, aunque, por otra parte, era bastante hermosa; el presidente llega, se le sirve cena, los dos se emborrachan, los dos pierden el control, los dos vomitan dentro de sus respectivas bocas, tragan y se devuelven mutuamente lo que se prestan, caen finalmente sobre los restos de la cena y sobre la porquería con que acaban de regar el suelo. Entonces me mandan a mí, porque mi compañera estaba ya fuera de sí y sin fuerzas. Sin embargo, era el momento más importante del libertino; lo hallo en el suelo, con la verga levantada y dura como una barra de hierro; empuño el instrumento, el presidente balbucea y blasfema, me atrae a él, chupa mi boca y descarga como un toro revolcándose una y otra vez sobre sus basuras.

Aquella misma muchacha nos dio poco después el espectáculo de una fantasía por lo menos tan sucia; un gordo monje que la pagaba muy bien se colocó a horcajadas sobre su vientre, los muslos de mi compañera estaban todo lo abiertos que era posible y fijados a unos grandes muebles, para que no pudieran moverse. En esta posición, se sirvieron algunos manjares sobre el bajo vientre de la mujer, a pelo y sin plato. El buen hombre coge algunos pedazos con su mano, los hunde en el coño abierto de su dulcinea, los revuelve una y otra vez y se los come sólo cuando se en- cuentran completamente impregnados de las sales que la vagina le proporciona.

-He aquí una manera de almorzar completamente nueva -dijo el obispo.

-Y que no os gustaría, ¿verdad, monseñor? -dijo la Duelos.

-¡No, me cago en dios! -contestó el servidor de la iglesia-. No me gusta lo suficiente el coño para eso.

-Bueno -dijo nuestra narradora-, escuchad entonces el relato que cerrará mis narraciones de esta noche, estoy segura de que os divertirá más.

Hacía ocho años que vivía yo en casa de Mme Guérin. Acababa de cumplir diecisiete años, y durante todo aquel tiempo no había habido un solo día sin que viera todas las mañanas a cierto recaudador de impuestos con el que se tenían toda clase de atenciones. Era un hombre de unos sesenta años, gordo, bajo, y que se parecía bastante al señor Durcet. Como él, tenía lozanía y era entrado en carnes. Necesitaba una nueva muchacha cada día y las de la casa sólo le servían como mal

menor o cuando la de fuera faltaba a la cita. El señor Dupont, tal era el nombre de nuestro financiero, era tan exigente en la elección de las muchachas como en sus gustos, no quería de ninguna manera que la muchacha fuera una puta, excepto en los casos obligados, como he dicho; era necesario que fuesen obreras, empleadas de tiendas, sobre todo de modas. La edad y el color de la tez estaban también reglamentados, tenían que ser rubias, entre los quince y los dieciocho años, ni más ni menos, y por encima de todas las cualidades era preciso que tuvieran el culo bien moldeado y, de una lisura tan absoluta que el más pequeño grano en el ojete era un motivo de exclusión. Cuando eran vírgenes, las pagaba doble.

Aquel día se esperaba para él una joven encajera de dieciséis años cuyo culo era considerado como un verdadero modelo, pero él ignoraba que se le había preparado este regalo, y como la joven mandó aviso de que no la esperaran porque aquella mañana no había podido zafarse de sus padres, la Guérin, que sabía que Dupont no me había visto nunca, me ordenó que me vistiera de burguesa, que tomase un coche al final de la calle y que llegara a la casa un cuarto de hora después que hubiese llegado Dupont, ante quien debería representar mi papel, haciéndome pasar por una empleada de una casa de modas. Pero por encima de todo, lo más importante era que me llenase el estómago con media libra de anís y después con un gran vaso de un licor balsámico que ella me dio y cuyo efecto debía ser el que se verá en seguida. Todo se realizó lo mejor que se pudo; felizmente habíamos dispuesto de algunas ho- ras para que nada faltase. Llego poniendo cara de boba, me presentan al financiero, quien al principio me mira atentamente, pero como yo estaba muy alerta, no pudo descubrir en mí nada que desmintiera la historia que le habían contado.

-¿Es virgen? -preguntó Dupont.

-No por aquí -dijo la Guérin, poniendo una mano sobre mi vientre-, pero lo es por el otro lado, respondo de ello.

Y mentía descaradamente. Pero no importa, nuestro hombre se tragó la mentira, que es lo que se necesitaba.

-Arremángala, arremángala -dijo Dupont.

Y la Guérin levantó mis faldas por detrás, haciéndome inclinar ligeramente hacia ella, y descubrió al libertino el templo entero de su homenaje. El hombre mira, toca un momento mis nalgas, las abre con sus dos manos, y satisfecho sin duda de su exa- men, dice que el culo está en condiciones de ser aceptado. Luego me hace algunas preguntas sobre mi edad y mi oficio y, contento con mi pretendida inocencia y el aire de ingenuidad que adopto, me hace subir a su aposento, porque tenía uno en casa de la Guérin, donde sólo entraba él y no podía ser observado desde ninguna parte. En cuanto entramos, cierra la puerta con cuidado y, tras haberme contemplado unos momentos, me pregunta en un tono bastante brutal, carácter que marca toda la escena, me pregunta, digo, si es realmente verdad que nunca me han jodido por el culo. Como formaba parte de mi papel ignorar semejante expresión, me hice repetir, asegurándole que no comprendía lo que quería decir, y cuando por gestos me dio a entender lo que quería decir de una manera en que no había medio de seguir demostrando ignorancia, le contesté, asustada y pudorosa, que nunca me había prestado a tales infamias. Entonces me dijo que quitara solamente las faldas, y en cuanto hube obedecido, dejando que mi camisa continuase ocultando la parte de delante, él la levantó por detrás todo lo que pudo debajo de mi corsé, y como al desnudarme mi pañuelo del cuello había caído y mis pechos quedaron al descubierto,

se enfadó.

- ¡Qué el diablo se lleve tus tetas! -exclamó-. ¿Quién te pide las tetas? Esto es lo que me hace perder la paciencia con todas esas criaturas, siempre esa impúdica manía de mostrar las tetonas.

Y cubriéndome rápidamente, me acerqué a él como para pedirle excusas, pero

advirtiendo que le mostraba la parte delantera de mi cuerpo en la actitud que iba a tomar, se enfureció una vez más:

- ¡Eh!, no te muevas de como te había colocado, ¡dios! -dijo, agarrándome por las caderas y poniéndome de modo que sólo le presentase el culo-. Quédate así, joder, me importan un bledo tus pechos y tu coño, lo único que necesito es tu culo.

Mientras decía esto se levantó y me condujo al borde de la cama, sobre la cual me

instaló tumbada sobre el vientre, luego, sentándose en un taburete muy bajo, entre mis piernas, se encontró en esta disposición con que su cabeza estaba justamente a la altura de mi culo. Me mira un instante más, luego, no encontrándome aún tal como quería, se levantó para colocarme un cojín bajo el vientre, para que mi culo quedara más atrás, me examina, y todo esto con la mayor sangre fría, con la flema de un deliberado libertinaje. Al cabo de un momento, se apodera de mis dos nalgas, las abre, pone su boca abierta en el agujero sobre el cual la pega herméticamente y, en seguida, siguiendo la orden que había recibido e impulsada por la necesidad que de ello tenía, le largo a la garganta el pedo más ruidoso que había recibido en su vida, se aparta furioso.

- ¡Vaya, pequeña insolente -me dijo-, tienes la desfachatez de lanzar un pedo dentro de mi boca!

- ¡Oh, señor -le contesté, disparando una segunda andanada-, así es como trato a los que me besan el culo!

-Bueno, suelta pedos, suelta pedos, bribona, ya que no puedes retenerlos, suelta tantos pedos como quieras y puedas.

Desde aquel momento, ya no me contuve más, nada puede expresar la necesidad de soltar ventosidades que me dio la droga que había bebido, y nuestro hombre, extasiado, ora los recibe en la boca, ora en las narices. Al cabo de un cuarto de hora de semejante ejercicio, se acuesta finalmente en el canapé, me atrae hacía él, siempre con mis nalgas sobre su nariz, me ordena que se la menee en este posición, sin interrumpir un ejercicio que le proporciona divinos placeres. Suelto pedos, meneo una verga blanda y no más larga ni gruesa que un dedo, a fuerza de sacudidas y de pedos, el instrumento finalmente se endurece. El aumento de placer de nuestro hombre, el instante de su crisis, me es anunciado por un redoblamiento de iniquidad de su parte; es su lengua ahora lo que provoca mis pedos, es ella la que se mete hasta el fondo de mi ano, como para provocar las ventosidades, es sobre ella donde quiere que los suelte, desvaría, me doy cuenta de que pierde la cabeza, y su pequeño instrumento riega tristemente mis dedos con siete u ocho gotas de un esperma claro y gris que lo calman por fin. Pero como en él la brutalidad fomentaba el extravío y lo reemplazaba inmediatamente, apenas me dio tiempo para que me vistiera. Gruñía, rezongaba, en una palabra, me ofrecía la imagen odiosa del vicio cuando ha satisfecho su pasión, y esa inconsecuente grosería que, cuando el prestigio se ha desvanecido, trata de vengarse despreciando el culto usurpado por los sentidos.

-He aquí un hombre que me gusta más que todos los que lo han precedido -dijo el

obispo-: ¿no sabes si al día siguiente tuvo a su pequeña novicia de dieciséis años?

-Sí, monseñor, la tuvo, y al otro día una virgen de quince, aún más linda. Como pocos hombres pagaban tanto, pocos eran tan bien servidos.

Como esta pasión había calentado cabezas tan acostumbradas a los desórdenes de esta especie, y recordado un gusto al que ofrendaban de una manera tan completa, no quisieron esperar más para practicarla. Cada uno recogió lo que pudo y tomó un poco de todas partes, llegó la hora de la cena, en la que se insertaron casi todas las infamias que acababan de escuchar, el duque emborrachó a Thérèse y la hizo vomitar en su boca, Durcet hizo lanzar pedos a todo el serrallo y recibió más de sesenta durante la velada. En cuanto a Curval, por cuya cabeza pasaban toda clase de caprichos, dijo que quería hacer sus orgías solo y fue a encerrarse en el camarín del fondo con Fanchon, Marie, la Desgranges y treinta botellas de champaña. Tuvieron que sacar a los cuatro, los encontraron nadando en las olas de su por- quería y al presidente dormido, con la boca pegada a la de la Desgranges, quien aún vomitaba en ella. Los otros tres se habían despachado a su gusto en cosas parecidas o distintas; habían celebrado sus orgías bebiendo, habían emborrachado a sus bardajes, los habían hecho vomitar, habían obligado a las muchachas a soltar pedos, habían hecho qué sé yo qué, y sin la Duelos, que no había perdido el juicio y lo puso todo en orden y los mandó a acostarse, es muy verosímil que la aurora de dedos rosados, al entreabrir las puertas del palacio de Apolo, los hubiera encontrado sumergidos en su porquería, más semejantes a cerdos que a hombres.

Necesitados de descanso, cada uno se acostó solo, para recobrar en el seno de Morfeo

un poco de fuerzas para el día siguiente.

SEPTIMA JORNADA

Los amigos no se preocuparon más de ir cada mañana a prestarse a una hora de lección de la Duelos. Fatigados de los placeres de la noche, temiendo además que esta operación les hiciera eyacular demasiado temprano, y juzgando además que esta ceremonia los hartaba muy de mañana en perjuicio de las voluptuosidades y con personas que tenían interés en tratar con miramientos, convinieron en que cada mañana les sustituiría uno de los jodedores.

Las visitas se efectuaron, de las ocho muchachas sólo faltaba una para que hubiesen pasado todas por la lista de los castigos, era la bella e interesante Sophie, acostumbrada a respetar todos sus deberes; por ridículos que pudieran parecer, los respetaba, pero Durcet, que había prevenido a Louison, su guardiana, ;upo tan bien hacerla caer en la trampa, que fue declarada culpable e inscrita por consiguiente en el libro fatal. La dulce Mine, igualmente examinada con rigor, fue también declarada culpable, con lo cual la lista de la noche se llenó con los nombres de las ocho muchachas, de las dos esposas y de los cuatro muchachos.

. Cumplidas estas obligaciones, ya sólo se pensó en ocuparse del matrimonio que debía

celebrarse en la proyectada fiesta del final de la primera semana. Aquel día no se concedió ningún permiso para las necesidades públicas en la capilla, monseñor se revistió pontificalmente, y todos se dirigieron hacia el altar. El duque, que representaba al padre de la muchacha, y Curval, que representaba al del muchacho, condujeron a Michette y a Giton respectivamente. Ambos iban magníficamente ataviados en traje de ciudad, pero en sentido contrario, es decir, el muchacho iba vestido de mujer, y la muchacha, de hombre. Desgraciadamente, nos vemos obligados, por el orden que hemos dado a las materias, a retrasar todavía por algún tiempo el placer que sin duda experimentaría el lector al enterarse

de los detalles de esta ceremonia religiosa; pero ya llegará sin duda el momento en que podremos informarlo de esto.

Pasaron al salón, y fue mientras esperaban la hora del almuerzo, cuando nuestros cuatro

libertinos, encerrados solos con la encantadora pareja, los hicieron desnudarse y los obligaron a cometer juntos todo lo que su edad les permitió respecto a las ceremonias matrimoniales, excepto la introducción del miembro viril en la vagina de la muchachita, la cual hubiera podido efectuarse porque el muchacho tenía una erección muy intensa, y que no se permitió tal cosa para que nada marchitara una flor destinada a otros usos. Sin embargo, se les permitió que se tocaran y acariciaran, la joven Michette se la meneó a su maridito, y Giton, con ayuda de sus amos, masturbó muy bien a su mujercita. Sin embargo, ambos empezaron a darse cuenta de la esclavitud en que se encontraban para que la voluptuosidad, incluso la que su edad permitía experimentar, pudiera nacer en sus pequeños corazones.

Se comió, los dos esposos fueron al festín, pero a la hora del café, cuando las cabezas se

habían ya calentado, fueron desnudados, como lo estaban Zelamir, Cupidon, Rosette y Colombe, que aquel día estaban encargados de servir el café. Y en ese momento del día como estaba de moda la jodienda entre los muslos, Curval se apoderó del marido, y el duque de la mujer, y los enmuslaron a los dos. El obispo, después de haber tomado café, se envició con el encantador culo de Zelamir, que chupaba mientras lanzaba pedos, y pronto lo enfiló en el mismo estilo, mientras Durcet efectuaba sus pequeñas infamias en el hermoso culo de Cupidon. Nuestros dos principales atletas no eyacularon, mas pronto se apoderaron de Ro- sette y de Colombe y las enfilaron como los galgos y entre los muslos, de la misma manera que acababan de hacer con Michette y Giton, ordenando a estas encantado

ras niñas que meneasen con sus lindas manos, según las instrucciones recibidas, los

monstruosos extremos de las vergas que sobresalían de sus vientres; y mientras tanto, los libertinos manoseaban tranquilamente los orificios de los culos frescos y deliciosos de sus pequeños goces. Sin embargo, no se eyaculaba; sabiendo que habría placeres deliciosos aquella noche, se contuvieron. A partir de aquel momento, se desvanecieron los derechos de los jóvenes esposos, y su matrimonio, aunque formalmente efectuado, no fue más que un juego; cada uno de ellos regresó a la cuadrilla que le estaba destinada, y todos fueron a escuchar a la Duclos, que continuó así su historia:

Un hombre que tenía más o menos los mismos gustos que el financiero que acabó el relato de ayer, empezará, si lo aprobáis, señores, el relato de hoy. Era un relator del Consejo de Estado, de unos sesenta años de edad, y que añadía a la singularidad de sus fantasías la de querer sólo mujeres más viejas que él. La Guérin le dio una vieja alcahueta, amiga suya, cuyas nalgas arrugadas semejaban un viejo pergamino para humedecer el tabaco. Tal era el objeto que debía servir para que nuestro libertino efectuara sus ofrendas. Se arrodilla delante de aquel culo decrépito, lo besa amorosamente; se le lanzan algunos pedos en la nariz, se extasía, abre la boca, se le lanzan más pedos y su lengua va a buscar con entusiasmo el viento espeso que se le destina. Pero no puede resistir al delirio a que lo arrastra tal operación. Saca de su braguera una verga vieja, pálida y arrugada como la divinidad a la que inciensa. -

¡Ah! pee pee, queridita -exclama, meneándose la verga con todas sus fuerzas-. Pee,

corazón, sólo de tus pedos espero el desencantamiento de este enmohecido instrumento. La alcahueta redobla sus esfuerzos, y el libertino, ebrio de voluptuosidad, deja entre las piernas de su diosa dos o tres desgraciadas gotas de esperma a las que debía todo su éxtasis.

¡Oh terrible efecto del ejemplo! ¡Quién lo hubiera dicho! En aquel momento, como si se hubieran dado la señal para ello, nuestros cuatro libertinos llaman a las dueñas de sus cuadrillas. Se apoderan de sus viejos y feos culos, solicitan pedos, los obtienen y se encuentran a punto de ser tan felices como el viejo relator del Consejo de Estado, pero el recuerdo de los placeres que los esperan en las orgías los contiene, y despiden a las dueñas.

La Duclos prosigue su relato:

No haré hincapié en lo que viene ahora, señores, porque sé que tiene pocos seguidores entre vosotros, pero como me habéis ordenado que lo diga todo, obedezco. Un hombre muy joven y gallardo tuvo la fantasía de hurgarme el coño cuando tenía la regia; yo me encontraba tumbada de espalda, con los muslos abiertos, él se había arrodillado delante de mí y chupaba, con sus dos manos debajo de mis nalgas, que levantaba para que mi coño estuviera a su alcance. Tragó mi semen y mi sangre, porque obró con tanta habilidad y era tan guapo que descargué. El mismo se meneaba la verga, se hallaba en el séptimo cielo, diríase que nada en el mundo podía causarle más placer, y me convenció de ello la ardiente y calurosa eyaculación que pronto soltó. Al día siguiente vio a Aurore, poco después a mi hermana, al cabo de un mes nos había pasado revista a todas y prosiguió así hasta despachar sin duda todos los burdeles de París.

Esta fantasía, convendréis en ello, señores, no es sin embargo más singular que la

de un hombre, amigo en otro tiempo de la Guérin, la cual le proporcionaba la materia que necesitaba, y cuya voluptuosidad nos aseguró que consistía en tragar abortos; se le avisaba cada vez que una pupila de la casa se encontraba en tal caso, él acudía y se tragaba el embrión, extasiado de la voluptuosidad.

-Yo conocí a ese hombre -dijo Curval-, su existencia y sus gustos son la cosa más cierta del mundo.

-Sea -dijo el obispo-, pero también es cierto que yo no lo imitaría nunca.

-¿Y por qué razón? -preguntó Curval-. Estoy seguro de que eso puede producir una descarga, yo sí Constance quiere dejarme hacer, le prometo, ya que está embarazada, provocar la llegada de su señor hijo antes de término y de comérmelo como si fuese una sardina.

- ¡Oh, sabemos el horror que le inspiran las mujeres embarazadas! -contestó Constance-. Sabemos perfectamente que usted se deshizo de la madre de Adélaïde porque estaba embarazada por segunda vez, y si Julie quiere seguir mis consejos, se cuidará.

-Cierto es que detesto la progenitura -dijo el presidente-, y que cuando la bestia está

repleta me inspira una furiosa repugnancia; mas pensar que maté a mi mujer por eso, podría engañarte; has de saber, puta, que no necesito ningún motivo para matar a una mujer, y sobre todo una vaca como tú, a la que te impediría que parieras tu ternero si me pertenecieses.

Constance y Adélaïde se echaron a llorar, lo cual empezó a poner en evidencia el odio secreto que el presidente sentía por aquella encantadora esposa del duque, quien, lejos de sostenerla en esta discusión, contestó a Curval que debía perfectamente saber que la progenitura le gustaba tan poco como a él, y que si Constance estaba embarazada, todavía no había parido. Aquí las lágrimas de Constance se hicieron más abundantes; se encontraba en el canapé de su padre, Durcet, quien, por todo consuelo, le dijo que si no se callaba

inmediatamente la sacaría afuera a patadas en el culo a pesar de su estado. La infeliz mujer hizo caer sobre su corazón lastimado las lágrimas que se le reprochaban y se limitó a decir:

64 ¡Ay, Dios mío, qué desgraciada soy! Pero es mi destino, al que me resigno". Adélaïde, que

tenía los ojos llenos de lágrimas, era hostigada por el duque, que deseaba hacerla llorar más, logró contener sus sollozos, y como esta escena un poco trágica, aunque muy regocijante para el alma perversa de nuestros libertinos, llegó a su fin, la Duelos reanudó el relato en los siguientes términos:

Había en casa de la Guérin una habitación bastante agradablemente construida y que nunca servía más que para un solo hombre; tenía doble techo, y esta especie de entresuelo bastante bajo, donde sólo podía permanecer acostado, servía para instar al libertino de singular especie cuya pasión calmé yo. Se encerraba con una muchacha en esta especie de escotilla, y su cabeza se situaba de manera que estaba a la misma altura de un agujero que daba a la habitación superior; la muchacha encerrada con el mencionado hombre no tenía otra faena que la de menearle la verga, y yo, colocada arriba, tenía que hacer lo mismo a otro hombre, el agujero era poco ostensible y estaba abierto como por descuido, y yo, por limpieza o para no ensuciar el piso, tenía que hacer caer, al masturbar a mi hombre, el semen a través del agujero, y así lanzarlo al rostro del que estaba al otro lado. Todo estaba construido con tal ingenio que nada se veía y la operación tenía un gran éxito: en el momento en que el paciente recibía sobre sus narices el semen de aquel que estaba arriba, él soltaba el suyo, y todo estaba dicho.

Sin embargo, la vieja de la que acabo de hablar, volvió a presentarse, pero tuvo

que tratar con otro campeón. Este, hombre de unos cuarenta años, hizo que se desnudara y le lamió en seguida todos los orificios de su viejo cadáver: culo, coño, boca, nariz, axilar, orejas, nada fue olvidado, y el malvado, a cada lamida, tragaba todo lo que había recogido. No se limitó a esto, hizo que mascara pedazos de pastel, que tragó también a pesar de que ella los hubiese triturado. Quiso también que conservara en la boca tragos de vino, con los que ella se lavó y gargarizó, y que él luego se tragó igualmente, y mientras tanto, su verga había tenido una erección tan prodigiosa que el semen parecía listo para dispararse sin necesidad de provocarlo. Cuando se sintió en trance de soltarlo, volvió a precipitarse sobre su vieja, le hundió profundamente la lengua en el agujero del culo y descargó como una fiera.

- ¡Y, dios! -exclamó Curval-. ¿Es necesario ser joven y linda para hacer que el semen corra? Una vez más diré que, en los placeres, es la cosa sucia lo que provoca la eyaculación, y cuanto más sucia, más voluptuosidad ofrece.

-Son las sales -dijo Durcet- que se exhalan del objeto de voluptuosidad las que irritan a nuestros espíritus animosos y los ponen en movimiento; ahora bien, ¿quién duda de que todo lo que es viejo, sucio y hediondo contiene una gran cantidad de estas sales y, por con- siguiente, más medios para suscitar y determinar nuestra eyaculación?

Se discutió todavía durante un rato esta tesis, pero como había mucho trabajo por hacer después de la cena, se sirvió un poco antes de la hora, y en los postres, las jóvenes castigadas volvieron al salón donde deberían soportar los castigos junto con los cuatro muchachos y las dos esposas igualmente condenadas, lo que representaba un total de catorce víctimas. A saber: las ocho muchachas conocidas, Adélaïde y Aline, y los cuatro muchachos, Narcisse, Cupidon, Zélamir y Giton. Nuestros amigos, ya ebrios ante la idea de las voluptuosidades tan de su gusto que los esperaban, terminaron de calentarse la cabeza con una prodigiosa cantidad de vinos y licores, y se levantaron de la mesa para pasar al salón, donde los esperaban los pacientes, en tal estado de embriaguez, furor y lubricidad que no existe nadie seguramente con deseos de encontrarse en el lugar de aquellos desgraciados delincuentes.

En las orgías, aquel día, sólo debían asistir los culpables y las cuatro viejas encargadas del

servicio. Todos estaban desnudos, todos se estremecían, todos lloraban, todos esperaban su suerte, cuando el presidente, sentándose en un sillón, preguntó a Durcet el nombre y la falta de cada persona. Durcet, tan borracho como su compañero, tomó la libreta y quiso leer, pero como todo lo veía borroso y no lo lograba, el obispo lo reemplazó, y aunque tan ebrio como su compañero, pero llevando mejor el vino, leyó en voz alta alternativamente el nom- bre de cada culpable y su falta; el presidente pronunciaba inmediatamente una sentencia de acuerdo con las fuerzas y la edad del delincuente, siempre muy dura. Terminada esta ceremonia, se impusieron los castigos. Lamentamos muchísimo que el orden de nuestro plan nos impida describir aquí los lúbricos castigos, pero rogamos a nuestros lectores que nos perdonen; estamos seguros de que comprenderán la imposibilidad en que nos encontramos de satisfacerlos por ahora. No perderán nada con ello.

La ceremonia fue muy larga: catorce personas tenían que ser castigadas, y hubo episodios

muy agradables. Todo fue delicioso, no hay duda, puesto que nuestros cuatro canallas descargaron y se retiraron tan fatigados, tan borrachos de vino y de placeres, que sin la ayuda de los cuatro jodedores que vinieron a buscarlos no hubieran podido llegar nunca a sus aposentos, donde, a pesar de todo lo que acababan de hacer, les esperaban todavía nuevas lubricidades.

El duque, que aquella noche tenía que acostarse con Adélaïde, no quiso. Ella formaba

parte del número de las castigadas, y tan bien castigada que, habiendo eyaculado en su honor, no quiso saber nada de ella aquella noche, y tras ordenarle que se acostara en un colchón en el suelo dio su lugar a la Duelos, que como nunca disfrutaba de su favor.

OCTAVA JORNADA

Como los castigos de la víspera habían impresionado mucho, al día siguiente no se encontró ni pudo encontrarse a nadie en falta. Continuaron las lecciones con los jodedores, y como no hubo ningún acontecimiento hasta la hora del café, empezaremos a hablar de este día a partir de entonces. El café era servido por Augustine, Zelmire, Narcisse y Zéphyr. Se reanudaron las jodiendas entre los muslos, Curval se apoderó de Zelmire y el duque de Augustine, y después de haber admirado y besado sus lindas nalgas, que aquel día, no sé por qué, tenían una gracia, unos atractivos, un sonrosado que no habían sido advertidos antes, después, digo, que nuestros libertinos hubieron acariciado y besado aquellos encantadores culitos, se exigieron pedos, como el obispo, que tenía a Narcisse, había obtenido ya algunos, se oían los que Zéphyr soltaba en la boca de Durcet..., ¿por qué no imitarlos? Zelmire había tenido éxito, pero Augustine, por más que hizo, por más que se esforzó, por más que el duque la amenazó con un castigo semejante al que había soportado la víspera, nada soltó, y la pobre pequeña había empezado ya a llorar cuando un pedito la tranquilizó; el duque respiró y, satisfecho por aquella prueba de docilidad de la niña que tanto amaba, le endilgó su enorme instrumento entre los muslos y, retirándolo en el momento de la descarga, le inundó completamente las dos nalgas. Curval había hecho lo mismo con Zelmire, pero el obispo y Durcet se contentaron con lo que se llama la "pequeña oca y, después de la siesta, pasaron al

salón, donde la bella Duelos, engalanada aquel día con todo lo que mejor podía hacer olvidar su edad, parecía verdaderamente hermosa bajo las luces, y hasta tal punto que nuestros libertinos, excitados, no le permitieron continuar sin que antes no hubiese mostrado sus nal- gas a la reunión.

-Verdaderamente tiene un hermoso culo -dijo Curval.

-Y bueno, amigo mío -dijo Durcet-. Te aseguro que he visto pocos que sean mejores.

Y recibidos estos elogios, nuestra narradora se bajó las faldas y reanudó el hilo de su

historia de la manera que el lector leerá, si se toma la molestia de continuar, cosa que le aconsejamos en interés de sus placeres.

Una reflexión y un acontecimiento fueron la causa, señores, de que lo que me falta por contaros no se encuentre ya en el mismo campo de batalla; la reflexión es muy sencilla: fue el desgraciado estado de mi bolsa lo que la suscitó. Después de nueve años de vivir en casa de la Guérie, aunque gastara poco, no había podido ahorrar ni cien luises; aquella habilísima mujer, mirando siempre por sus intereses, encontraba siempre el medio de guardar para ella las dos terceras partes de las entradas y rebañaba todo lo que podía del otro tercio. Este manejo me disgustó y, vi- vamente solicitada por otra alcahueta llamada Fournier para que me fuera con ella, y sabiendo que la Fournier recibía en su casa a viejos calaveras de más tono y más ricos que los que recibía la Guérin, me decidí a despedirme de ésta para irme con la otra. En cuanto al acontecimiento que vino a apoyar mi reflexión, fue la pérdida de mi hermana; la quería mucho y no fue posible quedarme más tiempo en una casa donde todo me la recordaba sin poder encontrarla.

Desde hacía seis meses mi querida hermana era visitada por un hombre alto, enjuto y negro, cuyo rostro me desagradaba infinitamente. Se encerraban juntos, y no sé qué hacían en la habitación, porque mi hermana nunca quiso decírmelo, y nunca se colocaban en el sitio donde yo hubiera podido observarlos. Sea como fuere, una hermosa mañana, mi hermana se presentó en mi habitación, me besó y me dijo que su fortuna estaba hecha, que era la mantenida de aquel tipo que no me gustaba nada, y todo lo que supe es que todo lo que ella iba a ganar debíase a la belleza de sus nalgas. Dicho esto, me dio su dirección, arregló cuentas con la Guérin, nos besó a todas y se fue. Como podéis imaginar, dos días después me presenté en la dirección indicada, pero allí no sabían ni de qué hablaba yo; me di perfectamente cuenta de que mi hermana había sido engañada, porque no podía creer que desease privarme del placer de verla. Cuando me lamenté de lo que ocurría con la Guérin, advertí que ésta sonreía malignamente y rehuía explicarse. De aquí deduje que ella estaba en el misterio de toda la aventura, pero que no quería que yo lo descubriese. Todas estas cosas me afectaron mucho y me hicieron tomar mi partido, y como no tendré ocasión de volver a hablaros de mi hermana, os diré, señores, que a pesar de las pesquisas que hice, de las precauciones que tomé para descubrir su paradero me ha sido imposible volver a saber qué había sido de ella.

-Creo que veinticuatro horas después de haberse despedido de ti había dejado de existir - dijo la Desgranges-. Ella no te engañaba, sino que fue ella misma la engañada, pero la Guérin sabía de qué se trataba.

- ¡Dios del Cielo! -exclamó entonces la Duclos-. ¿Qué estás diciendo? ¡Ay! Aunque no la

veía, acariciaba la idea de que estaba viva.

-Andabas muy equivocada -dijo la Desgranges-, pero no te había mentido; fue la belleza de sus nalgas, la asombrosa superioridad de su culo lo que le valió la aventura en la que creyó encontrar su suerte y significó su muerte.

-¿Y el hombre alto y enjuto? -preguntó la Duclos.

-Era sólo un intermediario, no trabajaba por su propia cuenta.

-Sin embargo -dijo la Duclos-, la había visto asiduamente durante seis meses.

-Para engañarla -contestó la Desgranges-. Pero prosigue tu relato. Estas aclaraciones podrían aburrir a esos señores. Como esta historia me atañe, ya les daré buena cuenta de ella.

-Nada de sentimentalismos, Duclos -dijo secamente el duque al ver que la 'narradora se esforzaba por retener sus lágrimas involuntarias-. Aquí no hay lugar para penas de esa índole y aunque se hundiese toda la naturaleza no lanzaríamos ni un solo suspiro; dejemos las lágrimas para los imbéciles y los niños, pero que jamás mancillen las mejillas de una mujer razonable y que estimamos.

Después de oír estas palabras nuestra heroína se contuvo y pronto reanudó su relato.

Debido a las dos causas que acabo de explicar, tomé mi partido, señores, y como la Fournier me ofrecía mejor alojamiento, una mesa mejor servida, partidas de placer más caras aunque más penosas, y siempre partes iguales en los beneficios, sin ningún recorte, me decidí inmediatamente. La señora Fournier ocupaba entonces una casa entera y su serrallo estaba compuesto por cinco lindas muchachas; yo fui la sexta. Seguramente aprobaréis que haga aquí lo que he hecho respecto a la casa de la Guérin, es decir, que describa a mis compañeras a medida que representen un papel.

Desde el día siguiente al de mi llegada, se me dio trabajo, porque había mucha clientela en casa de la Fournier, y cada una de nosotras se ocupaba cinco o seis veces al día; pero sólo os hablaré, como he hecho hasta ahora, de las escenas que puedan llamar vuestra atención por su singularidad o extravagancia.

El primer hombre que vi en mi nueva casa fue un pagador de rentas, hombre de unos cincuenta años. Me hizo arrodillar, con la cabeza inclinada sobre la cama, y él se instaló igualmente sobre la cama, arrodillado, de modo que como su verga rozaba mi boca, que me había ordenado mantuviese muy abierta, no perdí una sola gota de su eyaculación, y el libertino se divirtió extraordinariamente ante las contorsiones y los esfuerzos que yo hacía para no vomitar aquel repugnante gargarismo.

Ahora, señores, prosiguió la Duelos, contaré seguidas, aunque sucedieron en épocas diferentes, cuatro aventuras de este mismo tipo que sucedieron en casa de la señora Fournier. Estos relatos, bien lo sé, no disgustarán a Durcet, quien me agradecerá que lo entretenga durante el resto de esta sesión con algo que es de su gusto y que me proporcionó el honor de conocerlo por primera vez.

- ¡Vaya! -dijo Durcet-. ¿Me darás un papel en tu historia?

-Si me lo permitís, señor -contestó la Duelos-, y con el ruego de que aviséis a esos señores cuando llegue a vuestro asunto.

-Y mi pudor... ¿qué? ¿Vas a exhibir delante de todas esas muchachas mis indecencias?

Y como todos se echaron a reír ante el temor burlón del financiero, la Duelos prosiguió:

Un libertino tan viejo y tan repugnante como el que acabo de describir, me dio la

segunda representación de esta manía; hizo que me tumbara desnuda sobre una cama, se tendió en sentido contrario sobre mí, puso su verga dentro de mi boca y su lengua en mi coño, y en esta posición exigió que le diese las titilaciones de voluptuosidad que pretendía debían proporcionarme su lengua. Yo chupaba como una condenada. Se trataba de mi virginidad para él, lamió, removió y se afanó en todas sus maniobras infinitamente más para él que para mí. Sea como sea, yo me sentía neutra, feliz de no sentirme asqueada, y el libertino descargó; operación que, siguiendo las indicaciones de la Fournier, hice que fuera lo más lúbrica posible, apretando mis labios, chupando, exprimiendo en mi boca el jugo que soltaba y pasando mi mano sobre sus nalgas para cosquillearle el ano, episodio que él me sugi- rió y en el que puso todo lo que pudo de su parte... Cuando el asunto hubo terminado, el hombre se marchó, no sin antes asegurarle a la Fournier que nunca se había topado antes con una muchacha como yo que lo hubiese satisfecho tanto.

Poco después de esta aventura, curiosa por saber qué venía a hacer en la casa una vieja bruja de más de setenta años y que llegaba con el aire de esperar algún trabajo, se me dijo que efectivamente lo hacía. Presa de curiosidad por saber qué diablos podría hacer tal esperpento, pregunté a mis compañeros si no. había allí una habitación desde donde se pudiera atisbar, como en casa de la Guérin. Habiéndoseme contestado que sí la había, una de las muchachas me condujo a ella, y como había lugar para dos nos instalamos allí, y he aquí lo que vimos y lo que oímos, porque, como las dos habitaciones sólo estaban separadas por un tabique era muy fácil no perderse ni una palabra. La vieja llegó primero y, tras haberse contemplado en el espejo, se arregló, como si creyera que sus encantos tendrían todavía algún éxito. Al cabo de unos minutos, vimos llegar al Dafnis de aquella nueva Cloe, éste debía tener a lo sumo sesenta años, era un pagador de rentas que vivía holgadamente y le gustaba más gastar su dinero con pelanduscas de desecho como aquella que con lindas muchachas, y esto en razón de aquella singularidad del gusto que vosotros, señores, comprendéis tan bien y explicáis mejor. El hombre se adelanta y mira de arriba abajo a su dulcinea, la cual le hace una profunda reverencia.

-No hagas tantas historias, vieja puta -dijo el libertino- y desnúdate... Pero antes, a ver, ¿tienes dientes?

-No, señor, no me queda ni uno -dijo la vieja, mostrando su boca infecta-. Podéis mirar...

Entonces nuestro hombre se aproxima y, cogiéndole la cabeza le da en los labios uno de los más ardientes besos que he visto dar en mi vida; y no solamente besaba, sino que chupaba, devoraba, hundía amorosamente su lengua hasta la putrefacta gar- ganta, y la buena vieja, que desde hacía mucho tiempo no se había encontrado en semejante fiesta, se lo devolvía con ternura... que me resultaría muy difícil describir.

- ¡Vamos, desnúdate! -dijo el financiero.

Y mientras tanto se desabrocha la bragueta y se saca un miembro negro y arrugado que no tenía trazas de aumentar mucho de tamaño. Cuando la vieja se ha desnudado del todo, y ofrece a su amante un viejo cuerpo amarillento y arrugado, seco, colgante y descarnado, cuya descripción, sean cuales sean las fantasías que podríais tener sobre este punto, os causaría demasiado horror para que yo me atreva a emprenderla; pero lejos de sentirse asqueado, nuestro libertino se extasía; coge a la vieja, la atrae hacia él sobre el sillón donde estaba meneándosela mientras esperaba que ella se desnudara, le hunde otra vez la lengua dentro de la boca y, volviéndola de

espaldas, ofrece su homenaje al reverso de la medalla. Vi perfectamente cómo manoseaba sus nalgas, es decir, los dos pingos que caían ondeantes sobre sus muslos. Pero fuesen como fuesen, el hombre las separó, pegó voluptuosamente sus labios a la cloaca inmunda que encerraban, hundió en ella su lengua varias veces, y todo eso mientras la vieja trataba de dar un poco de consistencia al miembro muerto que meneaba.

-Vamos al grano -dijo el platónico enamorado-. Sin mi plato fuerte, todos tus

esfuerzos serían inútiles. ¿Has sido advertida?

-Sí, señor.

-¿Y sabes qué es lo que tienes que tragar?

-Sí, corderito; sí, palomo. Tragaré, devoraré todo lo que tú hagas.

Entonces el libertino la echa sobre la cama boca abajo, y en esta posición le mete en el pico su floja verga, se la hunde hasta los cojones, le toma las dos piernas de su goce y se las coloca sobre los hombros, de modo que su hocico se encuentra rozando las nalgas de la vieja. Su lengua se instala al fondo del agujero delicioso; la abeja que busca el néctar de la rosa no chupa, de una lanera más voluptuosa; la vieja, por su parte, también chupa, nuestro hombre se agita. - ¡Ah, joder! - exclama al cabo de un cuarto de hora de este ejercicio libidinoso-. ¡Chupa, chupa, puta! ¡Chupa y traga!, ¡redios!, ya llego, ¿no te das cuenta? Y besando todo lo que se ofrece a él, muslos, vagina, nalgas, ano, todo es lamido, todo es chupado, la vieja traga, y el pobre vejestorio que se retira tan mustio como antes, y que verosímilmente ha descargado sin erección, sale avergonzado de su extravío, y gana lo más rápidamente posible la puerta para no tener que ver, sereno, el cuerpo, repugnante que acaba de seducirlo.

-¿Y la vieja? -pregunta el duque.

-La vieja tosió, escupió, se sonó, se vistió lo más rápidamente que pudo y salió. Pocos días después, le tocó a la misma compañera que me había proporcionado

el placer de esta escena. Era una muchacha de unos dieciséis años, rubia y con la cara más interesante del mundo; no dejé de ir a contemplarla mientras trabajaba. El hom- bre con quien debía unirse era por lo menos tan viejo como el pagador de rentas. Hizo que se pusiera de rodillas entre sus piernas, le fijó la cabeza agarrándola por las orejas y le hundió en la boca una verga que me pareció más sucia y repugnante que un trapo de cocina arrastrado por un arroyo. Mi pobre compañera, al ver acercarse a sus labios frescos aquella porquería, quiso apartar la cabeza, pero no en vano la tenía nuestro hombre bien agarrada por las orejas como a un perro.

- ¡Vamos, puta! -le dijo- ¿Te haces la difícil?

Y, amenazándola con llamar a la Fournier, quien seguramente le había

recomendado que fuera complaciente, logró vencer sus resistencias. Ella abre los labios, retrocede, vuelve a abrirlos y finalmente traga, hipando, con su boca gentil, aquella reliquia infame. Desde aquel momento, ya sólo se oían los insultos del criminal.

- ¡Ah, bribona! -dijo el hombre furioso-. ¡Cuántos aspavientos haces para chupar la más hermosa verga de Francia! ¿Crees que nos vamos a lavar todos los días para ti?

¡Vamos, puta, chupa, chupa el confite!

Y excitándose, a medida que hablaba, con la repugnancia que inspiraba a su

compañera, tanto es verdad, señores, que el asco que nos proporcionáis se convierte en un aguijón para vuestro goce, el libertino se extasía y deja en la boca de aquella pobre muchacha pruebas inequívocas de su virilidad. Pero la muchacha, menos complaciente que la vieja, no traga nada, y mucho más asqueada que aquélla, vomita al punto todo lo que tenía en su estómago, y nuestro libertino, abrochándose, sin preocuparse de ella, se burla entre dientes de las consecuencias crueles de su li- bertinaje.

Llegó mi vez, pero más afortunada que las dos precedentes, era al amor mismo al que estaba destinada, y sólo me quedó, después de haberlo gozado, el asombro de encontrar gustos tan extraños en un joven tan bien formado para agradar. Llega, me pide que me desnude, se tiende sobre la cama, me ordena que me ponga en cuclillas sobre su cara y que trate, con mi boca, de hacer descargar una verga muy mediocre pero que me recomienda y cuyo semen me ruega que trague, en cuanto lo sienta correr.

-Pero no permanezcas ociosa entre tanto -añade el pequeño libertino-, que tu coño inunde mi boca de orina, la cual te prometo tragar como tú tragas mi semen, y, además, que tu hermoso culo lance pedos contra mi nariz.

Le obedezco y cumplo a la vez mis tres cometidos con tanto arte que la pequeña anchoa descarga pronto todo su furor en mi boca, y trago la eyaculación mientras mi adonis hace otro tanto con mi orina, y todo eso sin dejar de respirar los pedos con que no dejo de perfumarlo.

-En verdad, señorita -dijo Durcet-, te hubieras podido ahorrar el revelar las puerilidades de mi mocedad.

- ¡Ah! ¡Ah! -dijo el duque riendo-. ¿Cómo es posible que tú, que hoy apenas te atreves a

mirar un coño, lo hicieras mear en otro tiempo?

-Es verdad -dijo Durcet-, me avergüenzo de ello; es terrible tener que reprocharse vilezas

de esta índole, ahora, amigo mío, cuando siento todo el peso de los remordimientos...,

¡deliciosos culos! -exclamó en su entusiasmo, besando el de Sophie, que había atraído hacia sí

para manosearlo unos momentos-. ¡Culos divinos, cuánto me reprocho el incienso de que os he privado! ¡Oh culos deliciosos, os prometo un sacrificio expiatorio, juro ante vuestros altares no volver a extraviarme en mi vida!

Y habiéndolo calentado un poco aquel hermoso trasero, el libertino colocó a la novicia

en una posición muy indecente, sin duda, pero en la cual podía, como se ha visto antes, hacer mamar su pequeña anchoa mientras él chupaba el ano más lozano y más voluptuoso del mundo. Pero Durcet, demasiado hastiado para poder entregarse a tal placer, encontraba muy raramente su vigor; por más que fue chupado, por más que se le hizo, tuvo que retirarse en el mismo estado de desfallecimiento, y denostando y blasfemando contra la muchacha, tuvo que aplazar para otro momento más oportuno los placeres que la naturaleza le rechazaba a la sazón.

No todo el mundo era tan desgraciado; el duque, que había pasado a su gabinete con

Colombe, Zélamir, Brise-cul y Thérése, lanzó rugidos que demostraban su felicidad, y Colombe, que escupía con toda su fuerza en el momento de salir, no dejó la menor duda sobre el templo que había sido incensado. En cuanto al obispo, con las nalgas de Adélaïde sobre su nariz y la verga del hombre en su boca, se divertía haciendo lanzar pedos a la joven, mientras Curval, de pie, haciendo soplar su enorme corneta a Hébé eyaculaba locamente.

Se sirvió la cena. El duque sostuvo la tesis de que si la felicidad consistía en la completa

satisfacción de todos los placeres de los sentidos, era muy difícil ser más feliz de lo que ellos eran.

-Esta afirmación no es la de un libertino -dijo Durcet-. ¿Cómo puedes ser feliz, desde el

momento en que puedes satisfacerte en todo momento? La felicidad no consiste en el_ goce, sino en el deseo, en romper los frenos que se oponen a ese deseo. Ahora bien, ¿se halla todo eso aquí, donde sólo tengo que desear para tener? En cuanto a mí, puedo jurar que desde que estoy aquí, mi semen no ha corrido ni una sola vez en homenaje a los objetos presentes. Sólo se ha derramado por los que no están, y por otra parte, creo, falta algo esencial para nuestra felicidad. Es el placer de la comparación, placer que sólo puede provenir del espectáculo de los desgraciados, y aquí no los hay. Es lo esencial para nuestra dicha. De la contemplación de aquel que no goza de lo que yo tengo y que sufre nace el encanto de poder decir: soy pues más feliz que él; allí donde los hombres sean iguales y donde esas diferencias no existan, la felicidad no existirá nunca. Es el caso de un hombre que sólo aprecia la salud cuando ha estado enfermo.

-En este caso -dijo el obispo-, tú basarías un placer real en poder contemplar las lágrimas

de aquellos que están abrumados por la miseria.

-Por supuesto -contestó Durcet-. No hay en el mundo tal vez voluptuosidad más sensual

que ésta de que has hablado.

-¿Qué, sin aliviarla? -dijo el obispo, deseoso de que Durcet se extendiera sobre un tema

tan del gusto de todos, y que era tan capaz de tratar a fondo.

-¿Qué entiendes por aliviar? -dijo Durcet-. Pero la voluptuosidad que nace para mí de esa

dulce comparación entre su estado y el mío no existiría si yo los aliviara, porque entonces, al sacarlos de su miseria, les haría gozó durante unos momentos de una felicidad que, al ponerlos a la par conmigo, eliminaría todo el goce de la comparación.

-Bueno, según eso -dijo el duque-, sería preciso de alguna manera, para establecer mejor

esta diferencia esencial de la felicidad, sería preciso, digo, agravar su situación.

-Sin duda alguna -dijo Durcet-, y eso explica las infamias que se me han reprochado toda

la vida. La gente que ignoraba mis motivos me llamaba duro, feroz y bárbaro, pero burlándose de todas sus denominaciones yo seguía mi camino, hacía, convengo en ello, lo que los mentecatos llaman atrocidades, pero establecía goces de comparaciones deliciosas, y era feliz.

-Confiesa el hecho --lijo el duque- de que más de veinte veces hundiste a desgraciados para halagar en este sentido tus gustos perversos.

-¿Más de veinte veces? -dijo Durcet-. Más de doscientas, amigo mío, y podría sin exageración citar a más de cuatrocientas familias reducidas hoy a la mendicidad y que no representan nada para mí.

-¿Has sacado algún provecho de ellas, por lo menos? -preguntó Curval.

-Casi siempre, pero a menudo también lo he hecho sólo por esta perversidad que casi siempre despierta en mí a los órganos de la lubricidad; haciendo el mal tengo erecciones, encuentro en el mal un atractivo lo bastante excitante como para despertar en mí todas las sensaciones del placer, y a él me entrego por él mismo, sin otro interés ajeno.

-Ese gusto es el que mejor puedo concebir -dijo Curval-. Cien veces he dado mi voto cuando estaba en el Parlamento para hacer ahorcar a desgraciados que yo sabía eran inocentes, y nunca cometí esas pequeñas injusticias sin experimentar dentro de mí un cosquilleo voluptuoso, allá donde los órganos del placer de los testículos se inflaman pronto. Juzgad lo que he sentido cuando he hecho algo peor.

-Es cierto -dijo el duque, que empezaba a calentarse manoseando a Zéphyr- que el

crimen tiene suficiente encanto como para inflamar todos los sentidos sin que se esté obligado a echar mano de otros recursos, y nadie concibe como yo que las canalladas, incluso las más alejadas del libertinaje, puedan causar la erección como las que le son propias. Yo que os estoy hablando, he tenido erecciones robando, asesinando, incendiando, y estoy perfectamente seguro de que no es el objeto del libertinaje lo que nos anima, sino la idea del mal, y que en consecuencia es sólo por el mal por lo que tenemos erecciones y no por el objeto, de tal suerte que si el objeto estuviese desprovisto de la posibilidad de empujarnos a hacer el mal no tendríamos erecciones a causa de éste.

-Nada es más cierto -dijo el obispo-, y de ahí nace la certidumbre del mayor placer por la

cosa más infame y de cuyo sistema uno no debe apartarse, a saber, que cuanto más quiera uno suscitar el placer en el crimen, más necesario será que el crimen sea horrible, y en cuanto a mí, señores, si me es permitido citarme, os confieso que estoy a punto de no volver a experimentar esa sensación de que habláis, de no experimentarla, digo, por los pequeños crímenes, y si éste que cometo no reúne tanta negrura, tanta atrocidad, tanto engaño y traición como sea posible, la sensación ya no nace.

-Bueno -dijo Durcet-, ¿es posible cometer crímenes tal como se conciben y como dices tú? En lo que a mí se refiere, confieso que mi imaginación siempre ha estado en eso más allá de mis medios; siempre he concebido más de lo que he realizado, y siempre me he quejado de la naturaleza que, al darme el deseo de ultrajar, me quitaba los medios de hacerlo.

-Sólo se pueden cometer dos o tres crímenes en este mundo -dijo Curval-, y una vez cometidos, todo queda dicho. El resto es inferior y no se experimenta nada. Cuántas veces,

¡redios!, no he deseado que se pudiera atacar al sol, privar de él al universo o aprovecharlo para abrasar al mundo; esos serían crímenes, y no los pequeños extravíos a que nos entregamos que se limitan a metamorfosear al cabo del año a una docena de criaturas en montículos de tierra.

Y con todo esto, como las cabezas se calentaban, lo que ya habían sufrido dos o tres muchachas, y las vergas empezaban a endurecerse, se levantaron de la mesa para ir a derramar en las lindas bocas los chorros de aquel licor cuyo picor demasiado fuerte hacía proferir tantos horrores. Aquella noche se limitaron a los placeres de la boca, pero inventaron cien maneras de variarlos, y cuando se hartaron fueron a tratar de buscar en algunas horas de descanso las fuerzas necesarias para volver a empezar.

NOVENA JORNADA

La Duelos advirtió aquella mañana que creía prudente ofrecer a las muchachas otros blancos para el ejercicio de la masturbación que no fuesen los jodedores que se empleaban o bien que cesaran las lecciones, por considerar que las muchachas estaban suficientemente instruidas. Dijo, con mucha razón y verosimilitud, que emplear a aquellos jóvenes conocidos por el nombre de jodedores podía ser causa de intrigas que era prudente evitar, que además aquellos jóvenes, no valían absolutamente nada para aquel ejercicio, porque descargaban en seguida, y que ello redundaba en perjuicio de los placeres que esperaban los culos de aquellos señores. Se decidió, pues, que las lecciones cesaran, y tanto más cuanto que entre las muchachas había algunas que sabían menear las vergas de maravilla; Augustine, Sophie y Colombe hubieran podido medirse, por la habilidad y ligereza de sus muñecas, con las más famosas meneadoras de la capital. De todas ellas, Zelmire era la menos hábil: no porque no fuese rápida y diestra en todo lo que ella hacía, sino porque su carácter tierno y melancólico

no le permitía olvidar sus penas y siempre estaba triste y pensativa. En la visita de la comida de aquel día, su dueña la acusó de haber sido sorprendida la noche anterior rezando a Dios antes de acostarse; fue llamada, se la interrogó y le preguntaron cuál era el tema de sus oraciones; al principio ella se negó a confesarlo, pero luego, al verse amenazada, confesó llorando que rogaba a Dios que la librase de los peligros que la acechaban y, sobre todo, que no se atentara contra su virginidad. El duque, entonces, le declaró que merecía la muerte, y le hizo leer el artículo del reglamento sobre esto.

-Pues bien -dijo ella-, máteme. El Dios a quien invoco tendrá al menos piedad de mí, máteme antes de deshonrarme, y esta alma que le consagro por lo menos volará pura hasta su seno, me veré libre del tormento de ver y escuchar tantos horrores cada día.

Una respuesta como ésta, tan llena de virtud, candor y amenidad, provocó unas

prodigiosas erecciones en nuestros libertinos. Algunos opinaban que se la desvirgase inmediatamente, pero el duque, recordándoles los inviolables compromisos contraídos, se contentó con condenarla, de acuerdo con sus compañeros a un violento castigo para el sábado siguiente, y mientras tanto que se acercase de rodillas y chupara durante un cuarto de hora la verga a cada uno de ellos, con la advertencia de que en caso de reincidencia, sería juzgada con todo el rigor de las leyes y seguramente perdería la vida. La pobre niña cumplió la primera parte de la penitencia, pero el duque, a quien la ceremonia le había excitado, y que después del fallo le había manoseado prodigiosamente el culo, soltó villanamente todo su semen en aquella linda boquita, y amenazóla con estrangularla si rechazaba una sola gota, y la pobre desgraciada se lo tragó todo, no sin' una gran repugnancia. Los otros tres fueron chupados a su vez, pero no eyacularon nada, y después de las ceremonias ordinarias de la visita al aposento de los muchachos y a la capilla, que aquella mañana produjo tan poco porque casi todo el mundo había sido rechazado, comieron y pasaron al café.

Este era servido por Fanny, Sophie, Hyacinthe y Zélamire; Curval imaginó joder a

Hyacinthe sólo entre los muslos y obligar a Sophie a que se colocara entre los muslos de Hyacinthe y chupara la parte saliente de su pito. La escena fue agradable y voluptuosa, meneó e hizo descargar al hombrecillo en la nariz de la muchacha, y el duque, que a causa de la longitud de su verga, era el único que podía imitar esta escena, se despachó de la misma forma con Zélamire y Fanny, pero el joven todavía no eyaculaba, por lo cual se vio privado de un episodio muy interesante del que Curval gozaba. Después de ellos, Durcet y el obispo se las entendieron con los cuatro muchachitos y también se las hicieron chupar, pero ninguno descargó y, tras una corta siesta, pasaron al salón de los relatos donde ya se encontraba dispuesto todo el mundo, y la Duelos reanudó el hilo de sus narraciones:

Con cualquier otro que no fuerais vosotros, señores -dijo esta amable mujer, temería tocar el tema de las narraciones que nos ocuparán toda esta semana, pero por crapuloso que sea, vuestros gustos me son demasiado conocidos para estar segura de que en vez de disgustaras os seré agradable. Escucharéis, os lo prevengo, porquerías abominables, pero vuestros oídos ya están acostumbrados a ello, vuestros corazones las aprueban y desean, y sin más demora entro en materia.

En casa de la señora Fournier teníamos un antiguo cliente llamado el caballero, no sé por qué ni cómo, que solía venir todas las noches para una ceremonia tan sencilla como extraña: se desabrochaba la bragueta y era preciso que una de nosotras, por turno, cagara en sus calzones. Volvía a abrocharse inmediatamente y salía llevándose su paquete. Mientras se lo proporcionaban, nuestro hombre se meneaba la verga un rato, pero nunca se le vio eyacular y no se sabía a donde iba con su

mojón así embraguetado.

- ¡Oh! ¡Pardiez! -dijo Curval, que siempre que oía algo tenía ganas de hacerlo-. Quiero que alguien se cague en mis calzones y conservarlo durante toda la velada.

Y ordenando a Louison que acudiera a hacerle este favor, el viejo libertino dio a la

reunión la representación efectiva de aquello cuyo relato había escuchado.

- ¡Vamos, sigue! -dijo flemáticamente a la Duelos, colocándose cómodo en su canapé-.

Este asunto sólo incomodará a Aline, mi encantadora compañera en esta velada, en cuanto a mí, me acomodo a ello perfectamente.

Y la Duelos prosiguió así:

Prevenida, dijo, de todo lo que ocurriría con el libertino que me enviaban, me vestí de muchacho y, como sólo tenía veinte años, una hermosa cabellera y un lindo rostro, el atavio me sentaba maravillosamente. Antes de encontrarme con él, había tenido la precaución de hacer, en mis calzones, lo que el señor presidente acaba de hacerse en los suyos. Mi hombre me esperaba en la cama, yo me acerco a él, me besa dos o tres veces muy lúbricamente en la boca, me dice que soy el más lindo muchachito que ha visto en su vida, y mientras tanto, sin dejar de piropearme, trata de desabrocharme los calzones. Yo me defiendo un poco, sólo con la intención de inflamar sus deseos, él insiste, logra sus propósitos, pero cómo describir el éxtasis que hace presa en él cuando ve el paquete que llevo y el embarrado de mis nalgas.

- ¡Cómo, pequeño bribón! ¿Te has cagado en los calzones?... ¿Cómo puedes hacer tales cochinadas?

Y dicho esto, teniéndome siempre de bruces y con los calzones bajados, se menea la verga, se agita, se echa sobre mi espalda y lanza su eyaculación sobre el paquete de caca, mientras hunde su lengua en mi boca.

- ¡Eh! ¡Qué! -dijo el duque-. ¿No tocó nada, no manoseó nada de lo que sabes?

-No, monseñor -contestó la Duclos-. Lo cuento todo y no oculto ningún detalle; pero

tened un poco de paciencia y paulatinamente llegaremos a lo que os referís.

-Vamos a ver a un tipo muy divertido -me dijo una de mis compañeras-. Ese no tiene necesidad de compañía, se divierte solo.

Fuimos al agujero, enteradas de que en la habitación contigua, a donde tenía que dirigirse, había un orinal en el que se nos había ordenado que defecáramos durante cuatro días y que contenía por lo menos una docena de cagadas. Nuestro hombre llega; era un viejo arrendador de unos setenta años; se encierra, va derecho al orinal que sabe que contiene los perfumes cuyo goce ha pedido. Lo coge y, sentándose en un sillón, examina amorosamente durante una hora todas las riquezas de que se le ha hecho dueño; huele, toca, palpa, los saca uno tras otro para tener el placer de contemplarlos mejor. Finalmente, extasiado, saca de su bragueta un pellejo negro que sacude con todas sus fuerzas; con una mano menea y hunde la otra en el orinal, lleva a ese instrumento que se festeja un pasto susceptible de inflamar sus deseos; pero no se le empalma. Hay ocasiones en que hasta la naturaleza se muestra reacia ante los excesos que más nos deleitan. Por más que el hombre hizo, nada se levantó; pero a fuerza de sacudidas, hechas con la misma mano que acababa de ser hundida en los mismos excrementos, la eyaculación se produce, el hombre se envara, se tumba en la

cama, huele, respira, frota su verga y descarga sobre el montón de mierda que también acaba de deleitarlo.

Otro hombre cenó conmigo, y quiso que en la mesa hubiera doce platos llenos

de los mismos manjares, mezclados con los de la comida. Los olió uno tras otro y me ordenó que, después de haber comido, le meneara la verga sobre el plato que le había parecido más apetecible.

Un joven relator del Consejo de Estado pagaba por las lavativas que hacía;

cuando me tocó, me administró siete seguidas con sus propias manos. Después de haberme administrado una, me hacía subir a una escalera doble, él se colocaba debajo y yo devolvía sobre su verga, que no dejaba de menearse, todo el líquido con que acababa de regar mis entrañas.

Fácil es imaginar que aquella velada se dedicó toda a porquerías más o menos de la índole que acabamos de escuchar, y esto es más fácil de creer por cuanto este gusto era general en los cuatro amigos, y aunque Curval fue quien lo llevó más lejos, los otros tres no se quedaron cortos. Las ocho defecaciones de las muchachas fueron colocadas entre los platos de la cena, y en las orgías sin duda se fue todavía más allá en eso con los muchachos, y de este modo terminó el noveno día, cuyo fin se vio llegar con tanto más placer cuanto que creíase que al día siguiente escucharían sobre el tema que les gustaba otros tantos relatos mucho más detallados.

DECIMA JORNADA

(RECUERDA VELAR MEJOR AL PRINCIPIO LO QUE ACLARARAS AQUI)

Cuanto más avanzamos, mejor podemos iluminar a nuestro lector sobre ciertos hechos que nos hemos visto obligados a velar al principio. Ahora, por ejemplo, podemos decirle cuál era el objeto de las visitas de la mañana a los aposentos de los muchachitos, la causa que obligaba a castigarlos cuando en estas visitas se encontraba a algunos culpables, y cuáles eran las voluptuosidades que se disfrutaban en la capilla: les estaba estrictamente prohibido a las personas de uno y otro sexo que fueran a los retretes sin un permiso expreso, a fin de que esas necesidades así retenidas pudieran servir a las necesidades de los que lo deseasen. La visita servía para enterarse acerca de si alguien había faltado a esta orden; el amigo que estaba de turno examinaba con cuidado todos los orinales de la habitación, y si hallaba uno que estuviera lleno, el culpable quedaba inmediatamente inscrito en el libro de los castigos. Sin embargo, se concedía una facilidad a aquellos, o aquellas que ya no podían aguantarse: podían ir unos momentos, antes de comer, a la capilla, donde se había instalado un retrete rodeado de manera que nuestros libertinos pudieran gozar del placer que la satisfacción de esta necesidad podía proporcionarles, y el resto que había podido aguantar el paquete, lo perdía en el transcurso del día de la manera que más gustaba a los amigos, y siempre seguramente de un modo acerca del cual se escucharán los detalles, ya que dichos detalles se referirán a todas las maneras de entregarse a esta nueva clase de voluptuosidad.

Había todavía otro motivo que merecía castigo, y era éste: lo que se llama la ceremonia

del bidet no agradaba precisamente a nuestros amigos; Curval, por ejemplo, no podía soportar que las personas que tenían tratos con él se lavasen; Durcet, compartía esta manía,

por lo cual ambos avisaban a la dueña de las personas con las cuales preveían que se divertirían al día siguiente, y a estas personas se les prohibía absolutamente que efectuaran abluciones o frotamientos de la índole que fuera, y los otros dos, que no abominaban de esto, aunque no les fuera esencial como a los dos primeros, se prestaban a la ejecución de este episodio, y si después del aviso de estar impuro, un sujeto decidía estar limpio, quedaba al instante inscrito en la lista de los castigos.

Tal fue el caso de Colombe y de Hébé esta mañana; ambas habían cagado la víspera en las orgías, y sabiendo que estarían de servicio a la hora del café del día siguiente, Curval, que contaba divertirse con las dos y que había avisado que las haría lanzar pedos, había recomen- dado que se dejaran las cosas en el estado en que se encontraban. Cuando las muchachas fueron a acostarse, no hicieron nada. Durante la visita, Durcet, avisado, quedó muy sorprendido al encontrarlas muy limpias; ellas se excusaron diciendo que se habían olvidado de ello, pero no por eso dejaron de ser inscritas en el libro de los castigos.

Aquella mañana no se concedió ningún permiso para ir a la capilla. (El lector recordará

en adelante lo que queremos decir). Preveíase demasiado la necesidad que se tendría de aquello por la noche durante el relato para no reservarlo todo para entonces.

Aquel día se interrumpieron igualmente las lecciones de masturbación a los jóvenes; eran inútiles ya y todos sabían menearla como las más hábiles putas de París. Zéphyr y Adonis se distinguían sobre todo por su destreza y rapidez, y hay pocos pitos que no hubiesen eya- culado hasta la sangre meneados por sus manecitas, tan diestras como deliciosas.

No hubo nada de nuevo hasta la hora del café; estaba servido por Giton, Adonis, Colombe y Hébé; estos cuatro niños estaban atiborrados de cuantas drogas pueden provocar ventosidades, y Curval que se había propuesto hacer peer, recibió pedos en gran cantidad. El duque se hizo chupar la verga por Giton, cuya boquita apenas podía contener el enorme miembro que se le presentaba. Durcet cometió pequeños horrores de su gusto con Hébé, y el obispo jodió a Colombe entre los muslos. Dieron las seis, se pasó al salón, donde, todo dispuesto, la Duelos empezó a contar !o que va a leerse:

Acababa de llegar a casa de la Fournier una nueva compañera que, por el papel que va a representar en el detalle de la pasión que sigue, merece que la describa al menos a grandes trazos. Era una joven modista, pervertida por el seductor del que os he hablado cuando la Guérin y que trabajaba también para la Fournier. Tenía catorce años, los cabellos castaños, los ojos marrones y llenos de fuego, el rostro más voluptuoso que sea posible ver, la piel blanca como el lirio y suave como el satén, bastante bien formada, aunque un poco gorda, ligero inconveniente que tenía por resultado el culo más rozagante y lindo, el más rollizo y blanco que haya existido en París. El hombre que le mandaron, como pude ver a través del agujero, la estrenaría, ya que la chiquilla era virgen, y seguramente por todos los lados. Un bocado como aquel sólo se entrega a un gran amigo de la casa: en aquel caso se trataba del viejo abad de Fierville, tan conocido por sus riquezas como por sus orgías, gotoso hasta la punta de los dedos. Llega todo infatuado, se instala en la habitación, examina todos los utensilios que le serán necesarios, lo prepara todo y llega la pequeña; la llamaban Eugénie. Un poco asustada de la figura grotesca de su primer amante, ella baja los ojos y se ruboriza.

-Acércate, acércate -le dice el libertino-, y muéstrame tus nalgas.

-Señor... -dice la niña, aturrullada.

-Vamos, vamos -dice el viejo libertino-; no hay nada peor que estas pequeñas novicias; no conciben que uno desee ver un culo. ¡Vamos, arremángate, arremángate!

Y la pequeña, temiendo disgustar a la Fournier, a la cual había prometido ser muy

complaciente, se arremanga a medias por detrás.

-Más arriba, más arriba -dice el viejo calavera-. ¿Crees que me voy a tomar ese

trabajo yo mismo?

Finalmente el bello culo aparece entero. El abad lo contempla, ordena a la

muchachita que se mantenga erguida, luego le dice que se incline, le hace cerrar las piernas, luego que las mantenga abiertas y, apoyándola contra la cama, frota un momento con rudeza todas sus partes delanteras, que ha descubierto, contra el hermoso culo de Eugénie, como para electrizarse, como si quisiera atraer hacia sí un poco del calor de aquella bella criatura. De esto pasa a los besos, se arrodilla para hacerlo más cómodamente y, teniendo con sus dos manos las lindas nalgas lo más abiertas posible, acaricia los tesoros con los labios y la lengua.

-No me han engañado --dijo-, tienes un hermoso culo. ¿Cuándo cagaste por

última vez?

-Hace un rato -contestó la pequeña-. La señora, antes de mandarme subir, me

hizo tomar esta precaución.

- ¡Ah! ¡Ah!... De manera que no tienes nada en el vientre... -dijo el libertino-.

Bueno, vamos a comprobarlo.

Y, tomando la jeringa, la llenó de leche, y regresó junto a la chiquilla, apunta, la

cánula e inyecta la lavativa. Eugénie, que había sido prevenida, se presta a todo, pero apenas el remedio se halla dentro de vientre el viejo va a acostarse en el canapé de bruces, ordena a Eugénie que se ponga a horcajadas sobre él y le eche toda la cosa en la boca. La tímida criatura se coloca como se le ha ordenado, empuja, el libertino empieza a masturbarse, con su boca fuertemente adherida al agujero para no perder una sola gota del precioso licor que suelta. Lo traga todo con gran cuidado, y apenas

¡lega al último trago, pierde el semen que lo sume en el delirio. ¿Pero qué es ese mal humor, esa repugnancia que hace Presa en todos los libertinos después de la caída de sus ilusiones? El abad, rechazando a la pequeña después de haber terminado, se abrocha, afirma que ha sido engañado al prometerle que se le haría cagar a aquella niña, que seguramente no había cagado nada y que él ha tragado la mitad de sus excrementos. Hay que puntualizar que el abad solo quería la leche. Rezonga, blasfema, lanza pestes, dice que no pagará nada, que no regresará jamás, que no vale la pena ir allá para pequeñas mocosas como aquélla, y se va, no sin antes soltar otras invectivas que ya encontraré ocasión de citar en otra pasión en la que constituyen su esencia y que aquí sólo son accesorias.

- ¡Qué hombre más delicado pardiez! -dijo Curval-. ¡Enfadarse porque recibió un poco de mierda, cuando hay quienes se la comen!

- ¡Paciencia! ¡Paciencia, monseñor! -dijo la Duclos-. Permitidme que mi relato siga el orden que habéis exigido y veréis que llegamos a los singulares libertinos a que habéis aludido.

Dos días después me toco a mí. Como se me había avisado, me contuve durante treinta y seis horas. Mi héroe era un viejo capellán del rey, gotoso, como el precedente: una tenía que acercársele desnuda, pero con el coño y los pechos

cuidadosamente cubiertos. Esto me había sido recomendado de una manera especial, tras haberme dicho que si el hombre, desgraciadamente, descubría algo de estas partes del cuerpo, no lograría nunca que descargara. Me acerco, él examina atentamente mi culo, me pregunta cuál es mi edad, si es verdad que tengo muchas ganas de cagar, de qué clase es mi mierda, si es blanca, si es dura y mil otras preguntas que parecían animarlo, porque poco a poco, mientras hablaba, su verga se levanta y me la muestra. Este pito de unas cuatro pulgadas de largo por dos o tres de circunferencia, a pesar de su animación, tenía una aire tan humilde y lastimoso, que casi se necesitaba un lupa para advertir que existía; sin embargo, a requerimiento del hombre, la cojo y, advirtiendo que mis sacudidas excitaban sus deseos, se puso en situación de consumar el sacrificio.

-¿Pero es de veras, pequeña, que tienes ganas de cagar? Porque no me gusta que me engañen; veamos, veamos si realmente hay mierda en tu culo.

Y dicho esto, me hunde el dedo del medio de su mano derecha hasta mis cimientos, mientras que con la izquierda sostenía la erección que yo había suscitado en su verga. Aquel dedo buzo no tuvo necesidad de ir muy lejos para convencerse de la necesidad real que yo le había asegurado que experimentaba; apenas hubo tocado, fue presa del éxtasis.

- ¡Oh, redios! -dijo-, no me ha engañado; la gallina va a poner y yo acabo de tocar

el huevo.

El disoluto, encantado, me besa el trasero y, al ver que yo lo apremio, porque ya

no puedo aguantar más, me hace subir a una especie de armatoste muy semejante al que tenéis aquí en la capilla, señores; una vez allí, con mi culo perfectamente expuesto ante sus ojos, podía yo cagar en un orinal colocado un poco debajo de mí, a dos o tres dedos de su nariz. Este armatoste había sido hecho para él, y lo usaba con frecuencia, porque venía casi cada día a casa de la Fournier, para ocuparse tanto con extrañas como con mujeres de la casa. Un sillón colocado debajo del círculo que sostenía mi culo, era el trono del personaje.

En cuanto me ve en esta postura, se sitúa en su lugar y me ordena que empiece.

Viene el preludio de algunos pedos; los respira Finalmente aparece la mierda; se extasía y grita excitado:

- ¡Caga, pequeña, caga, angel mío! ¡Hazme ver la mierda que sale de tu hermoso culo!

Y ayudaba con sus dedos a que saliera, apretando el ano para facilitar la explosión; mientras tanto, se meneaba la verga, observaba, se embriagaba de voluptuosidad, y al transportarlo por fin el exceso de placer, sus gritos, sus suspiros, sus manoseos, todo me convencía de que llegaba el último episodio del placer, de lo cual me convenzo volviendo la cabeza y viendo su pito en miniatura descargar algunas gotas de esperma en el mismo orinal que acababa yo de llenar. Este se marchó sin mal humor, me aseguró incluso que me haría el honor de volver a verme, aunque yo estaba persuadida de lo contrario, pues sabía que nunca veía dos veces a la misma muchacha.

- Comprendo perfectamente eso -dijo el presidente, que besaba el culo de Aline, su compañera de canapé-. Es preciso estar como estamos, es preciso verse reducido a la escasez que nos abruma para hacer cagar más de una vez un mismo culo.

- Señor presidente -dijo el obispo-, tu voz entrecortada me demuestra que se te ha puesto

dura.

- ¡Ah! ¡Nada de eso! -dijo Curval-. Estoy besando la nalgas de tu hija, que ni siquiera ha tenido la amabilidad de soltar un simple pedo.

- Tengo más suerte que tú -contestó el obispo-, porque tu mujer, que acaba de dedicarme la más bella y copiosa cagada...

- ¡Silencio, señores, silencio! -dijo el duque, cuya voz parecía ahogada por algo que le cubría la cabeza-.

¡Silencio, pardiez! Estamos aquí para escuchar y no para obrar.

-Es decir, no haces nada -repuso el obispo-. ¿Y es para escuchar para lo que te has

instalado debajo de tres o cuatro culos?

-Bueno, tiene razón. Prosigue, Duclos. Será más prudente para nosotros escuchar

tonterías que hacerlas, hay que reservarse para luego.

Iba la Duclos a proseguir sus relatos, cuando se oyeron los rugidos acostumbrados y las

blasfemias corrientes de las descargas del duque, el cual, rodeado de su cuadrilla, perdía lubricamente su semen, excitado por Augustine, y haciendo con Giton, Zéphyr y Sophie pe- queñas cochinadas, muy semejantes a las que salían en los relatos.

- ¡Ah, santo Dios! -dijo Curval-. No puedo soportar esos malos ejemplos; no hay nada

que haga descargar tanto como ver que alguien descarga, y he aquí a esa putita -dijo, dirigiéndose a Aline- que no podía hacer nada hace un rato y ahora hace todo lo que se quiere... No importa, me contendré... ¡Ah!, por más que cagues, puta, por más que cagues, no descargaré.

-Veo bien, señores -dijo la Duclos-, que después de haberos pervertido corre de mi cuenta volveros a la razón, y para lograrlo voy a reanudar mi relato, sin esperar vuestras órdenes.

- ¡Oh, no, no! -dijo el obispo-. Yo no soy tan reservado como el señor presidente; el

semen me pica y tengo que soltarlo.

Y tras haber dicho esto, se le vio hacer delante de todo el mundo ciertas cosas que el

orden que nos hemos prescrito no nos permite revelar todavía, pero cuya voluptuosidad hizo derramar pronto el esperma que bullía en sus cojones. Durcet, entregado completamente al culo de Thérèse, no oyó nada, y puede creerse que la naturaleza le negaba lo que concedía a los otros, porque no permaneció mudo generalmente cuando le concedía sus favores. La Duclos, al ver que reinaba la calma prosiguió el relato de sus lúbricas aventuras:

Un mes después, vi a un hombre que casi era preciso violar para una operación muy semejante a la que acabo de contar. Cago en un plato y se lo coloco bajo la nariz, en el sillón donde se encontraba instalado leyendo un libro, como si no hubiese advertido mi presencia. Me insulta, me pregunta cómo soy tan insolente para hacer semejantes cosas delante de él, pero cuando huele la mierda la mira y la manosea, yo me excuso por haberme tomado tal libertad, él sigue diciéndome tonterías y acerca la mierda a su nariz, no sin decirme que ya volveríamos a vernos otra vez y que sabría cómo las gastaba.

Un cuarto personaje sólo empleaba para semejantes fiestas a viejas de setenta años; lo vi actuar con una que tenía por lo menos ochenta. Estaba acostado en un canapé, la matrona, a horcajadas encima de él, le soltó el paquete sobre el vientre, mientras le meneaba una vieja y arrugada verga que casi no descargó nada.

En casa de la señora Fournier había otro mueble bastante singular: era un especie de silla agujereada en la que un hombre podía instalarse de tal manera que su cuerpo

aparecía en otra habitación y su cabeza se encontraba en el lugar del orinal. Yo estaba a su lado, arrodillada entre sus piernas y chupándole la verga con gran afición. Esta singular operación consistía en que un hombre del pueblo, alquilado para eso, y sin saber a ciencia cierta qué hacía, entrase por el lado donde estaba el asiento de la silla, se sentase encima y soltase su paquete de mierda, el cual caía a bocajarro sobre la cara del paciente que yo trataba; pero era necesario que aquel hombre fuese precisamente de baja condición y crapuloso; era preciso, además, que fuese viejo y feo, sin lo cual no era aceptado por el cliente, quien lo veía antes de la operación. No vi nada, pero lo oí todo: el instante del choque fue el de la eyaculación de mi hombre, su semen se disparó hacia mi gaznate a medida que la mierda le cubría el rostro, y lo vi salir de la habitación en un estado que me confirmó que lo habían servido bien. El azar, una vez terminada la representación, me hizo topar con el gentilhombre que acababa de actuar; era un bueno y honrado auvernés un peón albañil que estaba encantado de haberse ganado un escudo con una ceremonia que le había aliviado el vientre y le resultaba más dulce y agradable que cargar la gaveta. Era espantosamente feo y' debía tener más de cuarenta años.

-Reniego de Dios -dijo Durcet-. Eso es.

Y, tras haber dicho esto, pasó a su gabinete con el más viejo de los jodedores, Thérèse y

la Desgranges. Unos minutos después se le oyó rebuznar, y al regresar, no quiso comunicar a la compañía los excesos a los que se había entregado.

Se sirvió una cena que por lo menos fue tan libertina como de costumbre. Como los amigos, habían tenido la idea, después de aquella cena, de ir cada uno por su lado, en vez de divertirse juntos unos momentos, como tenían por costumbre hacer, el duque ocupó el tocador del fondo con Hercule, la Martaine, su hija Julie, Zelmire, Hébé, Zelamire, Cupidon y Marie.

Curval se apoderó del salón de los relatos con Constance, que se estremecía cada vez que tenía que encontrarse con él, y a la que estaba lejos de tranquilizar, con Fanchon, la Desgranges, Brise-cul, Augustine, Fanny, Narcisse y Zéphyr.

El obispo pasó al salón de reuniones con la Duelos, quien aquella noche fue infiel al duque para vengarse de la infidelidad que cometía él llevándose a la Martaine, con Aline, Bande-au-ciel, Thérèse, Sophie, la encantadora muchachita Colombe, Céladon y Adonis.

Durcet se quedó en el comedor, tras quitar las mesas, donde se extendieron alfombras y colocaron cojines. Se encerró allí, digo, con Adélaïde, su querida esposa, Antinoüs, Louison, Champville, Michette, Rosette, Hyacinthe y Giton.

Un recrudecimiento de lubricidad, más que otra causa, había sin duda dictado aquel arreglo, porque las cabezas se calentaron tanto durante aquella velada, que por unanimidad nadie se acostó, y resulta difícil imaginar cuántas suciedades e infamias hubo en cada habi- tación.

Al amanecer quisieron regresar a la mesa, aunque se había bebido mucho durante la noche, fueron al comedor en tropel, mezclados, y las cocineras que fueron despertadas prepararon huevos revueltos, chincara, sopa de cebolla y tortillas. Volvieron a beber, pero Constance era presa de una tristeza que nada podía calmar. El odio de Curval contra ella crecía al mismo tiempo que su vientre, como había podido comprobar durante las orgías de aquella noche, pero aunque él no la había golpeado, porque se había convenido que la dejarían engordar en paz, la había colmado de malos tratos; ella quiso quejarse de esto a Durcet y al duque, su padre y su marido, pero éstos la mandaron al diablo y le dijeron que

debía tener algún defecto desconocido para ellos que disgustaba al más virtuoso y honrado de los humanos; eso fue, todo lo que ella obtuvo. Tras esto, fueron a acostarse.

UNDECIMA JORNADA

Se levantaron muy tarde y, suprimiendo aquel día todas las ceremonias usuales, se sentaron a la mesa al levantarse de la cama. El café, servido por Giton, Hyacinthe, Augustine y Fanny, fue bastante tranquilo, aunque Durcet se empecinó en que Augustine lanzara pedos y el duque trató de meter su verga en la boca de Fanny. Pero como del deseo a su realización, para aquellos personajes, no había más que un paso, fueron satisfechos; felizmente Augustine iba preparada y pudo lanzar una docena de pedos en la boca del pequeño financiero que casi tuvieron la virtud de ponérsela dura. En cuanto a Curval y al obispo, se limitaron a manosear las nalgas de los dos muchachitos, y se pasó al salón de los relatos.

-Mira, -me dijo un día la pequeña Eugénie, que empezaba a familiarizarse con nosotras, y a quien seis meses de burdel habían hecho más linda-, mira, Duclos -me dijo, levantándose las faldas-, cómo quiere la Fournier que tenga el culo todo este día.

Y diciendo esto me hizo ver una capa de mierda de una pulgada de espesor que cubría el bonito agujerito de su culo.

-¿Y qué quiere que hagas con eso? -le pregunté.

-Es para un viejo caballero que vendrá esta noche –contestó ella- y desea ver

mierda en mi culo.

-Bueno -contesté-, quedará contento, porque es imposible tener más.

Y la muchacha me dijo que, después de haber cagado, la Fournier se había encargado de esparcirle la mierda. Llena de curiosidad por ver aquella escena, cuando llamaron a la linda criatura corrí al agujero. Era un monje, pero de los de categoría; pertenecía a la orden de Císter, gordo, alto, vigoroso y frisaba en los sesenta años. Acaricia a la niña, la besa en la boca, y tras haberle preguntado si iba muy limpia, le levanta las faldas para verificar un estado constante de limpieza que Eugénie le había asegurado, aunque ella sabía muy bien que era todo lo contrario, pero le habían dicho que hablara así.

- ¡Cómo, pequeña bribona! -le dijo el monje, viendo cómo estaba la cosa-.

¿Cómo te atreves a decirme que vas limpia con un culo como ése lleno de mierda?

Hace más de quince días por lo menos que no te has limpiado el culo; eso me apena de veras; pero como lo quiero ver limpio, será necesario que me ocupe yo mismo del asunto.

Y dicho esto, apoya a la muchacha contra la cama y, arrodillándose, le abre las

dos nalgas con las manos. Al principio parecía que sólo deseaba observar la situación, se muestra sorprendido, poco a poco se acerca, con la lengua arranca pedazos, sus sentidos se inflaman, su verga se levanta, la nariz, la lengua, la boca, todo parece trabajar a la vez, su éxtasis parece tan delicioso que apenas puede hablar y el semen sube por fin; coge su verga, la menea y, descargando, termina de limpiar tan completamente aquel ano, que nadie hubiera dicho que hubiese estado tan sucio poco antes.

Pero el libertino no se quedó allí y aquella voluptuosa manía no era para él más

que el prólogo; se levanta, besa otra vez a la chiquilla, le muestra un gordo y feo culo y le ordena que lo sacuda y socratice, operación que tiene por consecuencia ponérsela dura de nuevo, entonces se apodera del culo de mi compañera, lo colma con nuevos besos, y como lo que hizo luego no es de mi incumbencia ni encaja en estos relatos preliminares, estaréis de acuerdo en que deje a la señora Martaine que os hable de los extravíos de un miserable que ella conoció demasiado bien, y Para evitar las preguntas que me podríais hacer, señores, a las cuales no me sería permitido contestar, de acuerdo con vuestras leyes, paso a otro detalle.

- ¡Sólo una cosa, Duclos! -dijo el duque-; hablaré con palabras disimuladas para que tus respuestas no infrinjan nuestras leyes. ¿El monje la tenía gorda y era la primera vez que Eugénie...?

-Sí, monseñor, era la primera vez, y el monje la tenía casi tan gorda como vos.

- ¡Ah, joder! -dijo Durcet-. ¡Qué hermosa escena! ¡Cómo me hubiera gustado verla!

Quizás hubierais tenido la misma curiosidad -dijo la Duelos, prosiguiendo su relato- por el personaje que pasó por mis manos algunos días después. Provista de un orinal que contenía ocho o diez cagadas de diversas procedencias (le hubiera molestado mucho saber quiénes eran sus autores), era preciso que mis manos le Trotasen todo el cuerpo con esa aromática pomada. Nada fue respetado, ni siquiera la cara, y cuando llegué a la verga que se estaba meneando al mismo tiempo, el infame cerdo, que se contemplaba complacido ante un espejo, me dejó en las manos las pruebas de su triste virilidad.

Y he aquí, señores, que finalmente se rendirá homenaje en el verdadero templo. Se me había avisado que estuviese lista, estuve aguantándome durante dos días. Esta vez se trataba de un comendador de la orden de Malta que, para esta operación, se ocupaba todos los días con una muchacha diferente; la escena se desarrollaba en su casa.

- ¡Qué hermosas nalgas! -me dijo, besando mi trasero-. Pero, niña, -prosiguió-

tener un bello culo no lo es todo, además es preciso que ese bello culo cague. ¿Tienes ganas?

- ¡Tantas que casi me muero, señor! -le contesté.

- ¡Oh, pardiez, es delicioso! -dijo el comendador-. Esto es servir bien a la clientela

¿Pero no desearías cagar, pequeña, en el orinal que te voy a traer?

-A fe mía, señor -le contesté-, tengo tantas ganas que cagaría en cualquier parte,

hasta en su boca...

- ¡Ah, en mi boca! ¡Eres una chiquilla deliciosa! Bueno, mi boca será el único

orinal que os ofreceré.

- ¡Oh! Bien, dádmela, señor, dádmela de prisa -respondí-, porque ya no aguanto

más.

Se instala, me pongo a horcajadas sobre él, le meneo la verga, él sostiene mis caderas con las manos y recibe, trozo a trozo, lo que voy depositando en su pico. Mientras tanto, se extasía, mi puño apenas bastaba para hacer surgir los chorros de semen que pierde; sigo meneándosela, termino de cagar, nuestro hombre se en- cuentra en el séptimo cielo y dejo satisfecho de mí a quien por lo menos tiene la amabilidad de hacer decir a la Fournier que le mande otra muchacha al día siguiente.

El que sigue, con más o menos los mismos episodios, añadía el de conservar la

caca en la boca más rato. La convertía en líquido, se enjuagaba con ello la boca y luego la escupía.

Un quinto personaje tenía un capricho más extraño aún, si es posible, quería cuatro cagadas sin una sola gota de orina en el orinal. Se le encerraba solo en la habitación donde se encontraba su tesoro, nunca tomaba a ninguna mujer con él, y era preciso tener buen cuidado de que todo estuviera bien cerrado, para que no pudiera ser visto desde ninguna parte, entonces operaba, pero me resulta imposible deciros, señores, qué hacía, porque nunca nadie lo vio; todo lo que se sabe es que cuando se regresaba a la habitación después de haber él salido, se encontraba el orinal muy vacío y muy limpio; pero lo que hacía de las cuatro cagadas, creo que ni el mismo diablo hubiera podido contestar. Podía arrojarlas a otro sitio pero tal vez hacía con ellas otra cosa.

Lo que puede hacer pensar que no hacía con la mierda ninguna otra cosa que podríais sospechar, es que dejaba a la Fournier el cuidado de proporcionarle las cuatro cagadas sin jamás informarse de dónde venían y sin hacer nunca sobre ellas la menor recomendación. Un día, para ver si lo que íbamos a decirle lo alarmaría, alarma que hubiera podido darnos alguna pista sobre la suerte de las cagadas, le dijimos que los mojones de excremento que le habían dado aquel día procedían de personas enfermas y atacadas de viruela. Se echó a reír con nosotras, sin enfadarse, lo que es verosímil sin embargo que hubiese hecho si hubiese empleado los mojones en otra cosa distinta a la de tirarlos. Cuando algunas veces queríamos llevar más lejos nuestras preguntas nos hacía callar, y nunca supimos más.

Es todo lo que tengo que deciros por esta noche -dijo la Duelos-, y espero que mañana podré entrar en un nuevo orden de cosas, por lo menos en lo que respecta a mi existencia; pues en lo que atañe a ese gusto encantador que idolatráis, os podré entretener, señores, todavía durante dos o tres días, por lo menos.

Las opiniones se dividieron acerca de la suerte de los mojones de excrementos del hombre de quien se había hablado, y mientras argumentaban, hicieron hacer algunos; y el duque, que deseaba que todo el mundo viera cómo le gustaba la Duelos, hizo ver a toda la reunión la manera libertina en que se divertía con ella y la facilidad, destreza y prontitud acompañada de las frases más ingeniosas con que lo satisfacía ella.

La cena y las orgías fueron bastantes tranquilas, y como no hubo ningún acontecimiento notable hasta la velada que siguió, empezaremos la historia de la duodécima jornada por los relatos con que la Duelos lo distrajo.

DUODECIMA JORNADA

El nuevo estado en el que voy a entrar -dijo la Duelos- me obliga, señores, a referirme a mi persona; uno se imagina mejor los placeres que se describen cuando la persona que los facilita es conocida. Yo acababa de cumplir veintiún años. Era morena, pero mi tez, a pesar de esto, era de una agradable blancura. La abundante cabellera que cubría mi cabeza descendía en ondulantes bucles naturales hasta la

parte inferior de mis muslos. Tenía los ojos que podéis ver y siempre se han juzgado lindos. Tenía un talle, lleno, pero grácil y esbelto. Por lo que se refiere a mi trasero, esta parte tan interesante para los libertinos de hoy, todo el mundo lo consideraba superior a todo lo que puede verse de más sublime al respecto, y pocas mujeres en París lo tenían tan bien formado; era lleno, redondo, blando y rollizo, sin que su gordura disminuyese en nada su elegancia, el más leve movimiento ponía al descu- bierto en seguida esta pequeña rosa que estimáis tanto, señores, y que yo pienso como vosotros, es el atractivo más delicioso de una mujer. Aunque hacía mucho tiempo que me entregaba al libertinaje, era imposible ser más lozana, tanto a causa del buen temperamento que me había dado la naturaleza como por mi extrema cordura sobre los placeres que podían echar a perder mi lozanía o perjudicar a mi temperamento. Los hombres me gustaban poco y sólo había tenido un afecto; únicamente mi cabeza era libertina, pero lo era extraordinariamente, y después de haberos descrito mis atractivos justo es que os entretenga un poco con mis vicios. He amado a las mujeres, señores, no lo oculto. Pero no en el grado en que las amaba mi querida compañera, la señora Champville, quien os dirá, sin duda, que se ha arruinado por ellas, pero yo siempre las he preferido a los hombres en mis placeres, y lo que ellas me proporcionaban tuvo siempre sobre mis sentidos un poder más fuerte que las voluptuosidades masculinas. Aparte de eso, he tenido el defecto de que me gusta robar: es inaudito hasta qué punto he llevado esta manía. Completamente convencida de que todos los bienes deben ser iguales en la tierra y que sólo la fuerza y la violencia se oponen a esa igualdad, primera ley de la naturaleza, he tratado de corregir la suerte y de restablecer el equilibrio lo mejor que me ha sido posible. Y sin esta maldita manía tal vez me encontraría aún con el bienhechor mortal del cual os hablaré.

-¿Y has robado mucho en tu vida? -le preguntó Durcet.

-De un modo asombroso, monseñor; si no hubiese gastado siempre lo que robaba, hoy sería una mujer muy rica.

-¿Pero robabas con agravantes? -preguntó Durcet-. ¿Con rotura de puerta, abuso de confianza, engaño manifiesto?

-Hubo de todo -contestó la Duclos-; no creía tener que detenerme en tales detalles, a fin de no interrumpir el orden de mi relato, pero como advierto que esto puede divertiros, no me olvidaré de estos pormenores en lo sucesivo.

A este defecto se me ha reprochado siempre añadir otro, el tener mal corazón. ¿Pero es mía la culpa? ¿No se debe a la naturaleza que tengamos nuestros vicios así como nuestras perfecciones? ¿Y puedo acaso reblandecer este corazón mío que ella ha hecho insensible? No recuerdo haber llorado nunca por mis males y menos aún por los de los otros, amé a mi hermana, y su pérdida no me causó la menor pena, habéis sido testigos de la tranquilidad con la que me he enterado de su desaparición. A Dios gracias vería hundirse el universo sin derramar una sola lágrima.

-Así hay que ser -dijo el duque-. La compasión es la virtud de los tontos, y si se analiza bien, se advierte que sólo ella es la causa de que mengüen nuestras voluptuosidades. Pero con este defecto debes haber cometido crímenes, porque la insensibilidad conduce a ellos directamente.

-Monseñor -contestó la Duclos-, las reglas que habéis prescrito para nuestros relatos me privan de enteraros acerca de muchas cosas; habéis dejado ese cuidado a mis compañeras.

Sólo puedo deciros lo siguiente: cuando ellas se describan como unas criminales, tened la seguridad de que yo nunca he sido mejor que ellas.

-He aquí, lo que se llama hacerse justicia -dijo el duque-. Vamos, prosigue; es preciso contentarse con lo que nos digas, puesto que te hemos limitado nosotros mismos, pero recuerda que a solas conmigo no te perdonaré estas leves faltas de conducta.

-No os ocultaré nada, monseñor. Y ojalá podáis, después de haberme escuchado, no arrepentiros de haber concedido un poco de benevolencia a un sujeto tan malo. Y prosigo:

A pesar de todos estos defectos, y más que nada el de desconocer completamente el sentimiento humillante del agradecimiento, que yo sólo aceptaba como un peso injurioso sobre la humanidad, y que degrada completamente al orgullo que hemos recibido de la naturaleza, con todos estos defectos, digo, mis compañeras me querían y era la más buscada por los hombres.

Esta era mi situación cuando un arrendador general llamado d'Aucourt llegó para una juerga a la casa de la Fournier; como era uno de sus clientes, aunque más bien para muchachas de fuera que para las de nuestro burdel, se tenían grandes miramientos con él, y la señora, que deseaba que lo conociéramos, me avisó con dos días de anticipación para que le guardara lo que sabéis y que le gustaba más que a ninguno de los otros hombres que había yo conocido, podréis juzgarlo por lo que viene: d'Aucourt llega y, tras haberme contemplado, regaña a la Fournier por no haberle proporcionado antes una criatura tan linda. Le doy las gracias por su gentileza, y subimos. D'Aucourt era un hombre de unos cincuenta años, alto y gordo, pero con un rostro agradable, con ingenio, y, cosa que me agradaba mucho en él, de una dulzura y buen carácter que me encantaron desde el primer momento.

-Debes tener el culo más hermoso del mundo -me dijo d'Aucourt, atrayéndome

hacia él y metiéndome la mano por debajo de las faldas que al punto dirigió al trasero-. Soy un buen conocedor y las muchachas de tu tipo tienen casi siempre un hermoso culo. ¡Y bien! ¡no lo decía yo! -prosiguió diciendo, después de haberme palpado unos momentos-. ¡Qué fresco y redondo!

Y, haciéndome dar vuelta rápidamente y levantándome las faldas hasta las caderas, se puso a examinar el altar al que se dirigían sus deseos.

- ¡Pardiez! -exclamó-. Es verdaderamente uno de los más bellos culos que he visto en mi vida, y he visto muchos... ¡Abre! Veamos esta fresa... déjame chuparla... devorarla.., es realmente un culo muy hermoso... Bueno, dime, pequeña... ¿no te han avisado...?

-Sí, Señor.

-¿Te han dicho que quiero que cagues?

-Sí, señor.

-¿Pero... tu salud? -prosiguió el financiero.

- ¡Oh! es excelente, señor.

-Es que yo voy un poco lejos -continuó el arrendador general-y si no estuvieras

muy sana, me arriesgaría.

-Señor -le contesté-, puede hacer absolutamente todo lo quiera, le respondo de

mí como de un niño recién nacido; puede usted obrar con toda tranquilidad.

Después de este preámbulo, d'Aucourt hizo que me inclinara hacia él, siempre

con las nalgas separadas, y pegando su boca a la mía, chupó mi saliva durante un cuarto de hora; descansaba para lanzar algún "¡joder!" y volvía a su amoroso chupar.

-Escupe, escupe dentro de mi boca -me decía de vez en cuando-. Llénamela bien de saliva.

Y entonces sentí su lengua que giraba en torno a mis encías, que se hundía tanto

como podía y parecía atraer todo lo que encontraba en mi boca.

- ¡Vamos! -dijo-. Se me ha puesto dura, manos a la obra. Entonces volvió a

dedicarse a mis nalgas, tras ordenarme que animara su pito. Puse al descubierto un pequeño y gordo instrumento de cinco pulgadas de largo por tres de grueso, muy duro y enfurecido.

-Quítate las faldas -me dijo d'Aucourt-, yo me quitaré los calzones, es necesario que tanto tus nalgas como las mías estén -descubiertas para la ceremonia que vamos a realizar.

Luego, tras verse obedecido, dijo:

-Levanta la camisa bajo el corsé y muestra bien el trasero... Acuéstate de bruces

en la cama.

Entonces él se sentó en una silla y se puso de nuevo a acariciar mis nalgas, cuya

contemplación, al parecer, lo extasiaba; en una ocasión las apartó y sentí que su lengua penetraba profundamente, para verificar, dijo, de una manera incontestable si era verdad que la gallina tenía ganas de poner; utilizo sus mismas palabras. Sin embargo, yo no lo tocaba, él mismo agitaba ligeramente su pequeño y seco miembro que yo acababa de poner al descubierto.

-Vamos, pequeña -dijo-, manos a la obra; la mierda está a punto, la he sentido, no

olvides que tienes que cagar poco a poco y esperar siempre que haya devorado un pedazo antes de producir otros; mi operación es larga, pero no la apresures. Un golpecito sobre las nalgas te avisará de que tienes que empujar, pero siempre lentamente.

Tras haberse instalado lo más cómodamente posible cerca del objeto de su culto, pega la boca al ojete y yo le largo un pedazo de mierda del tamaño de un pequeño huevo. El lo chupa, lo revuelve una y mil veces dentro de su boca, lo masca, lo saborea y al cabo de dos o tres minutos veo claramente que lo traga; empujo de nuevo, se efectúa la misma ceremonia, y como mis ganas eran prodigiosas, diez veces seguidas su boca se llena y se vacía, sin que en ningún momento parezca hartarse.

-Se terminó, señor -le digo, finalmente-; ahora empujaría inútilmente.

-Sí, pequeña dijo-. ¿Has terminado? Entonces es preciso que yo descargue, sí, que

descargue sacudiendo tu hermoso culo... ¡Oh! ¡rediós! ¡Qué placer me das! Nunca había comido mierda más deliciosa, se lo aseguraría al mundo entero ¡Dame, dame, angel mío, dame este hermoso culo, para que lo chupe, para que lo devore una vez más!

Y hundiendo un palmo de lengua y masturbándose él mismo, el libertino esparce su semen sobre mis piernas, no sin que un tropel de palabras groseras y de juramentos necesarios, al parecer, completaran su éxtasis.

Cuando hubo terminado, se sentó, hizo que me colocase cerca de él y,

comtemplándome con interés, me preguntó si no estaba cansada de la vida del burdel y si no me gustaría encontrar a alguien que desease apartarme de aquella casa; viéndolo cazado, me hice la difícil, y para ahorraros pormenores que os aburrirían, sólo diré que, al cabo de una hora de discusión, me dejé persuadir y decidióse que a partir del día siguiente me trasladaría a vivir a su casa, con una paga de veinte luises mensuales y la manutención; que, como era viudo, yo podría ocupar sin inconvenientes un entresuelo de su palacio; que allí tendría una sirvienta y la compañía de tres amigos suyos y de sus queridas, con los cuales él se reunía para cenas libertinas cuatro veces por semana, ora en casa de uno, ora en casa de otro; que mi única ocupación consistiría en comer mucho, y siempre lo que él ordenara que me fuese servido, porque al hacer lo que hacía era esencial que me hiciese alimentar a su manera, que comiera bien, digo, que durmiera bien para que mis digestiones fuesen regulares, que debería purgarme todos los meses y cagar dos veces diarias en su boca; que hacerlo dos veces no debía asustarme, porque llenándome de comida, como haría, seguramente tendría ganas de hacerlo tal vez tres veces en lugar de dos. El financiero, como prenda de lo convenido, me regaló un hermoso diamante, me besó, me dijo que me pusiera de acuerdo con la Fournier y que estuviera lista al día siguiente por la mañana, en que vendría a buscarme él mismo. Mis despedidas pronto estuvieron hechas; mi corazón no experimentaba ninguna pena, porque ignoraba el arte de querer, pero mis placeres echarían de menos a Eugénie, con la cual mantenía desde hacía seis meses relaciones muy íntimas. Finalmente partí. D'Aucourt me recibió maravillosamente y me instaló él mismo en el lindo aposento donde debería vivir, y pronto me encontré perfectamente establecida. Estaba condenada a hacer cuatro comidas, de las cuales se suprimían muchas cosas que me apetecían, tales como pescado, ostras, embutidos, huevos y toda clase de productos de la leche; pero la falta de todo esto quedaba tan bien compensada que en verdad no podía quejarme. La base de mi alimentación consistía en una gran variedad de carne de ave y de caza preparada de muchas maneras, poca carne de vacuno, ningún tipo de grasa, muy poco pan y fruta. Era necesario comer de todo esto por la mañana y por la tarde, sin pan, que en los últimos tiempos me fue completamente suprimido, como también tuve que prescindir de la sopa. El resultado de tal dieta, como lo había previsto d'Au- court, eran dos defecaciones diarias, muy blandas y, según él, de un sabor muy exquisito, lo que no se hubiera logrado con una comida ordinaria; debía ser verdad, esto, porque el hombre era un entendido en este asunto. Nuestras operaciones se efectuaban a la hora de levantarse y de acostarse. Los detalles eran poco más o menos los que he descrito: empezaba siempre por chupar durante largo tiempo mi boca, que era necesario ofrecerle en su estado natural y sin lavarla nunca; sólo podía enjuagármela después. Por otra parte, el hombre no eyaculaba cada vez; nuestro arreglo no exigía ninguna fidelidad por parte de él. D'Aucourt, me tenía en su casa como un plato fuerte, como la tajada de buey, pero no por esto dejaba de salir a divertirse cada mañana en otra parte.

Dos días después de mi llegada, vinieron a cenar sus compañeros de juerga, y como cada uno de los tres tenía, dentro de la manía que analizamos, una característica especial, seguramente aprobaréis, señores, que me dedique un poco a contar las fantasías a las que se entregaban.

Los invitados llegaron. El primero era un viejo consejero del Parlamento, hombre de unos sesenta años, llamado d'Erville; tenía por amante a una mujer de cuarenta, muy hermosa, cuyo único defecto era cierta gordura; se llamaba la señora de Cange. El segundo era un militar retirado de cuarenta y cinco años que se llamaba Desprès; su amante era una linda criatura de veintiséis años, rubia, con el más hermoso cuerpo que pueda verse; se llamaba Marianne. El tercero era un viejo abad de sesenta años llamado Du Coudrais, y cuya amante era un lindo doncel de dieciséis años, bello como el día, y que hacía pasar por sobrino suyo.

Se cenaba en el entresuelo, del cual yo ocupaba una parte; la cena fue tan alegre como exquisita, y observé que la señorita y el doncel estaban sometidos más o menos a la misma dieta que yo. Los caracteres se manifestaron libremente durante la cena; era imposible ser más libertino de lo que era d'Erville, sus ojos, sus frases, sus gestos, todo anunciaba el desenfreno, todo delataba al libertinaje; Desprès parecía un hombre tranquilo, pero la lujuria era también el eje de su vida; en cuanto al abad, era el más completo ateo que se pueda ver: las blasfemias volaban de sus labios en cada palabra; respecto a las señoritas, imitaban a sus amantes, eran charlatanas y no obstante de un trato agradable; el doncel me pareció tan tonto como guapo era; y la Cange, que parecía estar un poco prendada de él, por más que le lanzaba de vez en cuando tiernas miradas, no obtenía ningún resultado.

Toda la compostura se desvaneció a la hora de los postres, en los que las palabras se volvieron tan sucias como las acciones: d'Erville felicitó a d'Aucourt por su nueva adquisición y le preguntó si yo tenía un culo hermoso y si cagaba bien.

- ¡Pardiez -le contestó mi financiero-, podrás comprobarlo cuando se te antoje!

¡Ya sabes que entre nosotros los bienes son comunes y que nos prestamos de buena gana tanto nuestras queridas como nuestras bolsas.

-¡Ah, pardiez! -contestó d'Erville-. ¡Acepto!

Y cogiéndome al momento de la mano me propuso que pasara a un gabinete.

Como yo dudaba, la Cange me dijo, descaradamente:

-¡Vaya, vaya, señorita, nada de remilgos! Durante su ausencia, yo me cuidaré de

su amante.

Y como d'Aucourt, a quien yo consulté con la mirada, me dirigió un gesto de

aprobación, seguí al viejo consejero. El es, señores, el que nos va a ofrecer los dos o tres siguientes episodios de la inclinación de que tratamos y que deben componer la mayor parte de mi relato de esta noche.

En cuanto estuve encerrada con d'Erville, que estaba muy excitado por los

vapores de Baco, me besó en la boca con gran entusiasmo y me lanzó tres o cuatro hipos de vino de Ai que casi me hicieron vomitar lo que, por otra parte, parecía tener ganas de ver salir. Me arremangó, examinó mi trasero con toda la lubricidad de un libertino consumado y luego me dijo que ya no le sorprendía la elección de d'Aucourt, porque yo tenía uno de los más bellos culos de París. Me rogó que debutara con algunos pedos, y cuando hubo recibido media docena, volvió a besarme en la boca, mientras me manoseaba y me abría con fuerza las nalgas.

-¿Tienes ganas? -me preguntó.

-Muchas -contesté.

- ¡Y! Muy bien, hermosa niña -me dijo-, caga en este plato.

A este efecto había traído, uno de porcelana blanca, que sostuvo mientras yo empujaba y él examinaba con atención cómo salía la cagada de mi culo, espectáculo delicioso que lo embriagaba, decía, de placer. Cuando hube terminado, recogió el plato, respiró con delicia el delicioso manjar que contenía, tocó, besó, olfateó el mojón y luego, diciendo que no aguantaba más y que la lubricidad lo embriagaba- ante la contemplación de un pedazo de mierda más delicioso que ninguno de los que había visto nunca en su vida, me rogó que le chupara la verga. Aunque esta operación no tenía nada de agradable, el temor de enojar a d'Aucourt me hizo aceptar. Se instaló en un sillón, con el plato colocado sobre una mesa cercana contra la cual apoyó medio cuerpo, con la nariz cerca de la mierda,.alargó sus piernas, yo me

instalé en un asiento bajo, cerca de él, y habiendo sacado de su bragueta, una imitación de verga blandengue en vez de un miembro real, a pesar de mi re- pugnancia, me puse a chupetear aquella bella reliquia, esperando que por lo menos adquiriría un poco de consistencia dentro de mi boca. Pero me equivocaba: en cuanto me apoderé de ella, el libertino empezó su operación: devoró más bien que comió el lindo y pequeño huevo que acababa de poner para él; fue cuestión de tres minutos, durante los cuales sus movimientos, sus contorsiones me anunciaron una voluptuosidad de las más ardientes y expresivas. Pero por más que hizo, nada se levantó y el feo y pequeño instrumento, después de haber llorado de despecho en mi boca, se retiró más avergonzado que nunca y dejó a su dueño en ese abatimiento, en ese abandono, en ese agotamiento que es la funesta consecuencia de las grandes voluptuosidades.

Regresamos.

- ¡Ah, me cago en Dios! -dijo el consejero-. Nunca había visto cagar así.

Sólo estaba¡. allí, cuando regresamos, el abad y su sobrino, y como se encontraban en plena función, puedo daros detalles. Por más que entre los amigos se cambiaran las queridas, Coudrais, satisfecho, no tomaba jamás otra pareja y no cedía jamás la suya; le habría sido imposible, me dijo, divertirse con una mujer; ésta era la única diferencia que había entre d'Aucourt y él. También la utilizaba para la ceremonia y cuando nos presentamos el doncel estaba apoyado en la cama, ofreciendo el culo a su querido tío, el cual, de rodillas, recibía amorosamente en su boca lo que le daban y tragaba la materia a medida que salía, y todo esto mientras se masturbaba una verguita que colgaba entre sus muslos. El abad descargó a pesar de nuestra presencia y jurando que aquel niño cagaba todos los días y cada vez mejor.

Marianne y d'Aucourt, que se divertían juntos, reaparecieron pronto, seguidos por Desprès y la Cange, que, según dijeron, no habían hecho más que retozar, mientras esperaban.

-Porque -dijo Desprès- ella y yo somos viejos amigos, y en cambio, tú, hermosa

reina, que te veo por primera vez, me inspiras un ardiente deseo de divertirme contigo.

-Pero, señor -le contesté-, el señor consejero lo ha tomado todo; nada tengo para ofrecer ahora.

- ¡Eh! Bueno -me contestó, riendo-, no te pido nada; yo lo Proporcionaré todo;

sólo necesito tus dedos.

Curiosa por saber qué significaba ese enigma, lo sigo, y, en cuanto nos hemos encerrado me pide que le deje besar mi culo sólo por un momento. Se lo ofrezco, y después de dos o tres chupadas al agujero, se desabrocha los pantalones y me pide que le devuelva lo que acaba de prestarme. La actitud que había adoptado me inspiraba algunas sospechas; estaba a horcajadas en una silla, apoyado en el respaldo y teniendo bajo él una vasija preparada para recibir. Con lo cual, al verlo dispuesto a hacer por su parte la misma operación, le pregunté qué necesidad había de que yo le besase el trasero.

-La mayor, corazón -me contestó-, pues mi culo, que es el más caprichoso de todos los culos, no caga nunca más que cuando es besado.

Obedecí, pero sin arriesgarme, y él, al darse cuenta de ello, me dijo imperiosamente:

-Más cerca, pardiez, más cerca, niña. ¿Acaso te da miedo un poco de mierda?

Al fin, por condescendencia, llevé mis labios hasta las cercanías del agujero; pero, en cuanto los sintió, se dispara, y la irrupción fue tan violenta que una de mis mejillas quedó completamente manchada. No hubo necesidad más que de un solo chorro para llenar la vasija; en mi vida había visto yo tal cagada: llenaba hasta el borde de una profunda ensaladera. Nuestro hombre se apodera de ella, se tiende al borde de la cama, me presenta su culo todo mierdoso, me ordena que se lo masturbe con fuerza mientras él va a devolver a sus entrañas lo que acaba de sacar de ellas. Por sucio que estuviese aquel trasero, tuve que obedecer. "Sin duda su amante lo hace -me dije-; no debo ser más remilgada que ella." Hundí tres dedos en el cenagoso orificio que se me presentaba; nuestro hombre se siente en las nubes, se sumerge en sus propios excrementos, chapotea en ellos, se alimenta de ellos, una de sus manos sostiene la vasija, la otra sacude una verga que se muestra majestuosamente entre sus muslos; yo multiplico mis cuidados, que tienen éxito, me doy cuenta, cuando aprieto su ano, que los músculos erectores están a punto de lanzar el semen, no me conturbo, la ensaladera se vacía y mi hombre descarga.

De regreso al salón, encontré de nuevo a mi inconstante d'Aucourt con la bella

Marianne; el bribón se había tirado a las dos. Sólo le quedaba el paje, con el que creo que asimismo se hubiera muy bien arreglado si el celoso abad hubiese consentido en cedérselo. Cuando todos estuvimos reunidos se habló de desnudarnos y de hacer algunas extravagancias unos delante de los otros. Me complació el proyecto, porque me facilitaría la ocasión de ver el cuerpo de Marianne, que tenía muchas ganas de examinar; era delicioso, firme, blanco, esbelto, y su trasero, que manoseé dos o tres veces bromeando, me pareció una verdadera obra maestra.

-¿De qué le sirve una muchacha tan bonita- le dije a Desprès- para el placer que

según parece usted prefiere?

- ¡Ah! -me contestó-. Tú no conoces todos nuestros misterios.

No me fue posible enterarme de más y, aunque viví más de un año con ellos, ni el uno ni el otro quisieron aclararme nada; he ignorado siempre el resto de sus entendimientos secretos, los cuales, de la clase que fuesen, no impiden que el gusto que el amante de Marianne satisfizo conmigo sea de ningún modo una pasión completa y digna bajo todos los aspectos de tener lugar en esta recopilación. Por otra parte, el resto pasaría de ser episódico y ciertamente ha sido o será contado en nuestras veladas.

Después de algunos libertinajes bastante indecentes, algunos pedos, algunos

pequeños restos más de mierda, muchas habladurías y grandes blasfemias por parte del abad que al decirlas parecía hallar una de sus más perfectas voluptuosidades, nos vestimos y, cada uno por su lado fuimos a acostarnos. A la mañana siguiente aparecí como de ordinario al despertar de d'Aucourt, sin que nos reprochásemos ninguna de nuestras pequeñas infidelidades de la víspera. Me dijo que, después de mí, no conocía ninguna mujer que cagase mejor que Marianne; le hice algunas preguntas sobre lo que hacía aquélla con un amante que se bastaba tanto a sí mismo, pero me replicó que eso era un secreto que ni el uno ni el otro habían querido revelar nunca. Y reanudamos, mi amante y yo, nuestra vida habitual.

No estaba tan encerrada en casa de d'Aucourt que no me fuese permitido salir

alguna vez; confiaba completamente, decía él, en mi honradez, debía comprender el peligro a que le expondría si perturbaba mi salud, y me dejaba dueña de todo. Por lo

tanto, le guardé fe y homenaje respecto a esa salud por la que tenía egoístamente tanto interés, pero en cuanto al resto me permití hacer casi todo lo que me proporcionase dinero. En consecuencia, insistentemente solicitada por la Fournier para que fuese a realizar trabajos en su casa, me entregué a todos aquellos en los que me aseguraba un provecho honrado. Ya no era una pupila suya, era una señorita mantenida por un arrendador general que para complacerla, se dignaba ir a pasar una hora en su casa... Juzgad cómo debía pagarse esto. Fue en el curso de esas infidelida- des pasajeras donde encontré al nuevo partidario de la mierda del que voy a hablaros.

-Un momento -dijo el obispo-. No quise interrumpirte hasta que hicieras una pausa, pero, ya que ahora la has hecho, ruego que nos aclares dos o tres puntos esenciales de esta última juerga: cuando celebrasteis las orgías después de los encuentros por parejas, el abad, que hasta entonces sólo había acariciado a su bardaje, ¿fue infiel a éste y os manoseó? ¿Y los otros, fueron infieles a su mujer para acariciar al jovenzuelo?

-Monseñor -dijo la Duclos-, el abad no abandonó a su muchachito; apenas si nos dirigió

alguna mirada, aunque estuviésemos desnudas a su lado. Pero se divirtió con los culos de d'Aucourt, de Després y de d'Erville; los besó, los palpó, d'Aucourt y d'Erville le cagaron en la boca, y se tragó más de la mitad de esas defecaciones. Pero en cuanto a las mujeres, no las tocó. No fue igual el caso de los otros tres amigos con respecto al bardaje al que besaron, le lamieron el agujero del culo, y Desprès se encerró con él para no sé qué operación.

-Bien -dijo el obispo-, ya ves que no lo habías dicho y esto que no nos contaste

representa una pasión más, puesto que ofrece la imagen de la afición de un hombre que hacía que otros hombres, aunque de bastantes años, le cagasen en la boca.

-Esto es cierto, monseñor -dijo la Duclos-, me hacéis darme cuenta de mi error, pero no lo siento porque por medio de esto he llegado al fin de mi velada, que ya se alargaba demasiado. Cierta campana que vamos a oír me hubiera convencido de que no tenía tiempo de terminar con la historia que iba a empezar, la cual, con vuestra venia, dejaremos para mañana.

Efectivamente, sonó la campana y, como nadie había descargado durante la velada y

todas las vergas estaban, sin embargo, levantadas, fueron a cenar prometiéndose firmemente resarcirse en las orgías. Pero el duque no pudo esperar tanto, y tras ordenar a Sophie que vi- niese a presentarle las nalgas, hizo cagar a la bella y se tragó la mierda como postre. Durcet, el obispo y Curval, todos igualmente ocupados, exigieron la misma operación, uno a Hyacinthe, el segundo a Céladon y el tercero a Adonis. Como este último no pudo satisfacer fue inscrito en el libro fatal de los castigos y Curval, blasfemando como un condenado, se vengó con el culo de Thérese, que le soltó inmediatamente la cagada más completa que fuese posible ver. Las orgías fueron libertinas y Durcert, renunciando a las cagadas de la juventud, dijo que para aquella noche sólo quería las de sus tres viejos amigos. Lo contentaron, y el pequeño libertino eyaculó como un semental mientras devoraba la mierda de Curval. La noche vino a poner un poco de calma a tanta intemperancia y a devolver a nuestros libertinos los deseos y las fuerzas.

DECIMOTERCERA JORNADA

El presidente, que aquella noche se había acostado con su hija Adélaïde, después de haberse divertido con ella hasta el momento de su primer sueño la relegó a un colchón

colocado en el suelo cerca de su cama para que dejase el lugar a la Fanchon, a la que siempre quería tener cerca cuando la lujuria lo despertaba, lo que sucedía casi todas las noches; hacia las tres de la madrugada se despertaba sobresaltado, juraba y blasfemaba como un condenado. Entonces era presa de una especie de furor lúbrico que a veces resultaba peligroso. Por esto le gustaba tener entonces a su lado a aquella vieja Fanchon, quien poseía al máximo el arte de calmarlo, fuese ofreciéndose ella misma, fuese presentándole en seguida alguno de los objetos que dormían en su habitación.

Aquella noche el presidente recordó al instante algunas infamias cometidas con su hija al dormirse y para reanudarlas la reclamó inmediatamente pero ella no estaba allí. Júzguese la confusión y el ruido que suscita en seguida un acontecimiento semejante. Curval se levanta furioso, pide a su hija, se encienden velas, se busca, se registra, la muchacha no aparece. El primer impulse, fue pasar al aposento de las mujeres. Visitan todas las camas y la interesante Adélaïde es encontrada por fin en bata, sentada junto a la cama de Sophie.

Estas dos muchachas tan encantadoras a las que les unía un carácter de ternura igual, una piedad, unos sentimientos virtuosos, de candor y de amenidad absolutamente idénticos, habían concebido la una por la otra la más bella ternura y se consolaban mutuamente de la suerte horrenda que las atribulaba. No se había sospechado de eso hasta entonces, pero las averiguaciones hicieron descubrir que no era aquella la primera vez que sucedía y se supo que la mayor le inspiraba a la otra los mejores sentimientos y sobre todo la alentaba a no alejarse de la religión y de sus deberes hacia un Dios que algún día las consolaría de todos sus males.

Dejo que el lector juzgue el furor y los arrebatos de Curval cuando descubrió allí a la hermosa misionera; la agarró por los cabellos, llenándola de injurias, la arrastró hacia su habitación, donde la amarró a la columna de la cama y la dejó allí hasta la mañana para que reflexionase sobre su locura. Todos los amigos acudieron a presenciar la escena; es fácil imaginarse cuán aprisa hizo inscribir Curval a las dos delincuentes en el libro de los castigos. El duque era partidario de una corrección inmediata, y la que proponía no era precisamente dulce; pero como el obispo le hizo alguna objeción muy razonable respecto a lo que quería hacer, Durcet se contentó con inscribirlas. No había manera de emprenderlas contra las viejas, puesto que los señores aquella noche las habían hecho ir a acostarse todas a su habitación. Esto puso de manifiesto pues, ese defecto de la administración y se dispuso que en lo sucesivo se quedara siempre al menos una vieja en el aposento de las mujeres y una en el de los muchachos. Volvieron a acostarse y Curval, a quien la cólera sólo le había puesto más cruelmente impúdico, hizo a su hija cosas que todavía no podemos decir pero que, al precipitar su descarga, por lo menos le hicieron dormirse tranquilo.

Al día siguiente todas las putillas estaban tan asustadas que no se halló a ninguna delincuente y entre los muchachos solamente al pequeño Narcisse, a quien Curval había prohibido, desde la víspera, que se limpiase el culo, pues quería encontrarlo mierdoso a la hora del café, que el niño debía servir aquel día, y que desgraciadamente olvidó la orden y se limpió el ano con mucho cuidado. Por más que dijo que su falta era reparable, puesto que tenía ganas de cagar, le contestaron que se las guardase y que no por esto dejaría de ser inscrito en el libro fatal; acto que el temible Durcet efectuó al instante bajo sus ojos, haciéndole sentir toda la enormidad de su falta, que sería quizás suficiente para impedir la descarga del señor Presidente.

Constance, a la que ya no molestaban respecto a eso a causa de su estado, la Desgranges y Brise-cul fueron los únicos que obtuvieron permiso para la capilla y todo el resto recibió la

orden de reservarse para la noche.

El suceso de la noche fue tema de conversación durante la comida: se burlaron del presidente por dejar escapar de tal manera los pájaros de su jaula; el champaña le devolvió la alegría y pasaron al café. Narcisse, Céladon, Zelmire y Sophie lo sirvieron; esta última estaba muy avergonzada; le preguntaron cuántas veces había sucedido aquello y respondió que era nada más la segunda, y que la señora Durcet le daba tan buenos consejos que en verdad era muy injusto castigar a ambas por eso. El presidente le aseguró que lo que ella llamaba buenos consejos eran muy malos en su situación y que la devoción que le metía en la cabeza sólo serviría para que se la castigase todos los días; que allí donde se encontraba no debía tener otros dueños ni otros dioses que sus tres compañeros y él, ni otra religión que la de servirlos y obedecerlos ciegamente en todo. Y, mientras la sermoneaba, la hizo hincarse de rodillas entre sus piernas y le ordenó que le chupase el pito, lo que la pobre pequeña infeliz ejecutó temblando. El duque, siempre partidario de joder entre los muslos, a falta de algo mejor enfilaba a Zelmire de esta manera, mientras hacía que ella cagase en su mano y devorando a medida que recibía, y todo esto en tanto que Durcet hacía que Celadon eyaculase en su boca y que el obispo hacía cagar a Narcisse. Se entregaron a algunos minutos de siesta y, después, acomodados en el salón de historia, la Duelos reanudó su relato así:

El galán octogenario que la Fournier me destinaba era, señores, un contador, bajito, regordete y con una cara muy desagradable. Colocó una vasija entre los dos, nos situamos espalda contra espalda, cagamos ambos a la vez, él se apoderó de la vasija, con sus dedos mezcló las dos defecaciones y se las tragó, mientras yo le hacía eyacular en mi boca. Apenas si miró mi trasero. No lo besó, pero su éxtasis no fue menos intenso; pataleó, blasfemó mientras tragaba y eyaculaba, y se retiró después de darme cuatro luises por aquella extraña ceremonia.

Sin embargo, mi financiero cada día depositaba en mí más confianza y más amistad, y esa confianza, de la que no tardé en abusar pronto fue la causa de nuestra eterna separación... Un día en que me había dejado sola en su gabinete observé que, para salir, llenaba su bolsa en un cajón grande y enteramente colmado de oro. " ¡Oh, qué captura!", dije para mis adentros. Y, concebida la idea de apoderarme de aquella suma desde aquel instante, observé con la mayor atención todo lo que podría facilitar que me la apropiara: d'Aucourt no cerraba aquel cajón, pero se llevaba la llave del gabinete y, al ver que aquella puerta y aquella cerradura eran muy ligeras, imaginé que necesitaría poco esfuerzo para hacerlas saltar con facilidad. Adoptado el proyecto, sólo me ocupé de aprovechar apresuradamente la primera vez que d'Aucourt se ausentase por todo el día, como solía hacer dos veces por semana, los días de la bacanal particular a la que iba con Desprès y el abad para cosas que la señora Desgranges acaso les dirá, pero que no son de mi incumbencia. Aquel instante favorable se presentó pronto; los criados, tan libertinos como su amo, nunca dejaban de irse a sus juergas aquel día, de manera que me encontré casi sola en la casa. Llena de impaciencia por ejecutar mi proyecto, me acerco inmediatamente a la puerta del gabinete, la abro de un puñetazo, corro al cajón, encuentro en él la llave: como sabía. Saco todo lo que contiene; no era menos de tres mil luises. Me lleno los bolsillos, registro los otros cajones; encuentro un estuche muy valioso, me apodero de él. Pero

¡qué encontré en los otros cajones de aquel famoso escritorio!... ¡Feliz d'Aucourt!

Qué suerte para ti que tu imprudencia sólo fuese descubierta por mí; había allí lo suficiente para hacerle condenar a la rueda, señores, es todo lo

que puedo deciros. Independientemente de los billetes claros y explícitos que Desprès y el abad le dirigían hablando de sus bacanales secretas, estaban todos los enseres que podían servir para aquellas infamias... Pero me detengo, los límites que me habéis prescrito me impiden revelaros más, y la Desgranges os explicará todo eso. En cuanto a mí, realizado el robo, me largué estremeciéndome interiormente por todos los peligros a que quizás estuve expuesta frecuentando a semejantes malvados. Me fui a Londres y, puesto que mi estancia en aquella ciudad donde viví seis meses a todo tren no os ofrecería, señores, ninguno de los detalles que os interesan, me permitiréis que pase ligeramente sobre esta parte de los acontecimientos de mi vida. En París sólo había conservado el contacto con la Fournier y, al informarme ésta de todo el jaleo que armaba el financiero en torno a aquel desdichado robo, resolví por fin hacerlo callar, escribiéndole secamente que la que había encontrado el dinero también había encontrado otra cosa y que si se decidía a continuar sus persecuciones yo consentía en ello, pero que ante el mismo juez al que declararía lo que había en los cajones pequeños lo citaría para que declarase lo que contenían los grandes. Nuestro hombre se calló y como unos seis meses después estalló el escándalo de los desenfrenos de los tres, que a su vez huyeron al extranjero, no teniendo ya nada que temer volví a París y, si debo confesaros mi insensatez, señores, volví tan pobre como me había ido, de tal manera que me vi obligada a entrar de nuevo en casa de la Fournier. Puesto que sólo tenía veintitrés años, no me faltaron las aventuras; voy a dejar de lado aquéllas que no son de vuestra esfera y proseguir, con vuestra venia, señores, únicamente con aquellas que sé tienen para vosotros algún interés ahora.

Ocho días después de mi regreso fue colocado en el aposento destinado a los placeres un tonel completamente lleno de mierda. Mi adonis llega; es un santo eclesiástico, pero tan hastiado de los placeres que ya no era susceptible de conmoverse más que con el exceso que voy a describiros. Entra; yo estaba desnuda. Contempla un momento mis nalgas, luego, después de haberlas tocado con bastante brutalidad, me dice que lo desnude y lo ayude a meterse en el tonel. Lo dejo desnudo, lo sostengo, el viejo puerco se mete en su elemento y al cabo de un momento, por un agujero preparado, hace salir su verga casi en erección y me ordena que lo masturbe a pesar de las horribles inmundicias de que está cubierto. Obedezco, él sumerje la cabeza en el tonel, chapotea, traga, aúlla, eyacula y va a echarse dentro de una bañera donde lo dejo en las manos de dos sirvientas de la casa que estuvieron limpiándolo durante un cuarto de hora.

Poco después apareció otro. Ocho días antes yo había cagado y meado en un bacín cuidadosamente conservado; esta condición era necesaria para que los excrementos estuvieran en el punto que deseaba nuestro libertino. Era un hombre de unos treinta y cinco años del que sospeché que estaba metido en las finanzas. Al entrar me pregunta dónde está el bacín; se lo presento, él lo respira:

-¿Es cierto que hace ocho días que está hecho? -me pregunta.

-Puedo responderle de ello, señor -le dije-; ya ve que está ya casi mohoso.

- ¡Oh! Es lo que necesito -me dice-; nunca tendrá demasiado moho para mí.

Enséñame, por favor, el hermoso culo -que ha cagado esto.

Se lo presento.

-Vamos -dice-, colócalo bien enfrente, de manera que lo tenga como perspectiva mientras devoro su obra.

Nos colocamos, él saborea, se extasía, vuelve a su operación y devora en un minuto aquel manjar delicioso sin interrumpirse más que para contemplar mis nalgas, pero sin ninguna otra clase de episodio, pues ni siquiera se sacó la verga de la braguueta.

Un mes más tarde, el libertino que se presentó no quiso tratos más que con la

propia Fournier. ¡Y qué objeto elegía, gran Dios! Tenía entonces sesenta y ocho años cumplidos; una erisipela le comía toda la piel y los ocho dientes podridos que le decoraban la boca le comunicaban un olor tan fétido que resultaba imposible hablarle de cerca; pero esos defectos precisamente eran lo que encantaban al amante con quien tenía que habérselas. Curiosa por semejante escena, corrí al agujero: el adonis era un médico viejo, aunque más joven que ella. En cuanto la tiene con él, la besa en la boca durante un cuarto de hora, luego le hace presentar su viejo nalgueador arrugado que parecía la ubre de una vaca vieja, lo besa y lo chupa con avidez. Traen una jeringa y tres medias botellas de licores; el émulo de Esculapio mete por medio de la jeringa la anodina bebida en las entrañas de su Iris; ella la recibe, la guarda, mientras el médico no deja de besarla y lamerla por todas las partes de su cuerpo.

- ¡Ah, amigo mío! -dice por fin la vieja mamá-. No puedo más, no puedo más,

prepárate, amigo mío, tengo que devolvértelo.

El escolar de Salerno se arrodilla, saca de su pantalón un trapo negro y arrugado

que sacude con énfasis, la Fournier le pega su asqueroso gran trasero sobre la boca, empuja, el médico bebe, algún pedazo de excremento se mezcla sin duda con el líquido, todo es tragado, el libertino descarga y cae de espaldas, borracho perdido. Era así como aquel desenfrenado satisfacía a la vez dos pasiones: su borrachera y su lujuria.

-Un momento -dijo Durcet-. Esa clase de excesos siempre me la levantan. Desgranges - añadió-, supongo que tienes un culo muy parecido al que la Duelos acaba de pintar; ven a aplicármelo sobre la cara.

La vieja alcahueta obedeció.

- ¡Suelta, suelta! -le dijo Durcet, cuya voz parecía ahogada bajo aquel duplicado de espantosas nalgas-.

¡Suelta, maldita, si no es líquido será sólido y me lo tragaré de todas maneras!

Y la operación termina mientras el obispo hace lo propio con Antinoüs, Curval con

Fanchon y el duque con Louison. Pero nuestros cuatro atletas, curtidos por todos sus excesos, se entregaron a éstos con su flema acostumbrada, y las cuatro cagadas fueron tragadas sin que se vertiese por ninguna parte ni una sola gota de semen.

-Vamos, termina ahora, Duelos -dijo el duque-; si no estamos más tranquilos, por lo

menos estamos menos impacientes y nos hallamos en condiciones de oírte.

- ¡Ay, señores! -dijo nuestra heroína-. Lo que me queda por contaros esta noche creo que

es excesivamente simple para el estado en que os veo. ¡No importa! Le toca el turno a esta historia y debe conservar el lugar que le corresponde:

El héroe de la aventura era un viejo brigadier de los ejércitos del rey; había que desnudarlo del todo, después fajarlo como a un niño y, estando así, yo debía cagar en un plato ante él y hacerle comer mis excrementos con la punta de los dedos, como si fuese una papilla. Todo se ejecuta, nuestro libertino lo come todo y descarga en sus pañales mientras imita los lloros de un niñito.

-Recurramos a los niños, pues -dijo el duque-, ya que nos dejas con una historia de niños; Fanny - continuó el duque-, ven a cagarte en mi boca y acuérdate de chuparme la verga entretanto, pues todavía tengo que descargar.

-Hágase tal como se requiere -dijo el obispo-. Acércate, Rosette; ya oíste lo que le han

ordenado a Fanny; haz lo mismo.

--Que la misma orden te sirva -dijo Durcet a Hébé, quien se acercó también.

-Hay que seguir la moda, pues -dijo Curval-. ¡Augustine! Imita a tus compañeras y haz, hija mía, haz que se viertan a la vez mi semen en tu gaznate y tu mierda en mi boca.

Todo se ejecutó y todo, por esa vez, resultó; se oyeron por todas partes pedos mierdosos y eyaculaciones y, satisfecha la lujuria, fueron a contentar el apetito. Pero en las orgías se quiso ser refinado y se mandó a la cama a todos los niños. Aquellas horas deliciosas sólo fueron empleadas con los cuatro jodedores escogidos, las cuatro sirvientas y las cuatro narradoras. Se emborracharon completamente y cometieron horrores de una asquerosidad tan total que no podría describirlos sin perjudicar los cuadros menos libertinos que todavía me quedan por ofrecer a los lectores. Curval y Durcet fueron llevados sin conocimiento, pero el duque y el obispo, tan serenos como si no hubiesen hecho nada, no dejaron de ir a entregarse por el resto de la noche a sus voluptuosidades ordinarias.

DECIMOCUARTA JORNADA

Aquel día se dieron cuenta de que el tiempo venía a favorecer todavía más los infames proyectos de nuestros libertinos y a sustraerlos, mejor aún que su misma precaución, a los ojos del universo entero; había caído una espantosa cantidad de nieve que, al llenar el, valle que los rodeaba, parecía impedir que hasta los animales se acercaran al retiro de los cuatro criminales, pues en cuanto a los seres humanos no podía existir ni uno solo que se atreviese a llegar hasta ellos. Es inimaginable cómo sirven a la voluptuosidad tales seguridades y lo que se emprende cuando uno puede decir: "Estoy solo aquí, estoy en el confín del mundo, sustraído a todas las miradas y sin que pueda resultar posible para ninguna criatura llegar hasta mí; ya no hay frenos, ya no hay barreras." Desde aquel momento los deseos se disparan con un ímpetu que ya no conoce límites y la impunidad que los favorece acrecienta deliciosamente toda su embriaguez. No hay ahí más que Dios y la conciencia; ahora bien,

¿qué fuerza puede tener el primer freno a los ojos de un ateo de corazón y de pensamiento, y qué poder puede tener la conciencia sobre aquel que se ha acostumbrado tan bien a vencer sus remordimientos que éstos se convierten para él casi en goces? Infeliz rebaño entregado a los dientes asesinos de tales bribones, cuánto te hubieras estremecido si la experiencia que te faltaba te hubiese permitido el empleo de estas reflexiones.

Aquel día era el de la fiesta de la segunda semana; sólo se ocuparon en celebrarla. El

matrimonio que debía realizarse era el de Narcisse y Hébé, pero lo cruel era que los dos esposos debían ser castigados aquella misma noche; así, del seno de los placeres del himeneo había que pasar a las amarguras de la escuela, ¡qué pena! El pequeño Narcisse, que era inteligente, lo observó, pero no por esto se dejó de proceder a las ceremonias de costumbre. El obispo ofició, se unió a los dos esposos y se les permitió que se hicieran, ante todo el mundo, lo que quisieran; pero, quién lo creería,, la orden era ya demasiado amplia y el hombrecito, que se instruía muy bien, encantado con las formas de su mujercita, al no poder lograr metérsela iba a desvirgarla con los dedos si lo hubiesen dejado. Los amigos se opusieron a ello a tiempo y el duque, apoderándose de ella, la jodió entre los muslos inmediatamente, mientras el obispo hacía otro tanto con el esposo.

Comieron, los novios fueron admitidos en el festín y, como los hicieron comer prodigiosamente, ambos al levantarse de la mesa satisficieron cagando el uno a Durcet y el otro a Durval, los cuales devoraron con delicia aquellas pequeñas digestiones infantiles.

El café fue servido por Augustine, Fanny, Céladon y Zéphyr. El duque ordenó a Augustine que masturbase a Zéphyr y a éste que le cagase en la boca al mismo tiempo que descargaba; la operación salió de maravilla, tanto que el obispo quiso que Céladon hiciera lo mismo: Fanny lo masturbó y el hombrecito recibió la orden de cagar en la boca de monseñor al mismo tiempo que sintiese fluir su semen. Pero por este lado no se logró un éxito tan brillante como por el otro; el niño no pudo de ninguna manera cagar al mismo tiempo que eyaculaba y, puesto que aquello no era más que una prueba y los reglamentos no ordenaban nada sobre ello, no se infligió ningún castigo.

Durcet hizo cagar a Augustine, y el obispo, que tenía una firme erección, se hizo chupar por Fanny mientras ésta le cagaba en la boca; descargó y luego como su crisis había sido violenta, trató brutalmente a Fanny y, desgraciadamente no logró hacerla castigar aunque parecía tener muchas ganas de ello. No había nadie tan inclinado a hacer rabiar como el obispo; en cuanto había eyaculado, habría mandado de buena gana al diablo el objeto de su goce; esto era sabido, y las muchachas, las esposas y los muchachos nada temían tanto como hacerle perder el semen.

Después de la siesta, se pasó al salón donde, una vez acomodados todos, la Duelos reanudó así su narración:

A veces yo acudía a citas en la ciudad y, como generalmente éstas eran más lucrativas, la Fournier trataba de procurarse el mayor número de ellas que fuese posible.

Me mandó un día a casa de un viejo caballero de Malta, quien abrió ante mí una especie de armario todo lleno de compartimentos en cada uno de los cuales había un bacín de porcelana que contenía una cagada; aquel viejo disoluto estaba liado con una de sus hermanas, abadesa de uno de los conventos más notables de París; esa buena muchacha, a requerimiento suyo, le mandaba todas las mañanas cajas llenas de cagadas de sus más bonitas pensionistas. El ordenaba todo aquello y cuando yo llegué me mandó que tomara el número que indicó y que era el más viejo. Se lo presenté.

- ¡Ah! -dijo-. Es el de una muchacha de dieciséis años bella como el día.

Mastúrbame mientras lo como.

Toda la ceremonia consistía en sacudirlo y presentarle las nalgas mientras él devoraba, después poner en la misma vasija mi cagada en lugar de la que acababa de tragarse. Me contemplaba mientras lo hacía, me limpiaba el culo con la lengua y eyaculaba mientras me chupaba el ano. Luego se cerraban los cajones, yo recibía mi paga y nuestro hombre, a quien yo hacía la visita a primeras horas de la mañana, volvía a dormirse como si no hubiese pasado nada.

Otro, a mi entender más extraordinario: era un viejo fraile. Entra, pide ocho o

diez cagadas de los primeros llegados, muchachas o muchachos, le daba igual. Las mezcla, las amasa, muerde en medio y eyacula en tanto que devora por lo menos la mitad de aquello, mientras yo se la chupo.

El tercero, es el que sin duda me ha producido más repugnancia en mi vida; me

ordenó abrir bien la boca. Yo estaba desnuda, acostada en el suelo sobre un colchón, y él a horcajadas sobre mí, me echa su mojón en el gaznate y el cochino lo come en mi boca mientras me riega las tetas con su semen.

- ¡Ah! ¡Ah! Es divertido, ése -dijo Curval-; pardiez, precisamente tengo ganas de cagar, tengo que ensayarlo. ¿A quién tomaré, señor duque?

-¿A quién? -replicó Blangis-. A fe mía, te recomiendo a Julie, mi hija; la tienes aquí, a

mano, te gusta su boca, sírvete de ella.

-Gracias por el consejo -dijo Julie, ceñuda-. ¿Qué te he hecho, para que digas esas cosas

contra mí?

- ¡Eh! Ya que esto la enoja -dijo el duque- y que es una hija bastante buena, toma a

Sophie; es lozana, es bonita, sólo tiene catorce años.

-Sea, vamos, decidido por Sophie -dijo Curval, cu-o yo pito turbulento empezaba a

enderezarse.

Fanchon acerca a la víctima, el corazón de esta pobre pequeña infeliz se subleva ya de

antemano. Curval se ríe de ella, acerca su gran trasero asqueroso y sucio a la encantadora carita, y nos da la idea de un sapo que va a marchitar una rosa. Lo masturban, la bomba sale, Sophie no pierde ni una migaja y el crápula se acerca a sorber lo que ha dado y se lo traga todo en cuatro bocados mientras se la menean sobre el vientre de la pobre infortunada, la cual, lista la operación, vomita hasta las tripas en las narices de Durcet, que acudió a recibirlo con solemnidad y se masturbó mientras el vómito lo cubría.

-Vamos, Duelos, prosigue -dijo Curval- y regocíjate del efecto de tus discursos; ya ves cuán eficaces son.

Entonces la Duelos, encantada en el fondo de su alma de tener tanto éxito con sus relatos, continuó en estos términos:

El hombre a quien vi después de aquel cuyo ejemplo acaba de seduciros -dijo la Duelos- exigía absolutamente que la mujer que le era presentada tuviese una indigestión; en consecuencia, la Fournier, que no me había advertido nada, durante la comida me hizo tomar cierta droga que aflojó mi digestión y la hizo fluida como si mi evacuación fuese consecuencia de una medicina.

Nuestro hombre llegó y, después de algunos besos preliminares al objeto de su culto, cuyo retraso yo no podía aguantar a causa de los cólicos que empezaban a atormentarme, me dejó libre de obrar; los efectos salieron, yo tenía agarrada su verga, se extasió, lo tragó todo, me pidió más; le proporcioné una segunda andanada, seguida pronto de una tercera, y la anchoa libertina dejó por fin en mis dedos pruebas inequívocas de la sensación que había gozado.

Al día siguiente despaché a otro personaje cuya manía estrafalaria encontrará quizás partidarios entre vosotros, señores. Lo introdujeron primero en una estancia contigua a aquella donde acostumbrábamos a actuar y en la que estaba ese agujero tan cómodo para las observaciones. El se arregla solo. Otro actor me esperaba en la habitación de al lado: era un cochero de fiacre que habían atrapado al azar y que estaba advertido de todo; como yo también lo estaba, representamos bien nuestros personajes. Se trataba de hacer cagar al faetón enfrente mismo del orificio de la pared, a fin de que el libertino escondido no perdiese nada de la operación. Yo recibí la cagada en una vasija, ayudé a que fuese depuesta entera, separé las nalgas, oprimí el ano, no olvidé nada de lo que pudiera hacerle cagar cómodamente; en cuanto mi

hombre hubo terminado, le agarré la verga y lo hice eyacular sobre su mierda, y todo dentro de la perspectiva de nuestro observador; por fin, listo el plato, vuelo a la otra estancia.

- ¡Tome, señor, coma pronto -exclamé-, está caliente!

No se lo hizo repetir; cogió el plato, me ofreció su pito, que yo masturbé, y el

rufián se tragó todo lo que le presenté, mientras su semen salía bajo los movimientos elásticos de mi mano diligente.

-¿,Y qué edad tenía el cochero? -preguntó Curval.

-Unos treinta años -contestó la Duelos.

- ¡Oh! ¡Sólo esto! -replicó Curva!-. Durcet te dirá, cuando quieras, que nosotros

conocimos a un hombre que hacía lo mismo y exactamente en las mismas circunstancias, pero con un hombre de sesenta a setenta

años que había que sacar de entre la peor crápula de las heces del pueblo.

-Pero sólo es bonito así -dijo Durcet, cuyo pequeño pito empezaba a levantar la nariz

después de la aspersión de Sophie-; apuesto cuando se quiera, a que lo hago con el veterano de los inválidos.

-Estás empalmado, Durcet -dijo el duque-, te conozco: cuando empiezas a ponerte sucio, es que tu sementito hierve. ¡Toma! Yo no soy el veterano de los inválidos, pero para satisfacer tu intemperancia te ofrezco lo que tengo en las entrañas, y creo que será copioso.

- ¡Oh, redios! -dijo Durcet-. Esto es una suerte, mi querido duque.

El duque actor se acerca, Durcet se arrodilla bajo las nalgas que van a colmarlo de gozo; el duque empuja, el financiero traga y, transportado por aquel exceso de crápula, descarga jurando que jamás experimentó tanto placer.

-Duelos -dijo el duque-, ven a devolverme lo que he dado a Durcet.

-Monseñor -respondió nuestra narradora-, ya sabéis que lo hice esta mañana y que incluso lo tragasteis.

-¡Ah, es verdad, es verdad! -dijo el duque-. Bueno, Martaine, debo recurrir a ti, pues, porque no quiero un culo de niño; siento que mi semen quiere salir y, no obstante, no lo hará más que con cierto esfuerzo, por lo cual quiero algo singular.

Pero Martaine se hallaba en el mismo caso que la Duelos, pues Curval la había hecho

cagar por la mañana.

-¡Cómo, recristo! -exclamó el duque-. ¿No encontraré una cagada, esta noche?

Y entonces Thérése avanzó y fue a ofrecerle el culo más sucio, más ancho y más apestoso que fuese posible ver.

- ¡Ah! Pásame esto -dijo el duque, acomodándose-, ¡y si en el desorden en que me hallo este culo infame no produce efecto, ya no sé a qué tendré que recurrir!

Thérèse empuja, el duque recibe; el incienso era tan horrendo como el templo del que se exhalaba, pero cuando se tiene una erección como la del duque nunca se queja uno del exceso de porquería. Embriagado de voluptuosidad, el rufián lo traga todo y hace saltar a las narices de la Duclos, que lo masturba, las pruebas más indiscutibles de su vigor masculino.

Sentáronse a la mesa, las orgías fueron consagradas a las penitencias; aquella semana había siete delincuentes: Zelmire, Colombe, Hébé, Adonis, Adélaïde, Sophie y Narcisse; la tierna Adélaïde no fue tratada con dulzura. Zelmire y Sophie se llevaron también las marcas del trato que sufrieron y, sin dar más detalles, porque las circunstancias no nos lo permiten aún, todos fueron a acostarse y a recuperar en brazos de Morfeo las fuerzas necesarias par volver a ofrecer sacrificios a Venus.

DECIMOQUINTA JORNADA

El día siguiente al de las correcciones rara vez ofrecía algún culpable. No hubo ninguno aquel día, pero, estrictos siempre en cuanto a los permisos de cagar por la mañana, sólo se concedió este favor a Hercule, Michette, Sophie y la Desgranges, y Curval creyó descargar viendo cómo obraba esta última. A la hora del café se hicieron pocas cosas, se contentaron con manosear algunas nalgas y chupar algunos agujeros de culo y, al dar la

hora, fueron inmediatamente a instalarse en el salón de historia donde la Duelos reanudó la suya en estos términos:

Acababa de llegar a casa de la Fournier una muchacha de unos doce a trece años, fruto una vez más de las seducciones de aquel hombre singular de quien os he hablado; pero dudo que desde hacía mucho tiempo hubiese corrompido nada tan lindo, tan lozano y tan bonito. Era rubia, alta para su edad, hecha como para pintarla, rasgos tiernos y voluptuosos, los ojos más bellos que puedan verse y en toda su encantadora persona un conjunto dulce e interesante que acababa de hacerla más hechicera. Pero ¡a qué envilecimiento iban a ser entregados tantos atractivos y qué principio vergonzoso se les preparaba! Era hija de una vendedora de lencería de palacio muy acomodada, y ciertamente estaba destinada a una suerte más dichosa que la de hacer de puta, Pero cuanta más felicidad hacían perder a sus víctimas sus pérfi- das seducciones, más gozaba nuestro hombre. La pequeña Lucile estaba destinada a satisfacer desde su llegada los caprichos sucios y repugnantes de un hombre que, no contento con tener el gusto más depravado, quería además ejercerlo en una virgen.

Llegó: era un viejo notario colmado de oro y que poseía, con la riqueza, toda la brutalidad que dan la avaricia y la lujuria cuando se reúnen en un alma vieja. Le enseñan la niña; por bonita que fuese ésta, su primer movimiento es de desdén; rezonga, jura entre dientes que ahora ya no es posible encontrar en París una mucha- cha bonita; pregunta por fin si verdaderamente es virgen, le aseguran que sí, le ofrecen mostrárselo.

-¿Yo, ver un coño, señora Fournier, yo, ver un coño? No lo piensa usted, supongo. ¿Me ha visto usted contemplar muchos desde que vengo a su casa? Me sirvo de ellos, es verdad, pero de una manera, creo, que no demuestra que les tenga mucho afecto.

- ¡Y bien!, señor -dijo la Fournier-, en este caso confíe en nosotras, le juro que es tan virgen como una recién nacida.

Subimos y, como podéis imaginaros, curiosa yo por aquella entrevista, voy a establecerme ante mi agujero. La pobre pequeña Lucile tenía una vergüenza que sólo podría describirse con las expresiones superlativas que sería necesario emplear para describir la procacidad, la brutalidad y el malhumor de su sexagenario amante.

- ¡Y bien!, ¿qué haces ahí, de pie como una imbécil? -le dice en tono brusco-.

¿Tengo que decirte que te levantes las faldas? ¿No hace ya dos horas que debería

haber visto tu culo?... ¡Bueno, vamos!

-Pero, señor, ¿qué debo hacer?

- ¡Ah, redios! ¿Esto se pregunta?... ¿Qué debes hacer? Tienes que levantarte la falda y enseñarme las nalgas.

Lucile obedece temblando y descubre un culito blanco y lindo como debía ser el de la misma Venus.

-Hum... Hermosa medalla -dice el brutal individuo-... Acércate...

Luego, le agarra duramente las dos nalgas, las separa y le pregunta:

-¿Estas bien segura que nunca te han hecho nada por aquí? - ¡Oh, señor! Nunca me ha tocado nadie. - ¡Vamos!, pee.

-Pero, señor, no puedo.

- ¡Y bien!, esfuérzate.

Ella obedece, un ligero viento se escapa y resuena en la boca emponzoñada del viejo libertino, que se deleita con ello mientras murmura.

-¿Tienes ganas de cagar? -prosigue el libertino.

-No, señor.

- ¡Oh, bien! Yo sí las tengo, y copiosamente, para que lo sepas; por lo tanto, prepárate a satisfacerme... Quítate esas faldas.

Desapaceren.

-Túmbate en este sofá, con los muslos muy altos y la cabeza bien baja.

Lucile se coloca, el viejo notario la dispone de manera que sus piernas muy separadas dejen su lindo coñito lo más abierto posible y tan bien colocado a la altura del trasero de nuestro hombre que éste pueda servirse de él como orinal. Tal era su celeste intención y, para hacer más cómodo el recipiente, empieza a abrirlo con sus dos manos con toda su fuerza. Se acomoda, empuja, un trozo de cagada se posa en el santuario donde el amor mismo no hubiera rehusado tener un templo. Se vuelve y con sus dedos hunde tanto como puede en la vagina entreabierta el sucio excremento que acaba de depositar. Vuelve a acomodarse, expele un segundo, luego un tercero y siempre con cada uno la misma ceremonia de introducción. Por fin, con el último, lo hizo con tanta brutalidad que la pequeña lanzó un grito y quizás perdió en aquella repugnante operación la flor preciosa con que la naturaleza la había adornado para entregarla solamente en el himeneo. Aquél era el instante de gozo para nuestro libertino: haber llenado de mierda el joven y lindo coñito, introducírsela y volver a in- troducírsela, era su delicia suprema; mientras actúa se saca de la braguera una especie de verga blanda, la sacude y logra, mientras sigue ocupado en su repugnante tarea, derramar en el suelo algunas gotas de su esperma escaso y mustio, cuya pérdida debería lamentar por ser debida solamente a semejantes infamias. Terminado el asunto se larga, Lucile se lava, y ya está dicho todo.

Me endilgaron a uno, poco tiempo después, cuya manía me Pareció más repugnante; era un viejo consejero de la alta cámara. No solamente había que contemplarle mientras cagaba, sino ayudarlo, facilitar con mis dedos la salida de la materia apretando, abriendo y comprimiendo a propósito el ano, y hecha la opera- ción limpiar cuidadosamente con mi lengua toda la parte que se había ensuciado.

- ¡Ah, pardiez! He aquí, en efecto, una tarea bien fatigosa -dijo el obispo-. ¿Acaso estas cuatro damas que se hallan aquí y que son, no obstante, nuestras esposas, nuestras hijas o nuestras sobrinas, no tienen esta obligación todos los días? ¿Y para qué diablos serviría, por favor, la lengua de una mujer, si no fuese para limpiar culos? Por mi parte, no le conozco otro empleo.

Constance -prosiguió el obispo, dirigiéndose a la bella esposa del duque que estaba entonces en su sofá- de muestra un poco a la Duelos tu habilidad en este aspecto; toma: aquí

tienes mi culo bien sucio, no ha sido limpiado desde la mañana, te lo guardaba. Vamos, despliega tus facultades.

Y la infeliz, demasiado acostumbrada a esos horrores, los ejecuta como una mujer

consumada. ¡Qué no producirán, gran Dios, el miedo y la esclavitud!

- ¡Oh, pardiez! -dijo Curval, presentando su asqueroso agujero cenagoso a la encantadora

Aline-. No serás tú el único en dar ejemplo aquí. Vamos, putita -dijo a la bella y virtuosa muchacha-, supera a tu compañera.

Y la orden se ejecuta.

-Vamos, continúa, Duclos -dijo el obispo-; sólo queríamos demostrarte que tu hombre

no exigía nada singular y que una lengua de mujer no es buena más que para limpiar un culo.

La amable Duclos se echó a reír y continuó con lo que se va a leer:

Me permitiréis, señores -dijo-, que interrumpa por un instante los relatos de las pasiones para comunicaros un acontecimiento que no tiene ninguna relación con ellas; sólo se refiere a mí, pero como me habéis ordenado que siga los sucesos interesantes de mi historia aun cuando no tengan que ver con la descripción de los gustos, he creído que éste es de tal tipo que no debía quedar en silencio.

Hacía mucho tiempo que estaba en casa de la señora Fournier, era la más antigua de su serrallo y aquella en quien tenía más confianza. Con la mayor frecuencia era yo quien arreglaba las citas y quien recibía sus fondos. Aquella mujer me había hecho de madre, me había socorrido en diferentes necesidades, me había escrito fielmente a Inglaterra, me había abierto amistosamente su casa a mi regreso, cuando mi trastornada situación me hizo desear en ella un nuevo asilo. Veinte veces me había prestado dinero y, a menudo, sin exigirme su devolución. Llegó el momento de de mostrarle mi reconocimiento y de responder a la extremada confianza que me tenía, y vosotros juzgaréis, señores, cómo mi alma se abría a la virtud y le daba acceso fácil: la Fournier cayó enferma y su primer cuidado fue el de hacerme llamar.

-Duclos, hija mía, te quiero -me dijo-, tú lo sabes y voy a probártelo con la extremada confianza que pondré en ti en este momento. Te considero, a pesar de tu mala cabeza, incapaz de engañar a una amiga, heme aquí muy enferma, soy vieja, y no sé, por consiguiente, lo que va ser de mí. Tengo parientes que van a echarse encima de mi sucesión, quiero cuanto menos sustraerles cien mil francos que tengo en oro en este cofrecito; toma, hija mía -dijo-, aquí los tienes, te los entrego exigiéndote que dispongas de ellos del modo que voy a prescribirte.

-Oh, mi querida madre -le dije tendiéndole los brazos-, estas precauciones me

llenan de desolación; seguramente serán inútiles, pero si desgraciadamente llegasen a ser necesarias, le juro que cumpliré sus intenciones con exactitud.

-Lo creo, hija mía -me dijo-, y por esto he puesto mis ojos en ti; este-cofrecito, pues, contiene cien mil francos en oro; tengo algunos escrúpulos, querida amiga, algunos remordimientos por la vida que he llevado, por la cantidad de muchachas que he arrojado al crimen y he arrebatado a Dios; quiero, pues, emplear dos medios para hacer a la divinidad menos severa conmigo: el de la limosna y el de la oración. Las dos primeras partes de esta suma, que serán de quince mil francos cada una, las entregarás una a los capuchinos de la calle Saint-Honoré, a fin de que esos buenos padres celebren a perpetuidad una misa por la salvación de mi alma; la otra parte, de la misma cantidad, en cuanto yo haya cerrado los ojos, la entregarás al cura de la parroquia para que la distribuya en limosnas entre los pobres del barrio. Es una cosa

excelente la limosna, hija mía; nada como ella redime a los ojos de Dios los pecados que hemos cometido en la tierra. Los pobres son sus hijos y El quiere que todos sean socorridos; nada le complace tanto como las limosnas. ¡Esta es la verdadera manera de ganar el cielo, hija mía! En cuanto a la tercera parte, será de sesenta mil libras, que entregarás, inmediatamente después de mi muerte, al llamado Petignon, aprendiz de zapatero, calle del Bouloir; ese desdichado es mi hijo, él no lo sospecha, es un bastardo adulterino, quiero darle a ese infeliz huérfano, al morir, pruebas de mi ternura. En lo que respecta a las otras diez mil libras restantes, mi querida Duclos, te ruego que te las guardes como una pequeña prueba de mi afecto por ti y para compensarte de las molestias que te ocasionará el empleo del resto. Ojalá pudiera esta pequeña suma ayudarte a tomar un partido y a abandonar el indigno oficio que ejercemos, en el cual no hay salvación ni esperanzas de conseguirla jamás.

Encantada interiormente de tener en mis manos una suma tan considerable y

bien decidida, por miedo a confundirme en las divisiones, de no hacer más que una única parte para mí sola, me eché con lágrimas artificiales en los brazos de mi vieja matrona, repitiéndole mis juramentos de fidelidad, y ya no me ocupé sino de los medios de impedir que un cruel retorno de la salud le hiciera cambiar su decisión. Este medio se presentó ya al día siguiente: el médico ordenó un emético y, como era yo quien la cuidaba, fue a mí a quien entregó el paquete, advirtiéndome que había en él dos tomas, que tuviese buen cuidado de separarlas, porque la haría reventar si se lo daba todo a la vez y que no le administrase la segunda dosis más que en el caso de que la primera no produjese suficiente efecto. Prometí al esculapio que tendría todo el cuidado posible y, en cuanto hubo vuelto la espalda, desterrando de mi corazón todos aquellos fútiles sentimientos de agradecimiento que hubieran detenido a un alma débil, apartando de mí todo arrepentimiento y toda debilidad y sin tener en consideración más que mi oro, que el dulce encanto de poseerlo, y el delicioso cos- quilleo que se experimenta siempre cada vez que se proyecta una mala acción, pronóstico cierto del placer que proporcionará, sin entregarme a nada más que a todo eso, digo, vertí inmediatamente las dos tomas en un vaso de agua y presenté la bebida a mi dulce amiga, la cual, después de tragarla bien segura encontró pronto en ella la muerte que yo había tratado de procurarle.

No puedo describiros lo que sentía al ver el éxito de mi obra; cada uno de los vómitos con los que su vida se exhalaba producía una sensación verdaderamente deliciosa en toda mi organización; la escuchaba, la miraba, estaba exactamente en plena embriaguez. Ella me tendía los brazos, me dirigía un último adiós, y yo gozaba y hacía ya mil proyectos con aquel oro que iba a poseer. No fue largo; la Fournier reventó aquella misma noche y yo fui dueña del bolsón.

-Duclos -dijo el duque-, sé sincera: ¿te masturbaste, la sensación fina y voluptuosa del crimen alcanzó al órgano de la voluptuosidad?

-Sí, monseñor, os lo confieso; y aquella misma noche descargué mi flujo cinco veces

seguidas.

-Es verdad, pues -dijo el duque, con exaltación-, es verdad que el crimen por sí mismo

tiene tal atractivo que, independientemente de toda voluptuosidad, puede bastar para que se inflamen todas las pasiones y para arrojar en el mismo delirio que los propios actos lúbricos.

¿Y luego...?

-Y bien, señor duque, hice enterrar honorablemente a la patrona, heredé al bastardo

Petignon, me guardé muy bien de hacer celebrar misas y todavía más de distribuir limosnas, especie de acción por la que siempre he sentido verdadero horror, por muy bien que hubiese hablado de ella la Fournier. Sostengo que es necesario que haya desgraciados en el mundo, que la naturaleza lo quiere, lo exige, y que es ir contra sus leyes pretender que se restablezca el equilibrio, si ella ha querido el desorden.

-;Pero, cómo, Duclos -dijo Durcet-, tienes principios! Me complace mucho verte así; todo alivio procurado al infortunio es un crimen real contra el orden de la naturaleza. La desigualdad que ha puesto entre nuestros individuos demuestra que esta discordancia le gusta puesto que la ha establecido, y que la quiere tanto en las fortunas como en los cuerpos. Y al igual que le está permitido al débil repararla por medio del robo, le está también permitido al fuerte restablecerla negando sus socorros. El universo no subsistiría ni un instante si el pare- cido entre todos los seres fuese exacto, de esta desemejanza nace el orden que lo conserva y lo conduce todo, Por lo tanto, hay que guardarse muy bien de perturbarla; por otra parte, creyendo hacer un bien a esa desdichada clase de hombres, se hace mucho daño a otra, Pues el infortunio es el criadero a donde el rico va a buscar los objetos de su lujuria o de su crueldad; le privo de esta rama de su placer al impedir con mis socorros que esta clase se le entregue. No he beneficiado, pues, con mis limosnas más que débilmente a una parte de la raza humana, y perjudicado extraordinariamente a la otra. Considero, pues, la limosna, no sólo como una cosa mala en sí misma, sino además la considero como un crimen real hacia la naturaleza, la cual, al indicarnos las diferencias, no ha pretendido de ningún modo que las anulemos. Así, lejos de ayudar al pobre, de consolar a la viuda y de socorrer al huérfano, si obro según las verdaderas intenciones de la naturaleza no solamente los dejaré en el estado en que ella los ha puesto, sino que incluso ayudaré a sus objetivos prolongándoles ese estado y oponiéndome vivamente a que salgan de él, y en cuanto a esto consideraré que todos los medios me son permitidos.

¡Cómo! -dijo el duque-, ¿incluso robarlos o arruinarlos?

-Ciertamente -dijo el financiero-; incluso aumentar su número, puesto que su clase sirve a otra y que, al multiplicarlos, si causo algo de pena a una, haré mucho bien a la otra.

-He aquí un sistema bien duro, amigos míos -dijo Curval-. Sin embargo, dicen, ¡es tan dulce hacer bien a los desdichados!

- ¡Error! -replicó Durcet-. Este goce no se sostiene frente el otro; el primero es quimérico, el otro es real; el primero se debe a los prejuicios, el otro se funda en la razón; uno, por medio del orgullo, la más falsa de todas nuestras sensaciones, puede cosquillear el corazón por un instante, el otro es un verdadero goce del espíritu que inflama todas las pasiones por lo mismo que contradice las opiniones comunes. En una palabra, uno me pone en erección -añadió Durcet-, mientras que con el otro siento muy poca cosa.

-Pero ¿es necesario referirlo siempre todo a los sentidos? -preguntó el obispo.

-Todo, amigo mío -dijo Durcert-; sólo ellos deben guiarnos en todas las acciones de la vida, porque sólo su voz es verdaderamente imperiosa.

-Pero de este sistema pueden nacer miles y miles de crímenes -dijo el obispo.

- ¡Eh! ¡Qué me importa el crimen -respondió Durcet-, con tal que me deleite! El crimen es un modo de la naturaleza, una manera con la que mueve al hombre. ¿Por qué no quieres que me deje mover por ella en este sentido tanto como en el de la virtud? Ella tiene necesi- dad del uno y de la otra y tan bien la sirvo con el uno como con la otra. Pero henos enfrascados en una discusión que nos llevaría demasiado lejos, se acerca la hora de la cena y a la Duclos le falta mucho para terminar su tarea. Prosigue, encantadora muchacha, prosigue, y cree que acabas de confesarnos una acción y unos sistemas que te han ganado para siempre

nuestra estima, así como la de todos los filósofos.

Mi primera idea, después del entierro de mi buena patrona, fue tomar su casa y regirla como había hecho ella. Comuniqué este proyecto a mis compañeras, las cuales, todas, y sobre todo Eugénie, que continuaba siendo mi bien amada, prometieron considerarme como su mamá. Ya no era tan joven para no poder aspirar a tal título, tenía cerca de treinta años y toda la cordura que se precisaba para dirigir el convento. Así, señores, no es como mujer pública como terminaré el relato de mis aventuras, sino como abadesa, bastante joven y bastante linda para practicar tal oficio yo misma, como ocurrió a menudo y como tendré cuidado de ponerlo de manifiesto cada vez que se presente la ocasión. Todos los clientes de la Fournier siguieron siéndolo, y tuve la habilidad de atraer aún a otros, tanto por la limpieza de mis aposentos como por la excesiva sumisión de mis pupilas a todos los caprichos de los libertinos y por la feliz elección de mis individuos.

El primer cliente que llegó fue un viejo tesorero de Francia, antiguo amigo de la

Fournier; le di a la joven Lucile, con la cual Pareció entusiasmado. Su manía usual, tan sucia como desagradable para la muchacha, consistía en cagar sobre la misma cara de su dulcinea, ensuciarla todo el rostro con su mierda y después besarla, chuparla en tal estado. Lucile, por amistad a mí, dejó hacer al viejo sátiro todo lo que quiso, el cual le eyaculó sobre el vientre y luego besó varias veces su repugnante obra.

Poco después vino otro cliente, que le correspondió a Eugénie. Se hacía llevar un

tonel lleno de mierda, en el que sumergía a la muchacha, desnuda, y le lamía todas las partes del cuerpo tragaba la porquería hasta que ella quedaba tan limpia como cuando la había tomado. Este hombre era un famoso abogado, muy rico y conocido y que como poseía escasas facultades para gozar de las mujeres, compensaba su inferioridad mediante este libertinaje, que le había gustado siempre.

El marqués de..., antiguo cliente de la Fournier, vino poco después de su muerte

para testimoniarme su benevolencia. Me aseguró que continuaría visitándonos, y, como prueba de ello, aquella misma noche se ocupó con Eugénie. La pasión de aquel viejo libertino consistía en besar primero prodigiosamente la boca de la muchacha; tragaba tanta saliva de ella como podía, luego le besaba las nalgas durante un cuarto de hora, le hacía lanzar pedos y finalmente pedía lo importante. Al terminar guardaba la cagada en su boca y, haciendo inclinar sobre él a la muchacha, que con una mano la tenía cogido y con la otra se la meneaba, mientras gozaba el placer de esta masturbación cosquilleando el agujero mierdoso, era preciso que la muchacha comiese la mierda que acababa de dejarle en la boca. Aunque pagaba muy caro este capricho, encontraba pocas muchachas que quisieran prestarse a ello; por eso el marqués empezó a cortejarme; estaba tan interesado en ser mi cliente que yo podía contar con su asiduidad.

.

En aquel momento, el duque, excitado, dijo que antes que sonara la llamada para la cena quería efectuar esta última fantasía. Y he aquí lo que hizo: ordenó a Sophie que se acercara, recibió su cagada en la boca, luego obligó a Zélamir a que se comiera la mierda de Sophie. Esta manía hubiera podido convertirse en un goce para cualquier otro que no hubiese sido Zélamir; pero al no estar suficientemente formado para tomarle gusto, sólo experimentó repugnancia, y quiso retirarse. Pero como el duque lo amenazó con toda su cólera si conti- nuaba un minuto más con sus melindres, obedeció las órdenes. La idea fue juzgada tan

agradable que todos lo imitaron más o menos, porque Durcet pretendió que era necesario compartir los favores, y que no era justo que los muchachitos comiesen la mierda de las muchachas mientras que éstas no tenían nada para ellas, y en consecuencia, hizo que Zéphyr cagara dentro de su boca y ordenó a Augustine que acudiese a comer tal mermelada, cosa que la bella e interesante muchacha hizo, presa de una terrible náusea.

Curval imitó este cambio y recibió la cagada de su querido Adonis, que Michette se comió no sin imitar la repugnancia de Augustine; en cuanto al obispo, imitó a su hermano e hizo cagar a la delicada Zelmire, al tiempo que obligaba a Céladon a tragar la confitura. Hubo detalles repugnantes de mucho interés para libertinos que consideraban que los tormentos infligidos son goces. El obispo y el duque descargaron, los otros dos, o no pudieron o no quisieron, y pasaron a la cena. En ella se ponderó mucho la acción de la Duelos.

-Ha tenido el valor de darse cuenta -dijo el duque, que la protegía decididamente- de que el agradecimiento era una quimera, y que sus lazos no debían detener ni interrumpir los efectos del crimen,'porque el sujeto que nos ha servido no tiene ningún derecho sobre nues- tro corazón; sólo ha trabajado para él, su sola presencia es una humillación para un alma fuerte, y es preciso odiarlo o deshacerse de él.

-Eso es tan verdad -dijo Durcet- que nunca veremos que un hombre de ingenio trate de

buscar el agradecimiento. Convencido de que se creará enemigos, no lo intentará.

-Quien os sirve no trabaja para daros placer -dijo el obispo-, sino para ponerse por

encima de vos mediante sus servicios. ¿Qué merece, pues, tal proyecto? Al servirnos no dice: os sirvo porque quiero haceros bien, sino que afirma: os complazco para rebajaros y para ponerme encima de vos.

-Esas reflexiones -dijo Durcet- demuestran pues el abuso de los servicios que se hacen y

cuán absurda es la práctica del bien. Pero, se nos dice, es para uno mismo; que ello sea para aquellos cuya debilidad de alma puede prestarse a esos pequeños goces, pero los que son como nosotros serían muy bobos si se prestasen a tal cosa.

Como estas teorías calentaron las cabezas de los amigos, se bebió mucho y fueron a

celebrar las orgías, para las cuales nuestros indefectibles libertinos imaginaron mandar a acostarse a los muchachitos y pasar una parte de la noche bebiendo, sólo con las cuatro viejas y las cuatro narradoras, y entregarse, a cual mejor, a toda clase de infamias y atrocidades. Como entre aquellas doce interesantes personas no había una sola que no mereciera la cuerda o la rueda varias veces, dejo al lector que se imagine todo lo que allí se dijo. De las palabras se pasó a los actos, el duque se calentó, y no sé por qué ni cómo, pero el caso es que, según se dijo, Thérése llevó durante algún tiempo sus marcas. Sea como fuere, dejemos a nuestros actores pasar de sus bacanales al casto lecho de sus esposas, que les habían sido preparados para aquella noche, y veamos qué pasó al día siguiente.

DECIMOSEXTA JORNADA

Todos nuestros héroes se levantaron frescos como si llegaran de confesarse, excepto el duque, que empezaba a agotarse un poco. Se acusó de ello a la Duclos; era seguro que esa mujer había adquirido enteramente el arte de procurarle voluptuosidades y que él confesó que no descargaba lúbricamente más que con ella. Tan verdad es que para esas cosas todo depende absolutamente del capricho, que la edad, la belleza, la virtud, todo esto no tiene ninguna influencia, que sólo es cuestión de cierto tacto, que con más frecuencia poseen las bellezas otoñales que aquellas, carentes de experiencia, a las que la primavera corona todavía

con todos sus dones.

Había también otra criatura en el grupo que empezaba a hacerse muy amable y muy interesante, era Julie. Ya anunciaba imaginación, desenfreno y libertinaje. Suficientemente política para comprender que necesitaba protección, bastante falsa para acariciar incluso a aquellos que quizás en el fondo no le importaban nada, se hacía amiga de la Duclos para tratar de mantenerse siempre un poco en el favor de su padre, de quien sabía que tenía influencia en el grupo. Cada vez que le tocaba el turno de acostarse con el duque, se unía tan bien a la Duclos, empleaba tanta habilidad y tanta complacencia, que el duque tenía siempre la seguridad de obtener eyaculaciones deliciosas cuando aquellas dos criaturas se aplicaban a procurárselas. Sin embargo, se hastiaba prodigiosamente de su hija y quizás ésta, sin el auxilio de la Duclos, que la apoyaba con toda su influencia, no hubiera logrado jamás sus objetivos. Su marido, Curval, estaba más o menos en el mismo caso; y, aunque por medio de su boca y de sus besos impuros obtuvo todavía de él algunas eyaculaciones, la repugnancia, sin embargo, persistía; habríase dicho que hasta nacía bajo el mismo fuego de los impúdicos besos. Durcet la estimaba poco y sólo había logrado hacerlo eyacular dos veces desde que estaban reunidos. Ya no le quedaba por lo tanto, más que el obispo, a quien gustaba mucho su jerga libertina y le encontraba el culo más hermoso del mundo; cierto es que lo poseía como el de la propia Venus. Se arrimó, pues, de ese lado, puesto que quería absolutamente complacer, al precio que fuese; como sentía la extrema necesidad de una protección, quería obtenerla.

Aquel día sólo aparecieron en la capilla Hébé, Constance y la Martaine, y por la mañana

no se halló a nadie en falta. Cuando los tres sujetos hubieron hecho su deposición, Durcet tuvo ganas de lo mismo. El duque, quien desde la mañana rondaba en torno a su trasero, aprovechó aquel momento para satisfacerse y se encerraron en la capilla únicamente con Constance, a la que hicieron quedarse para el servicio. El duque se satisfizo, y el pequeño financiero le cagó completamente en la boca. Aquellos señores no se contentaron con esto, y Constance dijo al obispo que los dos juntos habían cometido infamias durante media hora seguida. Ya lo he dicho... eran amigos de la infancia y desde entonces no habían dejado de recordar su placer de colegiales. En cuanto a Constance, sirvió de poco en aquella reunión; limpió culos, chupó y masturbó algunas vergas, a todo lo más.

Se pasó al salón donde, después de un poco de conversación entre los cuatro amigos,

fueron a anunciarles la comida. Fue espléndida y libertina como de ordinario y, después de algunos manoseos y besos libertinos y varias frases escandalosas que la sazonaron, se pasó al salón, donde se encontraban Zéphyr y Hyacinthe, Michette y Colombe, para servir el café. El duque jodió a Michette entre los muslos, y Curval a Hyacinthe; Durcet hizo cagar a Colombe y el obispo metió la verga en la boca de Zéphyr; Curval, volviendo a acordarse de una de las pasiones descritas la víspera por la Duclos, quiso cagar en el coño de Colombe; la vieja Thérèse, que participaba en el café, la colocó, y Curval actuó. Pero, como hacía unas defecaciones prodigiosas y proporcionadas a la inmensa cantidad de víveres con que se atiborraba cada día, casi todo se derramó en el suelo y sólo, por así decir, ensució, superficialmente aquel lindo coñito virgen que no parecía destinado por la naturaleza, indudablemente a placeres tan cochinos.

El obispo, deliciosamente masturbado por Zéphyr, perdió su semen filosóficamente,

uniendo al placer que sentía el del delicioso cuadro de que era espectador; estaba furioso, regañó a Zéphyr, regañó a Curval, se metió con todo el mundo. Le hicieron tragar un gran vaso de elixir para reparar sus fuerzas, Michette y Colombe lo acostaron en un sofá para que hiciera la siesta y no se separaron de él. Despertó bastante restablecido y, para devolverle

mejor aún sus fuerzas, Colombe lo chupó un rato: su instrumento volvió a mostrar la nariz, y se pasó al salón de historia. Aquel día el obispo tenía a Julie en su sofá; como la quería bastante, esta vista le devolvió un poco el buen humor. El duque tenía a Aline, Durcet a Constance y el presidente a su hija. Todo estaba dispuesto, la bella Duelos se instaló en su trono y empezó de esta manera:

Es completamente falso decir que el dinero adquirido por medio de un crimen no aporta la felicidad. Ningún sistema es tan falso, respondo de ello; todo prosperaba en mi casa; nunca la Fournier había tenido tantos clientes. Fue entonces cuando se me pasó por la cabeza una idea algo cruel, lo confieso, pero que, no obstante, me atrevo a presumir de ello, señores, no os desagradará de ningún modo. Me pareció que cuando no se ha hecho a alguien el bien que debía hacérsele, había cierta voluptuosidad malvada en hacerle el mal, y mi pérfida imaginación me inspiró esta travesura libertina contra aquel mismo Petignon, hijo de mi benefactora, a quien había sido encargada de entregar una fortuna bien atractiva, sin duda, para el infeliz y que yo empezaba ya a derrochar en locuras. He aquí lo que suscitó la ocasión de ello: aquel desdichado zapatero, casado con una pobre mujer de su condición, tenía como único fruto de aquel himeneo infortunado una hija de unos doce años, y que, según me había sido descrita, unía a los rasgos infantiles todos los atributos de la más tierna belleza. Aquella niña, a la que criaban pobremente, pero con todo el cuidado que podía permitir la indigencia de sus padres, que estaban encantados con ella, me pareció una excelente presa.

Petignon no iba jamás a la casa, ignoraba los derechos que tenía sobre ella; pero

en cuanto la Fournier me hubo hablado de él, mi primer cuidado fue el de hacerme informar sobre él y todas sus circunstancias, y fue así como me enteré de que poseía un tesoro en su casa. Al mismo tiempo, el conde de Mesanges, libertino famoso y de profesión, de quien la Desgranges tendrá sin duda más de una vez ocasión de hablaros, se dirigió a mí para que le procurase una virgen que llegase a los trece años, y esto al precio que fuese. Ignoro lo que quería hacer con ella, pues en este aspecto no era considerado como un hombre muy riguroso, pero ponía como condición, después de que unos expertos hubiesen comprobado la virginidad de la muchacha, comprármela por una suma prescrita, y que a partir de aquel momento no trataría ya con nadie más, teniendo en cuenta, decía, que la niña sería llevada a otro país y no volvería jamás a Francia.

Como el marqués era uno de mis clientes, y pronto lo veréis en escena en

persona, puse manos a la obra para satisfacerlo, y la pequeña de Petignon me pareció ser positivamente lo que él necesitaba. Pero ¿cómo llevársela? La niña no salía nunca, la instruían en su misma casa, la guardaban con una sensatez y una circunspección que no dejaba ninguna esperanza. No me era posible por entonces emplear a aquel famoso corruptor de muchachas de quien he hablado; estaba en aquel momento en el campo, y el marqués me metía prisa. No encontré, pues, más que un medio, el cual no podía servir mejor para la pequeña maldad secreta que me llevaba a cometer aquel crimen, ya que lo hacía más grave. Resolví crearles problemas al marido y a la mujer, tratar de hacerlos encerrar a ambos y así, encontrándose con la pequeña menos vigilada o en casa de amigos, me sería fácil atraerla a mi trampa. Les lancé, pues, un procurador amigo mío, hombre hábil de quien estaba segura para semejantes golpes de mano; se informó, desenterró acreedores, los excitó, los apoyó, y dicho

brevemente, a los ocho días marido y mujer estaban en la cárcel. A partir de aquel momento todo se volvió fácil; una diestra secuaz se acercó pronto a la niña abandonada en casa de unos vecinos pobres, y la trajo a mi casa. Todo respondía en su exterior: tenía la piel más dulce y más blanca, los pequeños atractivos más redondeados, mejor formados... En una palabra, era difícil encontrar una niña más bonita que aquella.

Como me costaba unos veinte luises contantes y sonantes y el marqués quería

dar por ella una suma prescrita, después de cuyo pago no quería ni oír hablar del asunto ni tratar con nadie, se la dejé en cien luises, y puesto que era esencial para mí que mis manejos no trascendieran nunca, me contenté con ganar sesenta luises en aquel negocio, ya que entregué aún veinte de ellos a mi procurador para que enredara las cosas de tal manera que el padre y la madre de la niña no pudiesen tener noticias de su hija durante mucho tiempo. Las tuvieron; la huida de la hija fue imposible de ocultar. Los vecinos culpables de negligencia se excusaron como pudieron y, por lo que hace al querido zapatero y a su esposa, mi procurador obró tan bien que jamás pudieron remediar ese accidente, porque murieron ambos en la cárcel después de once años de cautiverio. Yo gané doblemente con aquella pequeña desgracia, ya que al mismo tiempo que me aseguraba la posesión de la niña que había vendido, también me aseguraba la de sesenta mil francos que me habían entregado para él. En cuanto a la niña, el marqués me había dicho la verdad; jamás volví a oír hablar de ella, y será probablemente la señora Desgranges quien terminará su historia.

Es hora de volver a la mía y a los acontecimientos cotidianos que pueden ofreceros los detalles voluptuosos cuya lista hemos interrumpido.

- ¡Oh, pardiez! -dijo Curval-, me gusta con locura tu prudencia; hay aquí una maldad reflexiva, un orden que me complace a más no poder. Y además la travesura de haber ido a dar el último golpe a una víctima a la que sólo accidentalmente habías lastimado, me parece un refinamiento de infamia que puede colocarse al lado de nuestras obras maestras.

-Yo quizás hubiera hecho algo peor -dijo Durcet-, pues al final esas personas podían

obtener su liberación; hay tantos bobos en el mundo que sólo sueñan en socorrer a esa clase de gente. Mientras durasen, su vida significaba inquietudes para ti.

-Señor -dijo la Duclos-, cuando no se tiene en el mundo la influencia de que vos gozáis, y hay que emplear gente inferior para las bribonadas, la circunspección es a menudo necesaria y uno entonces no se atreve a realizar todo lo que quisiera hacer.

-Justo, justo -dijo el duque-; no podía hacer nada más, ella.

Y esa amable criatura reanudó así la continuación de su relato:

Es horrendo, señores -dijo la bella mujer-, tener que hablaros aún de ignominias parecidas a las que os expongo desde hace varios días; pero habéis exigido que reúna todo lo que a ellas se refiera y que no deje nada velado. Tres ejemplos más de esas atroces porquerías y pasaremos a otras fantasías.

El primero que os citaré es el de un viejo director de presidios que tenía alrededor de sesenta y seis años. Hacía desnudar completamente a la mujer y, después de haberle acariciado un momento las nalgas con más brutalidad que delicadeza, la obligaba a cagar ante él en el suelo, en medio de la habitación. Cuando había gozado de la perspectiva, iba a su vez a dejar su deposición en el mismo lugar, luego mezclaba ambas con sus manos, obligaba a la mujer a acercarse a gatas para

comer la bazofia, mostrando siempre bien el trasero que debía haber tenido el cuidado de conservar mierdoso. El se masturbaba durante la ceremonia y eyaculaba cuando todo había sido comido. Pocas muchachas, como comprenderéis, señores, consentían en someterse a tales cochinadas y, no obstante, él las quería jóvenes y lozanas... Yo las encontraba, porque todo se encuentra en París, pero se las hacía pagar caras.

El segundo ejemplo de los tres que me quedaban por mencionar de este género

exigía asimismo una absoluta docilidad por parte de la mujer; pero como el libertino la quería extremadamente joven, me era más fácil encontrar niñas que mujeres hechas que se prestasen a semejantes cosas. Entregué al que voy a citaros una pequeña florista de trece a catorce años, muy bonita; él llega, hace que la muchacha se quite solamente lo que cubre de cintura para abajo; le manoseó por un instante el trasero, le hizo lanzar un pedo, luego se aplicó él mismo cuatro o cinco lavativas, que obligó a la niña a recibir en su boca y a tragar a medida que el chorro caía en su gaznate. Durante aquel tiempo, colocado como a horcajadas sobre el pecho de la niña, con una mano se masturbaba una verga bastante grande y con la otra le machacaba el monte, que para esto debía siempre estar despojado del más leve pelo. Este del que os hablo quiso aún repetir por sexta vez porque no había eyaculado. La niña vomitaba a medida que le pedía que parase, pero él se rió en sus narices y siguió con lo suyo; y hasta la sexta no vi manar su semen.

Por último un viejo banquero viene a proporcionarnos el último ejemplo de estas

asquerosidades como principal episodio, porque os advierto que, como accesorios, volveremos a verlas a menudo. Necesitaba una mujer hermosa, pero de cuarenta a cuarenta y cinco años, y con senos extremadamente fláccidos. En cuanto estuvo con ella la hizo desnudarse nada más de la cintura para arriba y, manoseándole brutalmente las tetas, exclamó: " ¡Bellas ubres de vaca! ¿Para qué pueden ser buenas unas tripas como estas, sino para limpiar mi culo?" Luego las oprimía, las apretaba una contra otra, las frotaba, las escupía y a veces les ponía encima su pie mugriento diciendo sin cesar que unos senos eran una cosa bien infame y que no concebía a qué había destinado la naturaleza esos pellejos ni por qué había estropeado y deshonrado con ellos el cuerpo de la mujer. Después de todos esos despropósitos, se desnudó completamente. ¡Pero, Dios, qué cuerpo! ¡Cómo describirlo, señores! No era más que una úlcera que goteaba pus incesantemente desde los pies a la cabeza y cuyo olor infecto llegaba hasta la habitación contigua donde yo me hallaba; tal era, no obstante, la bella reliquia que había que chupar.

-¿Chupar? -dijo el duque.

Sí, señores -dijo la Duclos-, chuparlo de la cabeza a los pies sin dejar un solo espacio del tamaño de un luis de oro donde no hubiese pasado la lengua; la mujer que yo le había dado, a pesar de haber sido advertida, en cuanto vio aquel cadáver ambulante retrocedió horrorizada.

- ¡Cómo, zorra! -dijo él-. ¿Parece que te repugno? Sin embargo, tienes que

chuparme, tu lengua ha de lamer absolutamente todas las partes de mi cuerpo. ¡Ah, no te hagas tanto la melindrosa; otras lo han hecho; vamos, vamos, nada de remilgos!

Mucha razón tiene quien dice que el dinero obliga a todo; la infeliz que yo le había entregado se hallaba en la más extrema miseria, y había dos luises para ganar:

hizo todo lo que se requería y el viejo gotoso, encantado de sentir una lengua dulce pasearse por su repugnante cuerpo y suavizar la acritud que lo devoraba, se masturbaba voluptuosamente durante la operación. Cuando ésta hubo terminado y, como supondréis muy bien, no fue sin terribles náuseas por parte de aquella infortunada, cuando hubo terminado, digo, la hizo acostarse en el suelo de espaldas, se puso a horcajadas sobre ella, se le cagó sobre los senos y, apretándolos el uno contra el otro, se limpió con ellos el trasero. Pero de eyaculación no vi nada, y supe algún tiempo después que necesitaba varias operaciones semejantes para hacerlo eyacular; y, como era un hombre que no acostumbraba ir dos veces al mismo lugar, no volví a verlo, de lo cual, en verdad, me alegré mucho.

-A fe mía -dijo el duque-, encuentro muy razonable el fin de la operación de aquel hombre, y nunca he comprendido que unas tetas pudiesen servir realmente para otra cosa que para limpiar culos.

-Es cierto -dijo Curval, que manoseaba con bastante brutalidad las de la tierna y delicada

Aline-, es cierto, en verdad, que las tetas son una cosa bien infame. No las veo, nunca sin enfurecerme. Al ver esto, siento cierta náusea, cierta repugnancia... Sólo el coño me hace experimentar otra más intensa.

Y, al mismo tiempo, se metió en su gabinete arrastrando por el seno a Aline y haciéndose

seguir por Sophie y Zelmire, las dos mujeres de su serrallo, y por la Fanchon. No se sabe lo que hizo, pero se oyó un gran grito de mujer y poco después los aullidos de su descarga. Volvió, Aline lloraba y sostenía un pañuelo sobre su seno y, como todos esos acontecimientos no producían nunca sensación o, cuanto más, la de la risa, la Duclos reanudó inmediatamente su historia:

Despaché yo misma -dijo-, algunos días después, a un viejo fraile cuya manía, más fatigosa para la mano, no era, sin embargo, tan repugnante para el corazón. Me entregó un gran trasero asqueroso cuya piel parecía pergamino; había que amasárselo, manoseárselo, apretárselo con todas las fuerzas, pero cuando llegué al agujero nada le parecía bastante violento; había que agarrar los pellejos de aquella parte, frotarlos, pellizcarlos, agitarlos fuertemente entre mis dedos, y sólo con la energía de la operación derramaba su semen. Además se masturbaba él mismo y ni siquiera me levantó las faldas. Pero aquel hombre debía tener un furioso hábito de aquella manipulación, pues su trasero, por otra parte blando y colgante, estaba sin embargo revestido de una piel tan gruesa como el cuero.

Al día siguiente, sin duda por los elogios que hizo en su convento de mi manera de obrar, me trajo a uno de sus cofrades, en cuyo culo tenía que aplicar manotazos con todas mis fuerzas; pero éste, más libertino y más observador, previamente visitaba con cuidado las nalgas de la mujer, y mi culo fue besado, lamido diez o doce veces seguidas, cuyos intervalos se llenaban con manotazos en el suyo. Cuando su piel se hubo vuelto escarlata, su verga se enderezó y puedo certificar que era uno de los más bellos instrumentos que yo hubiese manoseado. Entonces me la puso en la mano y me ordenó que lo masturbase mientras continuaba pegándole con la otra mano.

-O me equivoco -dijo el obispo- o nos encontramos en el artículo de las fustigaciones pasivas.

-Sí, monseñor -dijo la Duclos-, y ya que mi tarea de hoy ha terminado, aceptaréis que deje para mañana el comienzo de los gustos de esta naturaleza de los que deberemos ocuparnos durante varias veladas consecutivas.

Como faltaba aún cerca de media hora para la cena, Durcet dijo que, para abrir el apetito, quería tomar algunas lavativas; se sospechó la intención, todas las mujeres se estremecieron, pero la sentencia estaba lanzada, no se retrocedería. Thérése, que aquel día le servía, aseguró que sabía administrarlas de maravilla; de la afirmación pasó a la prueba y, en cuanto el pequeño financiero tuvo las entrañas cargadas, indicó a Rosette que debía acercarse a tender el pico. Hubo un poco de resistencia, un poco de dificultades, pero fue necesario obedecer y la pobre pequeña se tragó dos lavativas, sin perjuicio de devolverlas después, lo cual, como puede imaginarse, no tardó en suceder. Felizmente llegó la hora de la cena, pues sin duda hubiera vuelto a las andadas. Pero la noticia cambió la disposición de todos los ánimos y fueron a ocuparse en otros placeres. En las orgías se hicieron algunas cagadas sobre tetas y se hicieron cagar muchos culos; el duque se comió ante todo el mundo la cagada de la Duclos mientras esta hermosa mujer lo chupaba y las manos del disoluto se perdían un poco por todas partes, su semen salió con abundancia y después que Curval lo imitó con la Champville se habló por fin de ir a acostarse.

DECIMOSEPTIMA JORNADA

La terrible antipatía del presidente por Constance estallaba a diario: había pasado la noche con ella por un arreglo particular con Durcet, a quien pertenecía, y al día siguiente presentó contra ella las más amargas quejas.

-Ya que a causa de su estado -dijo- no se quiere someterla a las correcciones ordinarias

por temor de que dé a luz antes del instante en que nos disponemos a recibir ese fruto, por lo menos, redios -decía-, habría que encontrar un medio de castigar a esta puta cuando hace tonterías.

Pero, y véase lo que es el maldito espíritu de los libertinos, cuando se analiza aquella falta

prodigiosa, adivina, oh lector, lo que era: se trataba de que desgraciadamente se había puesto de frente cuando se le pedía el trasero, y estas faltas no se perdonan. Pero lo peor aún era que negaba el hecho, pretendía con bastante fundamento que aquello era una calumnia del presidente, quien no buscaba más que perderla, y que nunca se acostaba con él sin que inventase mentiras parecidas: pero como las leyes a este respecto eran formales, y nunca se creía a las mujeres, se planteó la cuestión de saber cómo se castigaría en adelante a aquella mujer sin riesgo de malograr su fruto. Se decidió que por cada delito se la obligaría a comerse una cagada y, en consecuencia, Curval exigió que empezase inmediatamente. Fue aprobado. Estaban entonces almorzando en el aposento de las muchachas, Constance recibió la orden de presentarse, el presidente cagó en medio de la estancia y se le mandó que fuese, a gatas, a comer lo que aquel hombre cruel acababa de hacer. Ella cayó de rodillas, pidió perdón, mas nada enterneció a los hombres; la naturaleza había puesto bronce en lugar de corazón dentro de aquellos vientres. Nada más agradable que los melindres que hizo la pobre mujercita antes de obedecer, y Dios sabe cuánto los divertían. Por fin tuvo que decidirse, el corazón le brincó a mitad de la tarea, a pesar de lo cual tuvo que terminarla, y se lo tragó todo.

Cada uno de nuestros malvados, excitados por aquella escena, se hacía masturbar,

mientras la contemplaba, por una niña, y Curval, singularmente excitado por la operación, y a quien Augustine masturbaba de maravilla, sintiendo que iba a descargar llamó a Constance

que apenas había terminado su triste almuerzo:

-Ven, puta -le dijo-; cuando se ha engullido el pescado hay que ponerle salsa, es blanca, ven a recibirla.

Tuvo también que pasar por esto, y Curval, que mientras actuaba hacía cagar a Augustine, soltó lo suyo en la boca de aquella desdichada esposa del duque mientras engullía la mierdita fresca y delicada de la interesante Augustine.

Se hicieron las visitas, Durcet encontró mierda en el orinal de Sophie. La joven se excusó

diciendo que se había sentido indispuesta.

-No --lijo Durcet, revolviendo los excrementos-, no es verdad: una cagalera de

indigestión está deshecha, y éste es un mojón muy sano.

Cogió inmediatamente su funesto cuaderno, inscribió en él el nombre de aquella

encantadora criatura, quien se fue a ocultar sus lágrimas y a deplorar su situación. Todo el resto estaba en regla, pero, en el aposento de los muchachos, Zélamir, que había cagado la víspera en las orgías y a quien se le había ordenado no limpiarse el culo, se lo había limpiado sin permiso. Todo aquello eran delitos capitales: Zélamir fue inscrito. A pesar de lo cual Durcet le besó el culo y se hizo chupar la verga por él un instante, luego se pasó a la capilla donde se vio cagar a dos jodedores subalternos, a Fanny, Aline, Thérèse y la Champville. El duque recibió en su boca la cagada de Fanny y se la comió, el obispo la de los dos jodedores, una de las cuales tragó, Durcet la de la Champville y el presidente la de Aline,-que, a pesar de su descala, mandó al lado de la de Augustine.

La escena de Constance había calentado las cabezas, pues hacía mucho tiempo que no se habían permitido tales extravagancias por la mañana. Se habló de moral durante la comida. El duque dijo que no concebía cómo las leyes de Francia condenaban el libertinaje, ya que al ocupar el libertinaje a los ciudadanos los distraía de cábalas y revoluciones; el obispo dijo que las leyes no condenaban positivamente el libertinaje sino sus excesos. Entonces se analizaron éstos y el duque demostró que ninguno de ellos era peligroso, ninguno podía ser sospechoso para el gobierno y que, por lo tanto, no solamente era cruel, sino hasta absurdo querer atacar tales minucias.

De las palabras se pasó a los hechos, el duque, medio borracho, se abandonó en los brazos de Zéphyr y chupó durante una hora la boca de ese hermoso niño, mientras Hercule, aprovechando la situación, hundía su enorme instrumento en el ano del duque. Blangis se dejó, y sin otra acción, sin otro movimiento que el de besar, cambió de sexo sin darse cuenta. Sus compañeros, por su lado, se entregaron a otras infamias, y pasaron a tomar el café. Como se acababan de hacer muchas tonterías, el rato del café fue bastante tranquilo y quizás el único en todo el viaje donde no se vertiera semen. La Duelos, ya en su estrado, esperaba a la compañía, y cuando ésta se hubo acomodado empezó de la manera siguiente:

Acababa de sufrir una pérdida en mi casa que me afectaba en todos los aspectos. Eugénie, a quien quería apasionadamente y que me era singularmente útil a causa de sus extraordinarias complacencias para todo lo que podía producirme dinero, Eugénie, digo, me había sido arrebatada del modo más singular, un criado, después de haber pagado la suma convenida, vino a buscarla, dijo, para una cena en el campo, de la que traería quizás siete u ocho luises. Yo no me hallaba en casa cuando aquello sucedió, pues jamás la habría dejado salir así con un desconocido, pero se dirigieron sólo a ella, y aceptó... No he vuelto a verla en mi vida.

-Ni la verá usted -dijo la Desgranges-. La juerga que le propusieron era la última de su vida y a mí me corresponderá ofrecer el desenlace de esta parte de la novela de aquella

hermosa muchacha.

- ¡Ah! ¡Gran Dios! -exclamó la Duelos-... Una muchacha tan bella, de veinte años, con la cara más fina y más agradable.

-Y añada a ello -dijo la Desgranges- el cuerpo más hermosa de París. Todos esos atractivos le fueron funestos, pero siga usted y no nos adelantemos a las circunstancias.

Fue Lucile -dijo la Duelos- quien la sustituyó en mi corazón y en mi cama, pero no en las ocupaciones de la casa; pues le faltaba mucho para tener su sumisión y su complacencia.

Fuese como fuese, a sus manos confié poco después al prior de los benedictinos, quien venía de cuando en cuando a visitarme y por lo común se divertía con Eugénie. Este buen padre, después de haber masturbado el coño con su lengua y haber chupado la boca, requería que le azotaran ligeramente con varas solamente el miembro y los cojones y eyaculaba sin empalmarse, sólo con el roce, sólo con la aplicación de las varas sobre aquellas partes. Su mayor placer, entonces, consistía en ver a la muchacha hacer saltar en el aire, con el extremo de las varas, las gotas de semen que salían de su verga.

Al día siguiente despaché yo misma a uno a quien había que aplicar cien azotes bien contados en el trasero; antes besaba el trasero de la mujer y, mientras recibía los azotes, se masturbaba él mismo.

Algún tiempo después, un tercero me quiso también a mí; pero éste era más

ceremonioso en todos los puntos: se me avisó ocho días antes, y era preciso que ese tiempo no me lavase ninguna parte de mi cuerpo y principalmente ni el coño, ni el culo, ni la boca, que desde el momento del aviso pusiese en remojo, en un orinal lleno de orina y de mierda, al menos tres puñados de varas. Llegó él por fin, era un viejo receptor de impuestos, hombre muy acomodado, viudo sin hijos y que se entregaba muy a menudo a semejantes juergas. La primera cosa de que se informó era de si había cumplido exactamente la abstinencia de abluciones que me había prescrito; le aseguré que sí y, para convencerse de ello, empezó por aplicarme un beso en los labios que sin duda le satisfizo, pues subimos, y yo sabía que si al darme aquel beso, estando yo en ayunas, hubiese reconocido el empleo de alguna limpieza, no hubiera querido consumar el encuentro. Subimos pues, contempló a las varas en el orinal donde yo las había colocado, luego me ordenó desnudarme y vino a olfatear con cuidado todas las partes de mi cuerpo que me había más expresamente prohibido lavarme; como yo lo había cumplido con exactitud, sin duda encontró en ella el hedor que deseaba, pues le vi calentarse en sus arreos y luego le oí exclamar: "

¡Ah! ¡Joder! Está bien esto, esto es lo que quiero". Entonces, a mi vez, le manoseé el

trasero; era exactamente un cuero hervido, tanto por el color como por la dureza de la piel. Después de haber por un instante acariciado, manoseado y entreabierto aquellas nalgas ásperas, me apoderé de las varas y, sin limpiarlas, empecé a arrearle con ellas diez azotes con todas mis fuerzas; pero, no sólo no hizo ningún movimiento, sino que parecía que mis golpes ni siquiera rozaban aquella inexpugnable ciudadela. Después de aquella primera tanda, le hundía tres dedos en el ano y lo sacudí con toda mi fuerza, pero nuestro hombre era igualmente insensible por todas partes; ni siquiera se estremeció. Realizadas aquellas dos primeras cere- monias, fue él quien actuó; me apoyé con el vientre sobre la cama, él se arrodilló, separó mis nalgas y paseó su lengua alternativamente por los dos agujeros, los cuales

sin duda, según sus órdenes, no debían ser muy aromáticos. Después de haberme chupado bien, lo volví a azotar y lo socraticé, él volvió a hincarse y lamerme, y así sucesivamente por lo menos quince veces. Por fin, instruida en cuanto a mi papel y guiándome por el estado de su pito, que observaba con gran atención sin tocarlo, en una de sus arrodilladas le suelto mi cagada en las narices. El se echa para atrás, me dice que soy una insolente y eyacula masturbándose él mismo y lanzando unos gritos que hubieran oído desde la calle sin la precaución que había tenido para impedir que trascendieran. Pero la cagada cayó al suelo, él no hizo más que verla y olerla, no la re- cibió en su boca ni la tocó; había recibido por lo menos doscientos azotes y, puedo atestiguarlo..., sin que lo pareciese, sin que su trasero encallecido por una prolongada costumbre conservase ni la más ligera marca.

- ¡Oh, pardiez! -dijo el duque-. He ahí un culo, presidente, que puede compararse al tuyo.

-Muy cierto -dijo Curval, balbuceando, porque Aline lo masturbaba-, es muy cierto que el hombre de quien se habla tiene positivamente mis nalgas y mis gustos, pues yo apruebo infinitamente la ausencia de bidet, pero la querría más prolongada; querría que no se hubiese tocado el agua al menos durante tres meses.

-Presidente, estás empalmado -dijo el duque.

-¿Tú crees? -dijo Curval-. Toma, a fe mía, pregúntaselo a Aline, ella te dirá qué hay, pues

por mi parte estoy tan acostumbrado a ese estado que nunca me doy cuenta de cuando cesa ni de cuando comienza. Todo lo que puedo asegurarte es que en el momento en que te hablo quisiera una puta muy impura; quisiera que saliese para mí del retrete, que su culo oliese bien a mierda y que su coño oliese a pescado. ¡Eh, Thérèse! Tú cuya mugre se remonta hasta el diluvio, tú que desde el bautizo no te has limpiado el culo y cuyo infame coño apesta a tres leguas a la redonda, ven a traer todo esto a mi nariz, te lo ruego, y añade a ello hasta una cagada, si quieres.

Thérèrse se acerca, con sus atractivos sucios, repugnantes y marchitos frota la nariz del

presidente, deja en ella, además, la defecación deseada, Aline masturba, el libertino descarga, y la Duelos reanuda así su narración:

Un viejo solterón que recibía todos los días a una muchacha nueva para la operación que os diré, me hizo rogar por una de mis amigas que fuese a verlo, y al mismo tiempo fui instruida sobre el ceremonial acostumbrado con aquel depravado. Llegué, me examinó con aquella ojeada flemática que da el hábito del libertinaje, ojeada segura, y que en un minuto aprecia el objeto que se le ofrece.

-Me han dicho que tienes un culo hermoso -me dijo- y, como desde hace casi sesenta años tengo una debilidad decidida por las bellas nalgas, quiero ver si sostienes tu reputación... Levántate las faldas.

Aquellas palabras enérgicas eran una orden suficiente; no solamente ofrecí la

medalla, sino que la aproximé lo más posible a la nariz de aquel libertino de profesión. Primero me mantuve erguida, poco a poco me incliné y le mostré el objeto de su culto bajo todas las formas que más podían gustarle. A cada movimien- to sentía las manos del libertino que se paseaban por la superficie y perfeccionaban la situación, fuese consolidándola, fuese modificándola un poco más a su gusto.

-El agujero es muy ancho -me dijo-, te habrás prostituido furiosamente en el

sentido sodomita durante tu vida.

- ¡Ay, señor!, -le contesté-, vivimos en un siglo en que los hombres son tan

caprichosos que para agradarles no hay más remedio que prestarse un poco a todo.

Entonces sentí que su boca se pegaba herméticamente al agujero entre mis nalgas y que su lengua trataba de penetrar en el orificio; aproveché el instante con habilidad, como me había sido recomendado, e hice deslizarse sobre su lengua la ventosidad mejor nutrida y más blanda. El procedimiento no le desagradó en absoluto, pero no lo conmovió más; al fin, después de media docena de ellos, se levantó, me condujo al rincón de su cama y me muestra un cubo de mayólica en el que se remojaban cuatro manojos de varas. Encima del cubo colgaban varias disciplinas con clavos de gancho dorado.

-Armate -me dijo el disoluto- con estas armas, aquí tienes mi culo: como ves, es seco, flaco y muy endurecido. Toca.

Y cuando lo hube obedecido:

-Ya ves -continuó-, es un viejo cuero endurecido bajo los golpes que no se

calienta más que con los excesos más increíbles. Me mantendré en esta actitud -dijo, tendiéndose a los pies de su cama, sobre el vientre y con las piernas en el suelo-; sírvete, por turno, de estos dos instrumentos, las varas y las disciplinas. Será largo pero verás una señal segura de la proximidad del desenlace. En cuanto veas que a este culo le pasa algo extraordinario, has de estar lista para hacer lo mismo que haga él; cambiaremos de lugar, Yo me hincaré ante tus bellas nalgas, tú harás lo que me habrás visto hacer, y yo eyacularé. Pero, sobre todo, no te impacientes, Porque, te lo advierto una vez más, va para largo.

Empecé, cambié de instrumento como me había recomendado. Pero ¡qué flema, gran Dios! Yo estaba empapada de sudor; Para pegar más cómodamente, me había hecho desnudarme el brazo hasta el cuello. Llevaba más de tres cuartos de hora pegando con toda la fuerza, ya con las varas, ya con las disciplinas, y no veía que mi tarea adelantase. Nuestro disoluto, inmóvil, no se movía más que si estuviese muerto; hubiérase dicho que saboreaba en silencio los movimientos internos de la voluptuosidad que recibía con aquella operación, pero ningún vestigio exterior, nin- guna apariencia de que influyese ni siquiera sobre su piel. Por fin dieron las dos, y estaba trabajando desde las once; de pronto, le vi levantar el lomo, separa las nalgas, yo paso y vuelvo a pasar las varas por ellas a determinados intervalos, mientras continuaba azotándolo; salió una cagada, yo azoté, mis golpes hacen volar la mierda hacia el suelo.

-Vamos, valor -le dije-, llegamos a puerto.

Entonces nuestro hombre se levantó lleno de furor; su verga dura y rebelde se

pegaba a su vientre.

-Imítame -me dijo-, imítame, sólo necesito mierda para darte el semen.

Yo me incliné rápidamente en su lugar, él se arrodilló como había dicho y yo le puse en la boca un huevo que para este fin guardaba desde hacía casi tres días. Al recibirlo, su semen salió, él se echó hacia atrás aullando de placer, pero sin tragarse ni conservar más de un segundo la cagada que yo acababa de depositarle. Por otra parte, exceptuandoos a vosotros, señores, que sin duda sois modelos en este género, he visto a pocos hombres con crispaciones tan agudas; casi se desmayó al derramar su semen. La sesión me produjo dos luises.

Pero apenas llegué a casa encontré a Lucile ocupada con otro viejo, quien, sin

ningún contacto preliminar, se hacía simplemente fustigar, con varas empapadas en vinagre, desde los riñones hasta el extremo de las piernas, y dirigidos los golpes con toda la fuerza que alcanzaba el brazo, y éste terminaba la operación haciéndose chupar. La mujer se arrodillaba ante él cuando le daba la señal y, haciendo flotar los viejos cojones gastados sobre sus tetas, cogía el viejo instrumento blanducho en su boca, donde el pecador arrepentido no tardaba en llorar sus faltas.

Y como la Duelos terminó aquí lo que tenía que decir durante la velada y la hora de la cena todavía no había llegado, mientras se esperaba se hicieron algunas tunantadas.

-Debes estar rendido, presidente -dijo el duque a Curval-. Ya te he visto eyacular dos veces hoy y no estás acostumbrado a perder en un día tal cantidad de semen.

-Apostemos por la tercera -dijo Curval, que manoseaba las nalgas de la Duelos.

- ¡Oh, lo que quieras! -dijo el duque.

-Pero pongo una condición -dijo Curval-, es que todo me será permitido.

- ¡Oh, no! -replicó el duque-, sabes muy bien que hay cosas que hemos prometido no

hacer antes de la época en que nos sean indicadas; hacernos joder era una de ellas, antes de proceder a ello debíamos esperar que nos fuese citado, en el orden establecido, algún ejemplo de esta pasión; y, sin embargo, en las representaciones de todos, señores, pasamos por encima de esto. Hay muchos goces particulares que hubiéramos debido prohibirnos igualmente hasta el momento de su narración y que toleramos con tal que sucedan en nuestras alcobas o en nuestros gabinetes. Tú acabas de entregarte a ellos, hace un momento, con Aline. ¿Acaso fue por nada por lo que lanzó un grito agudo y por lo que ahora tiene su pañuelo sobre el pecho? ¡Bien! Escoge, pues, entre esos goces misteriosos o los que nos permitimos públicamente, y que tu tercera eyaculación se deba nada más a este tipo de cosas, y apuesto cien luises a que no la consigues.

Entonces el presidente preguntó si podía pasar a la sala del fondo con los sujetos que bien le pareciesen, se le concedió, con la única condición de que la Duelos estaría presente y que sólo a ella se atendrían en cuanto a la certeza de la descarga.

-Vamos -dijo el presidente-, acepto.

Y, para empezar, se hizo dar ante todo el mundo, por la Duelos, quinientos latigazos; hecho esto, se llevó consigo a su querida y fiel amiga Constance, a quien, sin embargo, se le rogó que no hiciese nada que pudiese perjudicar su preñez; añadió a su hija Adélaïde, Augustine, Zelmire, Céladon, Zéphyr, Thérése, Fanchon, la Champville, la Desgranges y la Duelos, con tres joded ores.

- ¡Oh, joder! -exclamó el duque-, no habíamos convenido en que te sirvieras de tantos

sujetos.

Pero el obispo y Durcet, poniéndose de parte del presidente, aseguraron que no

importaba el número. El presidente, pues, fue a encerrarse con su tropa, y al cabo de media hora, que el obispo, Durcet y Curval, con los sujetos que les quedaron, no pasaron orando a Dios, al cabo de media hora, digo, Constance y Zelmire volvieron llorando y el presidente las siguió pronto con el resto de su tropa, sostenido por la Duelos, quien dio testimonio de su vigor y certificó que en buena justicia merecía una corona de mirto. El lector aprobará que no le revelemos lo que el presidente había hecho, las circunstancias no nos lo permiten todavía; pero había ganado la apuesta y esto entonces era lo esencial.

-He aquí cien luises -dijo, al recibirlos- que me servirán para pagar una multa a la cual temo ser pronto condenado.

Esta es otra cosa que rogamos al lector nos permita no explicarle hasta que ocurra el suceso, pero que vea sólo cómo aquel malvado preveía sus faltas por anticipado y cómo tomaba su partido en cuanto al castigo que debían acarrearle sin tomarse la más mínima

molestia para prevenirlas o evitarlas.

Puesto que sólo sucedieron cosas ordinarias desde aquel instante hasta el comienzo de las narraciones del día siguiente, vamos a transportar inmediatamente al lector a aquel momento.

DECIMOOCTAVA JORNADA

La Duelos, bella, arreglada y más brillante que nunca, empezó así los relatos de su décimooctava velada:

Acababa yo de hacer la adquisición de una criatura gorda y alta llamada Justine; tenía veinticinco años, más de cinco pies de estatura, robusta como una criada de taberna, pero de bellas formas, bonita tez y el cuerpo más hermoso del mundo. Como en mi casa abundaban esa especie de viejos disolutos que no encuentran ninguna noción de placer más que en los suplicios que se les aplican, creí que semejante pupila me sería sin duda de gran ayuda. Al día siguiente de su llegada, para poner a prueba sus facultades fustigadoras que me habían elogiado prodigiosamente, la enfrenté con un viejo comisario de barrio a quien había que fustigar con toda la fuerza desde la parte baja del pecho hasta las rodillas y luego desde la mitad de la espalda hasta las pantorrillas, y esto hasta que sangrara por todas partes. Terminada la operación, el libertino levantaba simplemente las faldas de la muchacha y le co- locaba su paquete sobre las nalgas. Justine se portó como una verdadera heroína de Citerea, y nuestro disoluto vino a confesarme que poseía yo un tesoro y que en su vida había sido fustigado como por aquella bribona.

Para demostrarle el caso que le hacía, pocos días después la junté con un viejo inválido de Citerea que se hacía dar más de mil latigazos en todas las partes del cuerpo indistintamente y, cuando estaba todo ensangrentado, la mujer debía mearse en su propia mano y frotarle con la orina todos los lugares más lastimados del cuerpo. Aplicada esta loción, se volvía a empezar la tarea, entonces él eyaculaba, la muchacha recogía en la mano, cuidadosamente, el semen que él soltaba y lo friccionaba por segunda vez con aquel nuevo bálsamo. Iguales éxitos por parte de mi nueva adquisición, Y cada día -más elogios; pero no fue posible emplearla con el campeón que se presentó aquella vez:

Aquél hombre singular no quería nada femenino más que el vestido, pero en

realidad debía ser un hombre y, para explicarme mejor, el libertino quería recibir la paliza de un hombre vestido de mujer. ¡Y cuál era el arma de que se servía! No penséis que eran varas, era un manojo de tallos de mimbre con el que había que desgarrarle bárbaramente las nalgas. En realidad, como aquel asunto olía un poco a sodomía, yo no debía meterme en él demasiado; sin embargo, puesto que se trataba de un antiguo cliente de la Fournier, un hombre verdaderamente adicto desde siem- pre a nuestra casa y que por su posición podía prestarnos algún servicio, no hice remilgos, y tras disfrazar lindamente a un muchacho de dieciocho años que a veces nos hacía recados y que tenía un rostro muy agraciado, se lo presenté armado con un manojo de mimbres.

Nada más agradable que la ceremonia (ya imaginaréis que quise verla): Empezó por contemplar bien a su fingida doncella y, como la encontró sin duda muy de su

agrado, comenzó con cinco o seis besos en la boca que olían a herejía a una legua de distancia; hecho esto mostró sus nalgas y, con aire aún de tomar por mujer al muchacho, le dijo que se las manoseara y amasara con cierta dureza; el muchachito, a quien yo había instruido bien, hizo todo lo que se le pedía.

-Vamos -dijo el disoluto-, azótame y, sobre todo, no tengas miramientos

conmigo.

El muchacho tomó el manojo de mimbres, propinó entonces con su brazo

vigoroso cincuenta golpes seguidos sobre las nalgas que se le ofrecían, el libertino, ya intensamente marcado por los latigazos de aquellos mimbres, se abalanza sobre su fustigadora masculina, le levanta las faldas, una mano reconoce el sexo, la otra agarra ávidamente las dos nalgas, de momento no sabe cuál templo incensará primero, por fin se decide por el culo y pega a él su boca con ardor. ¡Oh, qué diferencia del culto que rinde la naturaleza a aquel que se dice que la ultraja! Dios justo, si aquella tarea fuese real, ¿habría tanto ardor en el homenaje? Jamás un culo de mujer ha sido besado como lo fue el de aquel jovencito; tres o cuatro veces la lengua del libertino desapareció enteramente dentro del ano; por fin, volviendo a colocarse, exclamó:

- ¡Oh, querido niño, continúa tu operación!

Vuelve a ser flagelado, pero, corno estaba más animado, sostiene aquel segundo ataque con mucha fuerza. Llega a sangrar, su verga se levanta y la hace empuñar apresuradamente por el joven objeto de sus transportes. Mientras éste lo manosea, el otro quiere hacerle un favor semejante, vuelve a levantarle las faldas, pero esta vez va tras del pito; lo toca, lo masturba, lo sacude y pronto lo introduce en su boca. Después de estas caricias preliminares, se ofrece por tercera vez a los golpes. Esta última escena lo enfureció completamente; echó a su adonis sobre la cama, se tendió sobre él, oprimió a la vez las dos vergas, pegó la boca a los labios del hermoso muchacho y cuando hubo logrado calentarlo con sus caricias, le procura el placer divino al mismo tiempo que lo saborea él mismo; ambos eyaculan a la vez. Nuestro libertino, encantado con la escena, trató de borrar mis escrúpulos y me hizo prometer que le proporcionaría a menudo el mismo placer fuese con el mismo joven, fuese con otros. Yo quise esforzarme por su conversión, le aseguré que tenía muchachas hechizadoras que lo azotarían igualmente bien; no quiso ni siquiera mirarlas.

-Lo creo -dijo el obispo-. Cuando se tiene decididamente el gusto por los hombres no se cambia; la distancia es tan extremada que uno no se siente tentado a hacer la prueba.

-Monseñor -dijo el presidente-, planteas aquí una tesis que merecería una disertación de dos horas. -Y que siempre terminaría a favor de mi afirmación -dijo el obispo-, porque es indiscutible que un muchacho vale más que una mujer.

-No hay réplica -dijo Curval-, pero se te podría decir sin embargo, que pueden hacerse

algunas objeciones al sistema y que, para los placeres de cierta clase, como, por ejemplo, de los que nos hablarán Martaine y Desgranges, una mujer es mejor que un muchacho.

-Lo niego -dijo el obispo-, incluso para ésos a que te refieres, el muchacho es mejor que la mujer. Considéralo por el lado del mal, que constituye casi siempre el verdadero atractivo del placer, el crimen te Parecerá mayor con un ser absolutamente de tu especie que con uno que no lo sea, y a partir de aquel momento la voluptuosidad es doble.

-Sí -dijo Curval-, pero ese despotismo, ese dominio ese delirio que nace del abuso que se hace de la fuerza contra el débil...

-Se encuentra en ello también -respondió el obispo-. Si la víctima es del todo tuya, este dominio en esos casos, que tú crees mejor establecido con una mujer que con un hombre, no procede sino del prejuicio, no procede sino de la costumbre que somete más ordinariamente aquel sexo que el otro a tus caprichos. Pero renuncia por un instante a esos prejuicios de opinión y que el otro esté perfectamente bajo tus cadenas, con la misma autori- dad, encontrarás mayor la idea del crimen y necesariamente tu lubricidad será doble.

-Yo pienso como el obispo -dijo Durcet-. Una vez está bien establecido el dominio, creo

que es más delicioso ejercer el abuso de la fuerza con un semejante que con una mujer.

-Señores -dijo el duque-, quisiera que dejarais vuestras discusiones para la hora de comer

y que estas horas destinadas a escuchar las narraciones no las empleaseis en sofismas.

-Tiene razón -dijo Curval-. Anda, Duelos, prosigue. Y la amable directora de los placeres

de Citerea reanudó su relato en los términos siguientes:

Un viejo escribano del parlamento -dijo- fue a visitarme una mañana y, como estaba acostumbrado desde los tiempos de la Fournier a no tratar más que conmigo, no quiso cambiar de método. Se trataba de abofetearle por grados, mientras se le masturbaba; es decir, al principio suavemente, luego un poco más fuerte a medida que su pito tomaba consistencia y por fin con todas las fuerzas cuando eyaculaba. Yo había llegado a comprender tan bien la manía de ese personaje que a las veinte bofetadas ya hacía salir su semen.

- ¡A las veinte! -dijo el obispo-. ¡Caramba, yo no necesitaría tantas para soltarlo de una vez!

-Como ves, amigo mío -dijo el duque-, cada uno tiene su manía, nunca debemos condenar ni asombrarnos de la de nadie; vamos, Duelos, otra y termina.

La que me queda por contaros esta noche -dijo la Duelos-, la supe por una de mis amigas; esta vivía desde hacía dos años con un hombre que no tenía nunca erección hasta después de haberle sido aplicados veinte papirotazos en la nariz, haberle tirado de las orejas hasta hacerle brotar sangre, mordido las nalgas, el pito y los cojones. Excitado por los duros cosquilleos de esos preliminares, tenía una erección de semental y eyaculaba, blasfemando como un demonio, casi siempre sobre la cara de aquella de quien acababa de recibir un trato tan singular.

Como todo lo que acababa de decirse sólo calentó el cerebro de los señores en lo referente a las fustigaciones masculinas, aquella noche únicamente se imitó esa fantasía; el duque se hizo pegar por Hercule hasta sangrar, Durcet por Bande-au-ciel, el obispo por Antinoüs y Curva] por Brise-cul. El obispo, que no había hecho nada en todo el día, dícese que eyaculó durante las orgías comiéndose la cagada de Zelmire, que se hacía guardar desde dos días antes. Y fueron a acostarse.

DECIMONOVENA JORNADA

Por la mañana, como resultado de ciertas observaciones hechas sobre la mierda de los sujetos destinados a las lubricidades, se decidió que convenía ensayar una cosa de la que la

Duelos había hablado en sus narraciones: me refiero a la supresión del pan y de la sopa en todas las mesas, excepto en la de los señores. Esos dos objetos fueron suprimidos; en cambio se dobló la ración de aves y de caza. No tardaron ni ocho días en darse cuenta de una diferencia esencial en los excrementos; eran más blandos, más suaves, de una delicadeza infinitamente mayor, y se apreció que el consejo de d'Aucourt a la Duelos era el de un libertino verdaderamente consumado en tales materias. Se pretendió que acaso resultaría de ello una cierta alteración en los alientos.

- ¡Eh! ¡Qué importa! -replicó Curval, a quien el duque hacía la objeción-; es un error decir que para dar placeres es necesario que la boca de una mujer o de un muchacho esté absolutamente sana. Hagamos a un lado toda manía, os concederé tanto como queráis que aquel que quiere una boca hedionda sólo obra por depravación, pero concededme por vuestra parte que una boca sin el más mínimo olor no da ninguna clase de placer al besarla. Es necesario siempre que haya cierta sal, algo de picante en esos placeres, y ese picante sólo se encuentra en un poco de suciedad. Por muy limpia que esté la boca, el amante que la chupa comete ciertamente una cochinada y no se da cuenta de que es precisamente esta cochinada lo que le complace. Dad al impulso un grado más de fuerza y querréis que aquella boca tenga algo de impuro. Que no huela a podredumbre o a cadáver, está bien, pero que solamente tenga olor a leche o a niños, esto es lo que afirmo que no debe ser. Así, el régimen que imponemos tendrá cuanto más el inconveniente de alterar un poco sin corromper, y es todo lo que se requiere.

Las visitas de la mañana no rindieron nada.., todos se cuidaban. Nadie pidió permiso

para ir al retrete, y se sentaron a la mesa. Adélaïde, que servía, a quien Durcet solicitó que echase un pedo en una copa de champaña, no pudo hacerlo y al instante fue inscrita en el libro fatal por aquel bárbaro marido que desde el principio de la semana no hacía sino buscar la ocasión de hallarla en falta.

Pasaron al café; estaba servido por Cupidon, Giton, Michette y Sophie, el duque jodió a Sophie entre los muslos mientras la hacía cagar en su mano y se embarraba la cara con ello, el obispo hizo lo mismo con Giton y Curval con Michette, en cuanto a Durcet, metió el miembro en la boca de Cupidon después de hacerlo cagar. No hubo eyaculaciones y, hecha la siesta, fueron a escuchar a la Duelos.

Un hombre a quien no habíamos visto aún -dijo esa amable mujer- vino a proponernos una ceremonia bastante singular: se trataba de amarrarlo al tercer peldaño de una escalera doble; se le ataban los pies a este tercer peldaño el cuerpo quedase y las manos, levantadas, en lo más alto de la escalera. Estaba desnudo en aquella posición. Había que flagelarlo con toda la fuerza del brazo y con el mango de las varas, cuando las puntas se habían gastado. Estaba desnudo, no era necesario tocarlo en absoluto, tampoco él mismo se tocaba, pero al cabo de cierta dosis su monstruoso instrumento se levantaba como un resorte, se lo veía danzar entre los escalones como el badajo de una campana y poco después, impetuosamente, lanzaba su semen al centro de la habitación. Se le desataba, pagaba, y todo había terminado.

Nos mandó al día siguiente a uno de sus amigos a quien había que picotear el pito y los cojones, las nalgas y los muslos, con una aguja de oro. No descargaba hasta que estaba todo ensangrentado. Yo misma lo despaché y, como me decía continuamente que pinchase con más fuerza, fue al hundirle la aguja casi hasta la cabeza en el glande cuando vi caer su semen sobre mi mano. Cuando lo soltaba se abalanzó sobre mi boca, que chupó prodigiosamente, y se acabó.

El tercero, también conocido de los dos primeros, me ordenó que lo flagelase con cardos en todas las partes del cuerpo indistintamente. Lo dejé sangrando; se miró en un espejo y sólo al verse en aquel estado soltó su semen, sin tocar nada, sin manosear nada, sin exigirme nada de mí.

Aquellos excesos me divertían mucho y gozaba de una secreta voluptuosidad al

servirlos; asimismo, todos los que se entregaban a ellos estaban encantados conmigo. Fue más o menos en la época de' aquellas tres escenas cuando un señor danés, quien me fue enviado para diferentes sesiones de placer que no son de mi competencia, cometió la imprudencia de venir a mi casa con diez mil francos en diamantes, igual cantidad en alhajas y quinientos luises de plata constantes y sonantes. La presa era demasiado buena para dejarla escapar; entre Lucile y yo robamos al gentilhombre hasta el último céntimo. Quiso denunciarme, pero como yo sobornaba cuantiosamente a la policía y en aquellos tiempos con oro se hacía de ella lo que se quería, el gentilhombre recibió la orden de callarse y sus efectos me pertenecieron, menos algunas alhajas que debía ceder a los oficiales para gozar tranquilamente del resto. Nunca me había sucedido cometer un robo sin que al día siguiente me ocurriera algo dichoso; esta buena suerte fue un nuevo cliente, pero uno de esos clientes diarios que se pueden considerar como la mejor tajada de una casa.

Era un viejo cortesano que, cansado de los homenajes que recibía en el palacio

de los reyes, gustaba de ir a cambiar de papel entre las putas. Quiso empezar conmigo; yo debía hacerle recitar su lección y a cada falta que cometía era condenado a arrodillarse y a recibir ya en la mano, ya en el trasero fuertes azotes con una férula de cuero como la que emplean los maestros en la clase. Me correspondía darme cuenta de cuándo estaba excitado; entonces me apoderaba de su pito y lo sacudía diestramente mientras lo regañaba, llamándolo pequeño libertino, pequeño malvado y otras invectivas infantiles que lo hacían eyacular voluptuosamente. Cinco veces a la semana debía ejecutarse semejante ceremonia en mi casa, pero siempre con una nueva muchacha bien instruida, y yo recibía por ello veinticinco luises al mes.

Conocía tantas mujeres en París, que me fue fácil prometerle lo que pedía y

cumplirlo; durante diez años tuve en mi pensión a aquel encantador colegial, quien hacia aquella época se decidió por ir a tomar otras lecciones al infierno.

Sin embargo, yo aumentaba en años y, aunque mi cara era del tipo que se conserva, empezaba a darme cuenta de que ya no era por capricho por lo que los hombres querían tratar conmigo. No obstante, tenía aún buenos clientes, a pesar de mis treinta y seis años, y el resto de las aventuras en que tomé parte ocurrieron para mí entre aquella edad y los cuarenta.

A pesar, digo, de mis treinta y seis años, el libertino cuya manía voy a contaros

para terminar esta velada no quiso tratar con nadie más que conmigo. Era un cura de unos sesenta años, pues yo nunca recibía sino a personas de cierta edad, y cualquier mujer que quiera hacer fortuna en nuestra profesión me imitará sin duda en esto. El santo hombre llegó y, en cuanto estuvimos juntos, me pidió que le dejase ver mis nalgas.

-He aquí el culo más hermoso del mundo -me dijo-. Pero, desgraciadamente, no

será el que me procure la pitanza que voy a devorar. Toma -dijo, poniéndome sus nalgas entre las manos-: aquí tienes el que me la procurará... Hazme cagar, por favor.

Cogí un orinal de porcelana que coloqué sobre mis rodillas, el cura se puso a la altura conveniente, yo le apreté el ano, lo entreabrí y le proporcioné, en una palabra,

todas las diferentes agitaciones que imaginé que habrían de apresurar su evacuación. Esta tiene lugar, una cagada enorme llena el recipiente, se lo ofrezco al libertino, se abalanza, lo agarra, devora y eyacula al cabo de un cuarto de hora de la más violenta azotaina propinada por mí sobre aquellas mismas nalgas que acaban de poner un huevo tan hermoso. Todo era tragado; había acompasado tan bien su tarea que su eyaculación no se producía hasta el último bocado. Durante todo el tiempo en que lo había azotado, no había dejado de excitarlo con frases así;

-Vamos, bribonzuelo -le decía-, cochinito; ¿puedes comer de esta manera? ¡Ah! Voy a enseñarte, picaruelo, a entregarte a tales infamias.

Y con estos procedimientos y estas palabras era como el libertino llegaba al colmo del placer.

Aquí, antes de cenar, Curval quiso ofrecer al grupo el espectáculo real del que la Duelos sólo había presentado la pintura. Llamó a Fanchon, ésta lo hizo cagar y el libertino lo devoró mientras esa vieja bruja lo azotaba con todas sus fuerzas. Como aquella lubricidad calentó las cabezas, por todas partes reclamaron mierda y entonces Curval, que no había eyaculado, mezcló su cagada con la de Thérèse, a quien hizo cagar inmediatamente.

El obispo, acostumbrado a servirse de los goces de su hermano, hizo lo mismo con la Duelos, el duque con Marie y Durcet con Louison. Era atroz, inaudito, lo repito, servirse de unas viejas zorras como aquéllas, cuando tenían a sus órdenes objetos tan bonitos; pero, ya se sabe, la saciedad nace en el seno de la abundancia y en medio de las voluptuosidades uno se deleita con los suplicios.

Realizadas aquellas cochinadas que sólo costaron una descarga, la del obispo, fueron a

sentarse a la mesa. Ya puestos a hacer porquerías, sólo quisieron en las orgías a las cuatro viejas y las cuatro narradoras, y despidieron al resto. Se dijo tanto, se hizo tanto, que al fin todo el mundo se marchó y nuestros libertinos fueron a acostarse solamente en los brazos del agotamiento y la embriaguez.

VIGESIMA JORNADA

La noche anterior había sucedido algo muy divertido: el duque, enteramente borracho, en vez de irse a su habitación, se había metido en la cama de la joven Sophie y, a pesar de lo que pudo decirle ésta, que sabía muy bien que lo que él hacía iba contra las reglas, no re- nunció, siguiendo afirmando que estaba en su cama con Aline, quien debía ser su mujer para la noche. Pero como con Aline podía tomarse ciertas libertades que le estaban aún prohibidas con Sophie, cuando quiso colocarla en posición para divertirse a su modo y la pobre niña, a quien no se había hecho todavía nada semejante, sintió la enorme cabeza del pito del duque golpear en la puerta estrecha de su joven trasero y tratar de derribarla, la pobre pequeña se puso a lanzar gritos horrendos y escapó, completamente desnuda, hacia el centro de la habitación. El duque la siguió blasfemando como un diablo, confundiéndola todavía con Aline. - ¡Maldita! -le decía-. ¿Acaso es la primera vez? Creyendo atraparla en su huida, cayó sobre la cama de Zelmire, que confundió con la suya y besó a la muchacha pensando que Aline había entrado en razón. El mismo procedimiento con ésta que con la otra, pues decididamente el duque quería lograr sus fines; pero cuando Zelmire se dio cuenta del proyecto, imitó a su compañera, lanzó un grito terrible y escapó.

Sin embargo, Sophie, que había sido la primera en escapar, al comprender que no había

otro medio de poner orden en la situación más que yendo en busca de luz Y de alguien con los sentidos calmados que pudiese acudir a poner todo en orden había ido al encuentro de la Duclos. Pero ésta, que en las orgías se había emborrachado como una bestia, estaba tumbada, casi sin conocimiento, en mitad de la cama del duque, y no pudo hacer nada. Desesperada y sin saber a quién recurrir en aquella circunstancia, mientras todas sus compañeras pedían auxilio, se atrevió a entrar en el aposento de Durcet, que estaba acostado con Constance, su hija, y le dijo lo que sucedía. Constance se arriesgó a levantarse, a pesar de los esfuerzos que hacía Durcet, borracho, para retenerla, diciéndole que quería descargar; cogió una vela y fue a la habitación de las muchachas: las encontró a todas en camisa en medio de la estancia y al duque persiguiéndolas una tras otra convencido de que era siempre la misma, a la que tomaba por Aline, de la que decía que aquella noche era bruja. Por fin Constance le hizo ver su error, le rogó que le permitiera conducirlo a su alcoba donde encontraría a Aline muy sumisa a todo lo que él quisiera exigirle y el duque, quien enteramente borracho y de muy buena fe no tenía otro propósito en realidad que el de dar por el culo a Aline, se dejó llevar; esa hermosa joven lo recibió y se acostaron; Constance se retiró y volvió la calma al aposento de las muchachas.

Durante todo el día siguiente se rieron mucho de esa aventura nocturna y el duque

pretendía quE si, desgraciadamente, en tal caso hubiese destruido una virginidad, no hubiera incurrido en multa porque estaba borracho; le aseguraron que estaba equivocado y que efectivamente la habría pagado.

Se desayunó como de ordinario en el aposento de las sultanas, las cuales confesaron

todas que habían tenido un miedo terrible. Sin embargo, a pesar de la revolución no se descubrió ninguna falta; también entre los muchachos todo estaba en orden, y como ni la comida ni el café ofrecieron nada extraordinario, se pasó al salón de historia, donde la Duclos, bien repuesta de sus excesos de la víspera, divirtió aquella noche a la asamblea con los cinco relatos siguientes:

Fui también yo -dijo-, señores, quien sirvió en la cita que voy a contaras. Se trataba de un médico; su primer cuidado fue visitar mis nalgas y, como las encontró soberbias, pasó más de una hora sin hacer otra cosa que besarlas. Por fin, me confesó sus pequeñas debilidades: yo debía cagar; ya lo sabía y me había preparado en consecuencia. Llené un orinal de porcelana blanca que utilizaba para tales menesteres. En cuanto se vio dueño de mi cagada, se abalanzó y la devoró; apenas empezó, me armé de un vergajo -tal era el instrumento con el que había que acariciarle el trasero-, lo amenacé, le pegué, le eché en cara las infamias a que se entregaba, y el libertino, sin escucharme, mientras tragaba, eyaculó y escapó con la rapidez del rayo después de echar un luis sobre la mesa.

Poco después puse a otro en las manos de Lucile, a quien no costó poco hacerlo descargar. En primer lugar era necesario queda cagada que se le presentaba fuese de una vieja mendiga y, para convencerlo, la vieja estaba obligada a obrar ante él. Le llevé una de setenta años, llena de úlceras y de erisipela, que desde hacía quince años no tenía ya ningún diente en sus encías. "Está bien, es excelente -dijo-, así es como las quiero". Luego se encerró con Lucile y la cagada, y esta muchacha, tan diestra como complaciente, debía excitarlo a comerse aquella mierda infame. El la olía, la miraba, la tocaba, pero le costaba mucho decidirse. Entonces Lucile, recurriendo a los grandes medios, pone la pala en el fuego, la retira completamente roja y le anuncia que le quemará las nalgas para decidirlo a lo que le exige si no lo hace

inmediatamente. Nuestro hombre se estremece, intenta una vez más: la misma repugnancia. Entonces Lucile, sin más miramientos, le baja los pantalones, expone un asqueroso culo todo marcado, todo excoriado por operaciones semejantes y le asa ligeramente las nalgas. El disoluto lanza un juramento, Lucile repite, acaba por quemarlo fuertemente en medio del trasero, el dolor lo decide por fin, toma un bocado, ella vuelve a excitarlo con nuevas quemaduras, y al fin todo es tragado. Aquel fue el instante de su eyaculación, y he visto pocas más violentas; profirió gritos, se revolcó por el suelo; le creí loco o con un ataque de epilepsia. Encantado de nuestras buenas maneras, el libertino me prometió ser cliente, pero con la condición de darle siempre la misma mujer y siempre diferentes viejas.

--Cuanto más repugnantes sean -me dijo-, mejor te las pagaré. No te imaginas -

añadió- hasta dónde llega mi depravación en esto; casi no me atrevo a admitirlo yo mismo.

Sin embargo, uno de sus amigos, que me envió al día siguiente, a mi parecer, llegaba mucho más lejos que él, pero con la única diferencia de que en vez de asarle las nalgas había que golpeárselas con unas pinzas enrojecidas al fuego, con esta única diferencia, digo, necesitaba la cagada del más viejo, más sucio y más repugnante de todos los mozos de cuerda. Para esta operación, le gustó enormemente un viejo criado de ochenta años que teníamos en la casa desde hacía una inmensidad de tiempo, y se tragó deliciosamente su cagada caliente mientras Justine lo apaleaba con unas pinzas que casi no se podían tocar por lo ardientes. Y además había que pellizcarle con ellas grandes trozos de carne y asárselos casi.

Otro se hacía pinchar las nalgas, el vientre, los cojones y el pito con una gran

lezna de zapatero remendón, aproximadamente con las mismas ceremonias, es decir, hasta que se comía los excrementos que yo le presentaba en un orinal sin que quisiera saber de quién eran.

Uno no se imagina, señores, hasta dónde llevan los hombres su delirio en el

fuego de su imaginación. ¿No vi a uno que, siempre según los mismos principios, exigía que yo lo apalease con grandes bastonazos en las nalgas hasta que se hubiese comido los excrementos que hacía sacar, en su presencia, de la fosa del retrete?; y su pérfida eyaculación no manaba en mi boca hasta que había devorado aquel fango impuro.

-Todo se comprende -dijo Curval, palpando las nalgas de la Desgranges-; estoy persuadido de que se puede llegar todavía más lejos.

-¿Más lejos? -dijo el duque, quien manoseaba con cierta fuerza el trasero desnudo de

Adélaïde, su mujer del día-. ¿Y qué diablos quieres que se haga?

- ¡Algo peor! -dijo Curval-. ¡Algo peor! Opino que nunca se ha hecho lo suficiente en todas esas cosas.

-Yo pienso como él -dijo Durcet, a-quien Antinoüs daba por el culo- y siento que mi cabeza refinaría más aún todas esas cochinadas.

-Apuesto a que sé lo que Durcet quiere decir -dijo el obispo, que todavía no actuaba.

-¿Y qué diablos es, pues? -dijo el duque.

Entonces el obispo se levantó, habló en voz baja a Durcet, quien dijo que así era, y fue a repetirlo a Curval, quien exclamó: - ¡Eh! Sí, verdaderamente. Y al duque, quien exclamó: -Ah, joder! Nunca se me hubiera ocurrido ésta. Como aquellos señores no se explicaron más, nos ha sido imposible saber a qué se referían. Y si lo supiéramos, creo que haríamos bien, por

pudor, en mantenerlo bajo un velo, pues hay muchas cosas que sólo deben indicarse, ya que una prudente circunspección lo exige; se podrían encontrar oídos castos, y estoy infini- tamente persuadido de que el lector nos agradece ya toda la prudencia que empleamos con él; cuanto más avanzaremos, más dignos nos haremos a este respecto, de sus más sinceros elogios, esto podemos ya casi asegurarlo. En fin, dígase lo que se quiera, cada uno tiene que salvar su alma, y qué castigo, en este mundo y en el otro, no merece aquel que sin ninguna moderación se complace, por ejemplo, en divulgar todos los caprichos, todos los gustos, todos los horrores secretos a que están sujetos los hombres en el fuego de su imaginación; esto sería revelar ciertos secretos que deben permanecer ocultos para la dicha de la humanidad; sería emprender la corrupción general de las costumbres y precipitar a nuestros hermanos en Jesucristo a todos los extravíos a que podrían llevar semejantes cuadros; y Dios, que ve el fondo de nuestros corazones, ese Dios poderoso que ha creado el cielo y la tierra y que ha de juzgarnos un día, sabe si desearíamos tener que oírle reprocharnos tales crímenes.

Se terminaron algunos horrores ya empezados; Curval, por ejemplo, hizo cagar a Desgranges, los otros hicieron la misma cosa con diferentes sujetos o bien otras cosas que no eran mejores, y se pasó a la cena. Durante las orgías, Duelos, que había oído a los señores disertar sobre la nueva dieta indicada antes, y cuyo objeto era hacer más abundante y más delicada la mierda, les dijo que en aficionados como ellos la asombraba ver que ignoraban el verdadero secreto de conseguir cagadas muy abundantes y muy delicadas. Interrogada sobre la manera en que debía hacerse, dijo que el único modo era el de provocar de inmediato una ligera indigestión al sujeto, no haciéndole comer cosas contrarias o malsanas, sino obligándolo a comer precipitadamente fuera de las horas de sus comidas. Aquella misma noche se hizo la experiencia: fueron a despertar a Fanny, de la que no se habían preocupado y que había ido a acostarse después de la cena, la obligaron a comerse inmediatamente cuatro grandes bizcochos y, a la mañana siguiente, proporcionó una de las más grandes y más bellas cagadas que se hubiesen conseguido hasta entonces. Por lo tanto, fue adoptado aquel sistema, con la condición, sin embargo, de no dar pan, lo que la Duelos aprobó y que no podía menos de mejorar los frutos que produciría el otro secreto. No pasó día sin que se produjeran así medias indigestiones alas muchachas y a los lindos muchachitos, y lo que se obtuvo de ello no puede ni imaginarse. Lo digo de paso, a fin de que si algún aficionado quiere emplear este secreto pueda estar bien seguro de que no hay otro mejor.

Como el resto de la velada no produjo nada extraordinario, fueron a dormir para prepararse a celebrar, al día siguiente, las bodas brillantes de Colombe y Zélamir, que debían constituir la celebración de la fiesta de la tercera semana.

VIGESIMO PRIMERA JORNADA

Desde la mañana se ocuparon de aquella ceremonia, según lo acostumbrado, pero no sé si fue hecho adrede o no, pero la joven desposada resultó culpable a primera hora de la mañana. Durcet aseguró que había encontrado mierda en su orinal; ella se defendió, dijo que, para hacerla castigar, la vieja había ido a hacer aquello, y que a menudo les hacían esas trampas cuando tenían ganas de castigarlas. A pesar de lo que dijo, no fue escuchada y, puesto que su maridito estaba ya en la lista, se divirtieron mucho con el placer de corregirlos a ambos.

Sin embargo, los jóvenes esposos fueron conducidos con gran pompa, después de la misa, al gran salón de recepciones donde debía completarse la ceremonia antes de la hora de

la comida; eran ambos de la misma edad, y la muchacha, desnuda, fue entregada a su marido, a quien se le permitía hacer con ella lo que quisiese. Nada es tan elocuente como el ejemplo; era imposible recibirlos peores y más contagiosos. El joven salta disparado sobre su mujercita y, puesto que tenía una erección muy fuerte, aunque no descargase todavía, la ha- bría enfilado inevitablemente; pero por muy ligera que hubiese sido la brecha, los señores ponían toda su gloria en evitar que nada alterase a aquellas tiernas flores que sólo ellos querían coger. Por lo cual el obispo, deteniendo el entusiasmo del joven, se aprovechó de la erección y se hizo meter en el culo el instrumento ya muy bonito y muy formado con el que Zélamir iba a enfilar a su joven mitad. ¡Qué diferencia para aquel muchacho, Y qué diferencia entre el culo tan ancho del viejo obispo y el joven coño estrecho de una virgencita de trece años! Pero se trataba de gente con la que no se podía razonar.

Curval se apoderó de Colombe y la jodió entre los muslos por delante mientras le lamía los ojos, la boca, las ventanas de la nariz y toda la cara. Sin duda durante aquel tiempo se le hizo algún favor, pues eyaculó, y Curval no era hombre para perder su semen en tales in- genuidades.

Se comió, los dos esposos fueron admitidos al café como lo habían sido a la comida, y este café fue servido aquel día por la élite de los sujetos; quiero decir por Augustine, Zelmire, Adonis y Zéphyr. Curval, que quería tener otra erección, exigió absolutamente algo de mier- da y Augustine le soltó la más bella cagada que pueda hacerse. El duque se hizo chupar por Zelmire, Durcet por Colombe y el obispo por Adonis. Este último, cuando hubo despachado al obispo, se cagó en la boca de

Durcet. Pero nada de semen; éste se hacía más raro, no se habían contenido al principio y, puesto que se sentía la extrema necesidad que se tendría de él hacia el fin, ahora lo ahorraban. Se pasó al salón de historia, donde la bella Duelos, invitada a mostrar su trasero antes de empezar, después de haberlo expuesto libertinamente a los ojos de la reunión, reanudó así el hilo de su discurso:

Otro rasgo de mi carácter, señores --dijo esa bella mujer-, tras el cual, cuando os lo haya hecho conocer suficientemente, tendréis a bien juzgar lo que os ocultaré en lo que os haya dicho, y dispensarme de hablaros más de mí.

La madre de Lucile acababa de, caer en una miseria espantosa y fue por un azar extraordinario como aquella encantadora muchacha, que no había tenido noticias de su madre desde que se había escapado de su casa, se enteró de la desdichada situación: una de nuestras alcahuetas, que estaba al acecho de una muchacha que uno de mis clientes me pedía con la misma intención que el marqués de Mesanges cuando me pidió una, es decir, comprarla para no volver a saber yo nada de ella, una de nuestras alcahuetas, digo, vino a comunicarme, cundo yo estaba en la cama con Lucile, que había encontrado a una niña de quince años, indudablemente virgen, extremadamente bonita y que se hallaba en tal estado de miseria que habría que tenerla algunos días engordándola antes de venderla. Entonces hizo la descripción de la vieja con quien había encontrado a la muchacha, y del estado de espantosa indigencia en que se hallaba aquella madre. Por sus características, por los detalles de la edad y de la cara, por todo lo que se refería a la niña, Lucile tuvo el presentimiento secreto de que podría muy bien tratarse de su madre y su hermana. Sabía que ésta había quedado de corta edad con su madre cuando ella se fugó, y me pidió permiso para ir a comprobar sus sospechas.

Mi espíritu infernal me sugirió entonces un pequeño horror cuyo efecto encendió tan profundamente mi físico que, sin poder calmar el ardor de mis sentidos, hice salir

inmediatamente a nuestra alcahueta y empecé por rogar a Lucile que me masturbase. Luego, deteniéndome en medio de la operación:

-¿Para qué quieres ir a casa de esa vieja -le dije- y cuál es tu propósito?

-¡Eh! dijo Lucile, que no se había apoderado todavía de mi corazón-. Pues... aliviarla, si puedo, y principalmente si es mi madre.

- ¡Imbécil! -le repliqué, rechazándola-. Vete a sacrificarte tú sola ante tus indignos prejuicios populares y pierde, al no atreverte a desafiarlos, la más bella ocasión de irritar tus sentidos por medio de un horror que te hará descargar durante diez años...

Lucile, asombrada, me miró, y entonces comprendí que había que explicarle una

filosofía que estaba muy lejos de entender. Lo hice, le hice comprender cuán viles son los lazos que nos encadenan a los autores de nuestros días; le demostré que una madre, por habernos llevado en su seno, en vez de merecer de nuestra parte algún agradecimiento, sólo merece el odio, puesto que sólo para su placer y a riesgo de exponernos a todas las desdichas que podían caernos encima en el mundo, nos había, no obstante, dado la vida, con la única intención de satisfacer su brutal lujuria.

Añadí a eso todo lo que se podía decir para exponer este sistema que dicta el buen sentido y que aconseja el corazón cuando no está absorbido por los prejuicios de la infancia.

-¿Y qué te importa -añadí- que esa criatura sea feliz o desdichada? ¿Sufres tú algo por su situación? Aparta estos lazos viles cuyo absurdo acabo de probarte y entonces, cuando aisles completamente a esa criatura, cuando la separes completamente de ti, verás que no solamente su infortunio ha de serte indiferente, sino que el aumentarlo puede llegar a ser muy voluptuoso. Pues al fin le debes odio, esto queda demostrado, y te vengas; cometes lo que los tontos llaman una mala acción, y sabes el poder que siempre ejerció el crimen sobre todos los sentidos. He aquí, pues, dos motivos de placer en los ultrajes que quiero que hagas: las delicias de la venganza y las que se saborean siempre al hacer el mal.

Sea que aplicase con Lucile más elocuencia de la que empleo aquí para exponeros

el hecho, sea que su espíritu, ya muy libertino y muy corrompido, advirtiese inmediatamente a su corazón de la voluptuosidad que contenían mis principios, el caso es que los saboreó y vi colorearse sus hermosas mejillas con esa llama libertina que no deja nunca de aparecer cada vez que se rompe un freno.

- ¡Bueno! -me dijo-. ¿Qué hay que hacer?

-Divertirnos con eso -le contesté-, y sacar dinero; en cuanto al placer, lo tienes

seguro, puesto que puedo hacer que tu vieja madre y tu hermana sirvan para dos diferentes arreglos que nos resultarán muy lucrativos.

Lucile acepta, yo la masturbo para excitarla mejor aún al crimen, y ya no nos ocupamos más que de los arreglos. Trataré ante todo de detallaras el primer plan, puesto que forma parte de la clase- de gustos que tengo que relataros, aunque lo separe un poco de su lugar para seguir el orden de los acontecimientos, y cuando conozcáis esta primera rama de mis proyectos, os enteraré de la segunda.

Había un hombre de la buena sociedad, muy rico, de mucha influencia y de un

desenfreno de espíritu que va más allá de todo lo que pueda decirse. Puesto que yo sólo lo conocía bajo el título de conde, os parecerá bien, aunque pueda estar enterada de su nombre, que os lo designe solamente con ese título. El conde se hallaba en toda la plenitud de las pasiones, más de treinta y cinco años, sin fe, sin ley, sin dios, sin religión y, sobre todo, dotado, como vosotros, señores, de un horror invencible por lo que se denomina sentimiento de la caridad; decía que era más fuerte que él el

comprenderla y que no admitía que se pudiese imaginar un ultraje a la naturaleza hasta el punto de perturbar el orden que ella ha puesto en las diferentes clases de sus individuos, elevando a uno, por medio de auxilios, en lugar de otro, y empleando en esos auxilios absurdos e indignantes las sumas que uno podría emplear mucho más agradablemente en sus placeres. Imbuido de esos sentimientos, no se limitaba a esto; no sólo encontraba un goce real en la negativa del auxilio, sino que incluso mejoraba este goce con ultrajes al infortunio. Una de sus voluptuosidades, por ejemplo, consistía en hacerse buscar con cuidado esos asilos tenebrosos donde la indigencia hambrienta come del modo que puede un pan regado 'con sus lágrimas y debido a sus trabajos. Se le empalmaba no sólo yendo a gozar de la amargura de tales lágrimas, sino hasta... hasta aumentando la fuente de ellas y arrancando si podía aquel desdichado sostén de la vida de los infortunados. Y ese gusto no era una fantasía, era un furor; no había para él, decía, delicias más intensas, nada podía irritar e inflamar tanto su alma como aquellos excesos. No era, según me aseguró un día, el fruto de la depravación, desde la infancia estaba poseído por esa extraordinaria manía y su corazón, perpetuamente endurecido ante los plañideros acentos de la desgracia, no había concebido jamás sentimientos más dulces.

Como es esencial que conozcáis al sujeto, debéis saber ante todo que el mismo hombre tenía tres pasiones diferentes: la que voy a contaros, una que os explicará la Martaine, recordándoos al individuo por su título, y una más atroz aún que la Desgranges os reservará sin duda para el final de sus relatos, como seguramente una de las más fuertes que tendrá para contaros. Pero empecemos por lo que me concierne.

En cuanto hube avisado al conde sobre el infortunado albergue que le había descubierto y las posibilidades que ofrecía, saltó de alegría. Pero como negocios de la mayor importancia para su fortuna y su progreso que descuidaba tanto menos cuanto que veía en ellos una especie de apoyo a sus extravíos, como sus negocios, digo, iban a ocuparlo casi quince días y no quería perderse a la niña, prefirió perder algo del placer que se prometía con la primera escena y asegurarse la segunda. En consecuencia, me ordenó hacer raptar inmediatamente a la niña al precio. que fuese y entregarla en la dirección que me indicó. Y, para no manteneros por más tiempo en suspenso, señores, os diré que aquella dirección era la de la Desgranges, quien le proveía para sus terceras juergas secretas. Luego fijamos el día.

Entretanto, fuimos al encuentro de la madre de Lucile, tanto Para preparar el reconocimiento con su hija como para buscar el modo de raptar a su hermana. Lucile, bien instruida, sólo reconoció a su madre para insultarla, decirle que era la causa de que ella se hubiese entregado al libertinaje y mil otras frases parecidas que desgarraban el corazón de aquella pobre mujer y le empañaban todo el placer que le daba el reencuentro con su hija. Creí que en ese principio estaba mi ocasión e hice ver a la madre que después de haber retirado del libertinaje a su hija mayor me ofrecía para salvar a la segunda. Pero el ardid no tuvo éxito, la desgraciada lloró y dijo que por nada del mundo se le arrebataría el único socorro que le quedaba en su segunda hija, que era vieja, inválida, que recibía los cuidados de la niña y que privarla de ella sería arrancarle la vida. Aquí, lo confieso con vergüenza, señores, pero sentí en el fondo de mi corazón un pequeño impulso que me hizo comprender que mi voluptuosidad se acrecentaría a partir del refinamiento de horror que en este caso iba a poner en mi crimen y, después de haber advertido a la vieja que a los pocos días su

hija iría a hacerle una segunda visita con un hombre influyente que podría prestarle grandes servicios, nos retiramos y sólo me ocupé en emplear mis recursos ordinarios para apoderarme de aquella joven muchacha. La había examinado bien, valía la pena: quince años, un lindo talle, un cutis bellísimo y rasgos muy bonitos. Tres días después llegó y, tras haberla examinado por todas las partes de su cuerpo y no haber encontrado en él nada que no fuese encantador, bien formado y lozano, a pesar de la mala nutrición a que estaba condenada desde hacía tanto tiempo, la hice pasar a manos de la señora Desgranges, con quien tenía tratos por primera vez en mi vida.

Nuestro hombre regresó por fin de sus negocios; Lucile lo llevó a casa de su

madre y es ahora cuando empieza la escena que debo pintaros. Encontraron a la vieja madre en la cama, sin fuego, aunque a la mitad de un invierno muy frío, cerca de la cama tenía una taza de madera con un poco de leche, dentro de la cual se orinó el conde en cuanto entró. Para impedir toda especie de intromisión y ser completamente dueño del reducto, el conde había situado en la escalera a dos grandes bribones que tenía a sueldo, los cuales deberían oponerse enérgicamente a toda subida o bajada fuera de lugar.

-Vieja bribona -le dijo el conde-, venimos con tu hija, aquí presente, la cual, a fe

mía, es una puta muy bonita, venimos, vieja bruja para aliviar tus males, pero tienes que describírnoslos. Vamos -dijo, sentándose y empezando a palpar las nalgas de Lucile-, vamos, detállanos tus sufrimientos.

- ¡Ay! -exclamó la buena mujer-. Viene usted con esta zorra más bien para

insultarlos que para aliviarlos.

-Zorra -dijo el conde-, ¿te atreves a insultar a tu hija?

Vamos -añadió, levantándose y arrancando a la vieja de su camastro-, fuera de la cama inmediatamente y pídele perdón de rodillas por el insulto que acabas de dirigirle.

No había manera de resistirse.

-Y tú, Lucile, levántate las faldas, haz que tu madre te bese las nalgas, que yo esté bien seguro de que las besa y que la reconciliación se establezca.

La insolente Lucile frotó su culo contra el viejo rostro de su pobre madre. Colmándola de inconveniencias, el conde le permitió a la vieja volver a acostarse y reanudó la conversación. "Te repito una vez más -continuó-, que si me cuentas todas tus aflicciones las aliviaré. Soy un verdadero maestro en eso".

Los desgraciados creen todo lo que se les dice, les gusta lamentarse; la vieja expresó todo lo que sufría y se quejó sobre todo amargamente de que le hubieran robado a la hija, acusando enérgicamente a Lucile de saber dónde estaba, ya que la dama con quien había venido a verla hacía poco tiempo le había propuesto encargarse de ella y deducía de esto, con bastante razón, que aquella dama era quien la había raptado. No obstante, el conde, frente al culo de Lucile, a quien había hecho quitarse las faldas, besando de cuando en cuando aquel hermoso culo y masturbándose, interrogaba, pedía detalles y regulaba todos los estremecimientos de su pérfida voluptuosidad según las respuestas que oía. Pero cuando la vieja dijo que la ausencia de su hija, que con su trabajo le procuraba de qué vivir, la conduciría insensiblemente a la tumba, ya que carecía de todo y desde hacía cuatro días sólo se sostenía con aquel poco de leche que acababan de malograrle:

-¡Y bien, zorra! -dijo, mientras dirigía su semen sobre la anciana y continuaba apretando con fuerza las nalgas de Lucile-. ¡Y bien! ¡Reventarás, puta, la desdicha no

será muy grande!

Y al acabar de soltar su esperma:

-Si esto sucede -añadió- habrá una sola y única cosa que tendré que lamentar, que

es no precipitar yo mismo ese instante.

Pero no todo se había dicho, el conde no era hombre para calmarse con una

eyaculación; Lucite, que representaba su papel, en cuanto él hubo terminado se ocupó de que la vieja no viese sus maniobras y el conde, que hurgaba por todas partes, se apoderó de un vaso de plata, único resto del pequeño bienestar de que había gozado en otro tiempo aquella infeliz, y se lo metió en el bolsillo. Aquel doble ultraje le produjo nueva erección, sacó a la vieja de la cama, la desnudó y le ordenó a Lucile que lo masturbase sobre el cuerpo marchito de la vieja matrona. No hubo más remedio que soportar esto también, y el malvado disparó su semen sobre aquella carne vieja, mientras redoblaba sus injurias y decía a la pobre desgraciada que podía estar segura de que no se contentaría con aquello y que pronto tendría noticias suyas y de su hijita, de la cual le hacía saber que estaba en sus manos. Acompañó aquella última eyaculación con transportes de lujuria vivamente inflamados por los horrores que su pérfida imaginación le hacía ya concebir sobre aquella desdichada familia, y salió. Pero a fin de no tener que volver a hablar de este asunto, escuchad, señores, hasta qué punto colmé la medida de mi maldad. El conde, al ver que podía tener confianza en mí, me instruyó sobre la segunda escena que preparaba para la vieja y su hijita, me dijo que debía entregársela inmediatamente y que, además, puesto que quería reunir a toda la familia, le cediese también a Lucile, cuyo hermoso cuerpo lo había conmovido intensamente y cuya pérdida no me lo ocultó, proyectaba, así como la de las otras dos.

Yo quería a Lucile, pero amaba todavía más el dinero, y como el conde me

pagaba un precio exorbitante por aquellas tres criaturas, consentí en todo. Cuatro días después, Lucile, su hermanita y la anciana madre estuvieron reunidas; le corresponderá a la señora Desgranges explicaros de qué modo. Por mi parte, rea- nudo el hilo de mis relatos interrumpido por esta anécdota que hubiera debido contaros al final de mis narraciones, como una de las más fuertes.

-Un momento -dijo Durcet-, no escucho esas cosas con sangre fría; tienen un poder sobre mí que sería difícil describir. Estoy reteniendo mi semen desde la mitad del relato, aceptad que lo pierda.

Y se precipitó a su gabinete con Michette, Zélamir, Cupidon, Fanny, Thérèse y Adélaïde;

al cabo de unos minutos se le oyó aullar y Adélaïde volvió llorando y diciendo que era desgraciada por el hecho de que calentaran todavía más la cabeza de su marido con relatos como aquéllos, y que la que debería ser la víctima era aquella misma que los contaba. Durante aquel tiempo, el duque y el obispo no habían perdido el tiempo, pero como la manera en que habían obrado era también de aquellas que las circunstancias nos obligan a velar, rogamos a nuestros lectores que tengan a bien permitirnos bajar la cortina y pasar inmediatamente a los cuatro relatos que le quedaban por exponer a la Duclos para terminar su vigésimo primera velada.

Ocho días después de la marcha de Lucile despaché a un libertino dotado de una manía bastante agradable. Advertida de antemano desde hacía varios días, había dej o acumularse en mi silla orinal una gran cantidad de excrementos y además había rogado a alguna de

nuestras damiselas que añadiese los suyos. Llega nuestro hombre disfrazado de saboyano, era por la mañana, barre mi habitación, se apodera del orinal de la silla, sube a los excusados para vaciarlo (operación que, entre paréntesis, lo ocupó bastante tiempo), vuelve, me muestra lo bien que lo ha limpiado y me pide su paga. Pero yo, advertida sobre el ceremonial, me echo sobre él blandiendo el palo de la escoba.

-¿Tu paga, bandido? -le digo-. ¡Toma, aquí tienes tu paga!

Y le propino por lo menos una docena de garrotazos. Quiere huir, lo sigo, el libertino, a

quien le había llegado el momento, eyacula por todo lo largo de h. escalera, mientras grita a voz en grito que lo destrozan, que lo matan y que se encuentra en casa de una bribona y no, como creía, de una mujer honrada.

Otro quería que le introdujera en el canal de la uretra un bastoncito nudoso que traía

para este fin en un estuche; había que sacudir vivamente el bastoncito, del que se hundían tres pulgadas, y con la otra mano masturbarle el miembro desmochado; _en el instante de su eyaculación, había que retirar el bastón, levantarse las faldas por delante y él descargaba sobre el monte.

Un cura a quien vi seis meses después quería que dejase gotear la cera de una vela encendida sobre el pito y los cojones; sólo con esta sensación eyaculaba sin que una se viese obligada a tocarlo, pero nunca tenía erección y, para que saliese su semen, era necesario que todo quedase cubierto de cera sin que se reconociese en ello una forma humana.

Un amigo de este último se hacía clavar alfileres de oro en el culo y cuando éste, así adornado, se parecía a una cacerola más que a un nalguero, se sentaba para sentir mejor los pinchazos, se le presentaban las nalgas bien separadas, él mismo se masturbaba Y eyaculaba sobre el agujero del culo.

-Durcet -dijo el duque-, me gustaría bastante ver tu bello culo gordezuelo todo cubierto de ese modo de alfileres de oro, estoy persuadido de que sería extremadamente interesante.

-Señor duque -dijo el financiero-, sabes que desde hace cuarenta años tengo a gloria y honor imitarte, ten la bondad de darme ejemplo y te respondo de que lo seguiré.

-¡Dios! -dijo Curval, a quien no se le había oído todavía-. ¡Cúan dura me la ha puesto la historia de Lucile! Me estaba callado, pero no dejaba de pensar. Aquí lo tenéis -dijo mostrando su verga pegada contra el vientre-, ved si miento; tengo una impaciencia furiosa por saber el desenlace de la historia de aquellas tres fulanas; supongo que deben estar reunidas en una misma tumba.

-Poco a poco, poco a poco -dijo el duque-, no apresuremos los acontecimientos. Porque

tienes una erección, señor presidente, quisieras que te hablasen enseguida de rueda y de horca; te pareces mucho a la gente que lleva tu toga, de quien se dice que siempre se les pone la verga erecta cada vez que condenan a muerte.

-Dejemos el estado y la toga -dijo Curval-, el hecho es que estoy encantado con los

procedimientos de la Duclos, que la encuentro una mujer hechicera y que su historia del conde me ha puesto en un horrible estado, un estado tal en el que creo que iría de buena gana al camino real a detener y robar una diligencia.

-Hay que poner orden en esto, presidente -dijo el obispo-; de lo contrario no estaríamos aquí seguros y lo menos que podrías hacer sería condenarnos a todos a ser ahorcados.

-No, a vosotros no, pero confieso que condenaría de buena gana a estas señoritas y principalmente a la señora duquesa aquí presente, que está acostada como un becerro en mi sofá y que, porque tiene un poco de semen modificado dentro de su matriz, se imagina que no se la puede tocar ya.

- ¡Oh! -dijo Constance-. Seguramente no es con usted con quien contaría, en mi estado,

para obtener semejante respeto, demasiado se sabe cuánto detesta usted a las mujeres preñadas.

- ¡Oh! Prodigiosamente -afirmó Curval-, es la verdad.

Y en su transporte iba a cometer, creo, algún sacrilegio sobre aquel hermoso vientre, cuando Duclos se apoderó de él.

-Venga, venga -dijo-, señor presidente; ya que soy yo quien ha hecho el daño, quiero repararlo.

Y pasaron juntos a la sala del fondo, seguidos de Augustine, Hébé, Cupidon y Thérèse. No se tardó mucho en oír bramar al presidente y, a pesar de todos los cuidados de la Duclos, la pequeña Hébé volvió hecha un mar de lágrimas; había incluso algo más que lágrimas, pero no nos atrevemos aún a decir lo que era; las circunstancias no nos lo permiten. Un poco de paciencia, amigo lector, y pronto ya no te ocultaremos nada.

Curval volvió, gruñendo todavía entre dientes, diciendo que todas esas leyes hacían que

no se pudiese eyacular a gusto, etc., y fueron a sentarse a la mesa. Después de la cena se encerraron para las correcciones; aquella noche eran poco numerosas, sólo estaban en falta Sophie, Colombe, Adélaïde y Zélamir. Durcet, quien desde el principio de la velada se había acalorado intensamente contra Adélaïde, no tuvo miramientos con ella; Sophie, a quien se le había sorprendido lágrimas durante el relato de la historia del conde, fue castigada por su primer delito y por éste, y el pequeño matrimonio del día, Zélamir y Colombe, fue tratado, dícese, por el duque y Curval con una severidad que llegaba casi a la barbarie.

El duque y Curval, singularmente animados, dijeron que no querían acostarse, hicieron

servir licores y pasaron la noche bebiendo con las cuatro narradoras y Julie, cuyo libertinaje, que aumentaba cada día, hacía de ella una criatura muy amable y merecía ser colocada en el rango de los objetos por los cuales se tenían consideraciones. Los siete fueron encontrados al día siguiente borrachos perdidos por Durcet, que fue a visitarlos. Se encontró a la hija desnuda entre el padre y el marido y en una actitud que no demostraba ni virtud ni tan solo decencia en el libertinaje; parecía, en fin, para no mantener al lector en suspenso, que habían gozado de ella los dos a la vez. La Duclos, quien al parecer había servido de segunda parte, estaba tirada borracha perdida cerca de ellos, y los demás estaban unos sobre otros en un rin- cón junto al gran fuego que habían tenido cuidado de mantener toda la noche.

VIGESIMO SEGUNDA JORNADA

Como resultado de aquellas bacanales nocturnas se hicieron muy pocas cosas aquel día, se olvidó la mitad de las ceremonias, se comió distraidamente y no fue sino casi hasta el café cuando empezaron a reconocerse. Fue servido por Rosette y Sophie, Zélamir y Giton. Cur- val, para reponerse, hizo cagar a Giton, y el duque se tragó los excrementos de Rosette; el obispo se hizo chupar la verga por Sophie y Durcet por Zélamir, pero nadie eyaculó. Pasaron al salón, la bella Duclos, muy indispuesta por los excesos de la víspera, sólo se ofreció brevemente y sus relatos fueron tan cortos, mezcló en ellos tan pocos episodios, que hemos decidido suplirla y hacer para el lector el extracto de lo que dijo a los amigos:

Siguiendo la costumbre, describió cinco pasiones: la primera fue la de un hombre que se

hacía masturbar el culo con un consolador de estaño que se llenaba de agua caliente y que se le inyectaba en el momento de su eyaculación, a la cual procedía por sí mismo y sin que se le tocase.

El segundo tenía la misma manía, pero se obraba con un número mucho mayor de

instrumentos; se empezaba con uno muy pequeño, se aumentaba poco a poco hasta llegar al último, cuyo tamaño era enorme, y hasta éste no eyaculaba.

Mucho mayor misterio era necesario para el tercero: Para empezar el juego se hacía

meter una jeringa enorme en el trasero, al retirarla cagaba, se comía lo que acababa de hacer y entonces se le azotaba. Hecho esto, se le volvía a meter el instrumento en el trasero, se le retiraba de nuevo y esta vez era la puta quien cagaba y quien le azotaba mientras él comía lo que ella había hecho; se le introducía por tercera vez el instrumento, por fin soltaba su semen sin que se le tocase y terminaba de comer el mojón de la muchacha.

Duelos, en el cuarto relato, habló de un hombre que se hacía atar con cordeles todas las

articulaciones; para hacer más deliciosa su descarga, incluso se le apretaba el cuello y en este estado soltaba su semen frente al culo de la puta.

Y, en la quinta narración, se refirió a otro que se hacía atar fuertemente el glande con una cuerda, al otro lado de la habitación una mujer desnuda se pasaba entre sus muslos el extremo de la cuerda y tiraba de ella hacia adelante, mientras presentaba las nalgas al paciente, descargaba así.

La narradora, verdaderamente agotada al terminar su tarea, pidió permiso para retirarse; le fue concedido. Se entretuvieron todavía unos minutos y fueron a la mesa, pero todo se resentía aún del desorden de nuestros dos principales actores. En las orgías fueron tan juicio- sos como era posible en semejantes libertinos, y todo el mundo se fue a la cama bastante tranquilo.

VIGESIMO TERCERA JORNADA

- ¡Es posible rebuznar, es posible aullar como lo haces tú cuando descargas! -dijo el duque a Curval, cuando volvió a verlo el día veintitrés por la mañana-. ¿Con quién diablos te las habías, para gritar de esa manera? Nunca he visto eyaculaciones de tal violencia.

- ¡Ah, pardiez! -dijo Curval-. Está bien que tú, a quien se oye desde una legua de distancia, me dirijas semejante reproche: esos gritos, amigo mío, provienen de la extremada sensibilidad de la organización; los objetos de nuestras pasiones producen una conmoción tan viva en el fluido eléctrico que corre por nuestros nervios, el choque recibido por los espíritus animales que componen este fluido tiene tal grado de violencia, que toda la máquina se sacude y ya no se es dueño de retener los gritos bajo aquellos terribles estremecimientos del placer, más de lo que se podrían contener bajo las poderosas emociones del dolor.

-He aquí algo bien definido, pero ¿cuál era el delicado objeto que ponía de tal modo en

vibración tus espíritus animales?

-Chupaba violentamente el pito, la boca y el agujero del culo de Adonis, mi compañero

de cama, desesperado de no poderle hacer aún más, y esto mientras Antinoüs, ayudado por tu querida hija Julie, trabajaba, cada uno de ellos a su forma para hacer evacuar este licor cuyo derrame ha ocasionado esos gritos que han herido tus oídos.

-De modo que hoy -continuó el duque- estás ya agotado.

-De ninguna manera -replicó Curval-. Si te dignas seguirme y hacerme el honor de observarme, verás que me conduciré, por lo menos, tan bien como tú.

Estaban hablando así cuando Durcet llegó a anunciar que el desayuno estaba servido. Pasaron al aposento de las muchachas, donde se vio a aquellas ocho sultanitas desnudas presentando tazas de café negro; entonces el duque preguntó a Durcet, director del mes, por qué había café negro por la mañana.

-Será con leche cuando queráis -dijo el financiero-. ¿Lo deseas?

-Sí -dijo el duque.

-Augustine -dijo Durcet-, sirve leche al señor duque.

Entonces la joven, ya preparada, colocó su lindo culito sobre la taza del duque y vertió en ella, por el ano, tres o cuatro cucharadas de una lecha muy clara y nada sucia. Se rieron mucho de la broma y todos pidieron leche. Todos los culos estaban preparados como el de Augustine; era una agradable sorpresa que el director de los placeres del mes quiso proporcionar a sus amigos. Fanny vertió leche en la taza del obispo, Zelmire en la de Curval y Michette en la del financiero; tomaron una segunda taza y las otras cuatro sultanas hicieron la primera tanda; se juzgó muy buena la broma. Esta calentó la cabeza del obispo, quien quiso algo más que leche, y la bella Sophie lo satisfizo. Aunque todas tenían ganas de cagar, se les había recomendado mucho que se contuvieran durante la operación de la leche y que la primera vez no diesen absolutamente nada más que leche.

Pasaron al aposento de los muchachos; Curval hizo cagar a Zélamir y el duque a Giton. Los excusados de la capilla no proporcionaron más que a dos jodedores subalternos, Constance y Rosette: en esta última se había ensayado la víspera la vieja histeria de las indigestiones; le había costado terriblemente contenerse durante el café y entonces soltó la más soberbia cagada que se pueda ver. Felicitaron a la Duelos por su secreto, el cual en lo sucesivo aplicaron todos los días con el mayor éxito. La broma del desayuno animó la conversación de la comida e hizo imaginar cosas del mismo género, de las que quizás tendremos ocasión de hablar en lo que sigue.

Pasaron al café, servido por cuatro jóvenes sujetos de la misma edad: Zelmire, Augustine, Zéphyr y Adonis, todos de quince años. El duque jodió a Augustine entre los muslos mientras le cosquilleaba el ano, Curval hizo lo mismo con Zelmire, el duque con Zéphyr y el financiero jodió a Adonis por la boca. Augustine dijo que esperaba que en aquella hora la hiciesen cagar, y que no aguantaba más; era también una de aquellas con las que la víspera se habían puesto a prueba las indigestiones. Curval le tendió al instante el pico, en el cual la encantadora niña depositó una cagada monstruosa que el presidente se tragó en tres bocados, no sin perder entre las manos de Fanchon, que lo sacudía, un caudaloso río de semen.

- ¡Bueno! -dijo al duque-. Ya ves que los excesos de la noche no ocasionan ningún

perjuicio al placer del día, y tú te quedas atrás, señor duque.

-No me quedaré por mucho tiempo -dijo ése, a quien Zelmire, igualmente apremiada,

prestaba el mismo servicio que Augustine acababa de prestar a Curval.

Y en el mismo instante el duque se echa hacia atrás, lanza gritos, traga mierda y eyacula

furiosamente.

-Ya basta -dijo el obispo-; que dos de nosotros por lo menos conserven sus fuerzas para

los relatos.

Durcet, que no disponía como aquellos dos señores de semen a voluntad, consintió en

ello de todo corazón Y después de una breve siesta fueron a instalarse en el salón, donde la interesante Duelos reanudó en los términos siguientes el hilo de su brillante y lasciva historia:

¿Cómo es, señores -dijo aquella hermosa mujer-, que haya Personas en el mundo a quienes el libertinaje ha entumecido el corazón de tal modo, ha embrutecido todos los sentimientos de honor y delicadeza de tal forma que únicamente se les ve complacerse y divertirse con lo que los degrada y envilece? Diríase que su goce no se encuentra más que en el seno del oprobio, que no puede existir para ellos más que en lo que los acerca al deshonor y la infamia. En lo que voy a contaros, señores, en los diferentes ejemplos que os presentaré como prueba de mi afirmación, no aleguéis la sensación física; sé que ésta se encuentra en ello, pero podéis estar bien seguros de que sólo existe de alguna manera por el impulso poderoso que le da la sensación moral y que si se proporcionara a esas personas la misma sensación física sin añadir todo lo que sacan de la moral, no se lograría conmoverlas.

Iba muy a menudo a mi casa un hombre cuyo nombre y calidad ignoraba, pero

sabía muy bien, sin embargo, que era un hombre de condición. El tipo de mujer con quien lo juntaba le daba perfectamente igual: hermosa o fea, vieja o joven, todo le era indiferente; sólo se trataba de que representase bien su papel, y he aquí cuál era éste: él llegaba ordinariamente por la mañana, entraba como por distracción en una estancia donde una muchacha estaba sobre una cama, con las faldas levantadas hasta la mitad del vientre y en la actitud de una mujer que se masturbaba. En cuanto lo veía entrar, la mujer como sorprendida, saltaba de la cama.

-¿Qué vienes a hacer aquí, bandido? -le decía-. ¿Quién te ha dado permiso,

bribón, para molestarme?

El se excusaba, no era escuchado y ella, mientras lo agobiaba con un nuevo

diluvio de los más duros e hirientes insultos, se le abalanzaba y le propinaba fuertes puntapiés en el culo, con los cuales le era tanto más difícil no dar en el blanco por cuanto que el paciente, lejos de rehuirla, no dejaba nunca de darse la vuelta y presentarle el trasero, aunque fingía querer evitar los golpes y querer huir. Se le pegaba más, él pedía piedad, los golpes y los insultos eran todas las respuestas que recibía y, en cuanto se sentía suficientemente excitado, sacaba rápidamente su miembro de una bragueta que hasta aquel instante había conservado cuidadosamente abrochada, se aplicaba ligeramente tres o cuatro golpes con la muñeca y eyaculaba huyendo mientras continuaban los insultos y las patadas.

Un segundo, más duro o más acostumbrado a esa especie de ejercicio, no quería

proceder a él más que con un cargador o un mozo de cuerda que estaba contando su dinero. El libertino entraba furtivamente, el palurdo gritaba: ¡al ladrón!; desde aquel momento, como en el otro caso, se distribuían los golpes y los insultos, pero con la diferencia de que éste se había bajado los pantalones y quería recibir de lleno, en medio de las nalgas desnudas, los puntapiés que se le aplicaban, y era necesario que el asaltante llevase un grueso zapato con clavos lleno de lodo. En el momento de su eyaculación, éste no se esquivaba; de pie, los pantalones caídos, en medio de la habitación, se sacudía con toda su fuerza, desafiaba los golpes de su enemigo y, en el último instante, lo insultaba a hacerle pedir cuartel, lo insultaba a su vez y juraba que se moría de placer. Cuanto más vil era el hombre que yo le daba, cuanto más pertenecía a las heces del pueblo, cuanto más grosera y sucia era su bota, más lo colmaba de voluptuosidad; había que poner en esos refinamientos el mismo cuidado que debería emplearse para maquillar y embellecer a una mujer.

Un tercero quería encontrarse en lo que en una casa se llama el serrallo, en el

momento en que dos hombres pagados y apostados expresamente se pondrían a disputar. Esos hombres se volvían contra él, que suplicaba piedad, se hincaba de rodillas, no era escuchado y uno de los dos campeones se le abalanzaba y lo colmaba de bastonazos hasta que entraba en una habitación preparada, dentro de la cual escapaba. Allí lo recibía una muchacha, lo consolaba, lo acariciaba como se haría con un niño que acude a quejarse, se levantaba las faldas, le mostraba el trasero, y el libertino eyaculaba encima.

Un cuarto exigía los mismos preliminares, pero en cuanto los garrotazos empezaban a llover sobre sus espaldas se masturbaba ante todo el mundo. Entonces se suspendía un instante la última operación, aunque los garrotazos y las invectivas siguiesen, luego, cuando se le veía animarse y que su semen estaba dispuesto a salir, se abría una ventana se le agarraba por la mitad del cuerpo, y-se-le arrojaba por ella sobre un estercolero preparado a propósito, lo cual constituía una caída de a lo sumo seis pies. Aquel era el instante de su eyaculación; su moral estaba excitada por los actos precedentes y su físico no se excitaba más que con el ímpetu de la caída, así que su semen no manaba nunca sino sobre el estercolero. No se le volvía a ver; desaparecía inmediatamente por una puertecita que había abajo, cuya llave tenía.

Un hombre pagado para esto y que actuaba de camorrista, entraba bruscamente en la habitación donde el que nos proporciona el quinto ejemplo estaba encerrado con una muchacha a quien besaba el trasero mientras esperaba la ejecución. El camo- rrista las emprendía contra el primo, al derribar la puerta le preguntaba insolentemente con qué derecho tomaba así a su amante, luego, empuñando la espada, le decía que se defendiese. El primo, todo confuso, caía de rodillas, pedía perdón, besaba el suelo, besaba los pies de su enemigo y le juraba que podía llevarse a su amante y que por su parte no tenía ganas de batirse por una mujer. El camorrista, más insolente aún ante las suavidades de su adversario, se ponía de batirse más imperioso: trataba a su enemigo de cobarde, de rastrero, de cagón, y lo amenazaba con cortarle la cara con la hoja de su espada. Cuanto más malo se volvía uno, más se humillaba el otro. Por fin, después de algunos instantes de discusión, el asaltante ofrecía una componenda a su enemigo:

-Ya veo que eres un rastrero -le decía-. Te perdono, pero a condición de que me

beses el culo.

- ¡Oh, señor! Todo lo que usted quiera -decía el otro, encantado-. Se lo besaré

incluso mierdoso, si usted quiere, con tal que no me haga ningún daño.

El camorrista, rezongando, exponía inmediatamente su trasero, el primo, más

que feliz, se echaba encima con entusiasmo y mientras el joven le soltaba en las narices media docena de pedos, el viejo disoluto, en el colmo de su gozo, derramaba su semen muriéndose de placer.

-Todos esos excesos se comprenden -dijo Durcet, tartamudeando, porque se había empalmado oyendo aquellas bajezas-. Nada más simple que gustar del envilecimiento y encontrar goces en el desprecio. El que ama con ardor las cosas que deshonran encuentra placer en ser despreciado y debe empalmarse cuando le dicen que lo es. La bajeza es un goce muy conocido por ciertas almas. Uno gusta de escuchar lo que se complace en merecer y es imposible saber hasta dónde puede llegar en esto el hombre que ya no se sonroja de nada. Este es el caso de ciertos enfermos que se complacen en sus achaques.

-Todo es cuestión de cinismo -dijo Curval, mientras manoseaba las nalgas de la Fanchon-

¿Quién no sabe que el mismo castigo produce entusiasmos y no hemos visto a hombres que se empalmaban en el instante en que se los deshonraba públicamente; todo el mundo conoce la historia del marqués de... el cual, en cuanto se le comunicó la sentencia que lo condenaba ser quemado en efigie, se sacó el miembro del pantalón y exclamó: "Jodido dios, ya estoy en el punto que quería, ya estoy lleno de oprobio y de infamia, dejadme, dejadme, tengo que descargar", y lo hizo al instante.

--Esos son hechos -dijo el duque-. Pero explicadme su causa.

-Está en nuestro corazón -replicó Curval-. Una vez que el hombre se ha degradado, se ha envilecido con los excesos, ha hecho que su alma tome una inclinación viciosa de la que ya nada puede sacarla. En cualquier otro caso, la vergüenza serviría de contrapeso a los vicios a que su espíritu le aconsejaría entregarse; pero en éste ya no es posible: es el primer sentimiento que ha desterrado lejos de sí, y del estado en que se halla de no sonrojarse ya al de amar todo lo que le hace enrojecer, no hay más que un paso. Todo lo que afectaba desagradablemente, al encontrar un alma preparada diferentemente, se metamorfosea en placer y desde aquel momento todo cuanto recuerde el nuevo estado que se adopta no puede ser ya sino forzosamente voluptuoso.

- ¡Pero cuánto camino se ha de haber andado en el vicio para llegar a eso! -dijo el obispo.

-Lo admito -dijo Curval-; pero este camino se recorre imperceptiblemente, sólo se sigue sobre flores; un exceso trae otro, la imaginación siempre insaciable nos lleva pronto al extremo y, como sólo ha recorrido su carrera endureciendo el corazón, en cuanto llega a la meta ese corazón, que antes contenía algunas virtudes, no reconoce ya ninguna. Acostumbrado a cosas más intensas, se sacude prontamente las primeras impresiones blandas y carentes de dulzura que le habían embriagado hasta entonces y, puesto que se da cuenta de que la infamia y el deshonor serán el resultado de sus nuevos impulsos, para no tener que temerlos empieza por familiarizarse con ellos. Apenas los ha acariciado ya los ama, porque participan de la naturaleza de sus nuevas conquistas, y no cambia ya.

-He aquí, pues, lo que hace tan difícil la corrección -dijo el obispo.

-Debes decir imposible, amigo mío. ¿Y cómo los castigos infligidos a quien se quiere corregir lograrían convertirlo, puesto que, aparte de ciertas privaciones, el estado de envilecimiento que caracteriza la situación en que se le coloca al castigarlo le gusta, lo divierte, lo deleita, y goza interiormente de haber llegado lo bastante lejos para merecer semejante trato?

- ¡Oh! ¡Qué enigma es el hombre! -dijo el duque.

-Sí, amigo mío -afirmó Curval-. Y eso es lo que ha hecho decir a un hombre de mucha inteligencia que es mejor joderlo que comprenderlo.

Y como la cena vino a interrumpir a nuestros interlocutores, fueron a sentarse a la mesa sin haber hecho nada durante la velada. Pero Curval, en los postres, con una erección de todos los diablos, declaró que quería violar una virginidad aunque tuviese que pagar veinte multas y, apoderándose en seguida de Zelmire, que le estaba destinada, iba a llevársela a la sala cuando los tres amigos se interpusieron, le suplicaron que se sometiese a lo que él mismo había prescrito y puesto que ellos, que tenían al menos las mismas ganas de infringir aquellas leyes, se sometían no obstante a ellas, él debía imitarlos cuanto menos por deferencia. Y, como habían mandado rápidamente en busca de Julie, que le gustaba, ésta se apoderó de él, con la Champville y Bril-e-cul, y los tres pasaron al salón, donde los otros amigos se les reunieron pronto para empezar las orgías y los encontraron con las manos en la masa, y Curval soltando por fin su semen en medio de las posturas más lúbricas y los episodios más libertinos.

Durcet, en las orgías, se hizo pegar dos o trescientos puntapiés en el trasero por las viejas, el obispo, el duque Y Curval por los jodedores, y nadie se quedó, antes de ir a la cama, sin perder más o menos cantidad de esperma, según las facultades que había recibido de la naturaleza. Como se temía alguna reiteración de la fantasía desfloradora que Curval acababa de anunciar, se tuvo el cuidado de hacer que las viejas durmieran en el aposento de las muchachas y de los muchachos. Pero tal cuidado no fue necesario, y Julie, que se apoderó de

Curval para toda la noche, lo devolvió al grupo al día siguiente más suave que un guante.

VIGESIMO CUARTA JORNADA

La devoción es una verdadera enfermedad del alma. Por mucho que se haga, no se corrige; es más fácil de introducirse en el alma de los desdichados porque los consuela, porque les ofrece quimeras para consolarlos de sus males, es mucho más difícil aún extirparla de estas almas que de las otras. Este era el caso de Adélaïde: cuanto más se desplegaba a sus ojos el cuadro del desenfreno y del libertinaje, más se arrojaba ella en brazos de ese Dios consolador que esperaba fuese un día su libertador de los males a los que demasiado veía que la arrastraría su desgraciada situación. Nadie se daba cuenta mejor que ella de su estado, su espíritu le presagiaba cuando menos todo lo que debía seguir al funesto comienzo de que ya era víctima, aunque ligeramente; comprendía perfectamente que a medida que los relatos fuesen más fuertes, los procedimientos de los hombres para con sus compañeras y ella se volverían más feroces. Todo eso, le dijesen lo que fuese, le hacía buscar con avidez tanto como podía el trato con su querida Sophie. Ya no osaba ir a su encuentro de noche; los señores se habían dado demasiada cuenta de ello y se oponían demasiado bien a que tal salida de tono tuviera lugar en adelante, pero en cuanto tenía un instante corría al lado de su amiga, y aquella misma mañana cuyo diario escribimos se levantó muy temprano del lado del obispo con quien durmió y fue a la estancia de las muchachas a platicar con su querida Sophie. Durcet, que a causa de sus funciones del mes se levantaba también más temprano que los demás, la encontró allí y le declaró que no podía dejar de dar cuenta de ello y que el grupo decidiría lo que le pareciese bien. Adélaïde lloró, era su única arma, y se sometió. La única gracia que se atrevió a pedir a su marido fue que tratase de no hacer castigar a Sophie, la cual no podía ser culpable, ya que era ella quien había ido a su encuentro, y no Sophie quien fue a verla a ella. Durcet dijo que comunicaría el hecho tal como era y que no disfrazaría nada; nadie puede enternecerse menos que un corrector que tiene el mayor interés en la corrección. Este era el caso: no había nada tan bonito como castigar a Sophie. ¿Por qué motivo lo habría evitado Durcet?

Se reunieron y el financiero dio cuenta de lo sucedido. Era una reincidencia; el presidente se acordó de que cuando estaba en el palacio sus ingeniosos compañeros pretendían que, puesto que una reincidencia probaba que la naturaleza obraba en un hombre con más fuerza que la educación y los principios, que, por consiguiente, al reincidir demuestra que, por así decirlo, no es dueño de sí mismo, había que castigarlo doblemente, y por lo tanto, quiso razonar de acuerdo con esto con tanto ingenio como sus antiguos condiscípulos y declaró que como resultado había que castigar a las dos muchachas con todo el rigor de las ordenanzas. Pero como estas ordenanzas aplicaban pena de muerte en un caso semejante, y ellos tenían ganas de divertirse todavía algún tiempo con las damas antes de llegar a tal punto, se contentaron con hacerlas llegar, arrodillarse y leerles el artículo de la ordenanza para hacerles sentir a lo que se habían arriesgado al exponerse a tal delito. Hecho esto, se les aplicó una penitencia triple que la que habían sufrido el sábado anterior, se les hizo jurar que aquello no sucedería más, se les prometió que si repetía se emplearía con ellas todo el rigor, y se las inscribió en el libro fatal.

La visita de Durcet hizo inscribir todavía tres nombres más; dos entre las muchachas y

uno entre los muchachos. Esto era el resultado de la nueva experiencia de las pequeñas indigestiones; daban buen resultado, pero había casos en que aquellos pobre niños no podían

contenerse y se ponían a cada instante en situación de ser castigados; era lo que sucedió con Fanny y Hébé entre las sultanas y Hyacinthe entre los muchachos. Lo que encontraron en su orinal fue enorme y Durcet se divirtió largo rato con ello. Nunca se habían pedido tantos permisos durante la mañana y todo el mundo elogiaba a la Duelos por haber indicado semejante secreto. A pesar de la multitud de permisos pedidos, sólo se les concedieron a Constance, Hercule, dos jodedores subalternos, Augustine, Zéphyr y la Desgranges. Se divirtieron con ello un minuto, y se sentaron a la mesa.

-Ya ves -dijo Durcet a Curval- el error que cometiste al dejar que instruyeran a tu hija en la religión; ahora ya no se le puede hacer renunciar a esas imbecilidades. Bien te lo dije, cuando era tiempo.

-A fe mía -dijo Curval-, creí que conocerlas sería para ella una razón más para detestarlas,

y que con la edad se convencería de la imbecilidad de esos dogmas infames.

-Esto que dices es bueno para las cabezas razonables -dijo el obispo-. Pero no hay que

confiar en ello cuando se trata de una niña.

-Nos veremos obligados a llegar a acciones violentas -dijo el duque, quien sabía muy bien

que Adélaïde lo escuchaba.

-Llegaremos -dijo Durcet-. Yo le aseguro de antemano que si no tiene más que a mí por

abogado, será mal defendida.   -

-¡Oh! Lo creo, señor -dijo Adélaïde, llorando-; sus sentimientos hacia mí son bastante

conocidos.

-¿Sentimientos? -dijo Durcet-. Empiezo, mi bella esposa, por advertirte que no los he tenido nunca por ninguna mujer, y menos, ciertamente, por ti, que eres - la mía, que por ninguna otra. Odio la religión, así como a todos los que la practican y te advierto que de la indiferencia que siento por ti pasaré pronto a la más violenta aversión si continúas reverenciando las infames y execrables quimeras que fueron siempre objeto de mi desprecio.

Hay que haber perdido el juicio para admitir a un Dios, y haber llegado a ser completamente imbécil para adorarlo. En una palabra, te declaro, ante tu padre y estos se- ñores, que no habrá extremo al que no llegue contigo si te atrapo otra vez en semejante falta. Tenías que hacerte monja, si querías adorar a tu estúpido Dios; allá hubieras rezado a tu placer.

- ¡Ah! -replicó Adélaïde, gimiendo-. ¡Monja, gran Dios, monja, pluguiera al cielo que lo

fuese!

Y Durcet, que se encontraba entonces frente a ella, impacientado por la respuesta, le tiró

de canto una fuente de plata a la cara, que la habría matado de haberle dado en la cabeza, pues el choque fue tan violento que la fuente se dobló al dar contra la pared.

-Eres una criatura insolente -dijo Curval a su hija, quien, para evitar la fuente, se había protegido entre su padre y Antinoüs-. Merecerías que te diese cien patadas en el vientre.

Y, rechazándola lejos de sí con un puñetazo:

-Ve a pedir perdón de rodillas a tu' marido -le dijo-, o te aplicaremos inmediatamente el

más cruel de los castigos.

Ella, anegada en lágrimas, fue a arrojarse a los pies de Durcet, pero éste, que se había

puesto en erección al lanzar la fuente y decía que no hubiera querido ni por mil luises errar el golpe, declaró que era necesaria de inmediato una corrección general y ejemplar, sin perjuicio de la del sábado; que pedía que por esta vez, sin establecer precedente, se despidiera a los niños del café y que esta operación se realizase a la hora en que tenían costumbre de divertirse después de tomar el café. Todo el mundo consintió en ello, Adélaïde y sólo las dos viejas Louison y Fanchon, las más malvadas de las cuatro y las más temidas de las mujeres,

pasaron al salón del café, donde las circunstancias nos obligan a correr la cortina sobre lo que sucedió. Lo que hay de cierto es que nuestros cuatro héroes eyacularon y que se le per- mitió a Adélaïde que fuera a acostarse. Corresponde al lector hacer su combinación y aceptar, si le place, que lo transportemos en seguida a las narraciones de la Duclos. Todos instalados junto a las esposas, exceptuando al duque, que aquella noche debía tener a Adélaïde a su lado y la hizo sustituir por Augustine, todos, pues, instalados, la Duclos reanudó de este modo el hilo de su historia:

Un día -dijo aquella bella muchacha- en que yo sostenía ante una de mis compañeras en alcahuetería que había visto ciertamente, en cuanto a flagelaciones pasivas, todo lo más fuerte que sea posible ver, puesto que había azotado y visto azotar a hombres con espinas y vergajos:

- ¡Oh, pardiez! -me dijo ella-. Para convencerte de que te falta mucho para haber

visto lo que hay de más fuerte en este género, te mandaré mañana a uno de mis clientes.

Me hizo avisar por la mañana la hora de la visita y el ceremonial que debíase observar con aquel viejo arrendador de postas, que se llamaba, lo recuerdo, señor de Grancourt, le preparé todo lo necesario, la cosa estaba dispuesta. Llegó y, después de habernos encerrado, le dije:

-Señor, estoy desesperada por la noticia que debo comunicarle, pero está usted prisionero y no saldrá más de aquí. Me desespera que el parlamento haya puesto los ojos en mí para ejecutar su sentencia, pero así lo ha querido y tengo su orden en mi bolsillo. La persona que le ha mandado a mi casa le ha tendido una trampa, pues sabía bien de qué se trataba y, verdaderamente, hubiera podido evitarle esta escena. Por otra parte, conoce usted su asunto; uno no puede entregarse impunemente a los negros y horrendos crímenes que usted ha cometido y me parece usted bastante dichoso de que le salga tan barato.

Nuestro hombre había escuchado mi arenga con la mayor atención y, en cuanto hube terminado, se arrojó llorando, a mis pies suplicando que le tuviese consideración.

-Sé muy bien -dijo- que he faltado en gran manera. He ofendido gravemente a

Dios y a la justicia; pero ya que es usted, buena dama, la encargada de mi castigo, le pido encarecidamente que tenga piedad.

-Señor -le repliqué-, yo cumpliré mi deber. ¿Cómo sabe usted si yo misma no soy observada y si soy dueña de ceder a la compasión que usted me inspira? Desnúdese y sea dócil, es todo lo que puedo decirle.

Grancourt obedeció y en un minuto estuvo desnudo como la mano. Pero ¡gran

Dios, qué cuerpo ofrecía a mi vista! No puedo compararlo más que a un tafetán multicolor. No había un lugar en aquel cuerpo enteramente marcado que no llevase la prueba de un desgarramiento.

Sin embargo, yo había puesto al fuego unas disciplinas de hierro guarnecidas de

puntas agudas que me habían sido enviadas por la mañana con las instrucciones. Aquel arma homicida estaba al rojo más o menos en el mismo instante en que Grancourt quedó desnudo. Me apoderé de ella y empecé a flagelarlo, al principio levemente, luego con un poco más de fuerza y por fin con toda la energía, indistintamente, desde el cuello hasta los talones, en un momento tuve a mi hombre sangrante.

-Eres un malvado -le decía, pegando-; un bandido que ha cometido toda clase de crímenes. No hay nada sagrado para ti y hasta se dice que últimamente has envenenado a tu madre.

-Esto es verdad, señora, esto es verdad -decía mientras se masturbaba-. Soy un monstruo, soy un criminal; no hay infamia que no haya cometido y que no esté dispuesto a cometer de nuevo. Vaya, sus golpes son inútiles; no me corregiré jamás, encuentro demasiada voluptuosidad en el crimen. Aunque me matase volvería a cometerlo. El crimen es mi elemento, es mi vida, en él he vivido y en él quiero morir.

Comprenderéis cómo, animada por sus palabras, multiplicaba yo los insultos y

los golpes. Sin embargo, se le escapa un "joder": era la señal; al oír aquella palabra doblo mi energía y trato de pegarle en los lugares más sensibles. El da volteretas, salta, se me escapa y se arroja, mientras eyacula, a una cuba de agua tibia preparada expresamente para purificarlo de aquella sangrienta ceremonia. ¡Oh! De momento, cedí a mi compañera el honor de haber visto más que yo a ese respecto, y creo que podíamos muy bien considerarnos las dos únicas mujeres de París que hubiesen visto tanto, pues nuestro Grancourt no variaba nunca, hacía más de veinte años que iba cada tres días a casa de aquella mujer para semejante expedición.

Poco después, aquella misma amiga me mandó a la casa de otro libertino cuya fantasía, según creo, os parecerá por lo menos igualmente singular. La escena se desarrollaba en su casita de Roule. Fui introducida en una habitación bastante oscura donde veo a un hombre en la cama y, en medio de la habitación, un ataúd.

-Aquí ves -me dijo nuestro libertino- a un hombre en su lecho de muerte y que no ha querido cerrar los ojos sin rendir una vez más homenaje al objeto de su culto. Adoro los culos y quiero morir besaido uno de ellos. En cuanto cierre los ojos, tú misma me colocarás en este ataúd, después de haberme amortajado, y lo clavarás. Mis intenciones son las de morir así en el seno del placer y ser servido en este último instante por el propio objeto de mi lujuria. Vamos -continuó con una voz débil y entrecortada-, date prisa, pues me hallo en el último momento.

Me acerqué, me di la vuelta, le mostré mis nalgas.

- ¡Ah! ¡Hermoso culo! --dijo-. ¡Cuánto me alegro de llevarme a la tumba la idea de un trasero tan bonito!

Y lo manoseaba, lo entreabría, y lo besaba, como el hombre más sano del mundo.

- ¡Ah! -dijo, al cabo de un instante, dejando su tarea y volviéndose del otro lado-. Sabía que no iba a gozar mucho tiempo de este placer; expiro, acuérdate de lo que te he encomendado.

Dicho eso, exhaló un gran suspiro, se puso rígido y representó tan bien su papel

que el diablo me lleve si no lo creí muerto. No perdía la cabeza: curiosa por ver el fin de una ceremonia tan agradable, lo amortajé. El no se movió más y, fuese que tuviera un secreto para aparecer de aquel modo, fuese que mi imaginación estaba impresionada, el caso es que estaba rígido y frío como una barra de hierro; sólo su pito daba alguna señal de existencia, pues estaba duro y pegado contra su vientre y parecía destilar a su pesar algunas gotas de semen. En cuanto lo tuvo empaquetado en una sábana, lo llevé, y esto no fue de ninguna manera lo más fácil, pues del modo en que se mantenía rígido pesaba más que un buey. Lo conseguí, sin embargo, lo tendí dentro del ataúd. En cuanto estuvo allí me puse a recitar el oficio de difuntos y, por fin, clavé la tapa. Ese era el instante de la crisis: apenas oyó los martillazos se

puso a gritar como un loco:

- ¡Ah! ¡Sagrado nombre de un dios, descargo! Escapa, puta, escapa, pues si te atrapo eres muerta.

El miedo se apoderó de mí, me precipité a la escalera, donde encontré a un ayuda de cámara hábil y al corriente de las manías de su amo, quien me dio dos luises y entró precipitadamente a la habitación del paciente para librarlo del estado en que yo lo había puesto.

-He aquí un gusto divertido -dijo Durcet-. ¡Y bien, Curval!, ¿lo comprendes, éste"

De maravilla -dijo Curval-, ese personaje es un hombre que quiere familiarizarse con la idea de la muerte y que no ha encontrado mejor medio para ello que enlazarla con una idea libertina. Es completamente seguro que ese hombre morirá manoseando culos.

-Lo que hay de cierto -dijo la Champville- es que se trata de un verdadero impío; lo

conozco y tendré ocasión de haceros ver cómo la emprende con los más santos misterios de la religión.

-Así debe ser -dijo el duque-. Es un hombre que se burla de todo y quiere acostumbrarse a pensar y a obrar del mismo modo en sus últimos momentos.

-En cuanto a mí -dijo el obispo-, encuentro en esta pasión algo muy picante, y no os oculto que me produce erección. Continúa, Duelos, continúa, pues siento que haría alguna tontería y no quiero hacer ninguna más por hoy.

Bueno -dijo la bella muchacha-, aquí va uno menos complicado; se trata de un hombre que me ha seguido durante más de cinco años por el único placer de hacerse coser el agujero del culo. Se tumbaba boca abajo en una cama, yo me sentaba entre sus piernas, armada de una aguja y un trozo de hilo grueso encerado y le cosía exactamente el ano todo alrededor y la piel de esa parte estaba tan endurecida y tan acostumbrada a las puntadas que mi labor no hacía manar ni una gota de sangre. El mismo se masturbaba durante todo el tiempo y eyaculaba como un diablo a la última puntada. Disipada su embriaguez, yo descosía rápidamente mi labor y aquí terminaba todo.

Otro se hacía frotar con alcohol todos los lugares de su cuerpo donde la

naturaleza había puesto pelos, luego yo encendía aquel líquido espirituoso que consumía al instante todos los pelos. Eyaculaba al verse en llamas, mientras yo le enseñaba mi vientre, mi monte y el resto, pues ése tenía el mal gusto de no mirar nunca más que lo de delante.

-Pero ¿quién de vosotros, señores, ha conocido a Mirecourt, hoy presidente de la cámara y en aquel tiempo consejero?

-Yo -respondió Curval.

-Pues bien -dijo la Duelos-, señor, ¿sabe usted cuál era y cuál es aún, según creo, su pasión?

-No, y como pasa o quiere pasar por devoto, me complacerá mucho conocerla.

-Y bien -respondió Duelos- quiere que se le tome por un asno...

- ¡Ah, caray! -dijo el duque a Curval-, a mi amigo le gusta eso. Apostaría a que este hombre cree que va a juzgar. Bueno, ¿y luego? -dijo el duque.

-Luego, monseñor, hay que llevarlo del cabestro, pasearlo así durante una hora por la habitación, él rebuzna, una lo monta y lo azota por todo el cuerpo con una varilla, como para

hacerlo correr. El apresura el paso y, como se masturba durante aquel tiempo, en cuanto eyacula, lanza gritos, cocea y tira al suelo a la mujer, patas arriba.

- ¡Oh! -exclamó el duque-. Esto es más divertido que lúbrico. Y dime, por favor, Duelos,

¿ese hombre te dijo si tenía algún compañero del mismo gusto?

-Sí -contestó la amable Duelos, participando ingeniosamente en la broma y bajando de

su estrado porque su tarea estaba cumplida-, sí monseñor; me dijo que tenía muchos amigos así, pero que no todos querían dejarse montar.

Terminada la sesión, se quiso hacer alguna tontería antes de cenar; el duque apretaba fuertemente a Augustine contra sí.

-No me asombra -decía, mientras le manoseaba el clítoris y le hacía empuñar su pito, no me asombra que a veces Curval tenga tentaciones de romper el pacto y violar una virginidad, pues siento que en este momento, por ejemplo, de buena gana mandaría al diablo la de Augustine.

-¿Cuál? -preguntó Curval.

-A fe mía, las dos -dijo el duque-; pero hay que ser juicioso, si esperamos así haremos

mucho más deliciosos nuestros placeres. Vamos, niña continuó-, déjame ver tus nalgas, quizás esto haga cambiar la naturaleza de mis ideas... ¡Dios, qué hermoso culo tiene esta pu- tita! Curval, ¿qué me aconsejas que haga con él?

-Una vinagreta -contestó Curval.

- ¡Dios lo quisiera! -dijo el duque-. Pero paciencia... Ya verás que todo vendrá a su tiempo.

-Mi queridísimo hermano -dijo el prelado con la voz entrecortada-, dices unas cosas que huelen a semen.

- ¡Eh! ¡Verdaderamente! Es que tengo muchas ganas de perderlo.

- ¡Eh! ¿Quién te lo impide? -dijo el obispo.

- ¡Oh! Muchas cosas -replicó el duque-. En primer lugar, no hay mierda y yo la quisiera, y luego, no sé: tengo ganas de muchísimas cosas...

-¿Y de qué? -preguntó Durcet, a quien Antinoüs se le cagaba en la boca.

-¿De qué? -dijo el duque-. De una pequeña infamia a la cual tengo que entregarme.

Y pasando al salón del fondo con Augustine, Zélamir, Cupidon, Duclos, Desgranges y Hercule, al cabo de un minuto se oyeron gritos y blasfemias que probaban que el duque acababa por fin de calmar su cabeza y sus cojones. No se sabe muy bien lo que le hizo a Augustine, pero, a pesar de su amor por ella, se la vio regresar llorando y con uno de sus dedos envuelto. Lamentamos no poder aún explicar todo eso, pero es cierto que los señores, bajo cuerda y antes que fuesen exactamente permitidas, se entregaban a cosas que todavía no les habían sido contadas, y con esto faltaban formalmente a las convenciones que habían establecido; pero cuando una sociedad entera comete las mismas faltas, por lo general les son perdonadas. El duque volvió, y vio con placer que Durcet y el obispo no habían perdido el tiempo y que Curval, entre los brazos de Brise-cul, hacía deliciosamente todo lo que se puede hacer con lo que había podido reunir junto a él de objetos voluptuosos.

Las orgías fueron como de ordinario, y se acostaron. Aun estando Adélaïde tan lisiada, el

duque, que debía tenerla aquella noche, la quiso, y como había salido de las orgías un poco borracho, como de costumbre, se dijo que no había tenido miramientos con ella. En fin, la noche pasó como todas las precedentes, es decir, en el seno del delirio y del libertinaje, y cuando vino la rubia aurora, como dicen los poetas, a abrir las puertas del palacio de Apolo, este dios, bastante libertino a su vez, sólo subió a su carro de azur para venir a iluminar nuevas lujurias.

VIGESIMO QUINTA JORNADA

Una nueva intriga sin embargo se creaba, en sordina, dentro de los muros impenetrables del castillo de Silling, pero ésta no tenía consecuencias tan peligrosas como la de Adélaïde y de Sophie. Esta nueva asociación se tramaba entre Aline y Zelmire; la conformidad del carácter de estas dos jóvenes había contribuido mucho a unirlas: ambas dulces y sensibles, con dos años y medio de diferencia en su edad, cuanto más, mucho de infantil, mucho de bonachón en su carácter, en una palabra, ambas casi con las mismas virtudes y ambas casi con los mismos vicios, pues Zelmire, dulce y tierna, era indolente y perezosa como Aline. En una palabra, se entendían tan bien que por la mañana del día veinticinco fueron encontradas en la misma cama, y he aquí como tuvo lugar esto: Zelmire, destinada a Curval, dormía en la habitación de éste, como se sabe. Aquella misma noche, Aline era compañera de cama de Curval; pero Curval, que regresó de las orgías enteramente borracho, no quiso acostarse más que con Bande-au-ciel y gracias a esto las dos palomitas abandonadas y reunidas por ese azar se metieron, por temor al frío, en la misma cama, donde se presumió que su meñique había rascado en otro lugar fuera del codo.

Curval, al abrir los ojos por la mañana y ver aquellos dos pájaros en el mismo nido, les

preguntó qué hacían allí, y tras ordenarlas que fueran inmediatamente ambas a su cama, las olfateó por debajo del clítoris y reconoció claramente que aún estaban ambas llenas de flujo. El caso era grave: allí se quería que aquellas señoritas fuesen víctimas de la impudicia, pero se exigía que entre ellas reinase la decencia - ¡pues qué no exigirá el libertinaje en sus perpetuas inconsecuencias!-, y si alguna vez se condescendía a permitirles ser impuras entre ellas, era necesario que fuese por orden y ante los ojos de los señores. Por lo tanto, el caso fue presentado al consejo y las dos delincuentes, que no pudieron o no osaron negar, recibieron la orden de mostrar cómo lo hacían y demostrar ante todo el mundo cuál era su pequeña habilidad particular. Lo hicieron sonrojándose mucho, lloraron, pidiendo perdón por lo que habían hecho. Pero era demasiado dulce tener aquella linda parejita para castigar el sábado siguiente, para que se pensara en tenerles piedad; y fueron inmediatamente inscritas en el fatal libro de Durcet, el cual, entre paréntesis, aquella semana se llenaba muy agradablemente.

Realizada aquella diligencia, se terminó el desayuno y Durcet hizo sus visitas. Las fatales indigestiones produjeron una delincuente más: la pequeña Michette. No podía más, decía, la habían hecho comer demasiado la víspera, y otras mil pequeñas excusas infantiles que no le impedirían ser inscrita. Curval, que la tenía muy empinada, se apoderó del orinal y devoró todo lo que contenía. Y dirigiendo luego a la muchacha su mirada colérica, dijo:

- ¡Oh, sí! ¡Pardiez, bribonzuela! ¡Oh! ¡Sí, pardiez, serás corregida, y por mi propia mano!

No está permitido cagar así; no tenías más que advertirnos, por lo menos; bien sabes que no hay ninguna hora en que no estemos dispuestos a recibir mierda.

Y le manoseaba con fuerza las nalgas mientras la regañaba.

Los muchachos estaban intactos, no fue concedido ningún permiso para la capilla y todo

el mundo sentóse a la mesa. Durante la comida se discutió mucho sobre el acto de Aline: la creían una santita y, de pronto, ahí estaban las pruebas de su temperamento. "¡Ah! Bien, amigo mío -dijo Durcet al obispo-, ¿hay que fiarse del aspecto de las mujeres, ahora?" Se convino unánimemente en que no hay nada más engañoso y que, como todas ellas eran falsas, no se servían nunca de su inteligencia más que para serlo con más destreza. Estas afirmaciones hicieron recaer la conversación sobre las mujeres, y el obispo, que las detestaba,

se entregó a todo el odio que le inspiraban. Las rebajó al nivel de los animales más viles y probó que su existencia era tan perfectamente inútil en el mundo que podrían ser todas barridas de la faz de la tierra sin perjudicar en nada los fines de la naturaleza, la cual, puesto que antaño había encontrado el medio de crear sin ellas, volvería a encontrarlo cuando sólo existiesen los hombres.

Se pasó a tomar el café; estaba presentado por Augustine, Michette, Hyacinthe y Narcisse. El obispo, uno de cuyos grandes y simples placeres era el 'de chupar el pito de los niños, se divertía en este juego con Hyacinthe desde hacía algunos minutos cuando, de pronto, exclamó retirando su boca llena: " ¡Ah! ¡Redios, amigos míos, he aquí una virginidad! Es la primera vez que este bellacuelo eyacula, estoy seguro de ello". Y en efecto, nadie había visto aún a Hyacinthe llegar a tal cosa; incluso se le creía demasiado joven para lograrla. Pero tenía catorce años cumplidos, la edad en que la naturaleza acostumbra colmarnos con sus favores, y nada había más real que la victoria que el obispo se imaginaba haber conseguido. Sin embargo, se quiso constatar el hecho, todos quisieron ser testigos de la aventura y sentáronse en semicírculo en torno al joven. Augustine, la más célebre meneadora del serrallo, recibió la orden de manipular al niño ante la reunión, y él tuvo permiso para acariciarla en la parte del cuerpo que deseara. No hay espectáculo más voluptuoso que ver a una muchacha de quince años, hermosa como el día, prestarse a las caricias de un muchacho de catorce y excitarlo a descargar con la más deliciosa polución.

Hyacinthe, quizás ayudado por la naturaleza, pero más ciertamente aún por los ejemplos que tenía ante los ojos, no tocó, no manoseó ni besó más que las lindas nalguitas de su meneadora y al cabo de un instante sus hermosas mejillas se colorearon, lanzó dos o tres suspiros y su pequeño y lindo pito arrojó a tres pies de distancia cinco o seis chorros de un semencillo dulce y blanco como la nata que fue a caer sobre el muslo de Durcet, que se hallaba más cerca de él y se hacía masturbar por Narcisse, mientras contemplaba la operación. Bien comprobado el hecho, acariciaron y besaron al niño por todas partes, cada uno de ellos quiso recoger una pequeña porción de aquel joven esperma y, como les pareció que a su edad y como estreno seis descargas no eran demasiado, a las dos que acababan de producir nuestros libertinos le hicieron añadir una cada uno, que el muchacho les vació en la boca.

El duque, calentado por aquel espectáculo, se apoderó de Augustine y le meneó el clítoris

con la lengua hasta hacerla descargar dos o tres veces, a lo que llegó muy pronto la bribonzuela, llena de fuego y de bríos. Mientras el duque masturbaba así a Augustine, no había nada tan placentero como ver a Durcet yendo a recoger los síntomas del placer que no procuraba él, besar mil veces en la boca a aquella hermosa criatura, y tragarse, por así decirlo, la voluptuosidad que otro hacía circular por sus sentidos. Era tarde, hubo que prescindir de la siesta y pasar al salón de historia, donde la Duelos esperaba hacía mucho rato; cuando todo el mundo se hubo acomodado, prosiguió el relato de sus aventuras en los términos siguientes:

Ya he tenido el honor de decíroslo, señores, es muy difícil comprender todos los suplicios que el hombre inventa contra sí mismo para encontrar de nuevo en su envilecimiento o en sus dolores esas chispas de placer que la edad avanzada o la saciedad le han hecho perder. ¿Lo creeríais? Una persona de esta especie, un hombre de sesenta años, singularmente hastiado de todos los placeres de la lubricidad, ya no podía despertarlos en sus sentidos más que haciéndose quemar con una vela en todas las partes de su cuerpo, principalmente aquellas que la naturaleza destina a esos

placeres. Apagaban la vela aplicándosela con fuerza sobre las nalgas, la verga, los cojones y, sobre todo, en el agujero del culo: entretanto él besaba un trasero, y cuando le habían repetido quince o veinte veces esta dolorosa operación, eyaculaba chupando el ano que su atormentadora le presentaba.

Vi a otro, poco después, que me obligaba a servirme de una almohaza de caballo

y a pasársela por todo el cuerpo, exactamente como se haría con el animal que acabo de nombrar. Cuando su cuerpo estaba todo ensangrentado, lo frotaba con alcohol, y este segundo dolor lo hacía descargar abundantemente sobre mi pecho, tal era el campo de batalla que él quería regar con su semen. Yo me arrodillaba ante él, oprimía su verga contra mis tetas y sobre ellas esparcía él satisfecho el acre flujo de sus cojones.

Un tercero, se hacía arrancar uno a uno todos los pelos de sus nalgas. Durante la operación se masturbaba sobra un cagajón caliente que yo acababa de hacer. Luego, en el instante en que unas gotas me anunciaban la proximidad de la crisis, era necesa- rio, para provocarla, que le diese en cada nalga un tijeretazo que le hiciese sangrar. Tenía el culo lleno de esas llagas y a duras penas encontré un sitio intacto para infligirle las dos heridas; en aquel momento su nariz se sumergía en la mierda, se ensuciaba con ella toda la cara, y chorros de esperma coronaban su éxtasis.

El cuarto, me metía la verga en la boca y me ordenaba mordérsela con todas mis

fuerzas; entretanto le desgarraba las dos nalgas con un peine de hierro de púas muy agudas y luego, en el momento en que sentía que su miembro estaba a punto de eya- cular, lo cual me era anunciado por una muy ligera y muy débil erección, entonces, digo, le separaba prodigiosamente las dos nalgas y acercaba el agujero de su culo a la llama de una vela colocada en el suelo para este fin. Solamente la sensación de la que- madura de esa vela en su ano decidía la emisión. Entonces yo redoblaba mis mordiscos y pronto mi boca quedaba llena.

-¡¡Un momento! -dijo el obispo-. Hoy no oiré hablar de descarga dentro de una boca sin que esto me recuerde la buena suerte que acabo de tener y disponga mis sentidos a placeres de la misma clase.

Al decir esto atrae hacia sí a Bande-au-ciel, quien aquella noche estaba apostado cerca de

él, y se pone a chuparle el pito con toda la lubricidad de un vicioso.

Sale el chorro, él se lo traga, y pronto repite la operación con Zéphyr. Estaba

empalmado, y las mujeres raramente se encontraban bien a su lado cuando era presa de tal crisis. Desgraciadamente, era Aline, su sobrina.

-¿Qué haces tú aquí, zorra -le dijo-, si son hombres lo que quiero?

Aline quiere esquivarlo, él la agarra por los cabellos y, arrastrándola a su gabinete junto

con Zelmire y Hébé, las dos muchachas de su serrallo:

-Ya veréis, ya veréis -dijo a sus amigos-, cómo voy a enseñar a esas perras a que me

pongan coños bajo la mano cuando lo que quiero son pitos.

Fanchon, por orden suya, siguió a las tres doncellas. Un momento después se oyó gritar

agudamente a Aline y los rugidos de la eyaculación de monseñor mezclarse a los acentos dolorosos de su querida sobrina. Todos volvieron... Afine lloraba, se apretaba y estrujaba el trasero.

-¡Ven a enseñarme esto! -le dijo el duque-. Me gusta con locura ver las huellas de la

brutalidad de mi señor hermano.

Afine mostró no sé qué, pues siempre me ha sido imposible descubrir lo que pasaba

dentro de aquellos infernales gabinetes, pero el duque exclamó: " ¡Ah, joder! Es delicioso, creo que voy a hacer lo mismo". Pero como Curval le indicó que era tarde y que tenía un proyecto de diversión que comunicarle en las orgías, para el cual necesitaría toda su cabeza y todo su semen, rogaron a la Duelos que expusiera el quinto relato con el que debía terminar su velada, y ella prosiguió en esta forma:

Entre el número de esa gente extraordinaria -dijo la hermosa mujer-, cuya manía consiste en hacerse envilecer y degradar, había cierto presidente de la cámara del tesoro llamado Foucolet. Es imposible imaginar hasta dónde llevaba su manía ese individuo; era necesario darle una muestra de todos los suplicios. Yo lo colgaba, pero la cuerda se rompía a tiempo y él caía sobre unos colchones; al momento siguiente lo tendía sobre una cruz de San Andrés y fingía romperle los miembros con una barra de cartón; le marcaba el hombro con un hierro casi candente que le dejaba una ligera huella; le azotaba la espalda, exactamente como hace el verdugo, y había que mezclar a todo eso insultos atroces, amargos reproches de diferentes crímenes, de los cuales, durante cada una de esas operaciones, en camisa y con un cirio en la mano, pedía perdón muy humildemente a Dios y a la justicia; en fin, la sesión terminaba sobre mi trasero, donde el libertino vertía su semen cuando su cabeza llegaba al último grado de ardor.

- ¡Eh! ¡Bueno! ¿Me dejas descargar en paz, ahora que la Duelos ha terminado? -dijo el duque a Curval.

-No, no -replicó el presidente-. Guárdate tu semen; te digo que lo necesito para las

orgías.

- ¡Oh! Soy tu servidor -dijo el duque-. ¿Me tomas por un hombre gastado y te imaginas

que un poco de semen que pierda ahora me impedirá ceder y corresponder a todas las infamias que se te pasarán por la cabeza dentro de cuatro horas? No temas, estaré siempre dispuesto, pero ha sido del agrado de mi señor hermano darme un pequeño ejemplo de atrocidad que me disgustaría mucho no ejecutar con Adélaïde, tu querida y amable hija.

Y, empujando en seguida a ésa dentro del gabinete con Thérèse, Colombe y Fanny, las mujeres de la cuadrilla, hizo indudablemente lo que el obispo había hecho a su sobrina, y eyaculó con los mismos episodios, pues, como antes, se oyó un grito terrible de la joven víctima y el rugido del disoluto. Curval quiso juzgar cuál de los dos hermanos se había portado mejor; hizo que se acercaran las dos mujeres y, examinados con atención los dos traseros, decidió que el duque sólo había imitado al otro superándolo.

Sentáronse a la mesa y habiendo, llenado de gases por medio de alguna droga, las entrañas de todos los comensales, hombres y mujeres, jugaron después de la cena a lanzarse pedos: los amigos estaban, los cuatro, acostados de espaldas sobre sofás, la cabeza levantada, y los demás iban por turno a peerles en la boca. La Duelos estaba encargada de contar y marcar y, puesto que había treinta y seis pedorros o pedorras contra sólo cuatro que tragaban, alguno de ellos recibió hasta ciento cincuenta pedos. Era para esa lúbrica ceremonia para lo que Curval quería que el duque se reservase, pero esto resultaba perfectamente inútil; era el duque demasiado amigo del libertinaje para que un nuevo exceso no le produjera siempre el mayor efecto en cualquier situación que se le propusiera, y no por ello dejó de descargar completamente por segunda vez bajo los suaves pedos de la Fanchon. En cuanto a Curval, los pedos de Antinoüs fueron los que le costaron su semen, mientras que Durcet perdió el suyo excitado por los de Martaine, y el obispo excitado por los de

Desgranges. Pero las jóvenes beldades no obtuvieron nada, tan verdad es que todo concuerda y que siempre han de ser los crápulas quienes ejecuten las cosas infames.

VISGESIMO SEXTA JORNADA

Como nada era más delicioso que los castigos, nada proporcionaba tantos placeres, y de esa clase de placeres que se habían prometido no gozar hasta que las narraciones permitiesen, al desarrollarlos, entregarse a ellos más ampliamente, se inventó todo para tratar de hacer caer a los sujetos en faltas que procurasen la voluptuosidad de castigarlos; a tal efecto, los amigos se reunieron en sesión extraordinaria aquella mañana para discutir la cuestión y añadieron diversos artículos al reglamento cuya infracción necesariamente había de ocasionar castigos. En primer lugar, se prohibió expresamente a las esposas, a los muchachos y a las muchachas, lanzar pedos si no era en la boca de los amigos. En cuanto sintieran ganas de ello debían inmediatamente ir al encuentro de uno de aquellos y administrarle lo que retenían; a los delincuentes se les aplicó un fuerte castigo aflictivo. Se prohibió asimismo el uso de bidets y el limpiarse los culos; se ordenó a todos los sujetos en general, y sin ninguna excepción, que nunca se lavaran y sobre todo que se limpiaran el culo después de cagar; que cuando se les encontrase el culo limpio, el sujeto debería probar que era uno de los amigos quien se lo había limpiado, y citarlo. Mediante lo cual el amigo, interrogado, teniendo la facilidad de negar el hecho cuando quisiera, se procuraría a la vez dos placeres: el de limpiar un culo con su lengua y el de hacer castigar al sujeto que acababa de proporcionarle este placer... Veremos ejemplos de ello.

Luego se introdujo una nueva ceremonia: desde la hora del café por la mañana, desde que se entraba en la habitación de las mujeres y aun cuando después de eso se pasaba a la de los muchachos, cada sujeto, uno tras otro, debía abordar a cada uno de los amigos y decirle en voz alta e inteligible: "Me cago en Dios. ¿Quiere usted mi culo, que tiene mierda?", y aquellos o aquellas que no pronunciasen la blasfemia y la proposición en voz alta serían inscritos inmediatamente en el libro fatal. Es fácil imaginarse cuánto sufrieron la devota Adélaïde y su joven discípula Sophie para pronunciar tales infamias, y esto era infinitamente divertido.

Establecido todo eso, se admitieron delaciones; este medio bárbaro de multiplicar las vejaciones, admitido por todos los tiranos, fue adoptado calurosamente. Se decidió que todo sujeto que presentase una queja contra otro obtendría la supresión de la mitad de su castigo a la primera falta que cometiese. Lo cual no comprometía a nada absolutamente, porque el sujeto que se presentaba a acusar a otro ignoraba siempre hasta dónde habría de llegar el castigo del que se le prometía perdonarle la mitad; con lo que era muy fácil darle todo lo que se le quería dar y encima convencerlo de que había salido ganando. Se decidió y se publicó que la delación sería admitida sin pruebas y que bastaría con ser acusado por quien fuera para quien inscrito al instante. Además, se aumentó la autoridad de las viejas, y por la menor queja de ellas, verídica o falsa, el sujeto era condenado inmediatamente. En una palabra, se impuso sobre el pequeño pueblo toda la vejación, toda la injusticia que pueda imaginarse, seguros como estaban de obtener sumas tanto mayores de placeres cuanto mejor se ejerciese la tiranía.

Hecho eso, visitaron los retretes. Colombe fue hallada culpable; dio por excusa lo que le habían hecho comer la víspera entre las comidas, y que no había podido resistir, que era muy desdichada, que era la cuarta semana seguida que recibía castigo. El hecho era cierto y no po-

día acusarse de ello más que a su culo, que era el más lozano, el mejor formado y el más lindo que se haya visto. Objeto que no se había limpiado y que esto por lo menos debía valerle algo. Durcet la examinó y, habiéndole encontrado efectivamente un parche muy grande y muy grueso de mierda, se le aseguró que no sería tratada con tanto rigor. Curval, en erección, se apoderó de ella, le limpió completamente el ano, se hizo traer la defecación que se comió, mientras se hacía masturbar por ella, entremezclando la comida con muchos besos en la boca y mandatos perentorios de tragarse todo lo que él le transmitía de su propia obra. Visitaron a Augustine y Sophie, a las que se había recomendado que después de sus defe- caciones de la víspera se mantuviesen en el estado más impuro. Sophie estaba en regla, aunque hubiese dormido cerca del obispo como su posición le exigía, pero Augustine presentaba la mayor limpieza. Segura de su respuesta, avanzó orgullosamente y dijo que bien se sabía que, como de costumbre, había dormido en la habitación del señor duque y que antes de dormirse éste la había hecho ir a su cama, donde le había chupado el agujero del cu- lo mientras ella le meneaba el pito con la boca. El duque, interrogado, dijo que no se acordaba de tal cosa (aunque fuese cierto), que se había dormido con la verga en el culo de la Duelos, hecho que podía averiguarse. Se trató el caso con toda la seriedad y la gravedad posi- ble, mandaron llamar a la Duelos, quien, al ver de lo que se trataba, certificó todo lo que había declarado el duque y sostuvo que Augustine sólo había sido llamada por un instante a la cama de monseñor, quien se había cagado en su boca para comer en ella su cagada. Augus- tine quiso sostener su tesis y disputó con la Duelos, pero se le impuso silencio y fue inscrita, aunque era totalmente inocente.

Pasaron a la habitación de los muchachos, donde Cupidón fue hallado en falta; había hecho en su orinal la más bella cagada que pueda verse. El duque se la apropió y la devoró, mientras el joven le chupaba el pito.

Negaron todos los permisos de capilla y pasaron al comedor. La bella Constance, a la que a veces se dispensaba de servir a causa de su estado, como aquel día se encontraba bien apareció desnuda, y su vientre, que empezaba a hincharse un poco, calentó mucho la cabeza de Curval, y al ver que se ponía a manosear algo duramente las nalgas y los senos de la pobre criatura, por la cual se notaba cada día que su horror aumentaba, a ruegos de ella y por el deseo que tenían de conservar su fruto al menos hasta cierta época, le dieron permiso para que aquel día no apareciese más que a las narraciones, de las cuales nunca se la eximía. Curval comenzó de nuevo a decir horrores sobre las ponedoras de niños y afirmó que si fuese el dueño establecería la ley de la isla de Formosa, donde las mujeres encintas antes de los treinta años son machacadas en un mortero con su fruto, y que aunque se impusiera aquella ley en Francia habría aún dos veces más de población de la necesaria.

Pasaron a tomar el café, que fue presentado por Sophie, Fanny, Zélamir y Adonis, pero

servido de una manera muy singular: se lo hacían tragar con la boca. Sophie sirvió al duque, Fanny a Curval, Zelamir al obispo y Adonis a Durcet. Tomaban un sorbo en su boca, se la enjuagaban con él y lo vertían así en el gaznate de aquel a quien servían. Curval, que se había levantado de la mesa muy caliente, se puso otra vez en erección con esa ceremonia y cuando terminó se apoderó de Fanny y le descargó en la boca, ordenándole que se lo tragase bajo amenaza de las penas más graves, lo cual hizo la desdichada criatura sin atreverse siquiera a parpadear. El duque y sus otros dos amigos hicieron lanzar pedos o cagar Y, después de la siesta, fueron a escuchar a la Duelos, quien reanudó así sus relatos:

Voy a pasar rápidamente -dijo aquella amable mujer- sobre las dos últimas aventuras que

me quedan por contaros referentes a esos hombres singulares que no encuentran su voluptuosidad más que en el dolor que se les hace experimentar, y luego cambiaremos de tema, si os parece bien.

El primero, mientras yo lo masturbaba, ambos desnudos y de pie, quería que por una agujero practicado en el techo nos arrojaran, durante todo el tiempo de la sesión, chorros de agua casi hirviente sobre el cuerpo. En vano quise hacerle ver que, no teniendo la misma pasión que él, iba a resultar también la víctima, él me aseguró que no me haría ningún daño y que aquellas duchas eran excelentes para la salud. Lo creí y le dejé hacer, y, como estaba en su casa, no pude disponer el grado de calor del agua; ésta casi hervía. No se puede imaginar el placer que experimentó al recibirla. En cuanto a mí, mientras operaba en él lo más rápida- mente que podía, gritaba, os lo confieso, como un gato escaldado; mi piel se desprendió, y me prometí firmemente no volver jamás a casa de aquel hombre.

- ¡Ah, pardiez! -dijo el duque-. Me entran ganas de escaldar así a la bella Aline.

-Monseñor -le respondió humildemente Aline-, no soy un cerdo.

La ingenua franqueza de su respuesta infantil hizo reír a todo el mundo, y se preguntó a

la Duelos cuál era el segundo y último ejemplo del mismo género que había de citar.

No era ni mucho menos tan penoso para mí -dijo la Duelos--; sólo se trataba de protegerse la mano con un buen guante, luego coger con esta mano grava ardiente en un brasero y, llena así la mano, había que frotar a mi hombre con aquella grava casi encendida desde el cuello hasta los talones. Su cuerpo estaba tan singularmente endurecido por aquel ejercicio que parecía de cuero. Cuando se llegaba a la verga, había que cogerla y masturbarla en medio de un puñado de la arena ardiente; muy pronto se ponía en erección. Entonces, con la otra mano, yo colocaba bajo sus cojones la pala toda roja y preparada a propósito. Ese frotamiento, aquel calor devorador que mordía sus testículos, quizás un poco de manoseo de mis dos nalgas, que debía tener siempre a la vista durante la operación, todo eso le hacía eyacular y tenía buen cuidado de hacer caer su esperma sobre la pala roja, donde con delicia la veía quemarse.

-Curval -le dijo el duque-, ese es un hombre al que, a mi parecer no le gusta la población más que a ti.

-Esto creo -contestó Curval-. No te ocultaré que me gusta la idea de querer quemar su

semen.

- ¡Oh! Adivino todas las ideas que te sugiere -dijo el duque-. Y aunque hubiese ya

germinado lo quemarías con placer, ¿verdad?

-A fe mía, eso me temo -dijo Curval, mientras hacía no sé qué a Adélaïde que la hizo

proferir un grito estridente.

-¿Qué te pasa, puta -dijo Curval a su hija-, para chillar de esta manera?... ¿No ves que el

duque me habla de quemar, de vejar, de reprender el semen germinado? ¿Y qué eres tú, por favor, sino un poco de semen que germinó al salir de mis cojones? Vamos, prosigue, Duelos

-añadió Curval-, pues siento que el lloriqueo de esta zorra me haría descargar, y no quiero.

Henos aquí -dijo la heroína- ante detalles que, por tener caracteres de singularidad más picantes, acaso os gusten todavía más. Ya sabéis que es costumbre en París exponer a los muertos a las puertas de las casas. Había un hombre que me pagaba doce francos cada vez que podía conducirlo por la noche ante uno de esos

espectáculos lúgubres; toda su voluptuosidad consistía en acercarse conmigo lo más posible, al borde mismo del ataúd podíamos, y allí yo debía masturbarlo de manera que su semen eyaculase sobre el ataúd. De este modo recorríamos durante la velada tres o cuatro, según el número que yo había descubierto, y en todos practicábamos la misma operación sin que él me tocase más que el trasero mientras lo masturbaba. Era un hombre de unos treinta años, y practiqué con él durante más de diez años, en el transcurso de los cuales estoy segura de haberlo hecho eyacular sobre más de dos mil ataúdes.

-Pero ¿decía algo durante su operación? -preguntó el duque-. ¿Te dirigía alguna palabra o la dirigía al muerto?

-Insultaba al muerto -contestó la Duelos-; le decía: toma, bribón, toma, pillo, toma, infame, ¡llévate mi semen contigo a los infiernos!

-Singular manía -dijo Curval.

-Amigo mío -dijo el duque-, ten la certeza de que aquel hombre era uno de los nuestros y

que indudablemente no se quedaba ahí.

-Tiene usted razón, monseñor -dijo la Martaine-, y yo tendré ocasión de volver a

presentarles una vez más a ese actor en escena.

La Duelos, aprovechando entonces el silencio, prosiguió así:

Otro, que llevaba mucho más lejos una fantasía más o menos parecida, quería que yo tuviese espías al acecho para avisarle cada vez que era enterrada en algún cementerio una muchacha muerta sin enfermedad peligrosa, - condición, ésta, que más me recomendaba. En cuanto le había hallado lo que quería, y siempre me pagaba muy caro el descubrimiento, salíamos por la noche, nos introducíamos en el cementerio como podíamos, nos dirigíamos en seguida a la fosa indicada por el espía, cuya tierra era la más recientemente removida, trabajábamos los dos rápidamente para apartar con nuestras manos todo lo que cubría el cadáver y, en cuanto él podía tocarlo, yo le masturbaba encima mientras él manoseaba el cuerpo por todas partes, principalmente en las nalgas, si podía. A veces volvía a tener una segunda erección, pero entonces se cagaba y me hacía cagar sobre el cadáver y soltaba su semen encima al tiempo que seguía palpando todas las partes del cuerpo que podía alcanzar.

- ¡Oh! Esto lo comprendo -dijo Curval-, y si debo haceros una confesión, es que lo he practicado alguna vez en mi vida. Verdad es que yo añadía a ello algunos episodios que no es hora todavía de revelarlos. Sea lo que sea, hace que se me empalme; abre tus muslos, Adélaïde...

Y no sé lo que pasó, pero el sofá se dobló bajo el peso, se oyó una descarga bien constatada y creo que, muy simple y virtuosamente, el señor presidente acababa de cometer un incesto.

-Presidente -dijo el duque-, apuesto a que creíste que estaba muerta.

-Sí, ciertamente -contestó Curval-, pues sin esto no hubiera eyaculado. Y la Duelos, viendo que ya no se decía nada más, terminó así su velada:

Para no cansaros, señores, con ideas tan lúgubres, voy a terminar la velada con el relato de la pasión del duque de Bonnefort. Ese joven señor, a quien divertí cinco o seis veces, y que veía a menudo a una de mis amigas para la misma operación, exigía

que una mujer armada de un consolador, desnuda, se masturbase ante él por delante- y por detrás durante tres horas seguidas sin interrupción. Hay un reloj que nos regula y si una deja la tarea antes de la vuelta completa de la tercer hora, no recibe su paga. El está delante de ti, te observa, te da vueltas y más vueltas por todos lados, te exhorta a desmayarte de placer y si, transportada por los efectos de la operación, una llega realmente a perder el conocimiento en medio del placer, es seguro que con ello apresura el del hombre. Si no sucede así, en el momento preciso en que el reloj da la tercer hora él se acerca a ti y te descarga en las narices

-A fe mía -dijo el obispo-, no veo por qué, Duelos, no has preferido dejarnos con las ideas precedentes en vez de con ésta. Aquellas tenían algo de picante que nos irritaba con fuerza, en cambio, una pasión de agua de rosas como ésta con la cual terminas tu velada no nos deja nada en la cabeza.

-Tiene razón ella -dijo Julie, que estaba con Durcet-. Por mi parte, le doy las gracias por ello, pues nos dejarán a todas acostarnos más tranquilas no teniendo en la cabeza esas malas ideas que la señora Duelos desarrolló antes.

- ¡Ah! En esto podrías muy bien equivocarte, bella Julie -dijo Durcet-, pues yo sólo me

acuerdo de lo anterior cuando lo nuevo me aburre y, para demostrároslo, vosotras tened la bondad de seguirme.

Y Durcet se metió en su gabinete con Sophie y Michette para eyacular no sé muy bien cómo, pero de una manera que no le gustó a Sophie, pues profirió un grito terrible y volvió roja como la cresta de un gallo.

- ¡Oh! -dijo el duque-. Lo que es a ésta no tenías ganas de tomarla por muerta, pues

acabas de hacerle dar una furiosa señal de vida.

-Ha gritado de miedo -dijo Durcet-. Pregúntale lo que le hice y ordénale que te lo diga en

voz baja.

Sophie se acercó al duque para decírselo.

- ¡Ah! exclamó el duque, en voz alta-. ¡No había por qué gritar tanto, ni por qué descargar!

Y, como sonó el aviso de la cena, se interrumpieron todos los dichos y todos los placeres para ir a gozar de los de la mesa. Las orgías se celebraron con bastante tranquilidad, y fueron a acostarse virtuosamente, sin que hubiese la menor señal de borrachera, lo cual era extre- madamente raro.

VIGESIMO SEPTIMA JORNADA

Desde la mañana empezaron las delaciones autorizadas la víspera, y las sultanas, al ver que sólo faltaba Rosette para que las ocho sufriesen corrección, no dejaron de ir a acusarla. Aseguraron que había echado pedos durante toda la noche y como eran las muchachas las que querían fastidiar, tuvo contra ella a todo el serrallo y fue inscrita inmediatamente. El resto transcurrió de maravilla y, excepto Sophie y Zelmire, que balbucearon un poco, los amigos fueron abordados decididamente con el nuevo cumplido: "Me cago en Dios ¿quiere usted mi culo, que tiene mierda?"; y, en efecto, la había exactamente por todas partes pues, por miedo a la tentación de la limpieza, las viejas habían retirado toda vasija, toda toalla y toda el agua. Como el régimen de la carne sin pan empezaba a calentar todas aquellas boquitas que no se lavaban, aquel día se percibió que había ya una gran diferencia en los

alientos.

-¡Ah, pardiez! -dijo Curval, lamiendo a Augustine-. Esto ahora significa algo, por lo menos. ¡Uno se empalma besando esto!

Todo el mundo convino unánimemente en que así era infinitamente mejor.

Puesto que no hubo nada de nuevo hasta el café, vamos a trasladar enseguida a él al lector. Fue servido por Sophie, Zelmire, Giton y Narcisse. El duque dijo que estaba perfectamente seguro de que Sophie tenía que descargar y que era absolutamente necesario hacer la experiencia. Dijo a Durcet que observase y, después de tumbarla en un sofá, la acarició a la vez en los bordes de la vagina, en el clítoris y en el agujero del culo, primero con los dedos, luego con la lengua; la naturaleza triunfó: al cabo de un cuarto de hora aquella hermosa muchacha se turbó, se sonrojó, suspiró, Durcet hizo observar todos estos movimientos a Curval y al obispo, quien no podía creer que ella descargase todavía, y en cuanto al duque pudo convencerse de ello más que los otros, puesto que aquel joven coñito se empapó enteramente y la pequeña pilluela le mojó de flujo todos los labios. El duque no pudo resistirse a la lubricidad de su experiencia; se levantó, se inclinó sobre la muchacha y le descargó sobre el monte entreabierto, introduciendo con sus dedos lo más que pudo el esperma en el interior del coño. Curval, calentado por el espectáculo, la agarró y le pidió otra cosa que no era flujo; ella presentó su lindo culito, el presidente pegó a él su boca y el lector inteligente adivinará fácilmente lo que recibió. Durante aquel tiempo, Zelmire divertía al obispo: le chupaba y le manoseaba el miembro. Y todo eso mientras Curval se hacía masturbar por Narcisse, cuyo trasero besaba con ardor. Sólo fue el duque, sin embargo, quien perdió el semen; la Duelos había anunciado para aquella velada relatos más bonitos que los precedentes y quisieron reservarse para oírlos. Llegada la hora se acomodaron, y he aquí cómo se expresó aquella interesante prostituta:

Un hombre de quien nunca conocí, señores -dijo-, ni el medio ni la existencia, y que por esto no podré describiros más que muy imperfectamente, me hizo rogar por medio de un mensaje que fuese a su casa, calle Blanche-du-Rempart, a las nueve de la noche. Me advertía en su billete que no abrigara ninguna desconfianza y que, aun cuándo no se me diese a conocer, yo no tendría ningún motivo de queja. Dos luises acompañaban la carta y, a pesar de mi acostumbrada prudencia, que ciertamente debía haberse opuesto a aquella diligencia, puesto que no conocía a quien me la encargaba, lo arriesgué todo, fiándome enteramente de no sé qué presentimiento que parecía susurrarme que no tenía nada que temer. Llegó un lacayo me advierte que debo desnudarme completamente y que sólo en ese estado podría introducirme en el aposento de su amo, ejecuto la orden y en cuanto el lacayo me vio en la forma deseada me coge de la mano, y tras hacerme atravesar dos o tres aposentos, llama por fin a una puerta. Esta se abre, entro,..el lacayo se retira y la puerta vuelve a cerrarse, pero no había la más mínima diferencia en cuanto a la luz entre un horno y el lugar donde había sido introducida, y ni la luz ni el aire entraban en absoluto por ningún lado en aquella estancia. Apenas estuve dentro, un hombre desnudo se acerca a mí y me agarra sin pronunciar una sola palabra; no pierdo la cabeza, persuadida de que todo aquello tenía por objeto un poco de semen que debía hacer chorrear para verme libre de todo aquel nocturno ceremonial; llevo inmediatamente mi mano a su bajo vientre con el designio de hacer perder pronto al monstruo un veneno que lo volvía tan malo. Encuentro una verga muy gruesa, muy dura y extremadamente encrespada, pero al instante son apartados mis dedos, parece que no se quiere que

toque ni compruebe, y se me sienta en un taburete. El desconocido se planta junto a mí, agarra mis tetas una después de la otra, las aprieta y comprime con tanta violencia que le digo, bruscamente: "Me hace usted daño". Entonces cesa, me levanta, me acuesta boca abajo en un sofá alto, se sienta entre mis piernas por detrás y se pone a hacer a mis nalgas lo que acababa de hacer a mis tetas; las palpa y las comprime con una violencia sin igual, las abre, las cierra, las amasa, las besa mordisqueándolas, chupa el agujero de mi culo y, como estas compresiones reiteradas ofrecían menos peligro por este lado que por el otro, no me opuse a nada y, dejando hacer, procuraba adivinar cuál podía ser el objeto de aquel misterio en cosas que me parecían tan simples, cuando, de pronto, oigo que mi hombre lanza gritos espantosos:

-Huye, puta jodida, huye -me dijo-, huye, zorra, descargo y no respondo de tu vida.

Podéis creer que mi primer movimiento fue el de ponerme en pie; ante mí un débil resplandor: era la de la luz que se introducía por la puerta por la que había entrado; me precipito a ella, encuentro al lacayo que me había recibido, me arrojo a sus brazos, él me devuelve mis ropas, me da dos luises, y me largo muy contenta de haber salido del trance con tan poco daño.

-Tenía usted motivo para felicitarse -dijo la Martaine-, pues aquello no era más que un diminutivo de su pasión ordinaria. Yo os haré ver al mismo hombre, señores -continuó esa mamá-, bajo un aspecto más peligroso.

-No tan funesto como bajo el que lo presentaré yo a estos señores -dijo la Desgranges-, y

me uno a la señora Martaine para asegurarle que fue usted muy afortunada de salir así, pues el mismo hombre tenía pasiones mucho más singulares.

-Esperemos pues, para razonar sobre ello, que sepamos toda su historia -dijo el duque-. Y apresúrate, Duelos, a contarnos otra para quitarnos de los sesos una especie de individuo que no dejaría de calentárnoslos.

El que vi después, señores -prosiguió la Duelos-, quería una mujer con unos senos muy bellos y, como ésta es una de mis cualidades, después de habérselos mostrado me prefirió a todas mis pupilas. Pero ¿qué uso de mis senos y de mi figura pretendía hacer el insigne libertino? Me acuesta, desnuda, sobre un sofá, se coloca a horcajadas sobre mi pecho, pone su miembro entre mis dos tetas, me ordena que lo apriete tanto como pueda y al término de una breve carrera el asqueroso individuo los inunda de semen, lanzándome a la cara más de veinte escupitajos seguidos, muy espesos.

-Bueno -dijo refunfuñando Adélaïde al duque, que acababa de escupirle en las narices-, no veo qué necesidad hay de imitar esa infamia. ¿Acabará usted? -añadió, secándose la cara y dirigiéndose al duque, que no descargaba.

-Cuando me parezca bien, mi hermosa niña -replicó el duque-. Acuérdate por una vez en la vida de que estás aquí para obedecer y dejar hacer. Vamos, prosigue, Duelos, pues quizás haría algo peor y, como adoro a esta bella criatura -dijo, en tono de sorna-, no quiero ultra- jarla del todo.

No sé, señores -dijo la Duelos, reanudando el hilo de sus relatos-, si habéis oído hablar de la pasión del comendador de Saint-Elme. Tenía una casa de juego donde todos aquellos que iban a arriesgar su dinero eran rudamente desplumados; pero lo que tiene eso de muy extraordinario es que el comendador se empalmaba cuando los timaba: a cada trampa que les armaba, descargaba en sus pantalones, y una mujer a quien conocí muy bien y que él mantuvo durante largo tiempo me contó que a veces la cosa lo calentaba hasta el punto que se veía obligado a ir a buscar en ella el alivio para el ardor que lo devoraba. Y no se limitaba a eso; todo tipo de robo tenía para él igual atractivo y ningún objeto estaba seguro cerca de él. Si se sentaba a vuestra mesa, robaba los cubiertos; si entraba en vuestro gabinete, se llevaba vuestras alhajas; si estaba cerca de vuestro bolsillo, os sustraía vuestro estuche o vuestro pañuelo. Todo le venía bien con tal que pudiese robarlo, y todo le provocaba erección y hasta eyacu- lación en cuanto se lo había apropiado.

Pero ése era ciertamente menos extraordinario que el presidente del parlamento

con el que tuve tratos poco tiempo después de mi llegada a la casa de la Fournier y que siguió siendo cliente mío, pues al ser su caso bastante delicado, no quería entenderse con nadie más que conmigo.

El presidente tenía alquilado un pequeño apartamento, todo el año, en la plaza de

Grève; lo ocupaba sólo una vieja sirvienta, como portera, la cual tenía como única consigna la de limpiar el apartamento y hacer avisar al presidente en cuanto se veía en la plaza algún preparativo de ejecución. Enseguida el presidente me hacía advertir que estuviese dispuesta, venía a recogerme, disfrazado y dentro de un coche de punto, y nos íbamos a su apartamentito. La ventana de aquella habitación estaba dispuesta de tal manera que dominaba exactamente y de muy cerca el patíbulo; el presidente y yo nos situábamos allí, detrás de una celosía, sobre uno de cuyos travesaños él apoyaba unos potentes gemelos y, mientras esperábamos que apareciese el paciente, el representante de Ternis, sobre una cama, se divertía besándome las nalgas, episodio que, entre paréntesis, le gustaba extraordinariamente. Por fin, cuando el alboroto nos anunciaba la llegada de la víctima, el hombre de toga volvía a su lugar junto a la ventana y me hacía ocupar el mío a su lado, con la orden de manosearle y masturbarle la verga proporcionando mis sacudidas a la ejecución que él iba a presenciar, de tal manera que el esperma no se escapase hasta el momento en que el paciente entregase su alma a Dios. Todo se arreglaba, el criminal subía al patíbulo, el presidente contemplaba; cuanto más se acercaba el paciente a la muerte, más furioso se ponía en mis manos el miembro del malvado. Por fin caían los golpes, era el instante de su descarga: " ¡Ah!, ¡redios! -exclamaba entonces-.

¡Recristo, me cago en dios! ¡Cómo quisiera ser yo su verdugo, y cómo habría pegado mejor que éste! Por otra parte, las impresiones de sus placeres se medían según el género del suplicio, un ahorcado no le producía más que una sensación muy simple, un hombre apaleado lo hacía delirar, pero si era quemado o descuartizado, se desmayaba de placer. Hombre o mujer, le daba igual.

-Solamente -decía- una mujer preñada me produciría un poco más de efecto,

pero, desgraciadamente, esto no es posible.

-Pero, señor -le dije un día-, usted con su cargo contribuye a la muerte de esta

víctima infortunada.

-Sin duda -me respondió-, y es lo que hace que me divierta más, en mis treinta años de ejercer de juez, nunca he votado más que por la pena de muerte.

-¿Y no cree usted -le dije- que debería reprocharse un poco la muerte de esa

gente como un homicidio?

-Bueno -contestó-, ¿es necesario ser tan escrupuloso?

-Sin embargo -dije-, esto es lo que el mundo calificaría de horror.

- ¡Oh! -me replicó-. Hay que saber tomar partido sobre el horror de todo lo que nos hace tener una erección, y por una razón bien sencilla, que esa cosa, por horrenda que quieras suponerla, deja de ser horrible para uno en cuanto le hace descargar; ya no lo es, por lo tanto, sino a los ojos de los demás, pero ¿quién me asegura que la opinión de los demás, casi siempre falsa sobre todos los objetos, no lo es igualmente en este caso? No hay -prosiguió- nada fundamentalmente bueno ni nada fundamentalmente malo; todo es sólo relativo según nuestras costumbres, nuestras opiniones y nuestros prejuicios. Establecido este punto, una cosa del todo indiferente en sí misma sea, no obstante, indigna a tus ojos y muy deliciosa a los míos y, ya que me place, teniendo en cuenta 'a dificultad de asignarle un lugar justo, ya que me divierte, ¿no sería yo un loco si me privase de ella sólo porque tú la condenas? Vamos, vamos, querida Duelos, la vida de un hombre es una cosa tan poco importante que se puede jugar con ella, si nos agrada, como se haría con la de un gato o la de un perro; le corresponde al más débil defenderse, más o menos dispone de las mismas armas que nosotros. Y tú que eres tan escrupulosa - añadió mi hombre-, ¿qué dirías pues de la fantasía de uno de mis amigos?

Y aceptaréis, señores, que ese gusto que el presidente me contó constituya el quinto relato y último de esta velada.

El presidente me dijo que aquel amigo no quería tratos más que con mujeres que iban a ser ejecutadas. Cuanto más próximo está el momento en que le pueden ser entregadas de aquel en que deben perecer, mejor las paga. Pero siempre ha de ser después de haberles sido comunicada su sentencia. Por su posición tiene a su alcance esa clase de situaciones afortunadas para él, nunca le faltan, y yo le he visto pagar hasta cien luises por una entrevista de tal especie. Sin embargo, no goza de las mujeres, sólo les exige que muestren sus nalgas y caguen; afirma que no hay nada que iguale al sabor de la mierda de una mujer a la que se acaba de producir tal trastorno. No hay nada que no se imagine para procurarse tales entrevistas y, además, como comprenderéis muy bien, no quiere ser conocido. A veces pasa por el confesor, a veces por un amigo de la familia de la condenada, y siempre envuelve sus proposiciones la esperanza de serles útil si se muestran complacientes.

-Y cuando ha terminado, cuando se ha satisfecho, ¿cómo imaginas que termina su operación, mi querida Duelos? -me decía el presidente-... Con la misma cosa que yo, querida amiga; reserva su semen para el desenlace y lo suelta al verlas deliciosa- mente expirar.

- ¡Ah! Es bien malvado -le dije.

-¿Malvado? -me interrumpió-... Nada de esto, hija mía. Nada es malvado si te da

una erección, y el único crimen en este mundo es el de negarte algo respecto a eso.

-En efecto, no se negaba nada -dijo la Martaine- y me ufano de anunciar que la señora Desgranges y yo tendremos ocasión de divertir a la compañía con alguna anécdotas lúbricas y criminales del mismo personaje.

- ¡Ah! ¡Qué bien! -dijo Curval-. Porque he ahí un hombre que ya me gusta mucho. Así es

como hay que pensar en cuanto a los placeres, y su filosofía me gusta infinitamente. Es increíble hasta qué punto el hombre, ya reprimido en todas sus diversiones, en todas sus fa-

cultades, trata de restringir todavía más los límites de su existencia por indignos prejuicios. No nos imaginamos, por ejemplo, cuánto ha limitado todas sus delicias aquel que erige el homicidio en crimen; se ha privado de cien placeres, cada uno más delicioso que el otro, al atreverse a adoptar la quimera odiosa de ese prejuicio. ¿Y qué diablos puede importarle a la naturaleza uno, diez, veinte, quinientos hombres de más o de menos en el mundo? Los conquistadores, los héroes, los tiranos, ¿se imponen a sí mismos esta ley absurda de no hacer a los demás lo que no queremos que se nos haga? En verdad, amigos míos, no os lo oculto, pero me estremezco cuando oigo a los tontos decirme que esta es la ley de la naturaleza, etc...

¡Santo cielo! Avida de homicidios y de crímenes, para hacerlos cometer e inspirarlos es para

lo que la naturaleza establece su ley, y la única que ella imprime en el fondo de nuestros corazones es la de satisfacernos a costa de no importa quién. Pero, paciencia, quizás tendré pronto una ocasión mejor de hablaron ampliamente de estas materias, las he estudiado a fondo, y espero que, al comunicároslas, os convenceré como yo lo estoy de que la única manera de servir a la naturaleza es seguir ciegamente sus deseos de cualquier especie que sean, porque, al serle tan necesario el vicio como la virtud para el mantenimiento de sus leyes, sabe aconsejarnos alternativamente lo que en aquel momento se vuelve necesario para sus fines. Sí, amigos míos, os hablaré otro día de todo esto, pero de momento necesito perder mi semen, pues ese diablo de hombre con las ejecuciones de la Grève me ha hinchado los cojones.

Y pasó a la sala del fondo con Desgranges y Fanchon, sus dos buenas amigas, porque eran tan malvadas como él, haciéndose seguir los tres por Aline, Sophie, Hébé, Antinoüs y Zéphyr. Ignoro lo que el libertino imaginó en medio de aquellas siete personas, pero fue largo, se le oyó gritar mucho: "Vamos, pues, girad, pero no es esto lo que os pido", y otras frases de enojo mezcladas con blasfemias a las que se le sabía muy propenso durante aquellas escenas de libertinaje, y por fin las mujeres reaparecieron muy coloradas, muy despeinadas y con aspecto de haber sido furiosamente sobadas en todos los sentidos. Durante aquel tiempo el duque y sus dos amigos no habían perdido el tiempo, pero el obispo era el único que había eyaculado, y de una manera tan extraordinaria que todavía no nos está permitido decirla.

Fueron a sentarse a la mesa, donde Curval filosofó un poco más, pues en él las pasiones no influían en nada sobre los sistemas; firme en sus principios, era tan impío, tan ateo, tan criminal cuando acababa de perder su semen como en medio del fuego del temperamento, y así es como deberían ser todas las personas sensatas. El semen no debe jamás dictar, ni dirigir los principios; son los principios los que deben establecer la manera de perderlo. Y, se esté o no empalmado, la filosofía independiente de las pasiones debe ser siempre la misma.

La diversión de las orgías consistió en una comprobación en la que no se había pensado aún y que, sin embargo, era interesante; se trató de decidir quién tenía el trasero más bello entre las mujeres y quién entre los muchachos. En consecuencia, primero hicieron colocar a los ocho muchachos en fila, de pie, pero un poco inclinados, -pues ésta es la verdadera manera de examinar bien un culo y juzgarlo. El examen fue muy prolongado y muy severo, se combatieron mutuamente las opiniones, se cambiaron, se observaron quince veces seguidas los objetos de la deliberación y la manzana fue otorgada, de modo general, a Zéphyr; se estuvo unánimemente de acuerdo en que era físicamente imposible encontrar al- go más perfecto y mejor modelado.

Pasaron a las mujeres; se colocaron en la misma postura, la discusión fue, al principio,

muy larga, pues era casi imposible decidir entre Augustine, Zelmire y Sophie. Augustine, más alta, mejor formada que las otras dos, hubiera indudablemente ganado quizás ante los pin-

tores; pero los libertinos requieren más gracia que exactitud, más carne que regularidad. Tuvo contra ella cierta demasía de flacura y de delicadeza; las otras dos ofrecían una carne tan fresca, tan rolliza, unas nalgas tan blancas y redondas, una curva del lomo tan voluptuosamente modelada, que triunfaron sobre Augustine. Pero ¿cómo decidir entre las dos que quedaban? Diez veces las opiniones empataron.

Por fin ganó Zelmire; reunieron a las dos encantadoras criaturas, las besaron, las manosearon, las masturbaron durante toda la velada, ordenaron a Zelmire que masturbase a Zéphyr, quien, eyaculando maravillosamente, proporcionó el espectáculo del mayor placer en el placer; a su vez él masturbó a la joven que se desmayó en sus brazos, y todas aquellas escenas de indecible lubricidad hicieron perder el semen al duque y a su hermano, pero sólo emocionaron débilmente a Curval y Durcet, quienes convinieron en que necesitaban escenas menos color de rosa para conmover su vieja alma gastada, y que todas aquellas chanzas sólo eran buenas para los jóvenes. Por fin fueron a acostarse y Curval trató en el seno de algunas nuevas infamias, de resarcirse de aquellas tiernas pastorelas de que acababan de hacerlo testigo.

VIGESIMO OCTAVA JORNADA

Era el día de una boda y el turno de Cupidon y Rosette para ser unidos por los lazos del himeneo y, por una singularidad otra vez fatal, ambos se hallaban en el caso de ser castigados por la noche. Como aquella mañana no se halló a nadie en falta, toda aquella parte del día fue empleada para la ceremonia de las nupcias y, en cuanto ésta terminó, la pareja fue reunida en el salón para ver lo que harían los dos juntos. Como los misterios de Venus se celebraban a menudo ante los ojos de aquellos niños, aunque ninguno hubiese servido todavía en tales misterios, poseían la suficiente teoría para poder ejecutar con esos objetos más o menos lo que había que hacer. Cupidon, que tenía una fuerte erección, colocó su pito entre los muslos de Rosette, la cual se dejaba hacer con todo el candor de la más completa inocencia; el muchacho se esmeraba tanto que iba posiblemente a salir triunfante, cuando el obispo, cogiéndolo entre sus brazos, se hizo meter a sí mismo lo que el niño hubiera preferido, creo, meter a su mujercita; mientras perforaba el amplio culo del obispo, miraba a aquélla con unos ojos que demostraban su pesadumbre, pero ella a su vez pronto estuvo ocupada, pues el duque la jodió entre los muslos. Curva] se acercó a manosear lúbricamente el trasero del pequeño jodedor del obispo y, como encontró aquel lindo culito en el estado deseable, lo lamió y sacudió. Durcet, por su parte, hacía lo mismo a la niña que el duque tenía agarrada por delante.

Sin embargo, nadie descargó, y se dirigieron a la mesa; los dos jóvenes esposos, que

habían sido admitidos en ella, fueron a servir el café, con Augustine y Zélamir. Y la voluptuosa Augustine, confusa por no haberse llevado la víspera el premio de la belleza, como enfurruñada había dejado que reinase en su tocado un desorden que la hacía mil veces más interesante. Curval se conmovió y, examinándole las nalgas, le dijo:

-No concibo cómo esta bribonzuela no ganó ayer la palma, pues el diablo me lleve si existe en el mundo un culo más hermoso que éste.

Al mismo tiempo lo entreabrió y preguntó a Augustine si estaba dispuesta a satisfacerlo. "¡Oh, sí! -dijo ella-. ¡Y completamente, pues ya no aguanto más la necesidad!" Curval la acuesta sobre un sofá, y arrodillándose ante el hermoso trasero en un instante ha devorado la cagada.

¡En nombre de Dios! -dijo, volviéndose hacia sus amigos y mostrándoles su verga pegada al vientre-. Me hallo en un estado en que emprendería furiosamente cualquier cosa.

-¿Qué cosa? -le preguntó el duque, que se complacía en hacerle decir horrores cuando se

encontraba en aquel estado.

-¿Qué cosa? -repitió Curval-. Cualquier infamia que se quiera proponerme, aunque

tuviese que descuartizar la naturaleza y dislocar el universo.

- ¡Ven, ven! -dijo Durcet, que le veía lanzar miradas furiosas a Augustine-. Vamos a

escuchar a la Duelos, es la hora; pues estoy persuadido de que si ahora te soltaran las riendas, hay una pobre putilla que pasaría un cuarto de hora muy malo.

- ¡Oh, sí! -dijo Curval, encendido-. Muy malo, de esto puedo responderte firmemente.

-Curval -dijo el duque, que la tenía tan furiosamente empalmada como él al acabar de

hacer cagar a Rosette-, que nos entreguen ahora el serrallo y dentro de dos horas habremos dado buena cuenta de él.

El obispo y Durcet, más calmados de momento, les cogieron a cada uno del brazo y fue de aquella manera, es decir, con los pantalones bajados y el pito al aire, como esos libertinos se presentaron ante el grupo reunido en el salón de historia, dispuestos a escuchar los nuevos relatos de la Duelos, la cual empezó, a pesar de prever por el estado de aquellos dos señores que pronto sería interrumpida, en estos términos:

Un caballero de la corte, hombre de unos treinta y cinco años, acababa de hacerme pedir

-dijo Duelos- una de las muchachas más bonitas que pudiese encontrar. No me había

advertido de su manía y, para satisfacerle, le entregué a una joven costurera que no había ejercido nunca y que era sin discusión una de las más bellas criaturas imaginables. Los pongo en contacto y, curiosa por observar lo que sucedería, voy inmediatamente a pegarme a mi agujero.

-¿Dónde diablos -empezó él a decir- ha ido a buscar la señora Duelos una asquerosa zorra como tú?... ¡En el lodo, sin duda!... Estabas tratando de atrapar a algunos soldados de la guardia cuando han ido a buscarte.

Y la joven, avergonzada, pues no había sido advertida de nada, no sabía qué actitud

adoptar.

- ¡Vamos! ¡Desnúdate ya! -continuó el cortesano-. ¡Qué torpe eres!... No he visto en mi

vida una puta más fea y más idiota... ¡Bueno, vamos! ¿Acabaremos hoy?... ¡Ah! He aquí ese cuerpo que tanto me alabaron. Qué tetas.., parecen ubres de una vaca vieja.

Y las manoseaba brutalmente.

-¡Y este vientre! ¡Qué arrugado está!... ¿Es que has hecho veinte hijos?

-Ni uno, señor, se lo aseguro.

- ¡Oh! Sí, ni uno solo, así es como hablan todas esas zorras; si uno las escucha, son

todavía vírgenes... Vamos, date la vuelta, muestra ese culo infame... ¡Qué nalgas fláccidas y repugnantes! ¡Sin duda ha sido a puntapiés como te han puesto así el trasero!

Y observad si os place, señores, que era el más hermoso trasero que fuese posible ver. Sin embargo, la joven empezaba a turbarse; yo casi distinguía las palpitaciones de su corazoncito y veía que una nube velaba sus bellos ojos. Y cuánto más turbada Parecía ella, más la mortificaba el maldito bribón. Me sería imposible deciros todas las tonterías que le dirigió; nadie se atrevería a decir cosas más ofensivas a la más vil y más infame de las criaturas. Por fin el corazón le dio un salto y brotaron las lágrimas; era para aquel momento para cuando el libertino, que se la meneaba con todas sus fuerzas, había reservado el ramillete de sus letanías. Es imposible repetiros todos los horrores que le dirigió referidos a

su cutis, a su talle, a sus rasgos, al olor infecto que según él exhalaba, a su porte, a su inteligencia; en una palabra, buscó todo, inventó todo cuanto pudiera desesperar su orgullo, y le vertió el semen encima mientras vomitaba tales atrocidades que un ganapán no se atrevería a pronunciar. De aquella escena resultó algo muy agradable, y es que sirvió de sermón a aquella joven; juró que jamás en su vida volvería a exponerse a semejante aventura y ocho días después supe que se había metido en un convento para el resto de su existencia. Se lo conté al hombre, quien se divirtió prodigiosamente con ello y me pidió enseguida que le proporcionase la manera de hacer alguna otra conversión.

Otro -prosiguió la Duclos- me ordenaba que le buscase muchachas extremadamente sensibles y que estuviesen esperando una noticia que, si tomaba un mal cariz, hubiese de causarles una gran aflicción. Me costaba mucho encontrarlas de ese género, porque es difícil inventarlo. Nuestro hombre era un conocedor, por el tiempo que llevaba practicando el mismo juego, y de una ojeada se daba cuenta de si el golpe que asestaba daba en el blanco. Yo no lo engañaba, y le daba siempre muchachas que se hallasen efectivamente en la disposición de espíritu que él deseaba. Un día, le proporcioné una que esperaba de Dijon noticias de un joven a quien idolatraba y que se llamaba Valcourt. Los puse en contacto.

-¿De dónde es usted, señorita? -le pregunta en tono correcto nuestro libertino.

-De Dijon, señor.

-¿De Dijon? ¡Ah, caramba! Acabo de recibir una carta de allá en la que me comunican

una noticia que me tiene desolado.

-¿Y cuál es? -pregunta con interés la muchacha-. Como conozco a toda la ciudad, esta

noticia acaso me interese.

- ¡Oh, no! -replica nuestro hombre-, sólo me interesa a mí; es la noticia de la muerte de

un joven por el que yo tenía el más vivo interés; acababa de casarse con una muchacha que mi hermano, que está en Dijon, le había procurado, una muchacha de la que estaba muy enamorado, y al día siguiente de la boda murió repentinamente.

-¿Su nombre, señor, por favor?

-Se llama Valcourt; era de París, de tal calle, tal casa... ¡Oh! Usted seguramente no lo conoce.

Y al instante la joven cae y se desmaya.

- ¡Ah! ¡Joder! -dice entonces nuestro libertino, extasiado, desabrochándose el pantalón y

masturbándose sobre ella-. ¡Ah! ¡Dios, así la quería! Vamos, nalgas, nalgas, sólo necesito nalgas para descargar.

Le da vuelta, le levanta las faldas, inmóvil como está ella, le lanza siete u ocho chorros de semen sobre el trasero y escapa, sin inquietarse por las consecuencias de lo que dijo ni de lo que le pasará a la desdichada.

-¿Y reventó, ella? -preguntó Curval, a quien estaban jodiendo.

-No -contestó la Duclos-, pero sufrió una enfermedad que le duró más de seis semanas.

- ¡Oh! ¡Qué bueno es eso! -dijo el duque-. Pero yo -prosiguió aquel malvado- quisiera que

su hombre hubiese escogido el momento en que ella tuviese la regla para darle aquella noticia.

-Sí -dijo Curval-. Dilo mejor, señor duque: estás en erección, lo veo desde aquí, y quisiera, simplemente, que la muchacha hubiese muerto al instante.

-Y bien, así sea -dijo el duque-. Ya que lo quieres así, consiento, no soy muy escrupuloso en cuanto a la muerte de una muchacha.

-Durcet -dijo el obispo-, si no mandas a estos dos pillos a que descarguen, esta noche habrá alboroto.

¡Ah, pardiez! -dijo Curval al obispo-. Temes mucho por tu rebaño. ¿Dos o tres más o menos, qué importaría? Vamos, señor duque, vamos a la sala, vamos juntos y con compañía, pues ya veo que esos señores no quieren que esta noche se les escandalice.

Dicho y hecho; y nuestros dos libertinos se hacen seguir por Zelmire, Augustine, Sophie, Colombe, Cupidon, Narcisse, Zélamir y Adonis, escoltados por Brise-cul, Bande-au-ciel, Thérése, Fanchon, Constance y Julie. Pasado un instante se oyeron dos o tres gritos de mujeres y los aullidos de nuestros dos malvados que soltaban su semen a la vez. Augustine volvió con su pañuelo sobre la nariz, que sangraba, y Adélaïde con un pañuelo sobre su seno. En cuanto a Julie, siempre bastante libertina y bastante hábil para salir de todo sin peligro, reía como una loca, y decía que sin ella no abrían descargado nunca. El grupo regresó. Zélamir y Adonis tenían aún las nalgas llenas de semen y, como aseguraron a sus amigos que se habían portado con toda la decencia y el pudor posibles a fin de que no se les pudiera hacer ningún reproche, y ahora, perfectamente calmados, estaban en disposición de es- cuchar, se ordenó a la Duclos que continuara y ella lo hizo en esta forma:

-Siento -dijo la hermosa mujer- que el señor de Curval se haya apresurado tanto a satisfacer sus necesidades, pues tenía para contarle dos historias de mujeres preñadas que acaso le habrían producido algún placer. Conozco su gusto por ese tipo de mujeres y estoy segura de que si todavía tuviese alguna veleidad, estos dos cuentos lo divertirían.

-Cuenta, cuenta de todas maneras -dijo Curval-. ¿No sabes muy bien que el semen nunca ha influido sobre mis sentimientos y que el instante en que estoy más enamorado del mal es siempre aquel en que acabo de hacerlo?

Pues bien -dijo la Duclos-, conocía a un hombre que tenía la manía de ver parir a una mujer; se masturbaba mientras la contemplaba en sus dolores y eyaculaba sobre la cabeza del niño en cuanto podía divisarla.

Un segundo colocaba a una mujer encinta de siete meses sobre un pedestal

aislado de más de quince pies de altura. La mujer, estaba obligada a mantenerse erguida y sin perder la cabeza, pues si desgraciadamente hubiese sentido vértigos ella y su fruto se habrían aplastado irremisiblemente. El libertino de quien os hablo, muy poco conmovido por la situación de aquella infeliz a la que pagaba para esto, la retenía allí hasta haber descargado, y se masturbaba ante ella exclamando: " ¡Ah! ¡La bella estatua, el bello ornamento, la bella emperatriz!"

-Tú habrías sacudido la columna, ¿no es cierto, Curval? -dijo el duque.

-¡Oh! Nada de eso, te equivocas; conozco demasiado el respeto que se debe a la naturaleza y a sus obras. La más interesante de todas ¿no es la propagación de nuestra especie?, ¿no es una especie de milagro que debemos adorar incesantemente, y que debe inspirarnos por las que lo hacen el interés más tierno? ¡Por lo que a mí respecta, no veo nunca a una mujer encinta sin enternecerme! Imaginaos lo que es una mujer que, como un horno, hace germinar una pizca de moco en el fondo de su vagina. ¿Hay nada tan bello, tan tierno como eso? Constance, ven, por favor, ven para que yo bese en ti el altar donde se opera ahora un misterio tan profundo.

Y, como ella se encontraba positivamente en su nicho, no tuvo que ir muy lejos en busca del templo cuyo culto quería servir. Pero hay motivo para creer que no se practicó de

ninguna manera como lo entendía Constance, la cual, por otra parte, sólo a medias se fiaba de él, pues inmediatamente se la oyó lanzar un grito que no parecía en absoluto consecuencia de un culto o un homenaje. Y la Duclos, viendo que se producía una pausa, terminó sus relatos con el cuento siguiente:

Conocí a un hombre -dijo la bella mujer- cuya pasión consistía en oír a los niños lanzar fuertes gritos; necesitaba a una madre, que tuviera un hijo de tres o cuatro años cuanto más. Exigía que la madre pegara rudamente al niño ante él y cuando la criaturita, irritada por aquel trato, empezaba a proferir grandes chillidos, la madre tenía que apoderarse de la verga del disoluto y sacudirla con fuerza frente al niño, en cuyas narices él descargaba el semen en cuanto lo veía llorar desesperadamente.

-Apuesto a que ese hombre --lijo el obispo a Curval- no era más partidario de la propagación que tú.

-Lo creo -dijo Curval-. Además debía ser, según el principio de una dama muy

inteligente, según se dice, debía ser, digo, un gran malvado; pues, según oí decir a aquella dama, todo hombre que no ama a los animales, ni a los niños, ni a las mujeres encintas, es un monstruo que debería ser condenado a la rueda. He aquí pronunciado mi proceso ante el tribunal de esa vieja comadre -dijo Curval-, pues yo, ciertamente, no amo ninguna de esas tres cosas.

Y como era ya tarde y la interrupción había ocupado gran parte de la velada, se pasó a la

mesa. Durante la cena se debatieron las cuestiones siguientes: a saber, para qué servía la sensibilidad en el hombre y si era útil o no para su felicidad. Curval demostró que sólo resultaba peligrosa y que era el primer sentimiento que debíase debilitar en los niños, acostumbrándolos pronto a los espectáculos más feroces. Y después que cada uno discutió la cuestión de modo diferente; se volvió a la opinión de Curval. Después de cenar, el' duque y él dijeron que había que mandar a la cama a las mujeres y los niños y celebrar las orgías sólo entre hombres; todo el mundo aceptó ese proyecto, se encerraron con los ocho jodedores y pasaron casi toda la noche haciéndose joder y bebiendo licores. Fueron a acostarse dos horas antes del alba y el día siguiente trajo los acontecimientos y las narraciones que el lector encontrará si se toma la molestia de leer lo que sigue.

VIGESIMO NOVENA JORNADA

Existe un proverbio -y los proverbios son una cosa muy buena-, hay un proverbio, digo, que pretende que el apetito entra comiendo. Este dicho, grosero como es, tiene no obstante un sentido muy extenso: quiere decir que a fuerza de cometer horrores se desean otros nuevos, y que cuanto más se cometen más se desean. Era el caso de nuestros insaciables libertinos. Con una dureza imperdonable, con un detestable refinamiento del desenfreno, habían condenado, como se ha dicho, a sus desgraciadas esposas a prestarles, al salir del retrete, los cuidados más viles y más sucios. No se contentaron con eso, sino que aquel mismo día se proclamó una nueva ley (que pareció ser obra del libertinaje sodomita de la víspera), una nueva ley, digo, que establecía que ellas servirían a partir del 1° de diciembre, de orinal a sus necesidades y que estas necesidades, en una palabra, grandes y pequeñas, no se harían nunca sino en sus bocas; que cada vez que los señores quisieran satisfacer sus necesidades, les seguirían cuatro sultanas para prestarles, hecha la necesidad, el servicio que

antes les prestaban las esposas y del que ahora ya serían incapaces, puesto que iban a servir para algo más grave; que las sultanas oficiantes serían Colombe para Curval, Hébé para el duque, Rosette para el obispo y Michette para Durcet; y que la menor falta en una u otra de aquellas operaciones, fuese en lo concerniente a las esposas o a la que correspondería a las cuatro muchachas, sería castigada con severísimo rigor.

Las pobres mujeres, apenas enteradas de esa nueva orden, lloraron y se desolaron, desgraciadamente sin enternecer. Se prescribió que cada mujer serviría solamente a su marido, y Aline al obispo, y que para esta operación no estaría permitido cambiarlas. Dos viejas, por turno, fueron encargadas de encontrarse presentes para el mismo servicio, y la hora se fijó invariablemente para la noche al salir de las orgías; se convino en que se proce- dería siempre en común, que mientras se operase, las cuatro sultanas, esperando cumplir con su servicio, presentarían sus nalgas, y que las viejas irían de un ano al otro para oprimirlo, abrirlo y excitarlo por fin a la obra. Promulgado este reglamento, se procedió aquella mañana a las correcciones que no se habían aplicado la víspera, debido al deseo que surgió de celebrar las orgías entre hombres.

La operación se realizó en el aposento de las sultanas, donde fueron expedidas las ocho y, tras ellas, Adélaïde, Aline y Cupidon, que estaban también los tres en la lista fatal. La ceremonia, con los detalles y todo el protocolo de costumbre en tales casos, duró casi cuatro horas, al cabo de las cuales bajaron a comer con la cabeza calentada, sobre todo la de Curval quien prodigiosamente aficionado a aquellas operaciones, nunca procedía a ellas sin la más segura erección. En cuanto al duque, había descargado, lo mismo que Durcet. Este último, que empezaba adquirir en el libertinaje un humor muy molesto contra su querida esposa Adélaïde, no la corrigió sin violentas sacudidas de placer que le costaron el semen.

Después de la comida se pasó al café; bien hubiérase querido ofrecer en él culos nuevos, dando como hombres a Zéphyr y Giton y muchos otros, si se hubiese deseado. Esto se podía hacer, pero en cuanto a sultanes era imposible. Fueron pues, siguiendo simplemente el orden de la lista, Colombe y Michette las que sirvieron el café. Curval, examinando el trasero de Colombe cuyo color abigarrado, en parte obra suya, le producía deseos muy singulares, le metió la verga entre los muslos por atrás, sacudiendo mucho las nalgas; a veces, su miembro, retrocediendo, chocaba como sin querer contra el lindo agujero que bien hubiera querido él perforar. Lo miraba, lo observaba.

- ¡Rediós! -dijo a sus amigos-. Doy inmediatamente doscientos luises a la sociedad si se me deja joder este culo.

Sin embargo, se contuvo y ni siquiera descargó. El obispo hizo que Zéphyr descargase en su boca y perdió su semen mientras se tragaba el de aquel delicioso niño; en cuanto a Durcet, se hizo dar de puntapiés en el trasero por Giton, lo hizo cagar, y permaneció virgen. Pasaron al salón de historia, donde aquella noche, según una ordenación que se repetía bastante a menudo, cada padre tenía a su hija en su sofá, y se escucharon con los pantalones abajo, los cinco relatos de nuestra querida narradora.

Parecía que, después del modo exacto con que yo había cumplido los legados piadosos de la Fournier, la dicha afluía a mi casa -dijo aquella bonita mujer-; nunca había tenido tan ricos conocidos.

El prior de los benedictinos, uno de mis mejores clientes, vino a decirme un día que, habiendo oído hablar de una fantasía bastante singular y hasta habiéndola visto ejecutar a uno de sus amigos que era aficionado a ella, quería probarla a su vez, y, en consecuencia, me pidió una mujer que fuese muy peluda. Le entregué una corpulenta

criatura de veintiocho años que tenía mechones de una vara de largo en los sobacos y en la entrepierna. "Es lo que necesito" me dijo. Y como estaba muy ligado conmigo y con mucha frecuencia nos habíamos divertido juntos, no se ocultó a mis ojos. Hizo colocar a la mujer desnuda medio acostada sobre un sofá, con los dos brazos en alto, y él, armado de unas tijeras muy afiladas, se puso a trasquilar hasta el cuero los dos sobacos de aquella criatura. De los sobacos pasó a la entrepierna, que esquiló asimismo, con tanta decisión que en ninguno de los lugares sobre los que había operado parecía no haber habido jamás ni el más leve vestigio de pelo. Terminado su trabajo, besó las partes esquiladas y regó con su semen aquel monte pelado, extasiándose ante su obra.

Otro exigía una ceremonia sin duda mucho más rara: era el duque de Florville;

recibí la orden de conducir a su casa a una de las mujeres más hermosas que pudiese encontrar. Nos recibió un ayuda de cámara y entramos en la mansión por una puerta lateral.

-Arreglemos a esta bella niña -me dijo el criado- como conviene para que el señor

duque pueda divertirse con ella... Seguidme.

Por vueltas y corredores tan sombríos como inmensos, llegamos por fin a un aposento lúgubre, alumbrado nada más por seis cirios colocados en el suelo en torno a un colchón de satén negro; toda la estancia estaba tapizada de luto y, al entrar, nos asustamos.

-Tranquilizaos -nos dijo nuestro guía-, no sufriréis ningún daño, pero -dijo a la

joven-, préstese usted a todo y, principalmente, ejecute bien lo que voy a ordenarle.

Hizo desnudar a la mujer, deshizo su peinado y dejó colgando sus cabellos, que

eran soberbios. Luego la acostó sobre el colchón, en medio de los cirios, le recomendó que se hiciera la muerta y, sobre todo, que tuviera buen cuidado durante toda la escena de no moverla y respirar lo menos posible.

-Porque si mi amo, por desgracia, que se figurará que usted está realmente

muerta, se diese cuenta de la ficción, saldría furioso y sin duda se quedaría usted sin cobrar.

En cuanto hubo colocado a la damisela sobre el colchón, en la actitud de un cadáver, le hizo dar a su boca y a sus ojos las impresiones del dolor, dejó flotar sus cabellos sobre el seno desnudo, colocó cerca de ella un puñal y embadurnó el lado del corazón con sangre de pollo, con la forma de una herida ancha como la mano.

Sobre todo no tenga usted ningún temor -repitió a la joven-, no ha de decir nada, hacer nada, no se trata más que de permanecer inmóvil y no respirar sino en los momentos en que lo vea usted menos cerca. Retirémonos ahora -me dijo el criado-. Venga, señora; a fin de que no esté intranquila por su damisela, voy a situarla en un lugar desde donde podrá oír y observar toda la escena.

Salimos, dejando a la muchacha muy emocionada al principio, pero no obstante

un poco tranquilizada por las palabras del ayuda de cámara. Me conduce a un gabinete contiguo al aposento donde iba a celebrarse el misterio y, a través de un tabique mal ajustado sobre el cual estaba aplicado el tapizado negro, pude oírlo todo. Observar me era todavía más fácil, pues aquel tapizado era sólo de crespón, a través del cual distinguía todos los objetos como si hubiese estado en la habitación misma.

El ayuda de cámara tiró del cordón de una campanita; era la señal, y algunos

minutos después vimos entrar a un hombre alto, seco y flaco, de unos sesenta años. Iba enteramente desnudo bajo una bata flotante de tafetán de la India. Se detuvo al

entrar. Es conveniente deciros que nuestras observaciones eran una sorpresa, pues el duque, que se creía absolutamente solo, estaba muy lejos de pensar que alguien lo miraba.

- ¡Ah! El bello cadáver... -exclamó enseguida-, la bella muerta... ¡Oh! ¡Dios mío! - añadió, al ver la sangre y el puñal-. Acaba de ser asesinada en este instante... ¡Ah!

¡Dios, cuán empalmado debe estar el que ha cometido este golpe!

Y, masturbándose:

-Cómo hubiera deseado vérselo cometer. Y manoseando el vientre de la mujer:

-¿Estaría preñada?... No, desgraciadamente. Y continuando el manoseo:

- ¡Qué hermosas carnes! Todavía están calientes... El bello pecho... Entonces se inclinó sobre ella y le besó la boca con un furor increíble.

-Todavía babea... -dijo-. ¡Cuánto me gusta esta saliva!

Por segunda vez le metió la lengua hasta el gaznate. Era imposible representar el

papel mejor de lo que lo hacía aquella muchacha; no se movió más que un tronco y mientras el duque se acercó a ella no solo el aliento. Por fin él la agarró y, dándole la vuelta sobre el vientre, dijo:

-Tengo que ver este hermoso culo.

Y, en cuanto lo hubo visto:

- ¡Ah! ¡Redios, qué hermosas nalgas!

Y entonces las besó, las entreabrió,- le vimos claramente meter su lengua en el lindo agujero.

-He aquí, palabra -exclamó entusiasmado-, uno de los cadáveres más soberbios que he visto en mi vida. ¡Ah! ¡Cuán feliz será el que le ha privado a esta muchacha de la vida, y qué placer ha de haber sentido!

Esta idea le hizo descargar; estaba acostado junto a ella, la apretaba, sus muslos

pegados a las nalgas, y le echó el semen en el agujero del culo con increíbles muestras de placer y gritando como un demonio mientras perdía su esperma:

- ¡Ah! ¡Joder, joder, cómo quisiera haberla matado!

Ese fue el fin de la operación; el libertino se levanté y desapareció; era hora de

que fuésemos a levantar a nuestra moribunda. No podía más; la contención, el susto, todo había absorbido sus sentidos y estaba a punto de representar de veras el personaje que acababa de imitar tan bien. Nos marchamos con cuatro luises que nos entregó el criado, el cual, como os imaginaréis, nos robaba al menos la mitad.

- ¡Vive Dios -exclamó Curval-, qué pasión! Ahí por lo menos hay sal, hay picante.

-La tengo erecta como la de un asno -dijo el duque-. Apuesto a que ese personaje no se contentó con esto.

-Puede usted estar seguro de ello, señor duque -dijo la Martaine-. Alguna vez hubo más realidad. Es de lo que la señora Desgranges y yo tendremos ocasión de convenceros.

-¿Y qué diablos haces tú, entretanto? -dijo Curval al duque.

-Déjame, déjame -dijo el duque-. Estoy jodiendo a mi hija, y la creo muerta.

- ¡Ah, malvado! -dijo Curval-. Tienes, pues, dos crímenes en la mollera.

- ¡Ah! Joder -dijo el duque- bien querría que fuesen más reales...

Y su esperma impuro se escapó dentro de la vagina de Julie.

-Vamos, sigue, Duclos -dijo en cuanto hubo terminado-, sigue, querida amiga, y no dejes

que el presidente descargue, pues veo que va a cometer incesto con su hija; el pilluelo se mete malas ideas en la cabeza, sus padres me lo confiaron y debo vigilar su conducta, no quiero que se pervierta.

- ¡Ah! Ya no hay tiempo -dijo Curval-, ya no hay tiempo, descargo. ¡Ah, redios! ¡La hermosa muerta!

Y el malvado, al penetrar en Adélaïde, se figuraba como el duque, que jodía a su hija asesinada; increíble extravío del espíritu de un libertino que no puede oír nada, ver nada, sin querer imitarlo al instante.

-Duelos, continúa -dijo el obispo-, pues el ejemplo de estos bribones es seductor y, en el

estado en que me hallo, quizás obraría peor que ellos.

Algún tiempo después de aquella aventura, fui sola a casa de otro libertino -dijo la Duclos-cuya manía, quizás más humillante, no era, sin embargo, tan sombría. Me recibe en un salón cuyo piso estaba cubierto con una alfombra muy hermosa, me hace desnudarme y me ordena que me coloque a cuatro patas:

-Veamos -dice, refiriéndose a los dos grandes daneses que tenía a su lado-, veamos cuál de mis perros o tú será el más rápido... ¡Corre a buscar!

Y al mismo tiempo lanza al suelo unas grandes castañas asadas y, hablándome como a un animal:

-Tráemelo, tráemelo -me dice.

Corro gateando tras la castaña con el propósito de entrar en la idea de su fantasía y

devolvérsela, pero los dos perros, lanzándose detrás de mí, pronto me adelantan; atrapan la castaña y se la llevan al amo.

-Eres francamente torpe -me dice entonces el amo-. ¿Tienes miedo de que mis perros te coman? No temas nada, no te harán ningún daño, pero interiormente se burlarán de ti si te ven menos hábil que ellos. Vamos, tu desquite... ¡Tráemela!

Nueva castaña lanzada y nueva victoria de los perros contra mí; en fin, el juego duró dos

horas, durante las cuales sólo fui lo bastante hábil una sola vez para atrapar la castaña y llevarla con la boca al que la había arrojado. Pero triunfase o no, nunca aquellos animales adiestrados para ese juego me hacían ningún daño; Parecían, al contrario, burlarse y divertirse conmigo como si yo fuera de su especie.

-Bueno -dijo el patrón-, basta de trabajar; hay que comer. Llamó, entró un criado de confianza.

-Trae la comida de mis animales -le dijo.

El criado trajo una artesa de madera de ébano que dejó en el suelo. Estaba llena de una

especie de picadillo de carne muy delicado.

-Vamos -me dijo-, come con mis perros, y procura que no sean tan listos con la comida

como lo han sido en la carrera. No se podía replicar ni una palabra, había que obedecer; todavía a gatas, metí la cabeza en la artesa y, como todo era muy limpio y bueno, me puse a comer con los perros, los cuales, muy cortésmente, me dejaron mi parte sin la más mínima disputa. Aquél era el instante de la crisis de nuestro libertino; la humillación, el rebajamiento a que sometía a una mujer, lo calentaba increíblemente. Entonces dijo, masturbándose:

-La golfa, la zorra, come con mis perros. Así es como habría que tratar a todas las

mujeres y si lo hiciéramos no serían tan impertinentes; animales domésticos como estos perros, ¡qué razón tenemos para tratarlas mejor que a ellos! ¡Ah. zorra! ¡ Ah, puta! -exclamó entonces, avanzando y soltándome su semen sobre el trasero ¡Ah, golfa, te he hecho comer con mis perros!

Eso fue todo. Nuestro hombre desapareció, yo me vestí rápidamente y encontré dos luises sobre mi manteleta, suma acostumbrada con la que sin duda el disoluto solía pagar sus placeres.

Aquí, señores 'continuó la Duclos-, me veo obligada a retroceder y contaros, para terminar la velada, dos aventuras que me ocurrieron en mi juventud. Como son algo fuertes, hubieran estado desplazadas en el curso de los suaves acontecimientos con los cuales me ordenasteis empezar; he debido, pues, guardarlos para el desenlace.

Sólo tenía a la sazón dieciséis años y estaba todavía en casa de la Guérin; me habían introducido en el gabinete inferior de la vivienda de un hombre de gran distinción, tras decirme simplemente que esperara, que estuviese tranquila, y obedeciera estrictamente al señor que vendría a divertirse conmigo. Pero se guardaron muy bien de informarme más; no hubiera tenido tanto miedo si hubiese estado prevenida, y nuestro libertino, ciertamente, no tanto placer. Hacía aproximadamente una hora que estaba en el gabinete, cuando por fin abrieron. Era el propio dueño.

-¿Qué haces aquí, bribona? -me dijo con aire de sorpresa-¡A estas horas en mi aposento!

¡Ah, puta! -exclamó, agarrándome por el cuello hasta hacerme perderla respiración-. ¡Ah, zorra! ¡Vienes a robarme!

Llama, al instante aparece un criado confidente.

-La Fleur -le dice el amo, encolerizado-, aquí hay una ladrona que he encontrado

escondida; desnúdala completamente y prepárate a ejecutar las órdenes que te daré.

La Fleur obedece, en un instante estoy desnuda y mis ropas arrojadas afuera a medida

que me las quitan.

-Vamos -dijo el libertino a su criado-, vete ahora a buscar un saco, cóselo con esta zorra dentro y ve a tirarla al río.

El criado sale a buscar el saco. Os dejo suponer que aproveché aquel intervalo para

arrojarme a los pies del patrón y suplicarle que tuviese piedad, asegurándole que era la señora Guérin, su ordinaria alcahueta, la que me metió allí personalmente, pero que no soy una ladrona. El libertino, sin escuchar nada, agarra mis dos nalgas y manoseándolas con brutalidad dice:

-¡Ah, joder! Voy a hacer que los peces se coman este hermoso culo.

Fue el único acto de lubricidad que pareció permitirse y aun sin exponer nada a mi vista

que pudiese hacerme creer que el libertino tenía algo que ver en la escena. El criado vuelve con el saco y, a pesar de mis súplicas, me meten dentro, lo cosen y La Fleur me carga sobre sus hombros. Entonces oí los efectos del trastorno de la crisis en nuestro libertino; verosímilmente había empezado a masturbarse en cuanto me metieron en el saco. En el mismo instante en que La Fleur me cargó, el semen del malvado salió.

-Al río, al río, oyes, La Fleur -decía tartamudeando de placer-. Sí, al río, y meterás una

piedra en el saco para que la puta se ahogue más pronto.

Dicho todo, salimos, pasamos a una habitación contigua donde La Fleur, después de

descoser el saco, me devolvió mis ropas, me dio dos luises, algunas pruebas inequívocas de una manera de conducirse en el placer muy diferente de la de su amo, y volví a casa de la Guérin, a quien reproché con violencia por no haberme prevenido, y que para reconciliarse conmigo me hizo prestar dos días más tarde el servicio siguiente, sobre el que me advirtió todavía menos.

Se trataba, más o menos como en lo que acabo de contaros, de encontrarse en el

gabinete del aposento de un arrendador general, pero esta vez estaba con el mismo criado que había ido a buscarme a casa de la Guérin de parte de su amo. Mientras esperábamos la

llegada del dueño, el criado se divertía enseñándome varias alhajas que había en un escritorio de aquel gabinete.

-Pardiez -me dijo el honrado mensajero-, si te quedases con algo de esto no habría

ningún mal en ello; el viejo es bastante rico; apuesto a que no sabe la cantidad ni el valor de las alhajas que guarda en este escritorio. Créeme, no te contengas, y no temas que sea yo quien te traicione.

¡Ay! Yo estaba más que dispuesta a seguir aquel pérfido consejo; ya conocéis mis

inclinaciones, os las he confesado; puse pues la mano sobre una cajita de siete u ocho luises, pues no me atreví a apoderarme de un objeto más valioso. Esto era todo lo que deseaba el pillo del criado y, para no tener que volver a hablar de esto, después supe que si me hubiese negado a tomarlo él hubiera deslizado sin que yo me diese cuenta uno de aquellos objetos en mi bolsillo. Llega el amo, me recibe muy bien, el criado sale y quedamos solos. Este no hacía como el otro, sino que se divertía de veras; me besó mucho el trasero, se hizo azotar, se hizo echar pedos en la boca, metió su miembro en la mía y, en una palabra, se sació de lubricidades de todo género y especie, excepto la de delante; a pesar de todo, no descargó. No había llegado el momento de ello, todo lo que acababa de hacer era para él nada más que episodios, vais a ver el desenlace.

- ¡Ah, pardiez! -me dijo-. Olvidaba que un criado está esperando en mi antecámara una alhajita que acabo de prometer enviar al instante a su amo. Permíteme que cumpla mi palabra y en cuanto termine proseguiremos la tarea.

Culpable de un pequeño delito que acababa de cometer por instigación de aquel maldito

criado, podéis pensar cómo me hicieron estremecer esas palabras. Por un momento quise retenerlo, luego reflexioné que era mejor disimular y arriesgarme. Abre el escritorio, busca, registra y, al no encontrar lo que necesita, me dirige miradas furiosas.

-Zorra -me dice por fin-, sólo tú y un criado del que estoy muy seguro, habéis estado

aquí desde hace un rato; el objeto falta, por lo tanto, sólo tú puedes haberlo tomado.

- ¡Oh, señor! -le dije temblando-. Tenga la seguridad de que soy incapaz...

- ¡Vamos, maldita sea! -dijo, lleno de cólera (hay que observar que su pantalón estaba aún desabrochado y su verga pegada a su vientre; esto sólo hubiera debido hacerme comprender e impedirme tanta inquietud, pero yo no veía ni me daba cuenta de nada)-. Vamos; golfa, hay que encontrar el objeto.

Me ordena que me desnude; veinte veces me hinco a sus pies para rogarle que me ahorre la humillación de aquel registro, nada lo conmueve, nada lo enternece, me arranca él mismo las ropas, colérico, y, en cuanto quedo desnuda, registra mis bolsillos y, como supondréis, no tarda en encontrar la cajita.

- ¡Ah, malvada! -me dice-. Ya estoy convencido, pues, golfa, vas a las casas para robar. Llamó a su hombre de confianza:

-¡Ve -le dijo, acalorado-, ve a buscar inmediatamente al comisario!

- ¡Oh, señor! -exclamé-. Tenga piedad de mi juventud; he sido seducida, no lo he hecho

por propio impulso, me han tentado...

-¡Bueno! -dijo el libertino-, darás todas estas razones al hombre de la justicia, pero yo

quiero ser vengado.

El criado sale, el hombre se deja caer en un sillón, todavía con su miembro erecto, presa

de gran agitación y dirigiéndome mil invectivas.

-Esta golfa, esta malvada -decía-, yo que quería recompensarla como es debido, venir así

a mi casa para robarme... ¡Ah! ¡Pardiez, vamos a ver!

Al mismo tiempo llaman a la puerta y veo entrar a un hombre con toga.

-Señor comisario -dijo el patrón-, aquí tiene a una bribona que le entrego, y se la entrego desnuda, como la hice ponerse para registrarla; aquí tiene a una muchacha de un lado, sus ropas de otro, y además el efecto robado, y sobre todo, hágala ahorcar, señor comisario.

Entonces fue cuando se reclinó en su sillón mientras descargaba.

-Sí, hágala ahorcar, maldita sea, que la vea colgada, maldita sea, señor comisario, que la

vea colgada, es todo lo que le exijo.

El fingido comisario me lleva junto el objeto y mis ropas, me hace pasar a una habitación

contigua, se abre la toga y veo al mismo criado que me había recibido e instigado al robo, a quien la confusión en que me hallaba me había impedido reconocer.

-Y bien -me dijo-, ¿has tenido mucho miedo?

- ¡Ay! -le contesté-. No puedo más.

-Ya acabó -me dijo-, y aquí tienes, para compensarte.

Y al mismo tiempo me entrega de parte de su amo el mismo efecto que yo había robado,

me devuelve mis ropas y me conduce de regreso a casa de la señora Guérin.

-Esa manía es agradable -dijo el obispo-, se puede sacar de ella el mayor partido para

otras cosas, y con menos delicadeza, pues debo deciros que soy poco partidario de la delicadeza en el libertinaje. Con menos de ella, digo yo que se puede aprender en este relato la manera segura de impedirle a una puta que se queje, cualquiera que sea la iniquidad de los procedimientos que se quieran emplear con ella. No hay más que tenderle acechanzas de ese modo, hacer que caiga en ellas y, en cuanto se está seguro de haberla hecho culpable, uno puede a su vez hacer todo lo que quiera, no deberá temer ya que ella se atreva a quejarse, tendrá demasiado miedo de ser detenida o recriminada.

-Es cierto -dijo Curval- que yo en el lugar del financiero me hubiera permitido algo más,

y bien hubiera podido ser, mi encantadora Duclos, que no hubieses salido del trance tan bien librada.

Como los relatos de aquella velada habían sido largos, llegó la hora de la cena sin que hubiese habido tiempo de entregarse antes un poco a la crápula. Fueron, pues, a la mesa, bien decididos a resarcirse después de cenar. Cuando todo el mundo estuvo reunido, se decidió constatar por fin cuáles eran las muchachas y los muchachos que podían ponerse en el rango de hombres y mujeres. Para decidir la cuestión, se habló de masturbar a todos los de uno y otro sexo sobre los cuales hubiese alguna duda; entre las mujeres se estaba seguro de Augustine, de Fanny y de Zelmire; estas tres encantadoras criaturitas, de catorce y quince años, descargaban todas a los más, leves manoseos; Hébé y Michette, que no tenían más que doce años, ni siquiera estaban en el caso de ser probadas; por lo tanto, sólo se trataba de probar, entre las sultanas, a Sophie, Colombe y Rosette, la primera de catorce años, las otras dos de trece.

De los muchachos, se sabía que Zéphyr, Adonis y Céladon eyaculaban como hombres hechos y derechos; Giton y Narcisse eran demasiado jóvenes para ponerlos a prueba, no se trataba, pues, más que de Zélamir, Cupidon y Hyacinthe. Los amigos formaron círculo en torno a un montón de amplios cojines que se colocaron en el suelo; la Champville y la Duelos fueron nombradas para las poluciones; la primera, en su calidad de lesbiana, debía masturbar a las tres muchachas y la otra, como maestra en el arte de sacudir vergas, debía hacerlo a los muchachos. Entraron en el círculo formado por los sillones de los amigos, lleno de cojines, y se les entregó a Sophie, Colombe, Rosette, Zélamir, Cupidon y Hyacinthe; cada amigo, para excitarse durante el espectáculo, tenía a un niño entre sus muslos, el duque a Augustine, Curva] a Zelmire, Durcet a Zéphyr y el obispo a Adonis.

La ceremonia empezó por los muchachos; la Duelos, con los senos y las nalgas al

descubierto, el brazo desnudo hasta el codo, aplicó todo su arte a masturbar, uno tras otro, a cada uno de aquellos deliciosos ganimedes. Era imposible emplear más voluptuosidad; agitaba su mano con una ligereza... sus movimientos eran de una delicadeza y una violencia... ofrecía a aquellos muchachos su boca, su seno o sus nalgas, con tanto arte que in- dudablemente los que no descargasen sería porque no eran capaces todavía de ello. Zélamir y Cupidon se empalmaron, pero por más que se hizo no salió nada. En cuanto a Hyacinthe, la conmoción fue inmediata a la sexta sacudida; el semen saltó sobre el seno de la Duelos y el niño se extasió manoseándole el trasero, observación que fue tanto más notable por cuanto durante toda la operación no se le ocurrió tocarla por delante.

Se pasó a las muchachas; la Champville, casi desnuda, muy bien peinada y elegantemente arreglada, no parecía tener más de treinta años, aunque llegaba a los cincuenta. La lubricidad de aquella operación, de la cual, como lesbiana consumado', pensaba sacar el mayor placer, animaba sus grandes ojos negros, que siempre los había tenido muy hermosos. Puso por lo menos tanto arte en su papel como la Duelos lo había puesto en el suyo, acarició a la vez el clítoris, la entrada de la vagina y el ano, pero la naturaleza no desarrolló nada en Colombe y Rotte; no se produjo ni siquiera la más leve señal de placer. No fue así con la bella Sophie; al décimo roce de los dedos, desfalleció sobre el seno de la Champville; pequeños suspiros entrecortados, sus hermosas mejillas animadas por el más tierno encarnado, sus labios que se entreabrían y humedecían, todo demostró el delirio con que acababa de colmarla la naturaleza, y fue declarada mujer. El duque, con una erección extraordinaria, ordenó a la Champville que la masturbase por segunda vez, y en el instante de su descarga el crápula fue a mezclar su impuro semen con el de la joven virgen. En cuanto a Curval, había resuelto el asunto entre los muslos de Zelmire, y los otros dos con los jovencitos que tenían entre las piernas.

Fueron a acostarse y, como la mañana siguiente no trajo ningún acontecimiento que

pueda merecer un lugar en esta recopilación, ni tampoco la comida ni el café, se pasó en seguida al salón, donde la Duelos, vestida magníficamente, apareció en la tribuna para terminar, con los cinco relatos siguientes, la serie de las ciento cincuenta narraciones que le había sido encomendada para los treinta días del mes de noviembre.

TRIGESIMA JORNADA

Ignoro, señores -dijo la hermosa mujer- si habéis oído hablar de la fantasía tan singular como peligrosa del conde de Lernos, pero como cierta relación que tuve con él me puso en el caso de conocer a fondo sus maniobras y, como las encuentro muy extraordinarias, he creído que deberían formar parte del número de las voluptuosidades que me habéis ordenado detallaros. La pasión del conde de Lernos consiste en instar al mal a todas las jóvenes y mujeres casadas que puede, e independientemente de los libros que emplea para seducirlas, no hay medio que no invente para entregarlas a hombres; o favorece sus inclinaciones uniéndolas al objeto de sus anhelos, o les encuentra amantes, si no los tienen. Posee una casa exprofeso donde se reúnen todas las parejas que él arregla. Los une, les asegura tranquilidad y reposo, y se mete en un gabinete secreto para gozar del placer de verlos actuar. Pero es inaudito hasta qué punto multiplica esos desórdenes y todo lo que pone en práctica para formar aquellos pequeños matrimonios. Tiene acceso a casi todos los conventos de París, a las casas de una gran cantidad de mujeres casadas y, lo hace tan

bien que no pasa día que no tenga en su casa tres o cuatro citas. Nunca deja de sor- prender sus deleites sin que ellos lo sospechen, pero una vez ante el agujero de su observatorio, como se halla siempre solo, nadie sabe cómo procede a su descarga, ni de qué naturaleza es ésta; solamente se sabe que lo hace, esto es todo, y he creído que era digno de seros contado.

La fantasía del viejo presidente Desportes os divertirá quizás todavía más. Advertida de la etiqueta que se observaba habitualmente en casa de ese habitual libertino, llego hacia las diez de la mañana y, completamente desnuda, voy a presentarle mis nalgas Para que las bese a un sillón donde se encontraba gravemente sentado, y a las primeras le lanzo un pedo en las narices. Mi presidente, irritado, se levanta, agarra un manojo de varas que tenía cerca y empieza a correr tras de mí, que trato ante todo de escapar.

-Impertinente -me dice, persiguiéndome aún-; te enseñaré a venir a mi casa a

cometer infamias de esta especie.

El persiguiéndome y yo huyendo; llego por fin a un pasadizo estrecho, me

introduzco en él como en un refugio inaccesible, pero pronto me atrapa. Las amenazas del presidente se multiplican al verse dueño de mí; agita las varas, me amenaza con pegarme: yo me acurruco, me agacho, me hago no más grande que un ratón, este aire de pavor y de envilecimiento determina por fin su semen y el crápula lo lanza sobre mi seno, aullando de placer.

-¡Cómo! ¿Sin darte un solo azote con las varas? -dijo el duque.

-Sin ni siquiera bajarlas sobre mí -responde la Duelos.

-He ahí a un hombre bien paciente -dijo Curval-; amigos míos, convenid en que nosotros no lo somos tanto cuando tenemos en la mano el instrumento de que habla la Duelos.

-Un poco de paciencia, señores -dijo la Champville-, pronto os haré ver casos del mismo tipo que no serán tan pacientes como el presidente de que nos habla aquí la señora Duelos.

Y ésta, viendo que el silencio que se observaba le daba ocasión de reanudar su relato, prosiguió de la siguiente manera:

Poco tiempo después de esa aventura, fui a casa del marqués de Saint-Giraud, cuyo capricho consistía en poner a una mujer desnuda en un columpio y hacerla mecerse así a gran altura. A cada sacudida una le pasaba ante las narices, él la espera, y en aquel momento hay que lanzar un pedo o bien recibir un manotazo en el culo. Yo lo satisfice lo mejor que pude: recibí algunos manotazos, pero le lancé muchos pedos. Y cuando, al cabo de una hora de aquella aburrida y fatigosa ceremonia, descargó por fin el disoluto, el columpio se detuvo y fui despedida.

Tres años más o menos después de haberme convertido en dueña de la casa de la Fournier, vino un hombre a hacerme una singular proposición: se trataba de encontrar algunos libertinos que se divirtieran con su esposa y su hija, con la única condición de esconderlo en un rincón desde donde pudiese ver todo lo que les harían. El las entregaría, dijo, y no sólo serían para mí el dinero que ganase con ellas, sino además que él me daría dos luises por cada vez que las hiciera actuar; sólo se trataba además de una cosa, era que quería para su esposa hombres que tuvieran un determinado gusto y para su hija hombres con otra especie de fantasía: para su mujer, debían ser hombres que le cagasen sobre las tetas, y para su hija, que le levantaran las faldas y expusieran su trasero frente al agujero por el que él observaría, a fin de que

pudiese contemplarlo a sus anchas, y que después le eyaculasen el semen en la boca. Para ninguna otra pasión que no fuese una de esas dos, no entregaba su mercancía. Después de haberle exigido la promesa de que él respondía de cuanto sucediese en el caso de que su mujer y su hija llegasen a quejarse de haber venido a mi casa, acepté todo lo que quería y le prometí que las personas que él me traería serían provistas como deseaba. Al día siguiente me trajo su mercancía: la esposa era una mujer de treinta y seis años, no muy bonita, pero alta y bien hecha, con aire de, dulzura y de modestia; la señorita tenía quince años, era rubia, un poco gorda y con la fisonomía más tierna y más agradable del mundo...

-En verdad, señores –dijo la esposa-, nos obligáis a hacer unas cosas...

-Lo siento mucho -dijo el crápula-, pero ha de ser así; creedme, decidíos, porque

no retrocederé. Y si resistís en lo más mínimo a las proposiciones y acciones a las cuales vamos a someteros, tú, señora, y tú, señorita, os llevo mañana mismo a las dos al confín de una región de donde no volveréis en toda vuestra vida.

Entonces la esposa derramó algunas lágrimas y, como el hombre a quien yo la

destinaba estaba esperando, le rogué que pasara al aposento que se le reservaba, mientras que su hija permanecería bien guardada en otra habitación con mis muchachas, hasta que le llegara el turno. En aquel momento cruel hubo todavía algún lloriqueo, y yo comprendí que era la primera vez que aquel marido brutal exigía tal cosa a su mujer; y, desgraciadamente, el inicio era duro pues, independientemente del gusto barroco del personaje a quien la entregaba, era éste un viejo libertino muy imperioso y brusco, que no la trataría decentemente.

-Vamos, basta de lloros -le dijo el marido, cuando entrábamos-. Piensa que te observo y que si no satisfaces ampliamente al hombre honrado a quien se te entrega, entraré yo mismo para obligarte.

Ella entra y el marido y yo pasamos a la estancia desde la que se podía ver todo. No es posible imaginar hasta qué punto aquel viejo malvado se calentó el cerebro al contemplar a su desdichada esposa víctima de la brutalidad de un desconocido; se deleitaba con cada cosa que se exigía de ella; la modestia, el candor de aquella pobre mujer humillada bajo los atroces procedimientos del libertino que se divertía con ella, eran para él un espectáculo delicioso. Pero cuando la vio brutalmente tirada en el suelo y el viejo esperpento a quien yo la entregué se le cagó sobre el pecho, y vio las lágrimas y la repugnancia de su esposa ante la proposición y la ejecución de aquella infamia, no se aguantó más, y la mano con que yo lo masturbaba quedó instantáneamente llena de semen. Por fin terminó aquella primera escena, y si ésta le había dado placer, fue otra cosa cuando pudo gozar de la segunda. No fue sin grandes dificultades y, sobre todo, sin fuertes amenazas, como logramos hacer pasar a la muchacha, testigo de las lágrimas de su madre e ignorante de lo que le habían hecho. La pobre pequeña oponía toda clase de dificultades; por fin, la decidimos. El hombre a quien la entregué estaba perfectamente instruido sobre todo lo que debía hacer; era uno de mis clientes ordinarios a quien gratifiqué con aquella buena suerte y que, por agradecimiento, consintió en todo lo que le exigí.

- ¡Oh, qué hermoso culo! -exclamó el padre libertino en cuanto el culo de su hija nos lo expuso enteramente al desnudo-. ¡Oh! ¡Radios, qué bellas nalgas!

-¡Cómo! -le dije-. ¿Es la primera vez que usted lo ve, pues?

-Sí, verdaderamente -me dijo-, he necesitado este recurso para gozar de este espectáculo; pero si bien es la primera vez que veo ese hermoso trasero, prometo que

no será la última.

Yo lo masturbaba con energía, él se extasiaba; pero cuando vio la indignidad que se le exigía a aquella tierna virgen, cuando vio las manos de un consumado libertino pasearse por aquel bello cuerpo que nunca había sufrido tal contacto, cuando vio que la hacía arrodillarse, que la obligaba a abrir la boca, que introducía en ella una gruesa verga y que eyaculaba dentro de ella, se echó hacia atrás blasfemando como un poseído, jurando que en toda su vida no había saboreado tanto placer y dejando entre mis dedos pruebas ciertas de tal placer. Terminado todo, las pobres mujeres se retiraron llorando mucho, y el marido, demasiado entusiasmado con las escenas, encontró sin duda la manera de decidirlas a ofrecerle a menudo tal espectáculo, pues los recibí en mi casa durante más de seis años y, según la orden que recibía del marido, hice pasar a las dos infelices criaturas por todas las diferentes pasiones que os he relatado, menos acaso diez o doce que no les era posible satisfacer porque no ocurrían en mi casa.

-Hay muchas maneras de prostituir a una esposa y una hija -dijo Curval-. ¡Cómo si esas zorras estuvieran hechas para otra cosa! ¿No han nacido para nuestros placeres y no deben desde ese momento satisfacerlos como sea? He tenido muchas mujeres -dijo el presidente-, tres o cuatro hijas, de las que sólo me queda, gracias a Dios, Adélaïde, a quien el señor duque jode en este momento, según creo, pero si alguna de esas criaturas se hubiese negado a las prostituciones a que las he sometido regularmente, que sufra el infierno en vida o sea conde- nado, lo que es peor, a no joder más que coños durante toda mi existencia, si no les hubiese saltado la tapa de los sesos.

-Presidente, estás empalmado -dijo el duque-; tus jodidas reflexiones siempre te descubren.

-¿Empalmado? No -dijo el presidente-, pero ha llegado el momento de hacer cagar a Sophie, y espero que su mierda deliciosa producirá quizás algo. ¡Oh, a fe mía, más de lo que creí! -dijo Curval, después de haber se tragado la cagada-. Mirad, por el dios en el que me jodo, mi verga tomé consistencia. ¿Quién de vosotros, señores, quiere pasar conmigo a la sala?

-Yo -dijo Durcet, llevándose a Aline, a la que manoseaba desde hacía una hora.

Nuestros libertinos se hicieron seguir por Augustine Fanny, Colombe, Hébé, Zélamir, Adonis, Hyacinthe y Cupidon, a los que añadieron a Julie y dos viejas, la Martaine y la Champville, Antionüs y Hercule, y reaparecieron triunfantes al cabo de media hora, tras haber descargado cada uno de ellos en los más dulces excesos de la crápula y el libertinaje.

-Vamos -dijo Curval a la Duelos-, ofrécenos el desenlace, mi querida amiga. Y si me produce una nueva erección podrás ufanarte de un milagro, pues, a fe mía, hace más de un año que no había perdido tanto semen de una vez. Es verdad que...

-Bueno -dijo el obispo-; si te escuchamos será mucho peor que la pasión que debe

contarnos la Duelos. Así, pues, como no hay que ir de lo fuerte a lo débil, acepta que te hagamos callar y que escuchemos a nuestra narradora.

Enseguida la bella mujer terminó sus relatos con la pasión siguiente:

Es hora por fin, señores, de contaros la pasión del marqués de Mesanges, a quien recordaréis vendí la hija del desdichado zapatero que perecía en la prisión con su pobre mujer mientras yo gozaba del legado que le dejó su madre. Puesto que fue Lucile quien lo satisfizo, será, si os place, en sus labios donde pondré el relato:

"Llego a la casa del marqués -me dijo aquella encantadora criatura- hacia las diez de la mañana. En cuanto entro, todas las puertas se cierran:

-¿Qué vienes a hacer aquí, bribona? -me dice el marqués, furioso-. ¿Quién te ha

dado permiso para venir a interrumpirme?

Y como usted no me había advertido de nada, puede imaginar fácilmente hasta

qué punto me asustó aquella recepción.

-Vamos, desnúdate -prosiguió el marqués-. Ya que te tengo zorra, no saldrás

nunca de mi casa... Vas a perecer; te encuentras en tu último instante.

Entonces me deshice en lágrimas, me arrojé a los pies del marqués, pero no hubo

ningún modo de doblegarlo. Y como yo no me apresuraba suficientemente a desnudarme, él mismo rasgó mis ropas al arrancármelas por la fuerza de mi cuerpo. Pero lo que terminó de asustarme fue verlo echar las ropas al fuego a medida que me las quitaba.

-Todo esto ya es inútil -decía mientras pieza por pieza echaba al fuego de un vasto hogar todo lo que me quitaba-. Ya no necesitas vestido, manteleta, justillo, sólo necesitas un ataúd.

En un momento estuve completamente desnuda; entonces el marqués, que no

me había visto nunca, contempló por un instante mi trasero, lo manoseó, blasfemando, lo entreabrió, lo volvió a cerrar, pero no lo besó.

-Vamos, puta -dijo-, ya está, vas a seguir la misma suerte de tus ropas, y voy a amarrarte a esos morillos; sí, joder, sí redios, quemarte viva, zorra, tener el placer de respirar el olor que exhalará tu carne quemada.

Y al decir esto cae desfalleciente en un sillón y eyacula lanzando su semen sobre

mis ropas que todavía arden. Llama, acuden, un criado se me lleva y encuentro en una estancia contigua con qué vestirme completamente, con trajes dos veces más hermosos que los que él consumió".

Tal es el relato que me hizo Lucile; queda por saber, ahora, si fue para eso o para

algo peor para lo que empleó a la joven virgen que le vendí.

-Para algo peor -dijo la Desgranges-; hizo usted bien en procurar que conocieran un poco a ese marqués, pues yo tendré ocasión de hablar de él a estos señores.

-Ojalá pueda usted, señora -dijo la Duelos a la Desgranges-, y ustedes, mis queridas compañeras - añadió dirigiendo la palabra a sus otras dos camaradas-, hacerlo con más sal, más ingenio y más gracia que yo. Es su turno, el mío ha terminado, no tengo más que rogar a los señores que se dignen excusar el aburrimiento que quizás les he causado con la monotonía casi inevitable de semejantes narraciones que, fundidas todas dentro de un mismo marco, no pueden sobresalir mucho sino por sí mismas.

Después de esas palabras, la bella Duelos saludó respetuosamente a la compañía y descendió de la tribuna para acercarse al sofá de los señores, donde fue generalmente aplaudida y acariciada. Se sirvió la cena, a la que fue invitada, favor que no había sido concedido aún a ninguna mujer. Fue tan amable en la conversación como divertida había sido en el relato de su historia, y para recompensarla del placer que había procurado a la reunión fue nombrada directora de los dos serrallos, con la promesa que le hicieron aparte los cuatro amigos de que cualesquiera que fuesen los extremos a que se llegara contra las mujeres en el curso del viaje, ella sería siempre respetada y conducida en seguridad a su casa de París, donde la sociedad la resarciría vastamente del tiempo que le había hecho perder, y de los esfuerzos que había hecho para procurarle placeres. Curval, el duque y ella se emborracharon los tres de tal manera durante la cena que no quedaron en condiciones de poder pasar a las orgías; dejaron que Durcet y el obispo las hicieran a su guisa, y fueron a celebrarlas aparte en la sala del fondo con la Champville, Antinoüs, Brise-cul, Thérèse y Louison, donde puede afirmarse que se hicieron y dijeron tantos horrores e infamias por lo menos como los otros dos amigos pudieron inventar por su lado.

A las dos de la madrugada todos fueron a acostarse, y así fue como terminó el mes de noviembre y la primera parte de esta lúbrica e interesante narración, de la cual no haremos esperar la segunda al público, si vemos que acoge bien la primera.

FALTAS QUE HE COMETIDO

He revelado demasiado las historias de retrete, al principio; no hay que desarrollarlas hasta después de los relatos que hablan de ellas.

Hablado demasiado de la sodomía activa y pasiva; hay que velar esto, hasta que los

relatos hablen de ello.

Cometí un error al hacer a la Duelos sensible a la muerte de su hermana; esto no

responde al resto de su carácter, cambiar eso.

Si dije que Aline era Virgen al llegar al castillo, me equivoqué: no lo es, y no debe serlo.

El obispo la ha desvirgado por todas partes.

Como no he podido releerme, esto debe estar seguramente lleno de otras faltas.

Cuando lo pase a limpio, uno de mis primeros cuidados ha de ser el de tener siempre a mi lado un cuaderno de notas, donde apuntaré exactamente cada suceso y cada retrato a medida que los escriba, pues sin esto me enredaría horriblemente a causa de la multitud de los personajes.

En la segunda parte, hay que partir del principio de que Augustine y Zéphyr duermen ya en la habitación del duque desde la primera parte, como Adonis y Zelmire en la de Curval, Hyacinthe y Fanny en la de Durcet, Céladon y Sophie en la del obispo, aunque todos estos conserven aún su virginidad.

SEGUNDA PARTE

Las 150 pasiones de segunda clase o dobles que comprenden treinta y una jornadas de diciembre empleadas en la narración de la Champville, a las que se ha añadido el diario exacto de los acontecimientos escandalosos del Castillo durante ese mes.

(Plan)

El 1° de DICIEMBRE la Champville empieza los relatos y cuenta las ciento cincuenta historias siguientes (las cifras preceden a las narraciones):

1. Sólo quiere desvirgar a niñas de tres a siete años de edad, pero por el coño. Es él quien desvirga a la Champville a la edad de cinco años.

2. Hace amarrar en forma de bola a una niña de nueve años y la desvirga por

detrás.

3. Quiere violar a una muchacha de doce a trece años y solamente la desvirga poniéndole la pistola contra el pecho.

4. Quiere masturbar a un hombre sobre el coño de la virgen, el semen le sirve de pomada, después encoña a la virgen sujeta por el hombre.

5. Quiere desvirgar a tres niñas consecutivas, una en pañales, otra de cinco años, la otra de siete.

DIA DOS. 6. No quiere desvirgar más que de nueve a trece años. Su pito es enorme; es necesario que cuatro_ mujeres le sujeten a la virgen. Es el mismo de la Martaine, que sólo da por el culo a los de tres años, el mismo del infierno.

7. Hace desvirgar por su criado, ante él, a las de diez o doce años, y durante la

operación solamente les toca el culo; manosea ora el de la virgen, ora el del criado. Eyacula sobre el culo del criado.

8. Quiere desvirgar a una muchacha que ha de casarse al día siguiente.

9. Quiere que el matrimonio se celebre y desvirgar a la esposa entre la misa y la

hora de acostarse.

10. Quiere que su criado, hombre muy hábil, vaya por todas partes a casarse con

muchachas, que se las lleve. El amo las jode, luego las vende a alcahuetas.

DIA TRES. 11. Sólo quiere desvirgar a las dos hermanas. 12. Se casa con la

muchacha, la desvirga, pero la ha engañado, en cuanto el asunto está terminado la planta.

13. No jode a la doncella más que instantes después de haber sido desflorada por un hombre, ante él. Quiere que tenga el sexo todo untado de esperma.

14. Desvirga con un consolador y eyacula sobre la abertura que acaba de hacer, sin introducirse.

15. No quiere más que doncellas de buena posición y las paga a peso de oro. Ese será el duque, quien confesará haber desvirgado a más de cinco mil durante treinta años.

DIA CUATRO. 16. Obliga a un hermano a joder a su hermana ante él, y la jode

después; antes hace cagar a los dos.

17. Obliga a un padre a joder a su hija después que él la ha desvirgado.

18. Lleva a su hija de nueve años a un burdel y allí la desvirga mientras la alcahueta la sujeta. Ha tenido doce hijas y así las ha desvirgado a todas.

19. No quiere desvirgar más que a mujeres de treinta a cuarenta años.

20. Sólo quiere desvirgar a monjas y gasta inmensas cantidades de dinero para

conseguirlas; las consigue.

En este día cuatro por la noche, y aquella misma noche, en las orgías, el duque desvirga a Fanny, sujeta por las cuatro viejas y servido él por la Duelos. La jode dos veces seguidas, ella se desmaya, la posee por segunda vez sin conocimiento.

EL DIA CINCO, como consecuencia de esas narraciones, para celebrar la fiesta de la

quinta semana, casan a Hyacinthe y Fanny, y el matrimonio se consuma ante todo el mundo.

21. Quiere que la madre sujete a su hija, jode primero a la madre y después desvirga a la niña sostenida por la madre. Es el mismo del veinte de febrero de la Desgranges.

22. No le gusta nada más que el adulterio; hay que buscarle mujeres sensatas y

públicamente fieles a su matrimonio, las hace tener repugnancia por sus maridos.

23. Quiere que el mismo marido le prostituya a su mujer y que la sostenga mientras él la jode.

Los amigos imitarán esto inmediatamente.

24. Coloca a una mujer casada sobre una cama, la encoña mientras la hija de esa mujer, colocada en perspectiva encima, le hace besar su coño; al instante siguiente posee a la hija mientras besa el agujero del culo de la madre. Cuando besa el sexo de la hija, la hace orinar; cuando besa el culo de la madre la hace cagar.

25. Tiene cuatro hijas legítimas y casadas; quiere joder a las cuatro; embaraza a las

cuatro con el fin de tener un día el placer de desvirgar a las niñas que ha tenido de su hija y que el marido cree suyas.

Sobre esto cuenta el duque, pero no halla seguidores porque el caso no despierta pasiones ya que no puede repetirse, cuenta digo, que conoció a un hombre que había jodido a tres hijas que había tenido de su madre, de las cuales tenía una hija que había casado con su hijo, de modo que al joder a ésta jodía a su hermana, a su hija y a su nuera, y obligaba a su hijo a poseer a su hermana y a su madrastra. Curval cuenta otra historia de un hermano y una hermana que proyectaron entregarse mutuamente sus hijos; la hermana tenía un muchacho y una niña, y el hermano igual. Se mezclaron de tal manera que poseían alternativamene a sus sobrinos y a sus hijos, y a veces jodían entre sí los primos hermanos o los hermanos y hermanas, mientras lo hacían igualmente los padres, es decir, el hermano y la hermana.

Por la noche, el coño de Fanny es entregado a la asamblea, pero como el obispo y el señor Durcet no joden coños, solamente es poseída por Curval y el duque. Desde aquel momento la muchacha lleva una cintita en el cuello y, después de la pérdida de sus dos virginidades, llevará una ancha cinta rosa.

DIA SEIS DE DICIEMBRE. 26. Se hace masturbar mientras alguien masturba el clítoris de una mujer y quiere descargar al mismo tiempo que la mujer, pero lo hace sobre las nalgas del hombre que masturba a la mujer.

27. Besa el agujero del culo mientras una segunda muchacha le masturba el culo y la tercera el pito: las tres se cambian a fin de que cada una de ellas le haga besar el agujero de su culo, cada una masturbe el miembro y cada una el trasero. Tienen que tirarse pedos.

28. Lame un coño mientras jode a una segunda mujer por la boca y una tercera le lame el culo, y cambia también como el anterior. Es necesario que los coños descarguen, y él se trague el flujo.

29. Chupa un trasero sucio de mierda, hace masturbar su culo mierdoso con la

lengua y se masturba sobre un culo mierdoso. Luego las tres muchachas se cambian.

30. Hace que dos mujeres se masturben ante él y jode alternativamente a las dos

desde atrás, mientras ellas continúan lesbianizándose.

Se descubre aquel día que Zéphyr y Cupidon se masturban, pero todavía no se han dado por el culo; son castigados. Fanny es muy jodida en el coño durante las orgías.

DIA SIETE. 31. Quiere que una muchacha alta corrompa a una baja, que la

masturbe, que le dé malos consejos y termine por sujetársela mientras él la jode, sea virgen o no.

32. Quiere cuatro mujeres; jode a dos por el coño y a dos por la boca, teniendo

cuidado de no meter el miembro en la boca de una más que al sacarlo del coño de la otra. Durante todo aquel tiempo una quinta mujer lo sigue y le masturba el trasero con un consolador.

33. Quiere doce muchachas, seis jóvenes y seis viejas, y si es posible que sean seis

madres y seis hijas. Les acaricia el coño, el culo y la boca; cuando se lo hace al coño quiere orina, cuando está en la boca quiere saliva, cuando en el trasero quiere pedos.

34. Emplea ocho mujeres para masturbarlo, todas colocadas de modo diferente. Habrá que describir esto.

35. Quiere ver a tres hombres y tres mujeres joderse en diferentes posturas.

DIA OCHO. 36. Forma doce grupos de dos muchachos cada uno, pero éstas

van arregladas de tal manera que sólo muestran sus culos; todo el resto del cuerpo está oculto. Se masturba contemplando todas aquellas nalgas.

37. Hace que seis parejas se masturben a la vez en una sala de espejos; cada pareja está compuesta por dos mujeres que se masturban en actitudes lúbricas y variadas. El está en el centro del salón,, contempla las parejas y su reflejo en los espejos y, en medio de aquello, eyacula, masturbado por una vieja. Ha besado las nal- gas de aquellas parejas.

38. Hace que cuatro busconas se emborrachen y se peleen ante él y quiere que

cuando estén así, bien borrachas, le vomiten en la boca; elige las más viejas y más feas que sea posible.

39. Hace que una muchacha le cague en la boca, sin comerse los excrementos y, entretanto, otra mujer le chupa el miembro y le masturba el trasero; él caga mientras eyacula en la mano de la que lo socratiza. Las mujeres se cambian.

40. Hace que un hombre se cague en su boca y se come el excremento mientras

un niño lo masturba, luego el hombre lo masturba y el niño caga.

Aquella noche, en las orgías, Curval desvirga a Michette, siguiendo la misma costumbre:

servido por la Duelos y la muchacha sujeta por las cuatro viejas; esto no se repetirá más.

DIA NUEVE. 41. Jode a una muchacha por la boca después de haberle cagado en ella; encima de ésta hay otra que le tiene la cabeza entre sus muslos y sobre la cara de esa segunda coloca su cagada la tercera, y él, mientras deja su mojón en la boca de la primera, come la mierda que la tercera suelta sobre la cara de la segunda, y después ellas se cambian de manera que cada una represente los tres papeles sucesivamente.

42. Recibe a treinta mujeres en un día y a todas las hace cagar en su boca, se come los excrementos de tres o cuatro de las más bonitas. Repite esta juerga cinco veces a la semana, lo cual hace que vea a siete mil ochocientas muchachas por año. Cuando la Champville lo conoce tiene sesenta años y desde hace cincuenta está realizando ese oficio.

43. Ve a doce cada mañana y se traga las doce cagadas; las recibe a todas juntas.

44. Se mete en una bañera a la que treinta mujeres acuden para orinar y cagar en ella y así llenarla; él eyacula mientras recibe y nada en todo aquello.

45. Caga delante de cuatro mujeres, exige que ellas lo contemplen y lo ayuden a hacerlo; luego quiere que se repartan y se coman sus excrementos, después cada una

de ellas hace una cagada. El las mezcla y se traga las cuatro, pero las mujeres han de ser viejas de por los menos sesenta años.

Aquella noche, el coño de Michette es entregado a la reunión; desde aquel

momento lleva la cintita al cuello.

DIA DIEZ. 46. Hace cagar a una muchacha A y a otra B. Luego obliga a B a

comerse el excremento de A y a ésta a comerse el de B. Después cagan las dos y él se come ambas cagadas.

47. Quiere una madre y tres hijas, come la mierda de las hijas sobre el culo de la madre y la de la madre sobre el culo de una de las hijas.

48. Obliga a una hija a cagarse en la boca de su madre y a limpiarse el culo con las tetas de su madre; después él come los excrementos en la boca de aquella madre y luego hace cagar a la madre en la boca de su hija, donde también va a comerse la cagada.

(Es mejor poner aquí a un hijo y su madre, para variar con la precedente).

49. Quiere que un padre coma los excrementos de su hijo y él se come los del

padre.

50. Quiere que el hermano defeque sobre el coño de su hermana, y él come la

cagada, después la hermana ha de cagarse en la boca de su hermano, y él se come el producto.

DIA ONCE. 51. Advierte que hablará de impiedades, y habla de un hombre que quiere que la puta, mientras lo masturba, profiera espantosas blasfemias; él a su vez, las dice horribles. Su diversión durante aquel tiempo consiste en besar el culo; no hace otra cosa.

52. Quiere que la mujer vaya a masturbarlo, por la noche, en una iglesia, principalmente cuando está expuesto al Santísimo Sacramento. Se coloca tan cerca como puede del altar y manosea el culo durante todo el tiempo.

53. Va a confesarse solamente para hacer que a su confesor se le levante; le

cuenta infamias y mientras habla se masturba en el confesionario.

54. Quiere que la muchacha vaya a confesarse, espera el momento en que vuelve

para joderla por la boca.

55. Jode a una puta durante una misa celebrada en su propia capilla y eyacula en

el momento de la elevación.

Aquella noche el duque desflora a Sophie por el coño, y blasfema mucho.

DIA DOCE. 56. Se gana a un confesor, quien le cede su lugar para confesar a dos jóvenes pensionistas; así sorprende su confesión y les da todos los malos consejos que puede.

57. Quiere que su hija vaya a confesarse con un fraile a quien ha sobornado, y

colocan a la muchacha de manera que él pueda oírlo todo; pero el fraile exige que su penitente tenga las faldas levantadas durante la confesión, y el trasero está situado de manera que el padre pueda verlo: de este modo oye la confesión de su hija y ve su trasero, todo a la vez.

58. Hace celebrar la misa a unas putas desnudas y él, mientras lo ve, se masturba sobre las nalgas de otra.

59. Hace que su mujer vaya a confesarse con un fraile sobornado, el cual la seduce y la jode ante el marido que está oculto. Si la mujer se niega, él sale y va en

ayuda del confesor.

Aquel día se ha celebrado la fiesta de la sexta semana con las bodas de Céladon y de Sophie; el matrimonio se consuma y por la noche Sophie es entregada para posesión en el coño y lleva la cintita. Debido a este acontecimiento sólo se relatan cuatro pasiones.

DIA TRECE. 60. Jode a las putas sobre el altar donde va a celebrarse la misa;

ellas ponen el trasero desnudo sobre la piedra sagrada.

61. Hace poner a una prostituta desnuda a caballo sobre un gran crucifijo; la jode

desde atrás en esa actitud y de manera que la cabeza del Cristo frote el clítoris de la puta.

62. Echa pedos y los hace echar dentro del cáliz, se orina en él y obliga a hacer lo mismo, se caga y hace cagar en él, y termina por eyacular dentro del mismo.

63. Hace que un muchacho se cague sobre la patena y él come los excrementos mientras el niño le chupa la verga.

64. Hace que dos muchachas se caguen sobre un crucifijo y él lo hace después de ellas, y lo masturban sobre los excrementos que cubren el rostro del ídolo.

DIA CATORCE. 65. Rompe crucifijos, imágenes de Vírgenes y del Padre Eterno, defeca sobre los trozos y lo quema todo. El mismo hombre tiene la manía de llevarse una puta al sermón y hacerse masturbar mientras se oye la palabra de Dios.

66. Va a comulgar y vuelve a hacerse cagar por cuatro putas en la boca.

67. Hace que la mujer vaya a comulgar y cuando vuelve la jode por la boca.

68. Interrumpe al sacerdote en una misa celebrada en su casa, lo interrumpe,

digo, para masturbarse sobre el cáliz, obliga a la muchacha a hacer que el sacerdote eyacule también en él y lo .obliga a tragárselo todo.

69. Lo interrumpe cuando la hostia está consagrada y obliga al sacerdote a joder a la puta con la hostia.

Se descubre aquel día que Augustine y Zelmire se masturban juntas; las dos son rigurosamente castigadas.

DIA QUINCE. 71. Hace que la mujer se tire pedos sobre la hostia, él lo hace también y luego se traga la hostia mientras jode a la puta.

72. El mismo hombre que se hace clavar dentro de un ataúd, y de quien habló la Duelos, obliga a la puta a cagarse sobre la hostia; él lo hace también y luego lo echa todo en el retrete.

73. Masturba con el clítoris de la puta, hace que el flujo caiga encima, luego la

introduce y jode a la mujer para a su vez eyacular sobre la forma.

74. La corta con un cuchillo y se hace introducir los pedazos en el culo.

75. Sobre la hostia se hace masturbar y eyacula, y luego, a sangre fría y cuando el semen se ha derramado, se lo da de comer todo junto a un perro.

Aquella misma noche el obispo consagra una hostia y con ella Curval desvirga a Hébé; se la mete en el coño y eyacula encima. Varias otras son consagradas y las sultanas ya desvirgadas son jodidas todas con hostias.

EL DIA DIECISEIS la Champville anuncia que la profanación, que últimamente era la cosa principal de sus relatos, ya no será más que accesoria y que el objeto principal lo

constituirá lo que se llama en el burdel las pequeñas ceremonias en pasiones dobles. Ruega que se recuerde que todo lo que tendrá relación con aquello sólo será accesorio, pero que la diferencia que habrá, no obstante, entre sus relatos y los de la Duelos sobre el mismo objeto es que la Duelos nunca ha hablado sino de un hombre con una mujer y que ella mezclará siempre a varias mujeres con el hombre.

76. Se hace azotar durante la misa por una muchacha, jode a otra por la boca y eyacula en el momento de la elevación.

77. Se hace azotar ligeramente el trasero por dos mujeres, con vergajos; le dan

diez azotes cada una y le masturban el agujero del culo entre cada tanda.

78. Se hace azotar por cuatro prostitutas diferentes mientras le echan pedos a la

boca; se cambian a fin de que cada una a su vez azote y suelte pedos.

79. Se hace azotar por su mujer mientras jode a su hija, y luego por la hija

mientras jode a la esposa; es el mismo de quien la Duelos habló, que prostituye a su mujer y a su hija en el burdel.

80. Se hace azotar por dos prostitutas a la vez, una de ellas por delante y la otra por detrás, y cuando está bien dispuesto jode a una mientras la otra azota y luego a la segunda mientras la primera azota.

La misma noche Hébé es entregada, por el coño, y lleva la cintita; no podrá llevar la cinta grande hasta que haya perdido las dos virginidades.

DIA DIECISIETE. 81. Se hace azotar mientras besa el culo de un muchacho y jode a una prostituta por la boca, luego jode al muchacho por la boca mientras besa el trasero de la mujer, en tanto que recibe latigazos de otra prostituta, luego se hace azotar por el muchacho, jode por la boca a la puta que lo azotaba y se hace azotar por aquella a quien besaba el culo.

82. Se hace azotar por una vieja, jode a un viejo por la boca y hace que le cague en la boca la hija del viejo y la vieja, luego cambia a fin de que cada uno de ellos represente los tres papeles.

83. Se hace azotar mientras se masturba y eyacula sobre un crucifijo apoyado

contra las nalgas de una prostituta.

84. Se hace azotar mientras jode desde atrás a una puta, con la hostia.

85. Pasa revista a todo un burdel; recibe latigazos de todas las Putas mientras besa el agujero del culo de la patrona, quien le echa pedos y se le caga en la boca.

DIA DIECIOCHO. 86. Se hace dar de latigazos por cocheros de coches de punto y mozos de cuadra, pasándolos de dos en dos, y haciendo que le eche pedos en la boca el que no azota; pasa en tre diez y dieciséis durante la mañana.

87. Se hace sujetar por tres prostitutas y la cuarta lo zurra montada sobre él, que

está colocado a cuatro patas, las cuatro se cambian y montan sobre él por turno.

88. Se presenta, desnudo, en medio de seis prostitutas; pide perdón, se arrodilla.

Cada mujer le ordena una penitencia y él recibe cien latigazos por cada penitencia que se niega a cumplir; la prostituta a la que se ha negado es quien lo azota. Esas penitencias son todas muy sucias: una querrá cagarle en la boca, otra hacerle lamer sus escupitajos en el suelo; ésta se hace lamer el coño cuanto tiene la regla, aquélla entre los dedos de los pies, la otra sus mocos, etc.

89. Quince prostitutas pasan de tres en tres, una de ellas lo azota, otra le chupa,

otra caga; después la que ha cagado azota, la que ha chupado caga y la que ha azotado chupa. Así pasan las quince; él no ve nada, no oye nada, está embriagado. Una alcahueta lo dirige todo. Repite esta juerga seis veces a la semana.

(Esta es encantadora, y os la recomiendo; todo se ha de hacer muy deprisa, cada mujer debe dar veinticinco latigazos y en el intervalo de estos veinticinco azotes la primera chupa y la tercera caga. Si el sujeto quiere que cada mujer le dé cincuenta azotes, habrá recibido en total setecientos cincuenta, lo cual no es demasiado).

90. Veinticinco putas le ablandan el trasero a fuerza de golpearlo y manosearlo;

no lo dejan hasta que lo tienen completamente insensible.

Por la noche se azota al duque mientras desvirga el coño de Zelmire.

DIA DIECINUEVE. 91. Se hace juzgar por seis prostitutas, cada una de las cuales tiene su papel. Lo condenan a ser ahorcado. Lo ahorcan, efectivamente, pero la cuerda se rompe: es el instante de su eyaculación. Relaciónese ésta con una de las de la Duelos que se le parece.

92. Hace colocar a seis viejas en semicírculo; tres muchachas lo zurran ante aquel semicírculo de viejas, las cuales le escupen a la cara.

93. Una mujer le masturba el agujero del culo con el mango de los vergajos, otra lo azota en los muslos y en el miembro, por delante; así eyacula sobre las tetas de la azotadora que tiene delante.

94. Dos mujeres lo zurran con vergajos mientras una tercera, hincada de rodillas ante él, lo hace descargar sobre sus tetas.

Aquella noche sólo relata cuatro historias a causa del matrimonio de Zelmire y Adonis, con el que se celebra la séptima semana, y que se consuma, ya que Zelmire ha sido desvirgada la víspera, por delante.

DIA VEINTE. 95. Lucha contra seis mujeres cuyos latigazos finge querer evitar; quiere arrancarles las varas de las manos, pero ellas son más fuertes y lo fustigan, a pesar suyo. Está desnudo.

96. Pasa entre dos filas de doce prostitutas cada una, armadas de varas; es azotado por todo el cuerpo y eyacula después de nueve vueltas.

97. Se hace azotar en la planta de los pies, el pito, los muslos, mientras, tendido sobre un sofá, tres mujeres montan a horcajadas sobre él y le cagan en la boca.

98. Tres mujeres lo azotan alternativamente, una con disciplinas, otra con un vergajo y la tercera con una vara. La cuarta, arrodillada ante él, y a la que el lacayo del libertino masturba el ano, le chupa el miembro y él masturba el del lacayo, a quien hace eyacular sobre las nalgas de la que lo chupa.

99. Se halla entre seis prostitutas; una lo pincha, otra lo pellizca, la tercera lo quema, la cuarta lo muerde, la quinta lo araña y la sexta lo azota. Todo eso por todas partes indistintamente. Descarga en medio de eso.

Aquella noche Zelmire, desvirgada la víspera, es entregada a la reunión para la posesión por delante, es decir, únicamente a Curval y al duque, puesto que son los únicos de la

cuadrilla que joden coños. En cuanto Curval ha poseído a Zelmire, su odio por Constance y por Adélaïde se multiplica; quiere que Constance sirva a Zelmire.

DIA VEINTIUNO. 100. Se hace masturbar por su lacayo mientras la prostituta está sobre un pedestal, desnuda; no debe moverse ni perder el equilibrio mientras el sujeto es masturbado.

101. Se hace masturbar por la alcahueta mientras le manosea las nalgas y la

prostituta sostiene entre sus dedos un cabo de vela muy corto que no debe soltar hasta que el libertino haya eyaculado; y tiene buen cuidado de no hacerlo hasta que la mujer se quema.

102. Hace que seis prostitutas estén tendidas boca abajo sobre su mesa, cada una

con un cabo de vela en el trasero, mientras cena.

103. Hace que mientras cena una prostituta esté arrodillada sobre guijarros

agudos y, si se mueve algo durante la cena, no recibe la paga. Sobre ella hay dos velas invertidas cuya cera caliente le cae por la espalda y las tetas. Si hace el más leve movimiento, es despedida sin paga.

104. La obliga a permanecer dentro de una jaula de hierro muy estrecha durante

cuatro días, sin que pueda sentarse ni acostarse; le da de comer a través de los barrotes. Es aquel de quien la Desgranges hablará en el baile de los pavos.

Aquella misma noche Curval desvirga el coño de Colombe.

DIA VEINTIDOS. 105. Hace bailar a una prostituta desnuda dentro de una manta, con un gato que la pellizca, la muerde y la araña cada vez que se cae; tiene que saltar, pase lo que pase, hasta que el hombre eyacula.

106. Frota el cuerpo de una mujer con cierta droga que produce una comezón tan violenta que ella misma se hace sangrar; él la contempla mientras se masturba.

107. Detiene la regla de una mujer por medio de una bebida, y así la pone en peligro de contraer graves enfermedades.

108. Le administra una medicina de caballo que le produce horribles cólicos; la contempla cómo caga y sufre durante todo el día.

109. Unta a una mujer con miel, la amarra, desnuda, a una columna, y suelta sobre ella un enjambre de grandes moscas.

Aquella misma noche Colombe es entregada para posesión por delante.

DIA VEINTITRES. 110. Coloca a la mujer sobre un pivote que gira con prodigiosa rapidez. Está amarrada, desnuda, y gira hasta que él eyacula.

111. Sostiene a una mujer cabeza abajo hasta la eyaculación.

112. Le hace tragar una gran dosis de emético, la convence de que está envenenada y se masturba mientras la ve vomitar.

113. Soba los senos hasta que quedan completamente azules.

114. Soba el culo tres horas diarias durante nueve días consecutivos.

DIA VEINTICUATRO. 115. Hace subir a la prostituta por una escalera de mano hasta veinte pies de altura. Allí se rompe un escalón y la mujer cae, pero sobre colchones ya preparados: en el momento de la caída le eyacula sobre el cuerpo y alguna vez la jode en aquel instante.

116. Propina bofetadas con toda la fuerza y eyacula mientras las da; está sentado en un sillón y la prostituta arrodillada ante él.

117. Le golpea las manos con la férula.

118. Fuertes manotazos en las nalgas hasta que el trasero arde.

119. La hincha con un fuelle de herrero por el agujero del culo.

120. Le da una lavativa de agua casi hirviente, se divierte con sus contorsiones y eyacula sobre su culo.

Aquella noche Aline recibe manotazos en el trasero, de los cuatro amigos, hasta que se le pone escarlata; una vieja la sujeta por los hombros. Propinan también algunos a Augustine.

DIA VEINTICINCO. 121. Busca mujeres devotas, las azota con crucifijos y rosarios, luego las coloca como estatuas de vírgenes sobre un altar, en una postura incómoda de la que no pueden moverse. La mujer debe permanecer allí durante todo el tiempo de una misa muy larga, en la que, en la elevación, debe soltar su mojón sobre la hostia.

122. La hace correr desnuda por un jardín en una noche helada, y a intervalos hay

cuerdas tendidas para hacerla caer.

123. En cuanto está desnuda, la arroja como por descuido en una cuba de agua

casi hirviendo y no la deja salir hasta que ha eyaculado sobre el cuerpo de la mujer.

124. La hace permanecer cesnuda sobre una columna en medio de un jardín, en

pleno invierno, hasta que haya rezado cinco Padrenuestros y cinco avemarías, o bien hasta que él haya derramado su semen, que otra prostituta excita ante aquel espectáculo.

125. Hace cubrir de cola el asiento de un retrete, manda que cague en él; en

cuanto ella se sienta, su trasero se pega, durante lo cual, por el otro lado, se coloca un brasero encendido debajo del culo. Ella huye, se desuella y deja toda la piel pegada al asiento.

Aquella noche se obliga a cometer profanaciones a Adélaïde y Sophie, las dos devotas, y el duque desvirga a Augustine, de quien está enamorado hace tiempo; eyacula tres veces seguidas en su vagina. Y en la misma noche propone hacerla correr desnuda por los patios con el frío espantoso que hace. Lo propone con insistencia; los demás no quieren porque es demasiado bonita y desean conservarla y, por otra parte, todavía no está desvirgada por atrás. El duque ofrece doscientos luises a la sociedad por hacerla bajar a la bodega aquella misma noche; es rechazado. Quiere por lo menos que se le den manotazos en el culo, la muchacha recibe veinte manotazos de cada amigo. Pero el duque aplica los suyos con todas sus fuerzas y eyacula, entretanto, por cuarta vez. Se acuesta con ella y la posee tres veces más durante la noche.

DIA VEINTISEIS. 126. Emborracha a la prostituta y ésta se acuesta; en cuanto duerme, su cama es levantada. Hacia la mitad de la noche se inclina para coger el orinal; al no encontrarlo, cae, porque la cama está en el aire y la tira en cuanto ella se inclina. Cae sobre unos colchones preparados; el hombre la espera allí y la jode en cuanto cae.

127. La hace correr desnuda por un jardín, persiguiéndola con un látigo de postillón, con el cual sólo la amenaza. Tiene que correr hasta que cae agotada: es el

instante en que él se echa sobre ella y la jode.

128. Azota a la prostituta por tandas de diez golpes hasta cien, con unas disciplinas de seda negra; besa mucho las nalgas a cada tanda.

129. Azota con varas empapadas en alcohol y eyacula sobre las nalgas de la mujer cuando las ve sangrantes.

La Champville sólo relata cuatro pasiones aquel día porque es el de la fiesta de la octava semana. Se celebra con la boda de Zéphyr y Augustine, que pertenecen al duque y duermen en su habitación; pero el duque quiere que antes de la celebración Curval azote al muchacho mientras él azota a la muchacha. Se realiza esto, cada uno de ellos recibe cien latigazos, pero el duque, más animado que nunca contra Augustine porque lo ha hecho eyacular mucho, la azota hasta hacerle brotar la sangre.

Esta noche habrá que explicar lo que son las penitencias cómo se procede a ellas y qué

número de latigazos se reciben; se podrá hacer un cuadro de las faltas donde conste al lado el número de azotes.

DIA VEINTISIETE. 130. Sólo quiere azotar a niñas de cinco a siete años y siempre busca un pretexto para que mejor parezca un castigo.

131. Una mujer va a confesarse con él, es sacerdote; ella dice todos sus pecados y

como penitencia él le aplica cien latigazos.

132. Pasa ante cuatro mujeres y les da seiscientos latigazos a cada una.

133. Hace ejecutar la misma ceremonia ante él por dos criados que se relevan; pasan ante veinte mujeres que no están amarradas, reciben seiscientos azotes cada una, él se masturba mientras contempla la operación.

134. Sólo azota a niños de catorce a dieciséis años y después los hace eyacular en

su boca. Les da cien azotes a cada uno; siempre ve a dos a la vez.

Aquella noche es entregado el coño de Augustine; Curval la encoña dos veces seguidas y, como el duque, después quiere azotarla. Los dos se encarnizan contra aquella encantadora muchacha; proponen a la sociedad cuatrocientos luises para ser dueños de ella desde esa misma noche, les es denegado.

DIA VEINTIOCHO. 135. Hace entrar a una prostituta en un aposento; entonces dos hombres se le echan encima y la azotan cada uno en una nalga, hasta que sangra. La mujer está amarrada. Cuando eso ha terminado, él masturba a los hombres sobre el trasero ensangrentado de la puta y se masturba él mismo.

136. La mujer está atada al muro de pies y manos. Ante ella, también sujeta al

muro, hay una placa de acero de borde afilado que se coloca sobre su vientre; si ella quiere escapar al golpe, tiene que inclinarse hacia delante; entonces se corta. Si quiere escapar a la máquina, tiene que echarse bajo los golpes.

137. Durante nueve días seguidos azota a una prostituta, empieza por aplicarle

cien latigazos el primer día y diariamente dobla este número hasta el noveno inclusive.

138. Hace colocar a la puta a gatas, monta a horcajadas sobre ella, de cara a las nalgas, y la sujeta fuertemente entre los muslos. Entonces le zurra el trasero y el coño a la inversa y, como para esta operación se sirve de unas disciplinas, le es fácil dirigir sus golpes al interior de la vagina, y es lo que hace.

139. Quiere a una mujer preñada, la hace curvarse hacia atrás sobre un cilindro que le sostiene la espalda. La cabeza, más allá del cilindro, se apoya hacia atrás sobre una silla. donde queda fija, los cabellos esparcidos, las piernas lo más abiertas posible y su abultado vientre extraordinariamente tenso; así el sexo se abre del todo. A éste y al vientre dirige él sus golpes y cuando ve la sangre pasa al otro lado del cilindro y eyacula sobre la cara.

N. B. Mis borradores señalan las adopciones sólo después de la desvirgación y, en consecuencia, dicen que el duque adopta aquí a Augustine. Comprobar si esto no es falso y si la adopción de las cuatro sultanas no está hecha desde el principio y si no se dice que desde aquel momento duermen en la habitación del que las ha adoptado.

El duque, aquella noche, repudia a Constance, que cae en el mayor descrédito; sin embargo, se le tienen consideraciones a causa de su preñez, sobre la cual tienen proyectos. Augustine pasa por mujer del duque y ya no cumple más que sus funciones de esposa en el sofá y en los retretes. Constance queda relegada a la categoría de las viejas.

DIA VEINTINUEVE. 140. Sólo quiere a muchachas de quince años y las azota, hasta hacerles saltar la sangre, con acebos y ortigas; es muy exigente en la elección de los culos.

141. Sólo azota con un vergajo hasta que las nalgas queden todas magulladas; ve

a cuatro mujeres consecutivamente.

142. Azota únicamente con disciplinas de puntas de hierro y no eyacula hasta que

la sangre mana de todas partes.

143. El mismo hombre de quien hablará la Desgranges el veinte de febrero

quiere mujeres preñadas; las azota con un látigo de postillón con el que arranca grandes trozos de carne de las nalgas y de cuando en cuando suelta algunos latigazos sobre el vientre.

Aquella noche es azotada Rosette y Curval la desvirga por delante. Aquel día se descubre la intriga de Hercule y Julie; ésta se había dejado joder por aquél. Cuando se lo reprochan, contesta de manera libertina; la azotan extraordinariamente. Después como es querida, lo mismo que Hercule que siempre se ha portado bien, se les perdona y se divierten con ellos.

DIA TREINTA. 144. Coloca una vela a cierta altura. La prostituta tiene sujeto a su dedo del corazón de su mano derecha un cabo de vela, muy corto, que la quemará si no se apresura. Con este cabo de vela tiene que encender la vela elevada, pero, como está bastante alta, tiene que saltar para alcanzarla, y el libertino, armado con un látigo de tiras de cuero, la azota con todas sus fuerzas para que salte más alto o para que encienda la otra vela más pronto. Si ella lo consigue, todo ha terminado; de lo contrario, es azotada bárbaramente.

145. Azota alternativamente a su mujer y a su hija y las prostituye en el burdel para que allí las azoten ante sus ojos, pero no es el mismo de quien se ha hablado ya.

146. Azota con varas desde la nuca hasta las pantorrillas; la mujer está amarrada y él le hace sangrar toda la parte de atrás.

147. Sólo azota las tetas; quiere que sean muy grandes. Y paga el doble cuando las mujeres están preñadas.

Aquella noche, el coño de Rosette es entregado para su posesión; cuando Curval y el duque la han jodido a gusto, la azotan, ellos y sus amigos, en el coño. Ella está colocada a gatas y los golpes van dirigidos hacia el interior con unas disciplinas.

DIA TREINTA Y UNO. 148. Sólo azota con varas la cara, exige caras bonitas;

es aquel de quien hablará la Desgranges el siete de febrero.

149. Azota con varas todas las partes del cuerpo indistintamente; nada escapa:

rostro, coño y senos incluso.

150. Propina doscientos golpes de vergajo sobre la parte posterior de muchachos de dieciséis a veinte años.

151. Está en su habitación, cuatro prostitutas lo calientan y lo azotan; cuando está bien encendido se abalanza hacia la quinta prostituta, desnuda, en una habitación contigua, y la acosa en todo el cuerpo indiferentemente con fuertes golpes de vergajo, hasta que eyacula; pero, a fin que esto suceda pronto y la paciente sufra menos, no lo sueltan hasta que está muy cerca de la eyaculación.

(Comprobar por qué hay una de más).

La Champville es aplaudida, recibe los mismos honores que la Duelos y aquella noche las dos cenan con los amigos. En las orgías, aquella noche, Adélaïde, Afine, Agustine y Zelmire son condenadas a azotes con varas en todo el cuerpo exceptuando los senos, pero, como quieren todavía gozar de ellas al menos durante dos meses, las tratan con miramientos.

TERCERA PARTE

Las 150 pasiones de tercera clase o criminales comprenden treinta y una jornadas de enero, empleadas en la narración de la Martaine, a las cuales se ha añadido el diario de los acontecimientos escandalosos del Castillo durante ese mes.

PRIMERO DE ENERO. 1. Sólo le gusta que le den por el culo y no se sabe dónde encontrarle pitos lo bastante gruesos.

Pero no insiste, dice, en esta pasión, por ser un gusto demasiado simple y demasiado conocido por sus oyentes.

2. Sólo quiere desvirgar a niñas de tres a siete años, por el culo. Es el hombre que la desvirgó de esta manera: tenía cuatro años, estaba enferma, su madre implora el auxilio de aquel hombre. Cuál fue su dureza...

Ese hombre es el mismo de quien habla la Duclos por última vez el 29 de noviembre; es el mismo del 2 de diciembre de la Champville, y el mismo del infierno. Tiene un miembro monstruoso, es un hombre enormemente rico. Desvirga a dos niñas por día: una por delante por la mañana, como dijo la Champville el 2 de

diciembre, y una por detrás por la noche, y todo esto independientemente de sus otras pasiones. Cuatro mujeres sujetaban a la Martaine cuando él la dio por el culo. Su eyaculación es de seis minutos y brama durante ella. Manera hábil y simple de violar aquella virginidad del trasero aunque ella no tenga más que cuatro años.

3. Su madre vende la virginidad del hermanito de la Martaine a otro hombre que

no quiere nada más que niños, y que tengan siete años exactos.

4. Tiene trece años y su hermano quince; van a la casa de un hombre que obliga

al hermano a poseer a su hermana y él jode por atrás ora al muchacho, ora a la muchacha, mientras los dos están unidos.

Elogia su culo; le dicen que lo deje ver, lo muestra desde la tribuna.

El hombre de quien acaba de hablar es el mismo del 21 de noviembre de la, Duclos, el conde, y el del 27 de febrero de la Desgranges.

5. Se hace joder mientras da por el culo al hermano y a la hermana; es el mismo

hombre de quien hablará la Desgranges el 24 de febrero.

Aquella misma noche el duque desvirga el culo de Hébé, que sólo tiene doce años. Le cuesta infinitamente; a ella la sujetan las cuatro viejas y él es servido por la Duelos y la Champville. Y como hay una fiesta al día siguiente, para no perturbar nada esta noche Hébé es entregada a la asamblea para la posesión de su culo, y los cuatro amigos gozan de ella. Se la llevan perdido el conocimiento; ha sido jodida por atrás siete veces.

DIA DOS DE ENERO. 6. Hace que cuatro mujeres le echen pedos en la boca mientras él da por el culo a la quinta, luego cambia. Todas echan pedos y todas son jodidas por atrás; no eyacula más que dentro del quinto culo.

7. Se divierte con tres muchachos; les da por atrás y se hace cagar, cambiando a

los tres, y él masturba al que está inactivo.

8. Jode a la hermana por detrás mientras hace que el hermano cague en su boca,

luego los cambia, y en uno y otro goce es enculado.

9. Sólo jode por detrás a muchachas de quince años, pero después de haberlas

azotado de antemano con todas sus fuerzas.

10. Maltrata y pellizca las nalgas y el agujero del culo durante una hora, luego da

por el trasero mientras es azotado vigorosamente.

Aquel día se celebra la fiesta de la novena semana: Hercule se casa con Hébé y la jode en el coño. Curval y el duque enculan, alternativamente, al marido y a la esposa.

DIA TRES DE ENERO. 11. Sólo encula durante la misa y eyacula durante la elevación.

12. Da por detrás mientras pisotea un crucifijo y hace que la prostituta también

lo pisotee.

13. El hombre que se divirtió con Eugénie en la onceava sesión de la Duelos,

hace defecar, limpia el trasero sucio, tiene un miembro enorme y jode una hostia colocada, al extremo de su instrumento.

14. Da por detrás a un muchacho con la hostia, se hace encular con la hostia;

sobre la nuca del muchacho a quien está jodiendo hay otra hostia, sobre la cual caga

un tercer muchacho. Eyacula así, sin cambiar, pero profiriendo espantosas blasfemias.

15. Da por detrás al sacerdote mientras celebra la misa, y cuando ha consagrado,

el jodedor se retira un momento: el sacerdote se mete la hostia en el trasero y, encima, el otro vuelve a joderlo.

Por la noche Curval desvirga con una hostia el culo del joven y encantador Zélamir. Antinoüs jode al presidente con otra hostia, mientras el presidente introduce una tercera hostia, con su lengua, en el ano de la Fanchon.

DIA CUATRO. 16. Sólo le gusta dar por detrás a mujeres muy viejas mientras es azotado.

17. Sólo jode a hombres viejos mientras lo joden a él.

18. Tiene un lío establecido con su hijo.

19. Sólo quiere dar por el trasero a monstruos, o negros, o personas

contrahechas.

20. Para reunir el incesto, el adulterio, la sodomía y el-sacrilegio, jode por detrás a

su hija casada, con una hostia.

Aquella noche es entregado el culo de Zélamir a los cuatro amigos.

DIA CINCO. 21. Se hace joder y azotar alternativamente por dos hombres, mientras él jode a un muchachito y un viejo le deposita en la boca una cagada que él se come.

22. Dos hombres lo joden alternativamente, uno por la boca, otro por el trasero;

esto ha de durar tres horas, reloj en mano. Se traga el semen del que lo jode por la boca.

23. Se hace joder por diez hombres a tanto por vez; soporta hasta ochenta veces, durante el día, sin eyacular.

24. Prostituye, para ser jodidas por detrás, a su mujer, su hija Y su hermana, y lo contempla.

25. Emplea a ocho hombres a su alrededor: uno en la boca, uno en el culo, uno en la ingle derecha, uno en la izquierda; masturba a otro con cada mano, el séptimo está entre sus muslos y el octavo se masturba sobre su cara.

Aquella noche el duque desvirga el culo de Michette y le causa horribles dolores.

DIA SEIS. 26. Hace encular a un viejo delante de él; varias veces retiran el miembro del culo del viejo y lo meten en la boca del espectador quien lo chupa, después chupa al viejo, lo acaricia, le da por el trasero, mientras el que acaba de joder al viejo lo jode a su vez y es azotado por el ama de llaves del libertino.

27. Mientras encula a una muchacha de quince años, le aprieta la garganta violentamente a fin de encogerle el ano; entretanto lo azotan con un vergajo.

28. Se hace introducir en el culo bolas de mercurio. Estas bolas suben y bajan y durante el excesivo cosquilleo que ocasionan, él chupa vergas, se traga el semen, hace cagar traseros de prostitutas, se traga la mierda. Pasa dos horas en ese éxtasis.

29. Quiere que el padre lo joda por el trasero mientras él sodomiza al hijo y a la

hija de este hombre.

Por la noche, el culo de Michette es entregado para su posesión. Durcet se lleva a la Martaine a dormir a su habitación, siguiendo el ejemplo del duque que tiene a la Duelos y de Curval que tiene a la Fanchon; ésta adquiere sobre él el mismo dominio lúbrico que tiene la Duelos sobre el duque.

DIA SIETE. 30. Jode a un pavo cuya cabeza está entre los. muslos de una prostituta tumbada boca abajo, de modo que parece que encula a la mujer. Entretanto lo joden a él y en el instante de su eyaculación la mujer corta el cuello del pavo.

31. Jode a una cabra desde atrás mientras lo azotan; hace un hijo a esa cabra, al cual a su vez jode por el culo aunque sea un monstruo.

32. Encula a los machos cabríos.

33. Quiere ver descargar a una mujer masturbada por un perro; y mata al perro

de un tiro de pistola sobre el vientre de la mujer, sin herir a ésta.

34. Jode por el trasero a un cisne, metiéndole una hostia Y estrangula al animal

mientras eyacula.

Aquella misma noche el obispo da por el culo a Cupidon por primera vez.

DIA OCHO. 35. Se hace meter en un canasto preparado que sólo tiene una abertura, donde coloca su ano frotado con semen de yegua; el canasto representa el cuerpo, recubierto con una piel de ese animal. Un caballo semental, adiestrado para esto, le penetra en el trasero y durante este tiempo, dentro del canasto, jode a una hermosa perra blanca.

36. Posee a una vaca, la hace engendrar y jode al monstruo.

37. Dentro de un canasto igualmente preparado hace meter a una mujer, la cual recibe el miembro de un toro; se divierte con el espectáculo.

38. Tiene cautiva una serpiente que se introduce en el ano y lo sodomiza, mientras él jode por .el trasero a un gato que está .dentro de un cesto y que sujeto por todas partes no puede hacerle ningún daño.

39. Jode a una burra mientras se hace dar por el culo por un asno, dentro de

máquinas preparadas que se detallarán.

Por la noche, el culo de Cupidon es entregado para su posesión.

DIA NUEVE. 40. Jode por las narices a una cabra que entretanto le lame los testículos; durante ese tiempo lo zurran y le lamen el trasero alternativamente.

41. Jude a un borrego por el trasero, mientras un perro le lame el ano.

42. Da por el trasero a un perro al que cortan la cabeza mientras él eyacula.

43. Obliga a una puta a masturbar a un asno ante él, y le joden durante el espectáculo.

44. Da por el trasero a un mono encerrado en un canasto; entretanto atormentan al animal para que su ano se contraiga más.

Aquella noche se celebra la fiesta de la décima semana con el matrimonio de Brise-cul y

Michette, que se consuma y causa mucho daño a Michette.

EL DIA DIEZ anuncia que cambiará de pasión y que el látigo, elemento principal anteriormente en el relato de la Champville, ahora no es más que accesorio.

45. Hay que buscar a prostitutas culpables de algunos delitos.

El las asusta, les dice que van a ser detenidas, pero que se encarga de todo si

quieren recibir una violenta fustigación. Las prostitutas, asustadas, se dejan azotar hasta que sangran.

46. Hace buscar a una mujer que tenga una hermosa cabellera con el único pretexto de examinarla; pero se la corta traicioneramente y eyacula al verla desesperarse por la desgracia, de la que se ríe mucho.

47. Con mucha ceremonia, ella entra en una habitación a oscuras. No ve a nadie, pero oye una conversación referida a ella, que se detallará, y que es capaz de hacerla morir de miedo. Por fin recibe un diluvio de bofetadas y de puñetazos sin saber de dónde vienen; oye, los gritos de una eyaculación, y la sueltan.

48. Ella entra en una especie de sepulcro bajo tierra sólo iluminado por lámparas; lo ve en todo su horror. En cuanto ha podido observarlo un momento se apagan todas las lámparas, se oye un estruendo horrible de gritos y cadenas, ella se desmaya; en caso contrario, aumenta la causa del espanto con algunos nuevos episodios, hasta que se desmaya. Cuando ha perdido el conocimiento, un hombre cae sobre ella y la posee por el trasero, luego la deja y los criados van a socorrerla. Exige muchachas muy jóvenes y noveles.

49. Ella entra en un lugar parecido, pero que se diferenciará un poco en los detalles. La encierran desnuda en un ataúd, lo clavan y el hombre eyacula con el ruido de los clavos.

Aquella noche, se había hecho que Zelmire estuviese ausente de las narraciones, a propósito. La bajan a la bodega, preparada como las que acaban de ser descritas. Los cuatro amigos se encuentran allí desnudos y armados; ella se desmaya y entonces Curval la desvirga el culo. El presidente ha concebido por aquella muchacha los mismos sentimientos de un amor mezclado con rabia lúbrica que el duque tiene por Augustine.

DIA ONCE. 50. El mismo hombre, el duque de Florville, de quien la Duclos habló en segundo lugar el 29 de noviembre, el mismo también de la quinta narración del 26 de febrero de la Desgranges, quiere que se coloque sobre una cama de satén negro un hermoso cadáver de muchacha que acabe de ser asesinada; la manosea por todas partes y la penetra por el ano.

51. Otro hombre quiere dos, el de una muchacha y el de un muchacho y encula el cadáver del joven besando las nalgas de la muchacha y hundiendo su lengua en el ano.

52. Recibe a la prostituta en un gabinete lleno de cadáveres de cera muy bien imitados, todos con diferentes heridas. Dice a la prostituta que elija, que va a matarla como aquel de los cadáveres cuya herida le guste más.

53. La amarra a un cadáver real boca contra boca y en esta actitud la azota hasta hacerle saltar la sangre por toda la parte de atrás.

Aquella noche el culo -de Zelmire es entregado para su posesión, pero antes la hará juzgado y le han dicho que la matarán durante la noche; ella lo cree, pero en vez de eso, cuando ha sido bien jodida por detrás, se contentan con propinarle cien latigazos cada uno y Curval se la lleva a acostarse con él donde vuelve a encularla.

DIA DOCE. 54. Quiere a una mujer que tenga la regla. Ella llega a su lado, pero él está situado cerca de un depósito de agua helada de más de doce pies cuadrados por ocho de profundidad; se ha enmascarado de modo que la prostituta no lo vea. En cuanto llega cerca de él, la echa dentro del depósito y el instante de la caída es el de la eyaculación del hombre; la retiran inmediatamente, pero como tiene la regla no deja de sufrir a menudo una grave enfermedad.

55. La baja, desnuda, dentro de un pozo muy profundo y la amenaza con llenarlo de piedras; arroja algunos puñados de tierra para asustarla y eyacula en el pozo, sobre la cabeza de la puta.

56. Hace entrar en su casa a una mujer preñada y la asusta con amenazas y con

palabras, la azota, renueva sus malos tratos para hacerla abortar en su misma casa o en cuanto esté de regreso en la suya. Si aborta en su casa, le paga el doble.

57. La encierra en un calabozo oscuro, entre gatos, ratas y ratones; la convence de que está allí para todo el resto de su vida y va todos los días a masturbarse ante su puerta, haciéndole burla.

58. Le introduce fuegos de bengala en el ano y las chispas al caer le queman las

nalgas.

Aquella noche Curval hace que se reconozca a Zelmire como su esposa y se casa con ella públicamente. El obispo los casa, él repudia a Julie, que cae en el mayor descrédito pero a la que, no obstante sostiene su libertinaje y el obispo la protege un poco hasta que se declarará completamente de su parte, como se verá.

Se percibe esta noche mejor que nunca el odio agresivo de Durcet por Adélaïde; la

atormenta, la veja, ella se desespera. Y el presidente, su padre, no la apoya en absoluto.

DIA TRECE. 59. Amarra a una prostituta a una cruz de San Andrés suspendida en el aire y allí la azota con todas sus fuerzas por toda la parte de atrás. Después de eso la desata y la arroja por una ventana, pero cae sobre colchones preparados; él eyacula al oírla caer. Detallar la escena que le hace para legitimar su acto.

60. Le administra una droga que le hace ver una habitación llena de objetos horribles. Ve un estanque cuyas aguas llegan hasta ella, se sube a una silla para evitarlas. Le dicen que no tiene otro recurso que echarse a nadar, ella lo hace, pero cae sobre el piso y a menudo se lastima mucho. Es el

instante de la eyaculación de nuestro libertino cuyo placer, antes, ha consistido en besar mucho el trasero.

61. La tiene suspendida de una polea en lo alto de una torre, él tiene la cuerda a

su alcance en una ventana de abajo; se masturba, sacude la cuerda y amenaza cortarla cuando eyacule. Durante esto es azotado, y antes ha hecho cagar a la puta.

62. Está sujeta por cuatro delgadas cuerdas atadas a sus cuatro extremidades. Así suspendida, en la actitud más cruel, se abre bajo ella una trampa que le descubre un brasero ardiente; si las cuerdas se rompen, cae sobre el fuego. Se dan sacudidas a las cuerdas y el malvado corta una de ellas mientras eyacula. A veces la coloca en la

misma actitud, le pone un peso sobre los riñones y levanta mucho las cuatro cuerdas de modo que casi le reviente el estómago y se le quiebren los riñones. La tiene así hasta la eyaculación.

63. La amarra a un taburete, a un pie de distancia sobre su cabeza hay un puñal muy afilado suspendido de un cabello; si el cabello se rompe, el agudísimo puñal le penetra en el cráneo. El hombre se masturba ante ella y goza con las contorsiones que el miedo arranca a su víctima. Al cabo de una hora la suelta y le hace sangrar las nalgas con la punta de aquel mismo puñal, para demostrarle que era muy cortante; eyacula sobre el trasero ensangrentado.

Aquella noche el obispo desvirga el culo de Colombe y la azota hasta hacerle manar sangre porque no puede soportar que una mujer lo haga eyacular.

DIA CATORCE. 64. Da por el culo a una joven novicia que no sabe nada, y cuando eyacula le dispara junto a las orejas dos tiros de pistola que le dejan los cabellos chamuscados.

65. La hace sentarse en un sillón de resortes; con su peso dispara todos los

resortes que accionan unos cercos de hierro que la sujetan. Otros resortes, al dispararse, presentan veinte puñales sobre su cuerpo, el hombre se masturba mientras le dice que será apuñalada si imprime al sillón el menor movimiento, y al eyacular derrama su semen sobre ella.

66. La mujer cae, por medio de un columpio, en un gabinete tapizado de negro y amueblado con un reclinatorio, un ataúd y algunas calaveras. Ve a seis espectros armados de mazas, espadas, pistolas, sables, puñales y lanzas, cada uno dispuesto a herirla en un lugar diferente. Ella se tambalea, es presa del miedo; el hombre entra, la agarra y la azota en todo el cuerpo con la mayor fuerza, luego la penetra por detrás y eyacula. Si ella se desmaya cuando él entra, lo cual sucede a menudo, la hace volver en sí a latigazos.

67. Ella entra en la habitación de una torre, ve en medio un gran brasero, sobre

una mesa un veneno y un puñal; se le pide que elija entre los tres tipos de muerte. Generalmente elige el veneno. Es un opio preparado, que la hace caer en un profundo sopor, durante el cual el libertino la posee por el culo. Es el mismo hom- bre de quien habló la Duelos el 27 de noviembre y de quien hablará la Desgranges el

6 de febrero.

68. El mismo hombre de quien la Desgranges hablará el 16 de febrero ejecuta

todas las ceremonias para decapitar a la prostituta; cuando va a caer el golpe un cordón retira precipitadamente el cuerpo de la mujer, el sable cae sobre el tajo, donde se hunde tres pulgadas. Si la cuerda no retira a la mujer a tiempo, muere. El eyacula cuando suelta el golpe. Pero antes la ha jodido por atrás, con el cuello sobre el tajo.

Por la noche es entregado el culo de Colombe, pero antes se la amenaza y se finge decapitarla.

DIA QUINCE. 69. Ahorca a la puta, quien está con los pies apoyados sobre un banquito y una cuerda amarrada a éste; él se halla enfrente, instalado en un sillón donde se hace masturbar por la hija de aquella mujer. Al eyacular tira de la cuerda, la mujer, sin apoyo, queda colgada, él sale, acuden unos criados, descuelgan a la

prostituta y por medio de una sangría la hacen volver en sí, pero este auxilio se presta a espaldas del amo. Este va a acostarse con la hija y la sodomiza durante toda la noche mientras le dice que ha ahorcado a su madre; no quiere saber que la víctima ha sido salvada. Dígase que la Desgranges hablará de él.

70. Tira de las orejas a la prostituta y así la pasea por toda la habitación; entonces

eyacula.

71. Pellizca furiosamente a la prostituta por todo el cuerpo excepto los senos; la

deja toda negra.

72. Le pellizca los senos, se los atormenta y los soba hasta dejárselos enteramente

magullados.

73. Con una aguja traza cifras y letras sobre sus tetas, pero la aguja está

envenenada, los senos se hinchan y la mujer sufre mucho.

74. Le clava mil o dos mil alfileritos en las tetas y, cuando las tiene cubiertas de

ellos, eyacula.

Aquel día se sorprende a Julie, más libertina que nunca, masturbándose con la Champville. El obispo la protege todavía más desde entonces y la admite en su habitación como el duque a la

Duelos, Durcet a la Martaine y Curval a la Fanchon. Confiesa que después de haber sido repudiada, como la condenaron a ir a dormir al establo de los animales, la Champville la recogió en su habitación y dormía con ella.

DIA DIECISEIS DE ENERO. 75. Clava grandes alfileres en todo el cuerpo de la prostituta, incluidas las tetas; eyacula cuando la ve cubierta de alfileres. Decir que la Desgranges hablará de éste en su cuarto relato del 27 de febrero.

76. La llena de bebida, luego le cose el coño y el culo; la deja así hasta que la ve

desmayarse por la necesidad de orinar o cagar sin poder lograrlo o hasta que la caída y el peso de sus necesidades llegan a romper los hilos.

77. Son cuatro en una habitación y se lanzan a la prostituta como una pelota a puntapiés y a puñetazos hasta que ella cae. Los cuatro se masturban mutuamente y eyaculan cuando la mujer cae.

78. Se le quita y se le devuelve el aire a voluntad dentro de una máquina

neumática.

Para festejar la onceava semana aquel día se celebra el matrimonio de Colombe y Antinoüs, que se consuma. El duque, quien jode prodigiosamente a Augustine en el coño, aquella noche es presa de una rabia lúbrica contra ella: la ha hecho sujetar por la Duelos y le ha dado trescientos latigazos desde la mitad de la espalda hasta las pantorrillas y luego ha penetrado en el trasero de la Duelos mientras besaba el culo azotado de Augustine. Después hizo locuras por ella, quiso que cenara a su lado, sólo come de su boca y comete otras mil inconsecuencias libertinas que pintan el carácter de aquellos disolutos.

DIA DIECISIETE. 79. Amarra a la prostituta sobre una mesa, boca abajo, y come una tortilla servida hirviendo sobre sus nalgas, donde pincha fuertemente los trozos con un tenedor muy agudo.

80. Le sujeta la cabeza sobre un brasero con tizones hasta que se desmaya, en

cuyo estado la encula.

81. Le quema ligeramente y poco a poco la piel de los senos y de las nalgas con

cerillas de azufre.

82. Apaga velas dentro de su coño, su culo y sobre las tetas, gran número de veces seguidas.

83. Con una cerilla le quema las pestañas, lo cual le impide todo reposo por la noche y poder cerrar los ojos para dormir.

Aquella noche el duque desvirga a Giton, quien se siente mal por ello, ya que el duque es enorme, jode muy brutalmente y Giton sólo tiene doce años.

DIA DIECIOCHO. 84. La obliga, con la pistola en el pecho, a masticar y tragarse un carbón ardiendo, y luego le irriga agua fuerte dentro del coño.

85. La hace bailar desnuda en torno a cuatro pilares preparados; pero el único camino que puede recorrer descalza en torno a esos pilares está alfombrado de hierros agudos, puntas de clavos Y pedazos de vidrio, y hay un hombre situado ante cada pilar con un manojo de varas en la mano con el que la azota por delante o por detrás, según la parte que presenta, cada vez que pasa frente a él. Está obligada a dar cierto número de vueltas, según sea más o menos joven y bonita; las más hermosas son siempre las más vejadas.

86. Le da violentos puñetazos en la nariz hasta que sangra, y continúa a pesar de

que esté sangrando; eyacula y mezcla su semen con la sangre que ella pierde.

87. De su cuerpo completamente desnudo le coge trocitos de nalgas, del monte

de venus y las tetas, con tenazas de hierro muy calientes. Decir que la Desgranges hablará de éste.

88. Le coloca sobre el cuerpo diferentes montoncitos de pólvora, especialmente en los lugares más sensibles, y los enciende.

Por la noche es entregado el culo de Giton, y después de la ceremonia es fustigado por

Curval, el duque y el obispo, que lo han jodido.

DIA DIECINUEVE. 89. Le introduce en el coño un cilindro de pólvora, sin revestimiento de cartón; lo enciende y eyacula al ver la llama. Anteriormente ha besado el culo.

90. La empapa de pies a cabeza con alcohol; lo enciende y se divierte hasta

eyacular viendo así a aquella pobre mujer toda encendida. Repite la operación dos o tres veces...

91. Le da una lavativa de aceite hirviente.

92. Le introduce un hierro ardiente en el ano y lo mismo en la vagina, después de

haberla azotado bien.

93. Quiere pisotear a una mujer preñada hasta que aborte. Anteriormente la ha

azotado.

Aquella misma noche Curval desvirga el culo de Sophie, pero antes es azotada hasta sangrar por cien latigazos de cada uno de los amigos. Curval, en cuanto le ha eyaculado en el culo, ofrece quinientos luises a la sociedad por bajarla a la bodega aquella noche y divertirse con ella a su manera. Se le niega, vuelve a joderla y, al salir de su ano después de aquella segunda eyaculación le pega un puntapié en el trasero que la lanza sobre unos colchones a quince pies de distancia. Durante la misma noche va a vengarse con Zelmire, a la que azota

con todas sus fuerzas.

DIA VEINTE DE ENERO. 94. Finge acariciar a la prostituta que lo masturba, ella no desconfía; pero en el instante de su eyaculación le coge la cabeza y la golpea con fuerza contra la pared. El golpe es tan imprevisto que generalmente la mujer cae desmayada.

95. Están cuatro libertinos reunidos; juzgan a una prostituta y la condenan

formalmente. La sentencia es de cien bastonazos aplicados, de veinticinco en veinticinco, por cada uno de los amigos y distribuidos en la primera tanda desde los hombros hasta los riñones, en la segunda desde los riñones hasta las pantorrillas, en la tercera desde el cuello hasta el ombligo, comprendidos los senos, y en la cuarta desde el bajo vientre hasta los pies.

96. Le da un pinchazo de alfiler en cada ojo, en cada pezón y en el clítoris.

97. Le hace gotear cera de España sobre las nalgas, en el coño y en el pecho.

98. La sangra en el brazo y no ataja la hemorragia hasta que se desmaya.

Curval propone sangrar a Constance a causa de su preñez, lo hacen hasta que se desmaya, es Durcet quien la sangra. Aquella noche es entregado el trasero de Sophie y el duque propone sangrarla, cosa que no puede hacerle daño, al contrario, y que con su sangre se haga morcilla para el almuerzo. Se acepta. Es Curval quien la sangra mientras la Duelos lo masturba, y no quiere pinchar hasta que escape su semen; hace una gran abertura, pero la acierta. A pesar de todo esto, Sophie ha gustado al obispo, quien la adopta por mujer y repudia a Aline, quien cae en el mayor descrédito.

VEINTIUNO DE ENERO. 99. La sangra en los dos brazos y quiere que esté de pie cuando mana la sangre; de vez en cuando ataja la hemorragia para azotarla, luego vuelve a abrirle las heridas, todo hasta que se desmaya. No eyacula hasta que ella cae; antes, la hace cagar.

100. La sangra en las cuatro extremidades y en la yugular y se masturba mientras

ve manar aquellas cinco fuentes de sangre.

101. Le hace incisiones ligeras en las carnes, principalmente en las nalgas, pero no

en los senos.

102. Le hace fuertes incisiones, principalmente en los senos cerca de los pezones,

y cerca del ano cuando llega a las nalgas. Luego le cauteriza las llagas con un hierro candente.

103. La amarran a gatas como un animal feroz, cubierto con una piel de tigre. En ese estado se le excita, se le irrita, se le azota, se le pega, se le masturba el culo; frente a él está una prostituta muy gorda, desnuda y sujeta por los pies sobre el piso y por el cuello al techo, de manera que no puede moverse. En cuanto el libertino está bien encendido, lo sueltan, se arroja como una fiera sobre la mujer y la muerde por todas partes, principalmente en el clítoris y los pezones, los cuales generalmente se lleva entre sus dientes. Ruge y grita como un animal y eyacula aullando. La prostituta debe cagar, él come sus excrementos en el suelo.

Aquella misma noche el obispo desvirga a Narcisse, que es entregado también la misma noche para no perturbar la fiesta del 23. El duque, antes de sodomizarlo, le hace cagar en su boca y devolver en ella el semen de sus predecesores. Después de haberlo jodido por detrás,

lo azota.

DIA VEINTIDOS. 104. Arranca dientes y araña las encías con agujas. A veces las quema.

105. Le rompe un dedo de la mano, a veces varios.

106. Le aplana un pie con un vigoroso martillazo.

107. Le disloca una muñeca.

108. Le da un martillazo en los dientes mientras eyacula. Antes su placer ha consistido en chupar mucho la boca.

El duque aquella noche desvirga el culo de Rosette, y en el instante en que el miembro penetra en el trasero, Curval arranca un diente a la niña para que experimente a la vez dos dolores terribles. Es entregada durante la misma noche para no perturbar la fiesta del día siguiente. Cuando Curval le ha eyaculado en el culo (y ha sido el último que ha pasado), cuando lo ha hecho, digo, la tumba de una bofetada dada con toda su fuerza.

EL DIA VEINTITRES, a causa de la fiesta, sólo se exponen cuatro relatos:

109. Le disloca un pie.

110. Le rompe un brazo mientras la encula.

111. Le rompe un hueso de las piernas de un golpe con una barra de hierro y luego la da por el culo.

112. La ata a una escalera de mano doble con los miembros amarrados en posturas extrañas, hay una cuerda fija a la escalera, tiran de esta cuerda, la escalera cae y ella se rompe alguno de los miembros.

Aquel día se efectúa el matrimonio de Bande-au-ciel y de Rosette para celebrar la doceava semana. Aquella noche sangran a Rosette después de haber sido jodida y a Aline, a quien se hace joder por Hercule; las dos son sangradas de manera que su sangre se derrame sobre los muslos y los miembros de nuestros libertinos, quienes se masturban ante aquel espectáculo y eyaculan cuando las dos se desmayan.

DIA VEINTICUATRO. 113. Le corta una oreja. (Tener cuidado de especificar siempre lo que todas esas personas hacen antes).

114. Le rasga los labios y las ventanas de la nariz.

115. Le atraviesa la lengua con un hierro candente, después de habérsela chupado

y mordido.

116. Le arranca varias uñas de las manos y de los pies. 1

17. Le corta la punta de un dedo.

Y como la narradora, interrogada, dice que semejante mutilación no tiene ninguna consecuencia grave si se cura inmediatamente, Durcet aquella noche corta la punta del dedo meñique de Adélaïde, contra la cual estalla cada vez más su hostilidad lúbrica. Ante aquello eyacula con transportes insólitos.

La misma noche Curval desvirga el culo de Augustine, aunque sea la mujer del duque.

Suplicio que ella experimenta. Rabia de Curval contra ella, después; se pone de acuerdo con el duque para bajarle a la bodega aquella noche y dicen a Durcet que si se lo permiten, ellos

le permitirán enviar inmediatamente también a Adélaïde, pero el obispo les arenga y logra que esperen aún por el mismo interés de su placer. Curval y el duque se contentan, pues, con azotar vigorosamente a Augustine, uno en brazos del otro.

DIA VEINTICINCO. 118. Derrama quince o veinte gotas de plomo fundido, ardiente, en la boca y quema las encías con agua fuerte.

119. Corta un pedazo de la lengua después de haber hecho limpiar con ella el

culo mierdoso, luego la posee por detrás cuando está hecha su mutilación.

120. Tiene una máquina de hierro, redonda, que entra en las carnes y las corta,

cuando se retira se lleva un pedazo redondo de carne de tanta profundidad como se ha dejado penetrar la máquina, la cual sigue socavando si no se la detiene.

121. Convierte en eunuco a un muchacho de diez a quince años.

122. Con unas tenazas aprieta y arranca los pezones y los corta con tijeras.

Aquella misma noche se entrega el culo de Augustine. Curval, mientras la posee por detrás, quiere besar el pecho de Constance y en el momento de eyacular le arranca el pezón con los dientes, pero corno la curan inmediatamente se asegura que esto no hará ningún da- ño a su fruto. Curvar dice a sus compañeros, quienes se chancean de su rabia contra esa criatura, que no puede dominar los sentimientos furiosos que ella le inspira.

Cuando le toca al duque el turno de encular a Augustine, la rabia que tiene contra esta hermosa muchacha se manifiesta muy vivamente: si no lo hubiesen vigilado la habría herido en el seno o le habría apretado el cuello con toda su fuerza mientras eyaculaba. Pide otra vez a la asamblea que le permita adueñarse de ella, pero se le- objeta que deben esperarse las narraciones de la Desgranges. Su hermano le ruega que, tenga paciencia hasta que él le dé el ejemplo con Aline, que lo que quiere hacer antes perturbaría todo el orden de las dispo- siciones; sin embargo, como no puede más, necesita absolutamente aplicar un suplicio a la bella muchacha, se le per mite herirla ligeramente en el brazo. Lo hace en la carne del antebrazo izquierdo, chupa la sangre, eyacula, y aquella herida es curada de tal manera que al cuarto día ya no se advierte.

DIA VEINTISEIS. 123. Rompe una botella delgada de vidrio blanco contra la cara de la prostituta atada e indefensa; antes ha chupado mucho su boca y su lengua.

124. Le ata las dos piernas, le sujeta una mano a la espalda, le pone en la otra

mano un bastoncito para defenderse, luego la ataca con una espada, le hace varias heridas y eyacula sobre ellas.

125. La tiende sobre una cruz de San Andrés, ejecuta la ceremonia de romperla, le lastima tres extremidades sin fractura y le rompe decididamente un brazo o una pierna.

126. La hace colocar de perfil y dispara un tiro de pistola con bala que le roza los

dos senos; apunta de manera que se lleve uno de los pezones.

127. La coloca a gatas a veinte pasos de él y le dispara una bala de fusil en las

nalgas.

Aquella noche el obispo desvirga el culo de Fanny.

DIA VEINTISIETE. 128. El mismo hombre de quien hablará la Desgrangés el

24 de febrero hace abortar a una mujer preñada a latigazos en el vientre; quiere verla

parir delante de él.

129. Convierte en eunuco a un muchacho de dieciséis a diecisiete años. Antes lo da por atrás y lo azota.

130. Quiere una virgen, le corta el clítoris con una navaja, luego la desvirga con un cilindro de hierro caliente que hunde a martillazos.

131. Hace abortar a los ocho meses por medio de un brebaje que hace que la mujer dé a la luz enseguida a un niño muerto; otras veces determina un parto por el ano. Pero el niño sale sin vida y la madre arriesga la suya.

132. Corta un brazo.

Aquella noche se entrega el culo de Fanny, Durcet la salva de un suplicio que se le preparaba; la toma por esposa, se hace casar por el obispo y repudia a Adélaïde, a quien se le aplica el suplicio destinado a Fanny, que consistía en romperle un dedo. El duque la encula mientras Durcet le rompe el dedo.

DIA VEINTIOCHO. 133. Corta dos dedos y los cauteriza con un hierro candente.

134. Corta la lengua desde la raíz y cauteriza con un hierro candente.

135. Corta una pierna y, más frecuentemente, la hace cortar mientras él da por el

culo.

136. Arranca todos los dientes y pone en su lugar un clavo ardiente que hunde

con un martillo; hace esto después de joder a la mujer en la boca.

137. Saca un ojo.

Aquella noche se le azota a Julie con todas las fuerzas y se le pinchan todos los dedos con una aguja. Esta operación se hace mientras el obispo la da por el culo, aunque la quiere bastante.

DIA VEINTINUEVE. 138. Ciega los dos ojos derramando sobre ellos cera derretida.

139. Le corta una teta y cauteriza con un hierro candente. La Desgranges les dirá

quién es el hombre que le cortó la teta que le falta y que está segura de que se la come asada.

140. Corta las dos nalgas, después de haberlas enculado y azotado. También se dice que se las come.

141. Corta las dos orejas.

142. Corta todas las extremidades, los veinte dedos, el clítoris, los pezones, la

punta de la lengua.

Aquella noche Aline, después de haber sido vigorosamente azotada por los cuatro amigos y enculada por el obispo por última vez, es condenada a que cada uno de los amigos le corte un dedo de cada extremidad.

DIA TREINTA. 143. Le corta varios pedazos de carne de la superficie de todo el cuerpo, los hace asar y la obliga a comerlos con él. Es el mismo hombre del 8 y del

17 de febrero de la Desgranges.

144. Corta las cuatro extremidades de un muchacho, encula al tronco, lo alimenta

bien y lo deja vivir así; como los miembros no han sido cortados muy cerca del tronco, vive mucho tiempo. Durante más de un año lo encula así.

145. Ata fuertemente a la prostituta por una mano y la deja así sin darle alimento;

junto a ella hay un gran cuchillo y delante una comida excelente: si quiere comer tiene que cortarse la mano, de lo contrario muere. Antes, la ha jodido por detrás. El la observa por una ventana.

146. Amarra a madre e hija; para que una de las dos viva y haga vivir a la otra,

tiene que cortarse la mano. Se divierte con el debate, para ver cuál de las dos se sacrificará por la otra.

Sólo cuenta cuatro historias, porque aquella noche se celebra la fiesta de la- décimo tercera semana, en la que el duque, representando el papel de mujer, se casa con Hercule en calidad de marido y, representando el papel de hombre, con Zéphyr en calidad de mujer. El mozalbete que, como se sabe, es el que tiene el culo más hermoso de los ocho muchachos, se presenta vestido y resulta tan hermoso como el amor. La ceremonia es consagrada por el obispo y se desarrolla ante todo el mundo. Ese muchacho no es desvirgado hasta entonces; el duque goza grandemente con ello, y le cuesta mucho: lo hace sangrar. Durante la operación Hercule lo jode a él.

TREINTA Y UNO DE ENERO. 147. Le saca los ojos y la deja encerrada en una habitación; le dice que ante ella tiene comida, que sólo tiene que ir a buscarla. Pero para esto debe pasar por encima de una placa de hierro que ella no ve y que mantienen siempre al rojo vivo; él se divierte, por una ventana, viendo lo que hará: si se quemará o si preferirá morir de hambre. Antes ha sido muy azotada.

148. Le aplica el suplicio que consiste en atar con cuerdas las cuatro extremidades

y elevar a gran altura por medio de esas cuerdas; una vez en alto, la deja caer a plomo: cada caída disloca y rompe todos los miembros, porque no hay otro sostén que el de las cuerdas.

149. Le hace en las carnes profundas heridas, en medio de las cuales derrama pez

hirviente y plomo fundido.

150. En el momento en que acaba de dar a luz, la amarra desnuda y la deja sin

ningún auxilio; ata ante ella a su hijo, que grita y al que no puede auxiliar. Ha de verlo morir así. Después azota con todas-sus fuerzas a la madre en el coño dirigiendo los golpes a la vagina. Generalmente él es el padre del niño.

151. La llena de agua, luego le cose el coño y el culo así como la boca, y la deja de

este modo hasta que el agua revienta los conductos o que ella perece.

(Comprobar por qué hay una de más, y si hay que suprimir una que sea esta última, la cual creo que ya fue hecha).

Aquella misma noche es entregado el culo de Zéphyr y Adélaïde es condenada a una ruda fustigación, después de la cual se la quemará con un hierro candente junto a la vagina, en los sobacos y un poco sobre cada teta. Soporta todo eso como una heroína e invocando a Dios, lo cual irrita todavía más a sus verdugos.

CUARTA PARTE

Las 150 pasiones homicidas o de cuarta clase que comprenden veintiocho jornadas de febrero empleadas en las narraciones de la Desgranges a las que se ha añadido el diario exacto de los acontecimientos escandalosos del Castillo durante ese mes.

Establézcase primeramente que todo cambia de aspecto en este mes. Que las cuatro esposas están repudiadas, que Julie, no obstante, ha hallado piedad junto al obispo, quien la ha tomado en calidad de sirvienta, pero que Aline, Adélaïde y Constance se hallan sin refugio, exceptuando no obstante a esta última: se ha permitido a la Duelos que la albergue con ella porque se quiere conservar su fruto. Pero Adélaïde y Aline duermen en el establo de los animales destinados al alimento. Las sultanas Augustine, Zelmire, Fanny y Sophie son las que sustituyen a las esposas en todas sus funciones, a saber: en los retretes, en el servicio de la comida, en los sofás y en la cama de los señores por la noche. De modo que en esta época he aquí cómo están las habitaciones de los señores durante las noches: independientemente de un jodedor cada uno, por turno, tienen:

El duque, a Augustine, Zéphyr y la Duelos en su cama, con el jodedor; él duerme en

medio de los cuatro y Marie en el sofá;

Curval se acuesta del mismo modo entre Adonis, Zelmire, un jodedor y la Fanchon;

nadie más.

Durcet duerme entre Hyacinthe, Fanny, un jodedor y la Martaine.

(Comprobar).

Y en el sofá Louison.

El obispo se acuesta entre Céladon, Sophie, un jodedor y Julie, y en el sofá Thérése.

Con esto se ve que los pequeños matrimonios de Zéphyr y Augustine, de Adonis y

Zelmire, de Hyacinthe y Fanny, de Céladon y Sophie, que han sido casados todos, pertenecen al mismo dueño. Ya no quedan más que cuatro muchachas en el serrallo femenino, y cuatro muchachos en el masculino. La Champville duerme en el de las mujeres y la Desgranges en el de los muchachos. Aline en el establo, como se ha dicho, y Constance en la habitación de la Duclos, sola, puesto que la Duclos duerme con el duque todas las noches.

La comida es servida siempre por las cuatro sultanas, que representan a las cuatro

esposas, y la cena por las cuatro sultanas restantes, una cuadrilla sirve siempre el café; pero las cuadrillas de los relatos frente a cada nicho de cristal ya sólo se componen de un muchacho y una muchacha.

En cada narración Aline y Adélaïde son amarradas a los pilares del salón de historia de que se ha hablado, colocadas con las nalgas frente a los sofás y junto a ellas una mesita con varas siempre dispuestas para azotarlas. Constance tiene permiso para sentarse en la fila de las narradoras. Cada vieja se ocupa de su pareja y Julie, desnuda, anda errante de un sofá a otro para recibir las órdenes y ejecutarlas inmediatamente. Por lo demás, como siempre, un jodedor en cada sofá.

En esta situación la -Desgranges empieza sus relatos. En un reglamento particular los

amigos han establecido que en el curso de este mes Aline, Adélaïde, Augustine y Zelmire serán entregadas a la brutalidad de sus pasiones, en el día prescrito, para inmolarlas solos o bien invitar al sacrificio a aquellos de sus amigos que quieran, sin que los otros se enojen; que en cuanto a Constance, serviría para la celebración de la última semana, como se explicará en su tiempo y lugar. Si el duque y Curval, quienes por esas disposiciones quedarán viudos, quieren tomar para el resto del mes una esposa para las funciones, podrán hacerlo si eligen una de las cuatro sultanas restantes. Pero los pilares quedarán desocupados, puesto que las dos mujeres que los guarnecían ya no estarán.

La Desgranges empieza y, después de haber advertido que ya sólo se tratará de

homicidios, dice que tendrá cuidado como se le ha recomendado, de exponer los detalles más minuciosos y, sobre todo, declarar los gustos ordinarios que esos asesinos de libertinaje hacían preceder a sus pasiones, a fin de que se puedan juzgar las relaciones y los encadenamientos y ver cuál es el género de libertinaje simple que, rectificado por cabezas sin costumbres ni principios, puede conducir al asesinato, y a qué tipo de asesinato. A continuación comienza.

DIA PRIMERO. 1. Le gustaba divertirse con una pobre que no hubiese comido desde hacía tres días, y su segunda pasión es la de dejar morir de hambre a una mujer en el fondo de un calabozo sin prestarle el menor auxilio; la observa y se masturba mientras la examina, pero no eyacula hasta el día en que ella perece.

2. La mantiene largo tiempo en el calabozo disminuyendo cada día un poco su

ración; antes la hace cagar y come los excrementos en un plato.

3. Le gustaba chupar la boca y tragarse la saliva, y en segundo lugar empareda a la

mujer en un calabozo con víveres sólo para quince días; a los treinta días, entra y se masturba sobre el cadáver.

4. La hacía orinar y después la hacía morir lentamente, sin dejarla beber y dándole mucha comida.

5. Azotaba y hacía morir a la mujer impidiéndola dormir,

Aquella misma noche Michette es colgada por los pies después de haber comido mucho, hasta que lo vomita todo sobre Curval, quien se lo traga y se masturba debajo de ella.

DIA DOS. 6. La hacía cagar en su boca y se lo iba comiendo; en segundo lugar, la alimentaba solamente con miga de pan y vino. Al cabo de un mes ella estira la pata.

7. Le gustaba joder el coño; inyecta a la mujer una enfermedad venérea de tan

mala índole que ella fallece al poco tiempo.

8. Hacía vomitar en su boca, y después administra por medio de un brebaje una

fiebre maligna de la que la mujer muere rápidamente.

9. La hacía cagar y después le daba una lavativa de ingredientes envenenados con

agua hirviendo o agua fuerte.

10. Un famoso fustigador coloca a una mujer sobre un pivote en el cual gira sin

cesar hasta la muerte.

Por la noche dan una lavativa de agua hirviendo a Rosette cuando el duque acababa de darle por el culo.

DIA TRES. 11. Le gustaba dar bofetadas y en segundo lugar le volteaba el cuello

hacia atrás de manera que la mujer tuviese la cara del mismo lado que las nalgas.

12. Le gustaba la bestialidad, y además gozaba haciendo desvirgar ante él a una muchacha por un semental que la mataba.

13. Le gusta joder por el culo y luego entierra a la mujer hasta medio cuerpo y así la alimenta hasta que la mitad enterrada se pudre.

14. Le gusta masturbar el clítoris, y hace que uno de sus subordinados masturbe a una mujer en el clítoris hasta la muerte.

15. Un fustigador, perfeccionando su pasión, azota hasta la muerte a la mujer en todas las partes del cuerpo.

Aquella noche el duque quiere que Augustine sea masturbada en el clítoris, que tiene muy sensible, por la Duelos y la Champville, que se relevan y la masturban hasta que se desmaya.

DIA CUATRO. 16. Le gustaba apretar el cuello y, en segundo lugar, amarra a la mujer por el cuello. Ante ella hay una abundante comida, pero, para alcanzarla, debe, estrangularse ella misma o bien ha de morir de hambre.

17. El mismo hombre que mató a la hermana de la Duelos, cuyo gusto consiste en manosear las carnes durante largo tiempo, amasa los senos y las nalgas con una fuerza tan enorme que la hace morir con este suplicio.

18. El hombre del cual habló la Martaine el 20 de enero, a quien le gustaba

sangrar a las mujeres, las mata con sangrías repetidas.

19. Aquel cuya pasión consistía en hacer correr a una mujer desnuda hasta que

cayese, de quien ya se habló, tiene como segunda manía la de encerrar a la mujer dentro de un baño turco ardiendo, donde muere ahogada.

20. Aquel de quien habló la Duclos, al que le gustaba hacerse poner pañales y que la prostituta le diese su mierda en vez de papilla, envuelve a una mujer tan estrechamente en pañales que la hace morir.

Aquella noche, un poco antes de pasar al salón de historia, se encontró a Curval dando por el culo a una de las criadas de la cocina. Paga la multa; la muchacha recibe la orden de presentarse en las orgías donde el duque y el obispo la joden a su vez por el culo, y le dan cada uno doscientos latigazos. Es una saboyana gorda, de veinticinco años, bastante fresca y que tiene un hermoso culo.

DIA CINCO. 21. Como primera pasión le gusta la bestialidad y como segunda coser a la prostituta dentro de una piel de asno fresca, con la cabeza afuera, la alimenta y la deja allí dentro hasta que la piel del animal se encoge y la ahoga.

22. Aquel de quien la Martaine habló el 15 de enero, al que le gustaba colgar

como juego, cuelga a la prostituta por los pies y la deja así hasta que la sangre la ahoga.

23. El del 27 de noviembre de la Duelos, al que gusta de hacer emborrachar a la puta, hace morir a la mujer llenándola de agua con un embudo.

24. Le gustaba torturar las tetas y lo perfecciona encasquetando las dos tetas de una mujer en dos especies de ollas de hierro; luego coloca a la criatura, con sus dos tetas así acorazadas, sobre dos braseros, y la deja morir en aquellos dolores.

25. Le gustaba ver nadar a una mujer y como segunda pasión la arroja al agua y la

retira medio ahogada; la cuelga luego por los pies para hacerle expulsar el agua. En cuanto ha vuelto en sí, la vuelve a arrojar al agua, y así varias veces hasta que revienta.

Aquel día, a la misma hora que la víspera, encuentran al duque enculando a otra criada; paga la multa, la criada es mandada a ¡as orgías donde todo el mundo goza de ella, Durcet por la boca, el resto por el culo y hasta por el coño, pues es virgen y es condenada a doscien- tos latigazos de cada uno. Es una muchacha de dieciocho años, alta y bien hecha, algo pelirroja y con un trasero muy hermoso.

Aquella misma noche Curval dice que es esencial volver a sangrar a Constance, por su'

preñez; el duque la jode por el culo y Curval la sangra, mientras Augustine lo masturba sobre las nalgas de Zelmire y alguien lo jode. Clava la lanceta al eyacular, y no yerra.

DIA SEIS. 26. Su primera pasión consistía en arrojar a una mujer, de un puntapié en el culo, sobre un brasero, del que no obstante ella salía muy pronto para no sufrir más que un poco. Perfecciona la operación obligando a la prostituta a estar de pie ante dos fuegos, uno de los cuales la asa por delante y el otro por detrás; la deja así hasta que sus grasas se derriten.

La Desgranges advierte que va a hablar de asesinatos que ofrecen una muerte rápida y casi no hacen sufrir.

27. Le gustaba impedir la respiración con sus manos, fuese apretando el cuello, fuese manteniendo largo rato su mano sobre la boca, y lo perfecciona ahogando entre cuatro colchones.

28. Aquel de quien habló la Martaine y que daba a escoger entre tres clases de

muerte (véase el 14 de enero), se levanta la tapa de los sesos con un tiro de pistola, sin permitir elección; encula y al eyacular dispara.

29. Aquel de quien habló la Champville el 22 de diciembre que hacía saltar a la prostituta dentro de una manta con un gato, la precipita desde lo alto de una torre sobre guijarros y eyacula al oír su caída.

30. Aquel al que le gustaba apretar el cuello mientras daba por el culo, de quien

habló la Martaine el 6 de enero, encula a la prostituta con un cordón de seda negra en torno al cuello y eyacula al estrangularla; la Desgranges ha de decir que esta voluptuosidad es una de las más. refinadas que un libertino puede procurarse.

Aquel día se celebra la fiesta de la décimo cuarta semana y Curval, como mujer, se casa con Brise-cul, como marido, y en calidad de hombre con Adonis, como mujer; este niño no es desvirgado hasta aquel día, ante todo el mundo, mientras Brise-cul jode a Curval.

En la cena se emborrachan. Se azota a Zelmire y Augustine en los lomos, las nalgas, los

muslos, el vientre, el monte y los muslos por delante, luego Curval hace que Adonis joda a su nueva esposa Zelmire y les da por el culo alternativamente a los dos.

DIA SIETE. 31. Primitivamente le gustaba joder a una mujer en sopor y perfecciona el procedimiento haciéndola morir con una fuerte dosis de opio; la encoña durante el sueño de la muerte.

32. El mismo hombre de quien se acaba de hablar y que arroja a la mujer al agua varias veces, tiene además como pasión ahogar a una mujer con una piedra al cuello.

33. Le gustaba abofetear, y como segunda pasión, le derrama plomo fundido en el oído mientras duerme.

34. Le gustaba dar latigazos a la cara; la Champville habló de él el 30 de

diciembre. (Comprobar).

Mata inmediatamente a la prostituta con un fuerte martillazo en la sien.

35.. Le gustaba ver consumirse una vela hasta el final en el ano de una mujer; la ata al extremo de un cable conductor y hace que un rayo, la destroce.

36. Un fustigador. La coloca, en posición agachada, a la boca de un cañón; la bala se la lleva por el culo.

Aquel día se le encontró al obispo jodiendo por detrás a la tercera criada. Paga la multa, la muchacha es mandada a las orgías, el duque y Curval la enculan y enconan, pues es virgen, luego le dan ochocientos latigazos: doscientos cada uno. Es una suiza de diecinueve años muy blanca, bastante gorda, y con un trasero muy bello. Las cocineras se quejan y dicen que el servicio no podrá seguir si se atormenta a las criadas, y las dejan hasta el mes de marzo.

Aquella misma noche se corta un dedo a Rosette y se cauteriza con fuego. Durante la operación está entre Curval y el duque; uno la jode por delante, el otro por atrás. La misma noche Adonis es poseído por detrás, de manera que el duque aquella noche ha jodido a una criada y a Rosette por el coño, a la misma criada por el culo, a Rosette también por el culo han cambiado, y luego a Adonis. Está rendido.

DIA OCHO. 37. Le gustaba azotar todo el cuerpo con un vergajo y es el mismo de quien habló la Martaine, que golpeando hirió ligeramente tres extremidades y rompió sólo una. Le gusta moler completamente a palos a la mujer, pero la ahoga so- bre la cruz.

38. Aquel de quien habló la Martaine, que finge cortar el cuello de la prostituta, a la que se retira por medio de una cuerda, lo corta efectivamente al eyacular. Se masturba.

39. El del 30 de enero de la Martaine, que le gustaba inferir heridas, las mete en

mazmorras.

40. Le gustaba azotar en el vientre a mujeres preñadas, lo perfecciona dejando

caer sobre el vientre de la mujer un peso enorme, que de inmediato la aplasta con su fruto.

41. Le gustaba ver el cuello desnudo de una mujer, apretarlo, atormentarlo un poco; clava un alfiler en cierto punto de la nuca, lo cual la mata instantáneamente.

42. Le gustaba quemar ligeramente con una vela diversas partes del cuerpo. Lo perfecciona echando a la mujer dentro de un horno ardiente, con fuego tan violento que es consumida inmediatamente.

Durcet, que tiene una fuerte erección y ha ido dos veces durante los relatos a azotar a Adélaïde en el pilar, propone colocarla atravesada en el fuego, y cuando ella ha tenido tiempo suficiente para estremecerse ante la proposición que por poco es aceptada, como transacción le queman los pezones, uno Durcet su marido y el otro Curval su padre. Ambos eyaculan con esta operación.

DIA NUEVE. 43. Le gustaba clavar alfileres; como segunda pasión, eyacula al dar tres puñaladas al corazón.

44. Le gustaba quemar fuegos artificiales dentro del coño; amarra a una joven

delgada y bien formada, como baqueta, a un gran cohete volador, es disparada y vuelve a caer con e! cohete.

45. El mismo llena de pólvora todas las aberturas de. una mujer, pega fuego y todos los miembros son disparados y se separan a la vez.

46. Le gustaba hacer tomar por sorpresa un emético a la mujer; le hace respirar unos polvos, en el tabaco o en un ramo de flores, y cae muerta inmediatamente.

47. Le gustaba azotar los senos y el cuello; lo perfecciona derribándola con un vigoroso golpe de una barra en la garganta.

48. El mismo de quien habló la Duelos el 27 de noviembre y la Martaine el 14 de enero:

(Comprobar).

Ella acaba de cagar ante el libertino, él la regaña, la persigue a latigazos hacia una galería. Se abre una puerta que da a una escalera, ella cree encontrar allí su salvación, se precipita, pero falta un escalón y cae en una bañera de agua hirviendo que la cubre inmediatamente y donde muere escaldada, ahogada y sofocada. Sus gustos consisten en hacer cagar y en azotar a la mujer mientras lo hace.

Aquella noche, al terminar ese relato, Curval ha hecho cagar a Zelmire por la mañana, el duque le pide mierda, esta noche. Ella no puede, es condenada inmediatamente a ser pinchada en el trasero con un aguja de oro hasta que la piel esté toda inundada de sangre, y como es el duque el perjudicado, él es quien opera.

Curval pide mierda a Zéphyr: éste dice que el duque lo ha hecho cagar por la mañana. El duque lo niega, se llama a la Duelos como testigo, quien lo niega, aunque sea verdad. Por consiguiente, Curval tiene el derecho de castigar a Zéphyr aunque sea amante del duque, como éste acaba de castigar a Zelmire aunque sea mujer de Curval. Zéphyr es azotado hasta sangrar por Curval y recibe seis capirotazos en la nariz, que le sangra, lo cual hace reír mucho al duque.

DIA DIEZ. La Desgranges dice que va a hablar de asesinatos a traición en los que la manera es lo principal y el efecto, es decir, la muerte, sólo es accesorio. Por consiguiente, dice que primero tratará de los venenos.

49. Un hombre cuyo gusto era el de joder por detrás y nunca de otra manera envenena a todas sus mujeres; ya contaba veintidós. No las poseía nada más que por el culo y nunca las había desvirgado.

50. Un malvado invita a sus amigos a un festín y, cada vez que les ofrece una comida, envenena a la mitad de ellos.

51. El del 26 de noviembre de la Duclos y del 10 de enero de la Martaine, que es un malvado, finge auxiliar a los pobres, les da víveres, pero están envenenados.

52. Un individuo emplea una droga que, sembrada por el suelo, hace caer muertos a los que la pisan, y se sirve de ella muy a menudo.

53. Un malvado emplea otro polvo que da la muerte en medio de inconcebibles tormentos; los envenenados duran quince días y ningún médico puede remediar nada. Su mayor placer consiste en ir a verlos cuando se hallan en tal estado.

54. Un malvado con los hombres y con las mujeres emplea otro polvo cuyo efecto es el de dejar sin sentido y como muerto. Creen muerto al sujeto, lo entierran, y muere desesperado dentro de su ataúd cuando, apenas enterrado, recobra el conocimiento. El malvado procura encontrarse sobre el lugar de la tumba para ver si oye algunos gritos; si los oye, se desmaya de placer. Ha hecho morir de este modo a una parte de su familia.

Aquella noche hacen tomar a Julie, engañosamente, un polvo que .le produce horribles retortijones; le dicen que está envenenada, lo cree, se desespera. Durante el espectáculo de sus convulsiones, el duque se ha hecho masturbar ante ella por Augustine. Esta tiene la desdicha de cubrir el glande con el prepucio, una de las cosas que más desagradan al duque; iba a eyacular, eso se lo impide. Dice que quiere cortar un dedo a esta bribona y se lo corta de la mano que ha cometido el error, mientras su hija Julie, que se cree envenenada, lo hace eyacular. Julie queda restablecida la misma noche.

DIA ONCE. 55. Un malvado iba a menudo a visitar a conocidos o amigos y nunca dejaba de envenenar a lo que aquel amigo tenía de más querido en criaturas humanas. Se servía de un polvo que mataba a los dos días entre horribles dolores.

56. Un hombre cuyo gusto consistía en maltratar el pecho, perfeccionaba su afición envenenando a los niños en el mismo pecho de las nodrizas.

57. Le gustaba hacerse devolver en la boca lavativas de leche, y en segundo lugar las administraba envenenadas, las cuales daban la muerte con horribles cólicos de las entrañas.

58. Un malvado de quien tendrá ocasión de volver a hablar el día 13 y el 26 le

gustaba pegar fuego a las casas de los pobres, y lo hacía siempre de manera que se quemara mucha gente, principalmente niños.

59. A otro malvado le gustaba matar a mujeres parturientas; iba a verlas llevando con él unos polvos cuyo olor les produce espasmos y convulsiones cuya consecuencia es la muerte.

60. Aquel de quien habló la Duelos en su vigésimo octava velada, quiere ver dar a

luz a una mujer; mata al niño al salir del vientre de su madre y ante los ojos de ésta, y esto mientras fingía que lo acariciaba.

Aquella noche, Aline es primero azotada hasta sangrar con cien latigazos de cada amigo, luego le piden mierda; se la ha dado por la mañana a Curval, quien lo niega. Por consiguiente, la queman en los dos senos, en cada palma de las manos, le hacen gotear cera sobre los muslos y el vientre, le llenan de ella el hueco del ombligo, le queman con alcohol el vello del monte. El duque busca querella a Zelmire y Curval le corta dos dedos, uno de cada mano. Augustine es azotada en el monte y en el culo.

DIA DOCE. Los amigos se reúnen por la mañana y deciden que las cuatro viejas les resultas inútiles y pueden ser fácilmente sustituidas en sus funciones por las cuatro narradoras, por lo tanto, deben divertirse con ellas y martirizarlas una tras otra, empezando aquella misma noche. Se propone a las narradoras que ocupen el sitio de las viejas; aceptan, con la condición de que no serán sacrificadas; se lo prometen.

61. Los tres amigos, d'Aucourt, el abad y Després, de quienes, habló la Duelos el

12 de noviembre, se divierten otra vez juntos con esta pasión: quieren a una mujer embarazada de ocho a nueve meses, le abren el vientre, le arrancan el niño, lo queman ante los ojos de la madre, ponen en su lugar, dentro del vientre, un paquete de azufre combinado con mercurio, lo encienden,

luego cosen el vientre y dejan morir a la mujer así, ante ellos, entre dolores inauditos, mientras se hacen masturbar por aquella prostituta que tienen con ellos.

(Comprobar el nombre).

62. Le gustaba desvirgar, y lo perfecciona haciendo una gran cantidad de hijos a diversas mujeres, luego, cuando los niños tienen cinco o seis años, los desvirga, sean varones o hembras, y los arroja dentro de un horno ardiendo en cuanto los ha jodido, en el momento mismo de su eyaculación.

63. El mismo hombre de quien habló la Duelos el 27 de noviembre, la Martaine

el 15 de enero y ella misma el 5 de febrero, cuyo gusto consistía en ahorcar en broma, ver ahorcar, etc..., este mismo, digo, esconde efectos suyos en los cofres de sus criados y dice que lo han robado. Procura hacerlos ahorcar y si lo consigue va a gozar del espectáculo, de lo contrario los encierra en una habitación y los mata estrangulándolos. Eyacula durante la operación.

64. Un gran aficionado a la mierda, aquel de quien habló la Duelos el 14 de

noviembre, tiene en su casa un asiento de retrete preparado; insta a usarlo a la persona a la que quiere hacer morir y, en cuanto está sentada en él, el asiento se hunde y precipita a la persona en una fosa de mierda muy profunda, donde la deja perecer.

65. Un hombre de quien habló la Martaine y que se divertía viendo caer a una prostituta de lo alto de una escalera perfecciona así su pasión:

(Pero comprobar quién es).

Hace colocar a la mujer sobre un caballete frente a un pantano profundo más allá del cual hay un muro que le ofrece un refugio tanto más seguro cuanto que hay una escalera aplicada contra ese muro. Pero hay que echarse al pantano, y ella tiene prisa por hacerlo porque detrás del caballete sobre el cual se halla hay un fuego lento que la alcanza poco a poco. Si el fuego llega a ella, será consumida, y si se echa al agua para evitar el fuego, como no sabe nadar, se ahogará. Alcanzada por el fuego, toma, sin embargo, el partido de echarse al agua e ir hacia la escalera que ve contra el muro. A menudo se ahoga, y entonces todo ha terminado. Si tiene bastante suerte para llegar a la escalera, trepa por ella, pero un escalón preparado, hacia lo más alto, se rompe bajo sus pies cuando llega a él y la precipita dentro de un agujero cubierto de tierra que ella no había visto y que, al ceder bajo su peso, la deja caer sobre un brasero ardiendo donde perece. El libertino, muy cerca del espectáculo, se masturba mientras lo contempla.

66. El mismo de quien habló la Duelos el 29 de noviembre, el mismo que desvirga a la Martaine por detrás a los cinco años, y el mismo también de quien anuncia que volverá a hablar con referencia a la pasión que terminará sus relatos (la del infierno), ese mismo, digo, da por el culo a la muchacha de dieciséis a dieciocho

años más bonita que le pueden encontrar. Un poco antes de su eyaculación suelta un resorte que hace caer sobre el cuello desnudo de la muchacha una máquina de acero dentada que sierra poco a poco y minuciosamente el cuello de la muchacha mientras él logra su eyaculación, que es siempre muy prolongada.

Aquella noche se descubre la intriga de uno de los jodedores subalternos y Augustine; él no la había jodido todavía, pero para lograrlo le proponía una evasión y se la presentaba como muy fácil. Augustine confiesa que estaba a punto de concederle lo que le pedía para salvarse de un lugar donde cree que su vida está en peligro.

La Fanchon es quien lo descubre todo y da cuenta de ello. Los cuatro amigos se abalanzan de improviso sobre el jodedor, lo amarran, lo agarrotan y lo bajan a la bodega, donde el duque lo jode por la fuerza sin pomada, mientras Curval le corta el cuello y los otros dos lo queman con un hierro candente por todas partes.

Esta escena ha ocurrido, después de comer, en lugar del café; pasan al salón de historia como de ordinario y durante la cena se preguntan entre ellos si por el descubrimiento de la conjuración no se concederá gracia a la Fanchon, la cual, como consecuencia de la decisión de la mañana, debía ser vejada aquella misma noche. El obispo se opone a que se la perdone y dice que sería indigno de ellos ceder al sentimiento de gratitud y que estará siempre del lado de las cosas que pueden proporcionar más voluptuosidad a los amigos, así como contra- rio a aquellas que pueden privarlos de un placer. Por lo tanto, después de haber castigado a Augustine por haberse prestado a la conjuración, primero haciéndola asistir a la ejecución de su amante y luego jodiéndola por el culo y haciéndole creer que van a degollarla también, y definitivamente arrancándole dos dientes, operación que realiza el duque mientras Curval da por el culo a la hermosa muchacha, azotándola por fin, después de todo eso, digo, se hace comparecer a la Fanchon, se le hace defecar, cada amigo le propina cien latigazos, y el duque

:a corta la teta- izquierda completamente. Ella protesta mucho de la injusticia del procedimiento.

- ¡Si fuese justo -dice el duque-, no nos levantaría la verga! Después la curan para que pueda servir para otros suplicios.

Se dan cuenta de que había un pequeño principio de motín general entre los jodedores, a los que aquel acontecimiento del sacrificio de uno de ellos calma por completo. Las otras tres viejas, así como la Fanchon, son destituidas de todo empleo y reemplazadas por las narradoras y Julie. Se estremecen, pero ¿qué medio hay para evitar su suerte?

DIA TRECE. 67. Un hombre a quien le gustaba mucho el culo, atrae a una muchacha a quien dice querer hacia un lugar sobre el agua; la barca está preparada, se parte y la muchacha se ahoga. A veces el mismo hombre obra de modo diferente: tiene preparado un balcón en una estancia muy alta, la muchacha se apoya en él cede el balcón y ella se mata.

68. Un hombre a quien le gustaba azotar y después dar por el culo, perfecciona su acción atrayendo a una mujer a una habitación preparada; se hunde una trampa, ella cae en una bodega donde está el libertino, el cual le clava un puñal en las tetas, en el coño y en el ano en el instante de su caída.

Luego la arroja, muerta o viva, a otra bodega cuya entrada cierra con una piedra, y la mujer cae sobre un montón de cadáveres de otras que la han precedido, donde expira rabiosa si no está ya muerta. Y él tiene buen cuidado de no apuñalar más que ligeramente a fin de no matarla y que no muera hasta el último subterráneo. Antes siempre encula, azota y eyacula. Procede

al asesinato, siempre, a sangre fría.

69. Un individuo hace montar a la prostituta sobre un caballo indómito que la arrastra y la mata en los precipicios.

70. Aquel de quien habló la Martaine el 18 de enero, cuya primera pasión consiste en quemar con montones de pólvora, perfecciona la cosa haciendo acostarse a la mujer en una cama preparada. En cuanto está acostada, la cama cae en un brasero ardiente del que no puede salir; él está allí y cuando ella intenta salir la rechaza por medio de fuertes golpes en el vientre con un asador.

71. Aquel de quien habló el día 11, al que le gustaba incendiar las casas de los

pobres, trata de atraer a su casa a un hombre o una mujer con el pretexto de darles limosna; hombre o mujer, los da por el culo, luego les rompe los lomos y, así dislocados, los deja morir de hambre en un calabozo.

72. Aquel al que le gustaba echar a una mujer por la ventana sobre un

estercolero, de quien habló la Martaine, ejecuta lo que vamos a ver, como segunda pasión: deja acostarse a la prostituta en una habitación que ella conoce y de la que sabe que tiene la ventana muy baja; se le administra opio y en cuanto está bien dor- mida se la transporta a una habitación igual a la suya pero cuya ventana es muy alta y da sobre agudas piedras, luego se entra precipitadamente en la habitación provocándole gran terror. Le dicen que van a matarla. Ella, que sabe que la ventana es baja, la abre y se arroja precipitadamente, pero cae sobre las agudas piedras desde más de treinta pies de altura y se mata sin ser tocada.

Aquella noche el obispo, en calidad de mujer, se casa con Antinoüs, que hace de marido, y luego como hombre con Céladon en calidad de mujer, y este niño es jodido por detrás por primera vez aquel día.

Esta ceremonia celebra la fiesta de la decimoquinta semana; el prelado quiere que para terminar de festejarla sea fuertemente vejada Aline, contra quien estalla sordamente su rabia libertina; la cuelgan y la descuelgan rápidamente, y todos eyaculan al verla colgada. Una san- gría que le hace Durcet la repone y al día siguiente no se nota nada, pero ha crecido una pulgada; cuenta lo que experimentó durante el suplicio. El obispo, para quien todo es fiesta aquel día, corta de raíz una teta a la vieja Louison; entonces las otras dos comprenden bien cuál será su suerte.

DIA CATORCE. 73. Un hombre cuyo gusto simple consistía en azotar a una prostituta, lo perfecciona por el medio de arrancar todos los días del cuerpo de la mujer un pedazo de carne del tamaño de un guisante, pero no se la cura y perece así poco a poco.

La Desgranges advierte que va a hablar de matanzas muy dolorosas, lo principal de las cuales será la extremada crueldad; entonces se le recomienda más que nunca que describa los detalles.

74. Aquel al que le gustaba sangrar saca todos los días media onza de sangre hasta la muerte; éste es muy aplaudido.

75. Aquel al que le gustaba clavar alfileres en el culo asesta todos los días una

ligera puñalada. Se detiene la sangre, pero no se cura la herida, y la mujer muere así lentamente. Un fustigador (75) sierra todas las extremidades lentamente y una tras

otra.

76. El marqués de Mesanges, de quien habló la Duelos con referencia a la hija del zapatero Petitgnon, que se la compró a la Duelos, cuya primera pasión consistía en hacerse azotar durante cuatro horas sin eyacular, tiene la segunda que es la de poner a una niña en las manos de un coloso que la suspende por la cabeza sobre un gran brasero que la quema a fuego lento; las niñas han de ser vírgenes.

77. Su primera pasión es la de quemar poco a poco las carnes del pecho y de las

nalgas con una cerilla, y la segunda la de pegar en todo el cuerpo de la mujer mechas azufradas que enciende una tras otra, y la contempla morir de este modo.

-No hay muerte más dolorosa, dice el duque, que confiesa haberse entregado a e.;a infamia y haber eyaculado profusamente con ella. Se dice que la- mujer vive seis u ocho horas.

Por la noche es entregado el culo de Céladon; el duque y Curval se divierten con él. Curval quiere que se sangre a Constance por su preñez y lo hace él mismo, corta una teta a Thérése, mientras encula a Zelmire y el duque lo hace a Thérése mientras la operan.

DIA QUINCE. 78. Le gustaba chupar la boca y tragarse la saliva, y lo perfecciona haciendo tragar diariamente, durante nueve días, una pequeña dosis de plomo derretido administrado con un embudo; la mujer muere al noveno día.

79. Le gustaba retorcer un dedo, y como segunda pasión rompe todas las

extremidades, arranca la lengua, saca los ojos y deja vivir así, pero disminuyendo todos los días el alimento.

80. Un sacrílego, el segundo de quien habló la Martaine el 3 de enero, amarra a un hermoso joven, con cuerdas, a una cruz muy alta y lo deja allí para que se lo comandos cuervos.

81. Uno que olía los sobacos y los jodía, de quien habló la Duelos, cuelga a una

mujer por los sobacos, toda amarrada, y diariamente va a pincharla en alguna parte del cuerpo para que la sangre atraiga a las moscas; la deja morir así poco a poco.

82. Un hombre apasionado por el culo rectifica de esta manera: entierra a la muchacha en un subterráneo donde tiene manutención para tres días; antes la hiere para hacer su muerte más dolorosa. Las quiere vírgenes, y durante ocho días les besa el culo, antes de entregarlas a tal suplicio.

83. Le gustaba joder bocas y culos muy jóvenes; lo perfecciona arrancando el corazón de una muchacha viva, lo agujerea, jode ese agujero aún caliente, devuelve el corazón a su lugar con su semen dentro, se cose la herida y se deja a la muchacha terminar su destino sin auxilio. Lo cual no dura mucho, en este caso.

Aquella noche Curval, siempre animado contra la bella Constance, dice que se puede muy bien dar a luz con un miembro roto y, por consiguiente, se rompe el brazo derecho de esa infortunada. Durcet la misma noche corta una teta a Marie, a quien se ha azotado, y antes la hace cagar.

DIA DIECISEIS. 84. Un fustigador perfecciona su método: disloca poco a poco los huesos, extrae el tuétano y en su lugar vierte plomo derretido.

Aquí el duque exclama que no quiere joder por el culo nunca más en su vida si no es ése

el suplicio que se le destina a Augustine; esta pobre muchacha, a la que él estaba jodiendo por el trasero, lanza gritos y derrama un torrente de lágrimas. Y como con esta escena frustra su eyaculación, le da, mientras se masturba y eyacula solo, una docena de bofetadas cuyo eco retumba por la sala.

85. Un individuo trincha, sobre una máquina preparada, ala mujer en pedacitos;

es un suplicio chino.

86. Le gustaban las virginidades, y su segunda pasión es la de empalar a una virgen por el coño con una estaca puntiaguda; está allí como a caballo, le hunden la estaca, le cuelgan una bala de cañón de cada pie, y la dejan morir así lentamente.

87. Un fustigador desuella a la mujer tres veces; unta la piel con una substancia

cáustica devoradora que la hace morir entre dolores terribles.

88. Un hombre cuya primera pasión era cortar un dedo, tiene como segunda la

de asir un pedazo de carne con unas tenazas candentes; corta con tijeras aquel pedazo de carne, luego quema la herida. Pasa cuatro o cinco días descarnando así el cuerpo, y la mujer muere dolorosamente con aquella cruel operación.

Aquella noche son castigados Sophie y Céladon, que han sido descubiertos divirtiéndose juntos; ambos son azotados en todo el cuerpo por el obispo, a quien pertenecen. 3e cortan dos dedos a Sophie y otros tantos a Céladon, quien se cura en seguida. No dejan por esto de servir, después, a los placeres del obispo.

Vuelven a poner a la Fanchon en escena, y después de haberla azotado con un vergajo, la queman en la planta de los pies, en cada muslo por delante y por detrás, en la frente, en cada mano, y le arrancan los dientes que le quedan. Mientras la operan, el duque tiene casi siempre el miembro dentro de su culo.

Dígase que se ha prescrito por ley no estropear las nalgas hasta el mismo día del último suplicio.

DIA DIECISIETE. 89. El del 30 de enero de la Martaine y del que la misma Desgranges habló el 15 de febrero, corta las tetas y las nalgas de una muchacha, se las come, y coloca sobre las llagas unos emplastos que queman las carnes con tal violencia que la hacen morir. La obliga a comer también de su propia carne, que le acaba de cortar y que ha asado.

90. Un malvado hace hervir a una niña en el interior de una marmita.

91. Otro malvado: la hace asar viva ensartada en el asador, después de haberla

poseído por detrás.

92. Un hombre cuya primera pasión era la de hacer joder ante él, por el culo, a

muchachas y muchachos por pitos muy grandes, empala por el ano y deja morir así mientras observa las contorsiones de la mujer.

93. Un malvado: amarra a una mujer a una rueda y, sin haberle hecho antes ningún daño, la deja morir así naturalmente.

Aquella noche el obispo, muy encendido, quiere que Aline sea atormentada, pues su rabia contra ella ha llegado al último periodo. La muchacha aparece desnuda, él la hace cagar y la encula, luego, sin eyacular, sale enfurecido de aquel hermoso culo y le da una lavativa de agua hirviendo, la cual la obligan a devolver sobre las narices de Thérèse. Luego cortan a Aline todos los dedos de las manos y de los pies que le quedan, le rompen los dos brazos,

después de quemárselos con un hierro candente. Entonces la azotan y la abofetean, luego el obispo, muy encendido, le corta una teta y eyacula.

Pasan a Thérèse, le queman el interior del coño, las ventanas de la nariz, la lengua, los pies y las manos, y le dan seiscientos azotes con un vergajo. Le arrancan los dientes que le quedan y le queman la garganta por dentro de la boca. Augustine, testigo de aquello, se echa a llorar; el duque la azota en el vientre y en el coño hasta hacerle brotar la sangre.

DIA DIECIOCHO. 94. Tenía como primera pasión hacer incisiones en las carnes, y como segunda hace descuartizar los jóvenes miembros.

95. Un fustigador suspende a la mujer de una máquina que la mete en un gran fuego y la retira inmediatamente, y eso dura hasta que está toda quemada.

96. Le gustaba apagarle velas sobre las carnes; la envuelve en azufre y la emplea como antorcha, cuidando de que el humo no la ahogue.

97. Un malvado: arranca las entrañas de un joven y de una muchacha, mete las entrañas de él en el cuerpo de ella y las de la muchacha en el cuerpo del joven, luego cose las heridas, los amarra espalda contra espalda a un pilar que los sostiene colocado entre ambos, y los contempla mientras mueren así.

98. Un hombre al que le gustaba quemar ligeramente, rectifica haciendo asar sobre una parrilla, dándole vueltas y más vueltas.

Aquella noche es expuesta Michette al furor de los libertinos; primero es azotada por los cuatro, luego cada uno le arranca un diente, le cortan cuatro dedos (uno cada uno), le queman los muslos por delante y por atrás en cuatro lugares, el duque le machaca una teta hasta dejarla toda magullada mientras penetra en el trasero de Giton.

Después aparece Louison, la hacen cagar, le dan, ochocientos azotes de vergajo, le

arrancan todos los dientes, la queman en la lengua, en el ano, en el coño, en la teta que le queda y en seis lugares de los muslos.

Cuando todo el inundo está acostado, el obispo va a buscar a su hermano, se llevan a la Desgranges y la Duelos, los cuatro., bajan a Aline al subterráneo, el obispo la posee por el culo, el duque también, le anuncian su muerte y se la aplican por medio de excesivos tormen- tos que duran hasta el amanecer. Al subir elogian a las dos narradoras y aconsejan a los otros dos que las empleen siempre en los suplicios.

DIA DIECINUEVE. 99. Un malvado: coloca a la mujer sobre una estaca con punta de diamante clavada en la rabadilla, sus cuatro extremidades sujetas al aire sólo por cordeles; los efectos de este dolor hacen reír y el suplicio es horrible.

100. Un hombre que gustaba de cortar un poco de carne del trasero perfecciona

el método haciendo serrar a la mujer poco a poco entre dos tablas.

101. Un libertino en uno y otro sexo, hace venir al hermano y a la hermana; dice

al hermano que va a hacerlo morir en un horrendo suplicio cuyos preparativos le muestra, pero que, no obstante, le perdonará la vida si quiere antes joder a su hermana y luego estrangularla ante él. El joven acepta y, mientras jode a su hermana, el libertino da por el culo alternativamente al muchacho y a la muchacha. Luego el hermano, por miedo ante la muerte que le presentan, estrangula a su hermana, y en el momento en que la ejecuta se abre una trampa preparada y los dos, ante los ojos del malvado, caen en un brasero ardiente.

102. Un individuo exige que un padre joda a su hija ante él. Luego él jode por el

trasero a la hija sostenida por el padre, a continuación dice al padre que su hija ha de perecer irremisiblemente, pero que puede elegir entre matarla él mismo estrangulán- dola, lo cual no la hará sufrir nada, o bien, si no quiere matar a su hija, la matará él, pero que lo hará ante los ojos del padre y con espantosos suplicios. El padre prefiere matar a su hija con un cordón apretado en torno al cuello que verla sufrir horribles tormentos, pero cuando se dispone a hacerlo lo amarran, lo agarrotan y desuellan a su hija ante él, después la revuelcan sobre espinas de hierro ardientes, la echan en un brasero y el padre es estrangulado para enseñarle, dice el libertino, a querer estrangular él mismo a su hija. Después lo echan en el mismo brasero.

103. Un gran aficionado a los culos y al látigo reúne a madre e hija. Dice a la hija que matará a su madre si ella no consiente en que le corten ambas manos: la pequeña consiente, se las cortan. Entonces separa a esos dos seres, ata a la hija por el cuello con una cuerda, los pies sobre un taburete, en el taburete hay atada otra cuerda cuyo extremo llega a la habitación donde está la madre. Dicen a la madre que tire de aquella cuerda; ella tira sin saber lo que hace, la llevan inmediatamente a contemplar su obra y en el momento de su desesperación le cortan la cabeza de un sablazo, desde atrás.

Aquella misma noche Durcet, celoso del placer que la noche anterior han tenido los (los hermanos, quiere que sea vejada Adélaïde, a quien, asegura, pronto le tocará el turno. En consecuencia, Curval su padre y Darcet su marido le pellizcan los muslos con tenazas ardientes, mientras el duque le da por el culo sin pomada. Le atraviesan la punta de la lengua, le cortan los dos lóbulos de las orejas, le arrancan cuatro dientes, luego la azotan con todas las fuerzas. Aquella misma noche el obispo sangra a Sophie delante de Adélaïde, su querida amiga, hasta que se desmaya; le mete el miembro en el culo durante la sangría y lo deja allí todo el tiempo.

Se cortan dos dedos a Narcisse mientras Curval lo jode, luego se hace aparecer a Marie,

le meten un hierro candente en el culo y en el coño, la queman con un hierro en seis lugares de los muslos, en el clítoris, en la lengua, en la teta que le queda y le arrancan los dientes restantes.

VEINTE DE FEBRERO. 104. El del 5 de diciembre de la Champville, cuyo gusto consistía en hacer prostituir al hijo por la madre para joderlo por atrás, rectifica reuniendo a madre e hijo. Dice a la madre que va a matarla, pero que la perdonará si ella mata a su hijo. Si no lo mata, estrangulan al niño ante ella, y si lo mata la atan sobre el cuerpo de su hijo y la dejan así morir lentamente sobre el cadáver.

105. Un gran incestuoso reúne a las dos hermanas después de haberlas enculado;

las amarra sobre una máquina, cada una con un puñal en la mano: la máquina funciona, las muchachas se encuentran y se matan mutuamente.

106. Otro incestuoso quiere una madre y cuatro hijos. Los encierra en un lugar donde pueda observarlos; no les da ningún alimento a fin de ver los efectos del hambre en aquella mujer y a cuál de sus hijos se comerá primero.

107. El del 29 de diciembre de la Champville, al que le gusta azotar a mujeres

preñadas, quiere a madre e hija embarazadas ambas; amarra a cada una sobre una plancha de hierro, una encima de otra, se dispara un resorte, las dos planchas se juntan estrechamente con tal violencia que las dos mujeres con sus frutos quedan reducidas a polvo.

108. Un hombre muy malvado se divierte de la manera siguiente: reúne a dos amantes:

-Hay un solo ser en el mundo -dice al amante- que se opone a tu felicidad; voy a

ponerlo entre tus manos.

Lo conduce a un habitación oscura en donde una persona duerme en una cama.

Vivamente excitado, el joven va a atraversar a aquella persona. En cuanto lo ha hecho, se le hace ver que es su amante a quien ha matado; desesperado, se mata él mismo. Si no lo hace, el malvado lo mata a tiros de fusil, sin atreverse a entrar en la habitación donde está aquel joven furioso y armado. Antes ha jodido al joven y a la muchacha, con la esperanza que les da de servirlos y reunirlos, y después de haber gozado de ellos les hace la jugada.

Aquella noche, para celebrar la décimosexta semana, Durcet como mujer se casa con Bande-au-ciel como hombre, y en calidad de hombre con Hyacinthe en calidad de mujer; mas para las bodas quiere atormentar a Fanny, su esposa femenina. En consecuencia, la queman en los brazos y en los muslos en seis lugares, le arrancan dos dientes, la azotan, obligan a Hyacinthe, que la ama y que es su marido según las disposiciones voluptuosas de las que se ha hablado antes, lo obligan, digo, a cagarse en la boca de Fanny y a ésta a comerse los excrementos.

El duque saca un diente a Augustine e inmediatamente la jode por la boca. La Fanchon reaparece, la sangran y, mientras mana la sangre de su brazo, se lo rompen; luego le arrancan las uñas de los pies y le cortan los dedos de las dos manos.

DIA VEINTIUNO. 109. Anuncia que los que seguirán son malvados que sólo quieren homicidios masculinos. Mete el cañón del fusil, cargado con perdigones grandes, en el culo del muchacho al que acaba de joder y dispara mientras eyacula.

110. Obliga al joven a ver mutilar a su amante ante sus ojos y le hace comer la

carne de ella, principalmente las nalgas, las tetas y el corazón. Tiene que comer ese manjar o bien morirse de hambre. En cuanto ha comido, si se decide a ello, le infiere varias heridas en el cuerpo y lo deja morir así, desangrándose, y si no come, muere de hambre.

111. Le arranca los testículos y se los hace comer sin decírselo, después sustituye esos órganos por bolas de mercurio y azufre, las cuales le causan dolores tan violentos que muere. Durante esos dolores lo jode y se los aumenta quemándolo por todas partes con mechas de azufre, rasguñándolo y quemando las heridas.

112. Lo clava por el ano sobre una estaca muy delgada y lo deja que termine así.

113. Mientras sodomiza, levanta el cráneo, retira el cerebro y lo sustituye por

plomo fundido.

Aquella noche se entrega el culo de Hyacinthe y antes es vigorosamente fustigado. Es presentado Narcisse; le cortan los dos testículos. Hacen venir a Adélaïde, le pasan un pala calentada al rojo sobre los muslos, por delante, le queman el clítoris, le atraviesan la lengua, le azotan el pecho, le cortan los pezones, le rompen ambos brazos, le cortan los dedos que le quedan, le arrancan el vello del monte, seis dientes y un mechón de cabello. Todos eyaculan excepto el duque, quien, con una furiosa erección, pide ejecutar él solo a Thérèse. Se lo conceden; le quita todas las uñas con un cortaplumas y le quema los dedos con la vela poco a poco, luego le rompe un brazo y, como todavía no eyacula, jode a Augustine y le arranca un

diente mientras le suelta el semen dentro del coño.

DIA VEINTIDOS. 114. Quebranta a un muchacho, luego lo amarra a la rueda donde lo deja expirar; está colocado de manera que muestre de cerca las nalgas, y el bribón que lo atormenta hace poner su mesa bajo la rueda y come allí todos los días hasta que el paciente muere.

115. Desuella a un muchacho, lo frota con miel y lo deja así para que lo devoren

las moscas.

116. Le corta el miembro y las tetillas, lo coloca sobre una estaca a la que está

clavado por la mano; lo deja así, para que muera lentamente.

117. El mismo hombre que hizo comer a la Duelos con sus perros, hace devorar

por un león a un muchacho ante él; le da para defenderse una ligera caña, lo cual sólo anima más al animal contra él. Eyacula cuando todo ha sido devorado.

118. Entrega un muchacho a un semental adiestrado para eso, él lo encula y lo mata. El niño está cubierto por una piel de yegua y tiene el ano untado de flujo de yegua.

La misma noche Giton es entregado a los suplicios: el duque, Curval, Hercule y Brise-cul lo joden sin pomada. Es azotado con todas las fuerzas, le arrancan cuatro dientes, le cortan cuatro dedos (siempre de cuatro en cuatro, para que cada uno actúe), y Durcet le aplasta un testículo entre sus dedos.

Augustine es azotada por los cuatro con toda la fuerza. Su hermoso trasero sangra. El duque sedo jode mientras Curval le corta un dedo, luego Curval la jode también por el trasero mientras el duque le quema con un hierro al rojo seis lugares de los muslos; le corta otro dedo de la mano en el instante en que Curval eyacula y, a pesar de todo esto, no deja de ir a acostarse con el duque. Se rompe un brazo de Marie, se le arrancan las uñas y se le queman los dedos.

Aquella misma noche Durcet y Curval bajan a Adélaide al subterráneo, ayudados por la Desgranges y la Duelos. Curval la jode por el culo por última vez, después la hacen perecer entre suplicios horribles que se detallarán.

DIA VEINTITRES. 119. Coloca a un muchacho dentro de una máquina que tira de él ora hacia arriba, ora hacia abajo, y lo disloca; destrozado, lo sacan y lo vuelven a meter durante varios días consecutivos hasta su muerte.

120. Hace que una bonita prostituta mancille y extenúe a un muchacho; queda

agotado, no se le da alimento y muere entre horribles convulsiones.

121. En un mismo día le practica la operación de las piedras, de la trepanación,

de la fístula en el ojo y la del ano. Se tiene buen cuidado de frustrarlas todas, luego se lo abandona sin ningún auxilio hasta su muerte.

122. Después de haber cortado completamente el miembro y los testículos de un joven, le forma un sexo de mujer con una maquina de hierro candente que hace el agujero y cauteriza inmediatamente; lo jode por aquella abertura y lo estrangula con sus manos al eyacular.

123. Lo cepilla con una almohaza de caballo; cuando de esta manera lo ha dejado sangrando, lo frota con alcohol, al cual prende fuego, vuelve a almohazarlo otra vez, lo frota con alcohol, lo inflama, y sigue así hasta la muerte.

Aquella misma noche Narcisse es presentado para las vejaciones; le queman los muslos y el miembro, le aplastan ambos testículos.

Toman otra vez a Augustine por solicitud del duque, quien se muestra encarnizado

contra ella; le queman los muslos y los sobacos, le hunden un hierro caliente en el coño. Ella se desmaya, lo cual pone aún más furioso al duque, le corta una teta, bebe su sangre, le rompe los dos brazos, le corta todos los dedos de las manos y los cauteriza con fuego. Vuelve a acostarse con ella y, según asegura la Duelos, la jode en el coño y el culo durante toda la noche mientras le asegura que al día siguiente la rematará.

Aparece Louison, le rompen un brazo, le queman la lengua y el clítoris, le arrancan todas las uñas y le queman las puntas de los dedos ensangrentados. Curval la sodomiza en ese estado y, en su rabia, manosea y machaca con todas sus fuerzas una teta de Zelmire mientras eyacula. No contento con tal exceso, la azota con toda la fuerza de su brazo.

DIA VEINTICUATRO. 124. El mismo del cuarto relato de la Martaine del primero de enero quiere joder al padre en medio de sus dos hijos y, al eyacular, con una mano apuñala a uno de esos hijos y con la otra estrangula al segundo.

125. Un hombre cuya pasión consistía en azotar mujeres preñadas en el vientre,

en la segunda reúne a seis de esas mujeres que se hallan al término de los ocho meses; las amarra a todas espalda contra espalda, presentando el vientre, abre el de la primera, da cuchilladas al de la segunda, cien puntapiés al de la tercera, cien bastonazos al de la cuarta, quema el de la sexta y luego abate a golpes de maza en el vientre a la que su suplicio todavía no ha matado.

Curval, a quien esa pasión calienta mucho, interrumpe con alguna escena furiosa.

126. El seductor de quien habló la Duelos reúne a dos mujeres; exhorta a una de ellas a que, para salvar su vida, reniegue de Dios y de la religión, pero la han advertido, le han dicho que no lo haga porque si lo hiciese la matarían, y que si no lo hace no tendrá nada que temer. Se resiste, él le hace saltar la tapa de los sesos, "una para Dios", dice. Hace presentarse a la segunda, la cual, impresionada por aquel ejemplo y porque le han dicho que no tiene otra manera de salvar su vida que la de renegar, hace todo lo que se le propone. El le hace saltar la tapa de los sesos: "Otra para el diablo". El malvado repite aquel jueguecito cada semana.

127. A un gran depravado le gusta dar bailes, pero hay un piso preparado que se hunde en cuanto está cargado de gente, y casi todo el mundo perece. Si permaneciese siempre en la misma población sería descubierto, pero cambia de lugar muy a me- nudo; no es descubierto hasta que lo ha hecho cincuenta veces.

128. El mismo de la Martaine del 27 de enero, al que le gusta hacer abortar, coloca a tres mujeres preñadas en tres posturas crueles, de manera que formen tres grupos bonitos. Las contempla mientras dan a luz en aquella situación, luego les cuelga a sus niños al cuello hasta que el hijo muera o que se lo coman, pues las deja en aquella postura sin alimentarlas. El mismo hombre tenía otra pasión aún: hacía dar a luz a dos mujeres ante él, les vendaba los ojos, mezclaba a los niños, los cuales sólo él reconocía por una marca y les ordenaba que fuesen a reconocerlos; si no se equivocaban las dejaba vivir, si se equivocaban las abría en canal con un sable sobre el cuerpo del niño que creían suyo.

Aquella misma noche es presentado Narcisse en las orgías. Terminan de cortarle todos los dedos de las manos mientras el obispo lo jode y Durcet opera, le meten una aguja ardiendo en el canal de la uretra. Hacen venir a Giton, juegan a la pelota con él y le rompen una pierna mientras el duque lo jode sin eyacular.

Llega Zelmire: le queman el clítoris, la lengua, las encías, le arrancan cuatro dientes, le queman seis lugares de los muslos, delante y detrás, le cortan ambos pezones, todos los dedos de las manos y en aquel estado Curval la posee por el trasero sin eyacular.

Traen a la Fanchon, a quien sacan un ojo.

Durante la noche, el duque y Curval, escoltados por la Desgranges y la Duelos, bajan a Augustine al subterráneo; tenía el trasero muy bien conservado, la azotan, luego cada uno la jode por el trasero sin eyacular, después el duque le hace cincuenta y ocho heridas en las nalgas, en cada una de las cuales vierte aceite hirviendo. Le introduce un hierro al rojo en el coño y en el ano, y la jode sobre las heridas con un condón de piel de foca que desgarra las quemaduras. Hecho esto le descubren los huesos y se los sierran en diferentes lugares, luego descubren sus nervios en cuatro lugares formando cruz, se amarra a un torniquete cada extremo de esos nervios y se hace girar, lo cual le alarga esas partes delicadas y le hace sufrir inauditos dolores.

Le conceden un descanso para hacerla sufrir más, luego reanudan la operación y esta vez le raspan los nervios con un cortaplumas a medida que los alargan. Hecho esto, le practican un agujero en la garganta por el cual le sacan la lengua, le queman a fuego lento la teta que le queda, luego le meten en el coño una mano armada con un escalpelo con el cual rompen el tabique que separa el ano de la vagina; retiran el escalpelo, vuelven a meter la mano, buscan en sus entrañas y la obligan a cagar por el coño, luego por la misma abertura van a romperle la bolsa del estómago. -Luego se dedican a la cara, le cortan las orejas, le queman el interior de la nariz, la ciegan vertiéndole en los ojos cera ardiente, le hacen una incisión en torno al cráneo, la cuelgan por los cabellos, con piedras sujetas a los pies para que caiga y sede arranque el cráneo.

Cuando cayó respiraba todavía y el duque la jodió por delante en aquel estado; eyaculó y se retiró todavía más furioso. La abrieron, le quemaron las entrañas dentro del vientre e introdujeron una mano armada de escalpelo con el que le pincharon el corazón por dentro, en varios lugares. Con esto entregó su alma; así pereció a los quince años y ocho meses una de las más celestes criaturas que haya formado la naturaleza. Etc. Su elogio.

DIA VEINTICINCO. Aquella mañana el duque toma por mujer a Colombe, quien cumple las funciones de tal.

129. Un gran aficionado a los traseros jode por detrás a la mujer ante el amante y a éste ante la mujer, luego fija con clavos al hombre sobre el cuerpo de la mujer y los deja morir así, uno sobre el otro y boca contra boca.

Este será el suplicio de Céladon y Sophie, que se aman. Interrumpen los relatos para obligar a Céladon a verter cera derretida sobre los muslos de Sophie; el muchacho se desmaya y el obispo lo jode en este estado.

130. El mismo que se divertía arrojando a una puta al agua y sacándola, tiene como segunda afición echar en un estanque a siete u ocho prostitutas y verlas debatirse. Les hace ofrecer una barra al rojo, a la que ellas se agarran, pero él las

rechaza, y para que perezcan más indefectiblemente les ha cortado una extremidad a cada una de ellas antes de echarlas.

131. Su primer gusto era hacer vomitar, lo perfecciona empleando un secreto por

medio del cual difunde la peste en una provincia entera; es inaudito la gente que ha hecho ya perecer. Envenenaba también las fuentes y los ríos.

132. Un hombre aficionado al látigo hace meter a tres mujeres preñadas dentro de una jaula de hierro, con un hijo cada una; calientan la jaula por debajo, a medida que la plancha se calienta dan saltos, toman en brazos a sus niños y terminan por caer y morir.

(Se ha hecho referencia a esto en algún lucrar anteriormente. Ver dónde).

133. Le gustaba pinchar con una lezna, lo perfecciona encerrando a una mujer preñada dentro de un tonel lleno de puntas, luego hace rodar el barril rápidamente por un jardín.

Esos relatos de mujeres preñadas han causado tanta aflicción a Constance como placer a Curval. Demasiado ve la mujer la suerte que le espera. Puesto que ésta se acerca, creen poder empezar a vejarla: le queman los muslos en seis lugares, le dejan caer cera en el ombligo y le pinchan las tetas con alfileres.

Aparece Giton, le atraviesan el miembro de parte a parte con una aguja ardiente, le

pinchan los testículos, le arrancan cuatro dientes.

Luego llega Zelmire, cuya muerte se aproxima; le meten un hierro candente en el coño, le

hacen seis heridas en el pecho y doce en los muslos, le pinchan el ombligo, recibe veinte bofetadas de cada amigo. Le arrancan cuatro dientes, le pinchan un ojo, la azotan y la joden por detrás. Mientras la sodomiza, Curval, su esposo, le anuncia su muerte para el día siguiente; ella se felicita del anuncio diciéndose que será el fin de sus males.

Rosette aparece, le arrancan cuatro dientes, la marcan con un hierro candente sobre los dos omóplatos, le hacen cortes en los dos muslos y en las pantorrillas; luego la dan por el culo mientras le machacan las tetas.

Viene Thérése, le sacan un ojo y le dan cien azotes de vergajo en la espalda.

DIA VEINTISEIS. 134. Un individuo se sitúa al pie de una torre en un lugar guarnecido de puntas de hierro; precipitan hacia él, desde lo alto de la torre, a varios niños de uno y otro sexo a los que antes ha violado por el trasero. Se complace viéndolos atravesados y salpicados con su sangre.

135. El mismo de quien habló el 11 y el 13 de febrero, cuyo gusto consistía en

incendiar, tiene también como pasión encerrar a seis mujeres preñadas en un lugar donde están atadas sobre materias combustibles, a las que prende fuego; si ellas quieren escapar, las espera con un asador de hierro., las empuja y las vuelve a echar al fuego. Cuando están medio asadas, se hunde el piso y caen dentro de una gran cuba de aceite hirviendo preparada abajo, donde acaban de perecer.

136. El mismo de la Duelos, que detesta tanto a los pobres, y que compró a la

madre de Lucite, a su hermana y a ella misma, y que fue también citado por la

Desgranges,

(Comprobarlo).

tiene otra pasión que consiste en reunir a una familia pobre sobre una mina y verla saltar.

137. Un incestuoso, gran aficionado a la sodomía, para añadir este crimen a los del incesto, del asesinato, de la violación, del sacrilegio y del adulterio, se hace joder por su hijo con una hostia dentro del trasero, viola a su hija casada y mata a su sobrina.

138. Un gran partidario de los culos, estrangula a una madre mientras la encula; cuando está muerta, le da la vuelta y la jode en el coño. Al eyacular mata a la hija sobre el seno de su madre a cuchilladas en el pecho, luego jode por el culo a la hija muerta, después, convencido de que no están muertas todavía y que sufrirán, arroja los cadáveres al fuego y eyacula al verlos arder. Es el mismo de quien habló la Duelos el 29 de noviembre al que le gustaba ver a una prostituta sobre una cama de satén negro, también es el mismo de quien habla la Martaine en primer lugar el 11 de enero.

Narcisse es presentado para los suplicios; le cortan una muñeca, hacen lo mismo con

Giton.

Queman el interior del coño de Michette, así como a Rosette, y a las dos en el vientre y

en las tetas. Pero Curval, que no es dueño de sí a pesar de las convenciones, corta una teta entera a Rosette mientras posee por detrás a Michette.

Luego viene Thérèse, a quien administran cien azotes de vergajo en el cuerpo y le sacan un ojo.

Aquella noche, Curval va a buscar al duque y, escoltados por la Desgranges y la Duelos, hacen bajar a Zelmire a la bodega donde ponen en práctica los suplicios más refinados para hacerla morir; son todos mucho más intensos aún que los de Augustine, y a la mañana siguiente, a la hora del desayuno, los encuentran todavía operando. Esa bella muchacha muere a los quince años y dos meses. El suyo era el trasero más hermoso del serrallo. Como a la mañana siguiente Curval ya no tiene mujer, toma a Hébé.

DIA VEINTISIETE. Se deja para el día siguiente la celebración de la fiesta de la decimoséptima y última semana, a fin de que esta fiesta coincida con el fin de los relatos, y la Desgranges cuenta las pasiones siguientes:

139. Un hombre de quien habló la Martaine el 12 de enero, que prendía fuegos artificiales en el culo, tiene como segunda pasión el gusto de atar juntas a dos mujeres preñadas en forma de bola y hacerlas rodar por una cantera.

140. Uno al que le gustaba hacer incisiones, obliga a dos mujeres preñadas a

pelear dentro de una habitación (las observa sin riesgo), a pelear, digo, a puñaladas; están desnudas, él las amenaza apuntándolas con un fusil, por si no quieren hacerlo. Si se matan, es lo que él quiere, de lo contrario se precipita dentro de la habitación donde se hallan, espada en mano, y cuando ha dado muerte a una abre el vientre de la otra, le quema las entrañas con agua fuerte o con trozos de hierro ardiente.

141. Un hombre que gozaba azotando a mujeres embarazadas en el vientre,

rectifica sujetando a una joven embarazada a una rueda y debajo está la madre, atada a un asiento sin poder moverse, con la boca abierta teniendo que recibir en ésta los detritus que emana el cadáver y el hijo, si pare.

142. Aquel de quien habló la Martaine el 16 de enero y al que le gustaba pinchar

el culo, amarra a una prostituta a una máquina guarnecida de puntas de hierro; la jode allá encima de manera que con cada una de sus sacudidas la ensarta, luego le da la vuelta y la jode por detrás para que se hiera también por delante y le empuja la espalda para que las puntas se le hinquen en las tetas. Cuando termina, coloca sobre ella una segunda plancha igualmente llena de puntas, luego se aprietan las dos planchas por medio de tornillos, ella muere así, aplastada y herida por todas partes. Esto se hace poco a poco, a fin de darle mucho tiempo para morir presa de dolores.

143. Un fustigador coloca a una mujer preñada sobre una mesa; la clava sobre aquella mesa hundiendo primero un clavo ardiendo en cada ojo, uno en la boca, uno en cada teta, luego le quema el clítoris y los pezones con una vela y, lentamente, le sierra las rodillas hasta la mitad, le rompe los huesos de las piernas y termina por clavarle un enorme clavo al rojo en el ombligo, con lo que mata al niño y a ella. La quiere próxima al alumbramiento.

Aquella noche son azotadas Julie y la Duelos, pero en broma, porque pertenecen a las conservadas; a pesar de ello, queman a Julie en los muslos y la depilan. Constance, quien debe perecer al día siguiente, comparece, pero ignora todavía su destino; le queman los pezones, le vierten cera sobre el vientre, le arrancan cuatro dientes y. le pinchan con una aguja el blanco de los ojos.

Aparece Narcisse, que también será inmolado al día siguiente, le sacan un ojo y cuatro dientes. Giton, Michette y Rosette, que también acompañarán a Constance a la tumba, pierden cada uno un ojo y cuatro dientes, a Rosette le cortan los pezones y seis pedazos de carne en los brazos y los muslos; le cortan todos los dedos de las manos y le meten un hierro al rojo en el coño y en el culo. Curval y el duque eyaculan dos veces cada uno. Llega Louison, a quien aplican cien azotes de vergajo, le sacan un ojo y la obligan a comérselo. Y ella lo hace.

DIA VEINTIOCHO. 144. Un malvado: hace buscar a dos buenas amigas, las ata una a la otra, boca contra boca, ante ellas hay comida excelente que no pueden alcanzar, él las contempla cómo se devoran mutuamente cuando el hambre las atormenta.

145. Un hombre al que le gustaba azotar a mujeres preñadas encierra a seis de ellas en un círculo formado por aros de hierro, el cual constituye una jaula dentro de la cual están todas cara a cara. Los círculos se comprimen y aprietan poco a poco y así las seis mujeres, con sus frutos, son aplastadas y asfixiadas. Pero ante les ha cortado a todas una nalga y una teta, que les coloca como manteletas.

146. Otro que también tenía el gusto de azotar a mujeres embarazadas ata a dos

de ellas, cada una a una pértiga que por medio de una máquina las lanza una contra otra. Así, a fuerza de chocar, se matan mutuamente y él eyacula. Procura obtener a madre e hija o dos hermanas.

147. El conde que mencionó la Duelos y de quien habló también la Desgranges

el día 26, el que compró a Lucile, su madre y su hermanita, del que asimismo habló la Martaine en cuarto lugar el 1° de enero, tiene como última pasión la de colgar a tres mujeres sobre tres agujeros: una de ellas es colgada por la lengua y el agujero que tiene debajo es un pozo muy profundo; la segunda cuelga de las tetas, y el agujero bajo ella es un brasero; a la tercera se le ha hecho una incisión circular en el cráneo y está colgada por los cabellos, y el agujero que tiene debajo está guarnecido de punas

de hierro. Cuando el peso del cuerpo de esas mujeres las arrastra, los cabellos se arrancan con la piel del cráneo, las tetas se desgarran y la lengua se parte, no salen de un suplicio sino para pasar a otro. Cuando puede somete a esto a tres mujeres preñadas o bien a una familia, y es para lo que le sirvieron Lucile, su hermana y su madre.

148. Ultima.

(Comprobar por qué faltan estas dos, ambas estaban en los borradores).

El gran señor que se entrega a la última pasión que designaremos con el nombre de infierno ha sido citado cuatro veces. Es el último del 29 de noviembre de la Duelos, es el de la Champville que sólo desvirga a criaturas de nueve años, el de la Martaine que viola por el trasero a los de tres años y aquel de quien la misma Desgranges ha hablado un poco antes.

(Comprobar dónde).

Es un hombre de cuarenta años, de estatura enorme y constitución como la de un mulo; su miembro mide cerca de nueve pulgadas de circunferencia y un-pie de largo, es muy rico, un gran señor, muy duro y muy cruel. Para la práctica de esta pasión tiene una casa en un extremo de París, completamente aislada.

El aposento de su voluptuosidad es un gran salón muy simple, pero forrado y acolchado por todas partes; la única abertura que se ve en esa habitación es una gran ventana que da sobre un vasto subterráneo a veinte pies bajo el piso del salón donde él está, y bajo la ventana hay colchones que reciben a las mujeres a medida que él las arroja a aquella caverna, cuya descripción haremos pronto. Para esta juerga necesita a quince muchachas, y todas entre los quince y los diecisiete años, ni más ni menos; tiene empleadas a seis alcahuetas en París y doce en las provincias para buscarle todo lo que sea posible encontrar de más encantador entre las de esa edad, y a medida que las encuentran las reúnen como en criadero en un convento en el campo del que es el dueño, y de allí sacan a las quince necesarias para su pasión, que practica regularmente cada quince días.

La víspera examina él mismo a las pacientes, el más mínimo defecto las hace

desechar; quiere que sean absolutamente modelos de belleza. Llegan conducidas por una alcahueta y se quedan en una habitación contigua al salón de las voluptuosidades. Se las muestran antes en esa primera estancia, desnudas las quince. Las toca, las manosea, las examina, les chupa la boca y las hace cagar a todas, una tras otra, en su boca, pero no se lo traga.

Realizada esta primera operación con una seriedad pavorosa, marca a todas en el

hombro, con un hierro al rojo vivo, el número del orden según el cual quiere que se las pasen. Hecho esto, entra en su salón donde permanece un instante solo, sin que se sepa en qué emplea aquel momento de soledad; luego llama, le echan a la muchacha marcada con el número 1. Pero se la echan, exactamente: la alcahueta se la arroja y él la recibe en sus brazos, desnuda. Cierra la puerta, toma unas varas y empieza a azotar el culo; hecho esto la sodomiza con su miembro enorme y nunca necesita ayuda. No eyacula. Retira su verga erecta, toma de nuevo las varas y azota a la muchacha en la espalda, los muslos por delante y por detrás, luego la acuesta y la

desvirga por delante, después toma las varas y la azota con toda su fuerza en el pecho, luego se apodera de sus senos y los machaca con toda su fuerza. Hecho esto le practica seis heridas en las carnes con una lezna, una de ellas en cada teta magullada.

Después abre la ventana que da al subterráneo, coloca a la muchacha de pie;

'dándole el culo, casi en medio del salón y frente a la ventana; allí le da un puntapié tan violento en el culo que la hace saltar por la ventana, desde donde cae sobre los colchones. Pero antes de precipitarlas de ese modo les pone una cinta en torno al cuello, y esta cinta, que significa un suplicio indica el que él imagina que será más apropiado o que resultará más voluptuoso al infligirlo, y es inconcebible el tacto y el conocimiento que tiene de ello.

Todas las muchachas pasan así una tras otra, y todas soportan absolutamente la misma ceremonia, de modo que en su jornada obtiene treinta virginidades y todo eso sin derramar una gota de semen. La caverna donde caen las muchachas está provista de quince juegos diferentes de suplicios espantosos, y un verdugo con máscara y emblema de un demonio preside cada suplicio vestido con el :color que afecta a ese suplicio. La cinta que tiene la muchacha en el cuello responde a uno de los colores referidos a tales suplicios y en cuanto ella cae el verdugo de ese color se apodera de ella y la conduce al suplicio que preside pero no se comienza a aplicárselo a todas hasta la caída de la decimoquinta muchacha. En cuanto ésta ha caído, nuestro hombre, en un estado de furia, que ha desvirgado treinta virginidades sin eyacular, baja casi desnudo y con el pito pegado a su vientre a ese retiro infernal. Entonces todo está dispuesto y todos los tormentos funcionan, y funcionan a la vez.

El primer suplicio es una rueda sobre la cual está la muchacha, que gira sin cesar rozando un círculo guarnecido de hojas de navaja con las que la infeliz se rasguña y corta en todos sentidos a cada vuelta, pero como solamente es rozada, gira al menos durante dos horas antes de morir.

Dos: la muchacha está acostada a dos pulgadas de una plancha al rojo que la funde lentamente.

Tres: es clavada por la rabadilla sobre un hierro ardiendo y cada uno de sus miembros retorcido en una espantosa dislocación.

Cuatro: las cuatro extremidades atadas a cuatro resortes que se alejan poco a poco y tiran de ellas lentamente hasta que por fin se desprende y el tronco cae en un brasero.

Cinco: una campana de hierro al rojo le sirve de gorro sin apoyarse, de manera que sus sesos se funden lentamente y su cabeza se asa poco a poco.

Seis: está encadenada dentro de una cuba de aceite hirviendo.

Siete: de pie, expuesta a una máquina que le dispara seis veces por minuto un dardo, y siempre en un nuevo lugar del cuerpo; la máquina no se detiene hasta que la muchacha está cubierta de dardos.

Ocho: los pies dentro de un horno, y una masa de plomo sobre su cabeza la baja poco a poco a medida que se quema.

Nueve: su verdugo la pincha continuamente con un hierro al rojo; la muchacha está amarrada ante él, así la hiere poco a poco en todo el cuerpo detalladamente.

Diez: está encadenada a un pilar bajo un globo de vidrio y veinte serpientes hambrientas la devoran viva poco a poco.

Once: está colgada por una mano con dos balas de cañón a los pies, sí cae es dentro de un horno.

Doce: es empalada por la boca, los pies sueltos, un diluvio de chispas ardientes le cae continuamente sobre el cuerpo.

Trece: los nervios sacados del cuerpo y atados a unos cordones que los alargan, y durante ese tiempo los pinchan con puntas de hierro ardientes.

Catorce: atenazada y azotada alternativamente en el coño y en el culo con disciplinas de hierro con espuelas de acero ardientes, y de cuando en cuando rasguñada con uñas de hierro candente.

Quince: es envenenada con una droga que le quema y desgarra las entrañas, que le da espantosas convulsiones, le arranca pavorosos aullidos, y será la última en morir; este suplicio es uno de los más terribles.

El malvado se pasea por su caverna desde que desciende, examina durante un cuarto de hora cada suplicio mientras blasfema como un condenado y llena de insultos a la paciente. Cuando por fin no puede más y su semen, retenido durante tanto tiempo, está a punto de escapar, se deja caer en un sillón desde el que puede observar todos los suplicios, dos de los demonios se acercan a él, muestran su culo y lo masturban, y él pierde su semen lanzando rugidos que ahogan totalmente los de sus quince pacientes. Hecho esto sale, dan el golpe de gracia a las que todavía no han muerto, entierran sus cuerpos, y todo ha terminado para la quincena.

Aquí la Desgranges termina sus relatos; es cumplimentada, festejada, etc...

Desde la mañana de aquel día se han hecho preparativos terribles para la fiesta que se está meditando. Curval, que detesta a Constance, por la mañana fue a joderla por delante y, mientras lo hacía, le anunció su sentencia. El café fue presentado por las cinco víctimas, a saber: Constance, Narcisse, Giton, Michette y Rosette.

Durante él se hicieron horrores; al relato que se acaba de leer asistieron, desnudas, las cuadrillas que se pudieron arreglar. Y en cuanto la Desgranges hubo acabado, se hizo comparecer primero a Fanny, le cortaron los dedos que le quedaban en las manos y los pies y fue poseída por detrás, sin pomada, por Curval, el duque y los cuatro primeros jodedores.

Sophie llegó, se obligó a Céladon, su amante, a quemarle el interior del coño, le cortaron todos los dedos de las manos y la sangraron en las cuatro extremidades, le desgarraron la

oreja derecha y le sacaron el ojo izquierdo. Céladon fue obligado a ayudar a todo y a menudo a obrar él mismo, y a la menor mueca era azotado con disciplinas de puntas de hierro. Luego cenaron; la cena fue voluptuosa y en ella sólo bebieron champaña y licores.

El suplicio se llevó a cabo a la hora de las orgías; a los postres fueron avisados los señores de que todo estaba dispuesto, bajaron y encontraron la bodega muy adornada y bien arreglada. Constance estaba acostada sobre una especie de mausoleo y los cuatro niños orna- ban los cuatro ángulos. Como sus culos eran todavía muy lozanos, dos amigos obtuvieron todavía gran placer maltratándolos, por fin se empezó el suplicio: Curval abrió él mismo el vientre de Constance mientras poseía a Giton por el trasero, arrancó el fruto ya muy forma- do y del sexo masculino, luego se continuaron los suplicios de aquellas cinco víctimas, todos los cuales fueron tan crueles como variados.

El 1° de marzo, al ver que las nieves no se derretían todavía, decidieron despachar poco a poco todo lo que quedaba. Los amigos forman nuevos hogares en sus habitaciones y deciden dar una cinta verde el que deba regresar a Francia, bajo la condición de ayudar a los suplicios del resto. No dicen nada a las seis mujeres de la cocina, pero deciden sacrificar a las tres sirvientas, que valen la pena, y salvar a las tres cocineras, por sus habilidades. En consecuencia se hace la lista y se ve que en aquel momento habían sacrificado ya:

- Esposas: Aline, Adélaïde y Constance   3

- Muchachas del serrallo: Augustine,

Michette, Rosette y Zelmire 4

- Muchachos: Giton y Narcisse 2

- Jodedores: uno de los subalternos....   1

Total 10

Se arreglan, pues, los nuevos hogares. El duque toma con él o bajo su protección: Hercule, la Duelos y una cocinera 4

Curval toma:

Brise-cul, la Champville y una cocinera . .   4

Durcet toma:

Bande-au-ciel, la Martaine y una cocinera   4

y el obispo:

Antinoüs, la Desgranges y Julie 4

Total 16

y se decide que al instante y por el ministerio de los cuatro amigos, de los cuatro jodedores y de las cuatro narradoras, sin emplear a las cocineras, se apoderarán de todos los que quedan de la manera más traicionera posible, excepto las tres criadas, que no se agarrarán hasta los últimos días, y se hará con los aposentos de arriba cuatro prisiones; que se meterá a los cuatro jodedores subalternos en la más sólida y encadenados, en la segunda a Fanny, Colombe, Sophie y Hébé, en la tercera a Céladon, Zélamir, Cupidon, Zéphyr, Adonis y Hyacinthe y en la cuarta a las cuatro viejas, y que, puesto que se liquidará a un sujeto cada día, cuando se quiera prender a las tres criadas se las meterá en la prisión que esté, vacía.

Hecho esto, se le encarga a cada narradora de una prisión. Y los señores van a divertirse cuando les place con aquellas víctimas en la prisión, o bien las hacen presentarse en las salas

o en sus habitaciones, según su capricho. En consecuencia, se liquida pues, como acabamos de decir, un sujeto todos los días por el orden siguiente:

1. marzo, la Fanchon.

2. marzo, Louison.

3. marzo, Thérèse.

4. marzo, Marie.

5. marzo, Fanny.

El 6 y el 7, Sophie y Céladon juntos como amantes, y perecen, como se ha dicho,

clavados el uno sobre el otro. El 8, uno de los jodedores subalternos.

El 9, Hébé.

El 10, uno de los jodedores subalternos. El 11, Colombe.

El 12, el último de los jodedores subalternos. El 13, Zélamir.

El 14, Cupidon. El 15, Zéphyr. El 16, Adonis.

El 17, Hyacinthe.

El 18 por la mañana se apoderan de las tres criadas, las encierran en la prisión de las viejas y las despachan el 18, el 19 y el 20.

Total 20

Esta recapitulación muestra el empleo de todos los sujetos, puesto que eran en total 46, a saber:

- Señores 4

- Viejas 4

- En la cocina 6

- Narradoras 4

- Jodedores 8

- Muchachos 8

- Esposas 4

- Muchachas 8

Total 46

De ese total hubo treinta inmolados y dieciséis que regresan a París. Cuenta del total:

-Sacrificados antes del 1° de marzo en las primeras orgías 10

-Después del 1° de marzo   20

-Y regresan ....   16 personas

Total   46

Por lo que se refiere a los suplicios de los veinte sujetos últimos y a la vida que se lleva hasta la partida, se detallarán a conveniencia, se dirá antes que los doce restantes comían todos juntos, y los suplicios a voluntad.

NOTAS

No apartase en nada de este plan, en él todo está combinado varias veces y con la mayor exactitud.

Detallar la partida. Y dentro del total mezclar, sobre todo, moral en las cenas.

Al pasar a limpio, tener un cuaderno donde se anotarán los nombres de todos los

personajes principales y de todos los que representan un gran papel, tales como los que tienen diversas pasiones y de los que se hablará repetidas veces, como el del infierno; dejar un gran margen junto a su nombre y rellenar este margen con todo lo que al copiar se encontrará análogo a ellos; esta nota es muy esencial, es la única manera de poder ver claro en la obra y evitar las repeticiones.

Suavizar mucho la primera parte; todo está en ella demasiado desarrollado, nunca será

demasiado débil ni demasiado velada. Sobre todo no hacer ejecutar nada a los cuatro amigos que no haya sido contado, y este cuidado no se ha tenido.

En la primera parte, decir que el hombre que jode por la boca a la niña prostituida por su padre es el que jode con un pito sucio y del que ya ha hablado ella.

No olvidar poner en diciembre la escena de las niñas que sirven la cena, las cuales vierten licores con sus traseros en las copas de los amigos; se ha anunciado y no se ha hablado de ello en el plan.

SUPLICIOS COMO SUPLEMENTO

-Por medio de un tubo le introducen un ratón en el coño el tubo es retirado, se cose el coño y el animal que no puede salir le devora las entrañas.

-Se le hace tragar una serpiente que también la devora.

En general, pintar a Curval y al duque como dos malvados fogosos e impetuosos, así es como se han presentado en la primera parte y en el plan, y representar al obispo como un malvado frío, calculador y endurecido. Según esto, hacer que hagan todo lo que resulte análogo a esos caracteres.

Recapitular con cuidado sobre los nombres y las cualidades de todos los personajes que las narradoras designan, para evitar las repeticiones.

En el cuaderno de los personajes se destinará una hoja al plano del castillo, estancia por estancia, y en el blanco que se dejará al lado colocar los tipos de cosas que se harán hacer en determinada habitación.

Este manuscrito fue empezado el 22 de octubre de 1785 y terminado en treinta y siete días.

CPSIA information can be obtained
at www.ICGtesting.com
Printed in the USA
FSOW02n1036170117
29737FS